Das Totenbuch

Weltbild Taschenbuch

Der Autor

Nick Drake studierte Englische Literatur an der Universität Cambridge. Er hat bisher zwei Gedichtsammlungen veröffentlicht und schreibt Theaterstücke und Drehbücher. Aus seiner Feder stammt auch das Drehbuch für den Film *Unter der Sonne Australiens* mit Eric Bana und Franka Potente. Nick Drake lebt und arbeitet in London.

Nick Drake

Das Totenbuch

Roman

Aus dem Englischen
von Carola Kasperek

Weltbild

Die englische Originalausgabe erschien 2006 unter dem Titel *Nefertiti*
bei Bantam Press, a division of Transworld Publishers.

Besuchen Sie uns im Internet:
www.weltbild.de

Übersetzung: Carola Kasperek
Projektleitung: Elisabeth Steppich
Redaktion: Christine Schlitt
Umschlaggestaltung: zeichenpool, München
Umschlagmotiv: Shutterstock (© Jim Barber; © vorkot; © Scarabaeus;
© Ramzi Hachicho; © Jaroslaw Grudzinski)
Satz: Dirk Risch, Berlin
Druck und Bindung: CPI Moravia Books s.r.o., Pohorelice
Printed in the EU
ISBN 978-3-86800-291-1

2013 2012 2011 2010
Die letzte Jahreszahl gibt die aktuelle Ausgabe an.

Für meinen Vater Miles Drake

Danksagung

Ich möchte Broo Doherty, meinen Agenten Peter Straus und Julia Kreitmann sowie Bill Scott-Kerr und dem großartigen Team von Transworld meinen Dank dafür aussprechen, dass sie dieses Buch ermöglicht und dann geholfen haben, es besser zu machen.

Weiterhin geht mein Dank an die Ägyptologin Carol Andrews, Lorna Oakes vom Birkbeck College und Raafat Ferganie dafür, dass sie mich so freundlich und bereitwillig an ihrem Fachwissen teilhaben ließen. Patricia Grey danke ich für ihre Hilfe bei bestimmten Zeichen. Was die Interpretation der Fakten – und etwaige Fehler und Irrtümer – betrifft, trage ich wie immer allein die Verantwortung.

Für Ratschläge und Hinweise zu einzelnen Details möchte ich mich bei Walter Donohue, Mark Stuart und Bevis Sale bedanken.

Ebenso bei den klugen Mädchen Siofra, Grainne, Cara und ihren Eltern Dominic Dromgoole und Sasha Hails: Vielen herzlichen Dank für Glück und Inspiration!

Und vor allem danke ich Paul Rainbow, weil er mit mir auf diese Reise gegangen ist, unverdrossen Korrektur gelesen hat, stets das rechte Wort zur rechten Zeit für mich hatte und mir moralische Unterstützung gab – genau wie es in einem Gesang aus dem Neuen Reich heißt: »Du hast mein Herz leicht gemacht.«

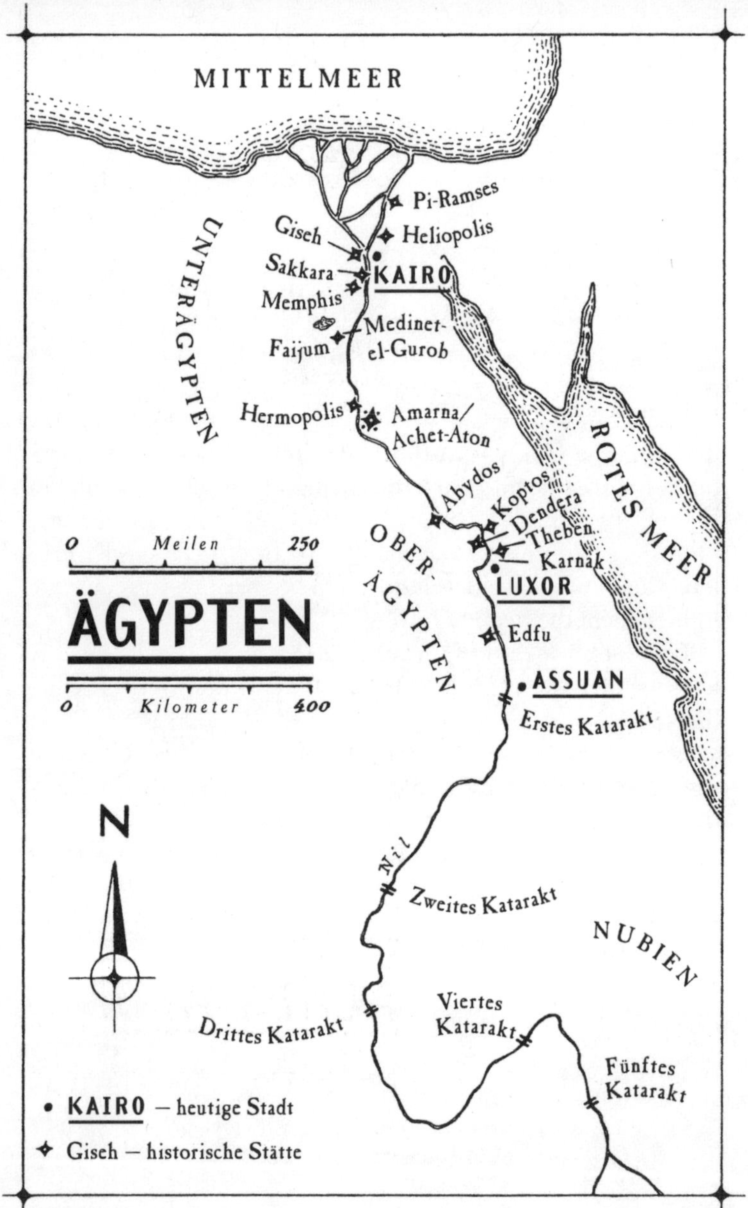
MITTELMEER
Pi-Ramses
Heliopolis
Giseh
Sakkara
KAIRO
Memphis
Medinet-
el-Gurob
Faijum
UNTERÄGYPTEN
Hermopolis
Amarna/
Achet-Aton
Abydos
Koptos
Dendera
Theben
Karnak
LUXOR
ROTES MEER
OBER-
ÄGYPTEN
0 Meilen 250
ÄGYPTEN
0 Kilometer 400
Edfu
ASSUAN
Erstes Katarakt
N
Nil
Zweites Katarakt
NUBIEN
Viertes
Katarakt
Dritttes Katarakt
Fünftes
Katarakt
KAIRO – heutige Stadt
Giseh – historische Stätte

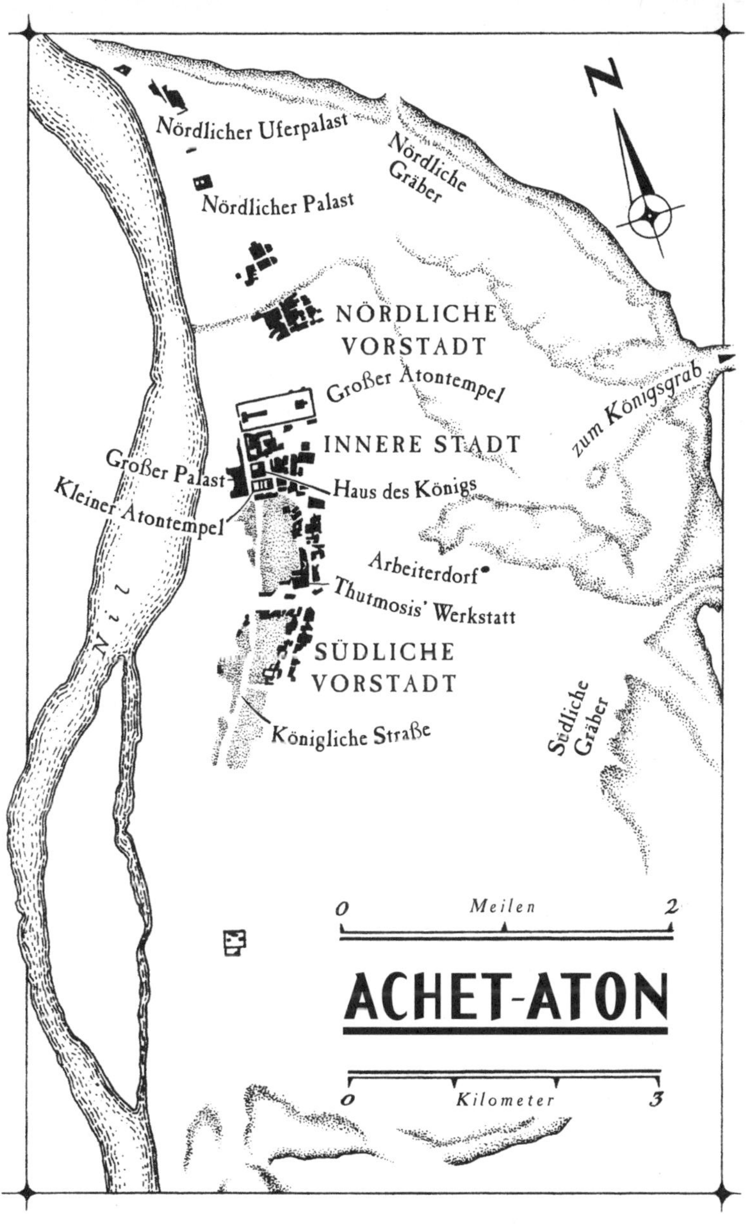

Nördlicher Uferpalast
Nördliche Gräber
N
Nördlicher Palast
NÖRDLICHE VORSTADT
Großer Atontempel
zum Königsgrab
INNERE STADT
Großer Palast
Haus des Königs
Kleiner Atontempel
Arbeiterdorf
Thutmosis' Werkstatt
Nil
SÜDLICHE VORSTADT
Südliche Gräber
Königliche Straße
0
Meilen
2
ACHET-ATON
0
Kilometer
3

Anmerkungen des Autors

Vor dreieinhalbtausend Jahren erbte Echnaton ein Reich, das auf der Höhe seiner Macht und seines Reichtums stand. Es war eine Zeit, geprägt von erstaunlicher Kultiviertheit und Schönheit, doch ebenso von Egoismus und Brutalität. Das Reich verfügte über eine Polizeitruppe – die Medjai – und umfangreiche Papyrusarchive, in denen die Einwohner verzeichnet waren. Die Reichen, die sich davor fürchteten, grau zu werden, widmeten sich der Jagd und ihren Liebesaffären und gaben viel Geld für ihre Grabstätten aus, um für das Leben im Jenseits gerüstet zu sein. Es gab einen Beamtenapparat und ein Heer von einheimischen und zugewanderten Arbeitern. Diese komplexe Gesellschaft war abhängig vom Wasser des Nils, der sich wie eine riesige Schlange durch die Wüste wand und die ägyptische Welt in das fruchtbare Schwarze und das öde Rote Land teilte.

Echnaton entschloss sich, seinen Reichtum für ein außergewöhnliches Projekt zu verwenden. Gemeinsam mit seiner Großen Königlichen Gemahlin Nofretete – der »Vollkommenen« – setzte er tief greifende Umwälzungen auf dem Gebiet der Religion, Politik und Kunst in Gang. Das Herrscherpaar zog die Feindschaft der mächtigen Priesterkaste auf sich, als es die überkommenen ägyptischen Institutionen und Gottheiten abschaffte und mit der eindrucksvollen neuen Stadt Achet-Aton ein Zentrum des neuen Glaubens gründete. Im Mittelpunkt des neu geschaffenen Kults stand nun als alleiniger Gott Aton, dessen Symbol die Sonnenscheibe war.

Heute ist von dieser Stadt nicht mehr viel vorhanden. In der Nähe des modernen Amarna sind noch Spuren der Königlichen Straße, der Paläste und der Atontempel zu erkennen.

Man kann die Felsengräber besuchen, in denen die bedeutenden Männer bestattet wurden, die für Echnaton und Nofretete tätig waren: Mahu, Leiter der Polizeitruppe, der Hohe Priester Merira, Parennefer, Architekt und Erfinder des Amarna-Stils, und Eje, »Gottesvater« und einflussreicher Berater des Königs. Und man kann die zahlreichen Stufen zur leeren Grabkammer Echnatons hinabsteigen.

Nofretetes Grab hingegen kann man nicht besichtigen, denn sie, die mächtigste und charismatischste Frau des Altertums, verschwand auf mysteriöse Weise im zwölften Jahr von Echnatons siebzehn Jahre währender Regierungszeit. Dieses Buch beschäftigt sich mit der Frage, warum sie verschwand und was mit ihr geschah.

Oh, mein Herz, das ich von meiner Mutter hatte, oh, mein Herz, das ich auf Erden besaß, steh nicht auf als Zeuge gegen mich im Angesicht des Herrn aller Dinge.

Aus dem ägyptischen Totenbuch

1

Im Jahre 12 der Regierung von König Echnaton,
Ruhm der Sonnenscheibe.
Theben, Ägypten

Ich hatte von Schnee geträumt. Ich hatte mich in der Dunkelheit verirrt, und langsam und sacht fiel der Schnee, jede Flocke ein Rätsel, das ich nicht lösen konnte, bevor es verschwand. Als ich erwachte, spürte ich noch immer seine flüchtige, geheimnisvolle, sanfte Berührung auf meinem Gesicht. Das machte mich erstaunlich traurig. Es war, als hätte ich etwas oder jemanden für immer verloren.

Für einen Augenblick lag ich ganz still und horchte auf Tanefert's ruhigen Atem neben mir, während die Hitze des Tages bereits einsetzte. Selbstverständlich habe ich nie Schnee gesehen, doch ich erinnere mich, gelesen zu haben, dass einmal eine Kiste voller Schnee, wie ein Schatz in Stroh verpackt, weither aus dem Norden herbeigeschafft wurde. Und dann hörte man die Berichte aus den Ländern jenseits des Horizonts. Eine froststarre Welt. Schneewüsten. Eisflüsse. Weiß und gewichtslos, wie er ist, lässt sich der Schnee in der Hand halten, sofern man das Brennen seines kalten Feuers ertragen kann. Und doch ist er nichts als Wassser. Wasser, das man nicht in der Hand halten kann. Nur manchmal ändert es seine Gestalt und verwandelt sich erneut zurück, je nachdem, in welcher Welt es sich befindet. Es heißt auch, die Kiste sei leer gewesen, als man sie schließlich öffnete. Der geheimnisvolle Schnee war verschwunden.

Für diese Enttäuschung musste zweifellos jemand sein Leben lassen. So ist das mit den Schätzen.

Vielleicht ist es mit dem Tod ganz ähnlich und nicht so, wie wir es von den Priestern hören. Wir alle haben das Gebet gelernt: »Wenn das Grab geöffnet wird, möge der Leib vollkommen sein für das vollkommene Leben nach dem Leben.« Aber haben die Priester auch gesehen, wie unter der Hitze des Sonnengottes das zarte Fleisch der Lebenden, der Jungen und Schönen mit ihren unsinnigen Hoffnungen und müßigen Träumen fault und verwest, bis nichts mehr bleibt als in Todesqualen erstarrte Schreckgestalten? Haben sie gesehen, wie hübsche Gesichter zerfetzt, Muskeln zerrissen, Schädel zerschmettert werden? Wissen sie, wie seltsam es aussieht, wenn Fleisch verschmort und das Fett unter der Haut kocht? Ich bezweifle es.

Derartige Gedanken sind der Fluch meiner Arbeit. Ich, Rahotep, der jüngste Oberermittler der Medjaieinheit von Theben, sehe zu, wie meine Kinder spielen oder sich mit ihren Musikinstrumenten abplagen. Und ich weiß, ihre Haut, die wir küssen und liebkosen, die wir mit Mandel- und Moringa-Öl pflegen, mit Extrakten aus Avocado und Myrrhe parfümieren und in Leinwand und Gold hüllen, ist nichts weiter als ein Sack, angefüllt mit Organen und Knochen und Gefäßen voller Blut. Hoffnungen auf Leben und Liebe hängen vom Wirken dieses Schlächters ab. Derartige Gedanken behalte ich für mich, selbst wenn ich bei meiner Frau schlafe und ihr anmutiger, makelloser Körper, der sich mir beim Schein der Öllampe zuwendet, für einen Augenblick zum Abbild des Todes wird. Das ist vermutlich eine ziemlich außergewöhnliche Vorstellung, für die ich dankbar sein sollte. Ich sollte mich auch öfter mit Poesie und Philosophie befassen, und sei es nur zum Zeitvertreib während meiner Mußestunden. Allerdings habe ich keine Mußestunden. Und wenn ich dann wieder vor einer Leiche stehe, einem Leben – einer kleinen Geschichte von Liebe und Vergänglichkeit –, das in einem kurzen Augenblick von Raserei, Panik, Hass oder Wahnsinn endete, dann, und nur dann, weiß ich, wo ich in der Welt stehe.

Wie Tanefert bei jeder Gelegenheit – und das ist in letzter

Zeit allzu häufig – bemerkt, ist es natürlich typisch für mich, in jeder Lage stets vom Schlimmsten auszugehen. Doch in diesen unmöglichen Zeiten unter der Herrschaft Echnatons werde ich jeden Tag von Neuem in dieser Haltung bestärkt. Ich sehe es doch bei meiner Arbeit: die ständig wachsende Zahl der gefolterten und verstümmelten Mordopfer und die geschändeten und geplünderten Gräber der Reichen und Mächtigen, deren nubischen Wächtern die Kehle von einem Ohr zum anderen aufgeschlitzt wurde. Ich erkenne es an der Prachtentfaltung der Reichen und dem unendlichen Elend der Armen. Und an den erschütternden Nachrichten, die aus der großen Welt zu uns dringen und von den Großen Veränderungen künden: Sie besagen, dass die Priester vom Karnaktempel auf Befehl des Königs ihrer angestammten Stellung und Rechte beraubt und verbannt wurden; dass Amun und mit ihm all die niederen, älteren, volkstümlichen Götter schändlich gestürzt und an ihre Stelle dieser merkwürdige neue Gott gesetzt wurde, den wir jetzt feiern und anbeten sollen. Ich erkenne es an dem exzentrischen Entwurf und dem übertriebenen Aufwand für die geheimnisvolle neue Tempelstadt Echnatons, die seit einigen Jahren weitab in der Wüste, auf halbem Weg zwischen hier und Memphis, entsteht.

Und das alles wird uns in dieser unruhigen und unsicheren Zeit aufgebürdet, da die Wirtschaft des Reiches ins Wanken gerät. Wie also könnte ich anderer Meinung sein? Tanefert sagt, es sei nicht normal, und damit hat sie auch recht. Doch diese Pforte habe ich schon vor langer Zeit durchschritten, als ich begriff, dass es in jedem von uns Schatten und Finsternis gibt und wie leicht sie die Seele und das Lächeln durchdringen. Der Tod ist leicht.

Als ich daher um die Mittagszeit nach Hause kam, noch ganz aufgeregt, weil man mich berufen hatte, ein rätselhaftes Ereignis in höchsten Regierungskreisen zu untersuchen, warf Tanefert mir einen Blick zu und sagte: »Was ist los? Erzähle es mir.« Sie setzte sich auf die Bank im vorderen Zimmer, wo wir sonst nie sitzen. Ich streckte die Hand nach ihr aus, doch den Trick kannte sie schon. »Du brauchst meine Hand nicht zu halten. Das habe ich alles schon einmal erlebt.«

Also erzählte ich es ihr. Wie Ahmose am Morgen in meine Amtsstube gekommen war. Wie immer verzehrte er genüsslich eine Pastete, ohne darauf zu achten, dass Krümel in die weiten Falten seines Gewandes fielen. Sein dicker Bauch macht ihn unbeholfen, doch ein Ermittler sollte stark und gut in Form sein (was ich dank meines täglichen Trainings, wie ich glaube, bin). Wie er mir, mürrisch wie immer, doch noch widerstrebender und unwilliger als gewöhnlich mitteilte, dass ich mich auf allerhöchsten Befehl hin unverzüglich nach Achet-Aton an den Hof Echnatons begeben solle, um einen äußerst rätselhaften Vorfall aufzuklären.

Wir blickten einander an.

»Wie komme ausgerechnet ich zu der Ehre?«, fragte ich.

Ahmose zuckte die Achseln, dann lächelte er so breit, als würde eine der Katzen aus der Totenstadt gähnen. »Das musst du selbst herausfinden.«

»Und um was für einen Vorfall geht es?«

»Das wirst du erfahren, wenn du Mahu, den Obersten der neu eingesetzten dortigen Medjai triffst. Hast du schon von ihm gehört?«

Ich nickte. Er war dafür berüchtigt, dass er sich buchstabengetreu an die Gesetze hielt.

Ahmose vertilgte geräuschvoll den Rest seiner Pastete, dann beugte er sich zu mir hinunter. »Aber ich verfüge über Beziehungen in der neuen Hauptstadt und habe gehört, dass jemand vermisst wird.«

Wieder grinste er vielsagend.

Tanefert saß ganz still, mit angstvoll verkniffener Miene. Wenn es mir nicht gelang, das Rätsel zu lösen – und Re mochte wissen, dass es ein großes Rätsel sein musste, in dem es um bedeutende Personen und viel Macht ging –, dann, das war ihr ebenso klar wie mir, würde mein weiteres Schicksal kein Rätsel sein. Dann würde ich aus dem Amt gejagt werden und würde meine bescheidenen Auszeichnungen, meinen gesamten Besitz und letztlich mein Leben verlieren.

Und dennoch hatte ich keine Angst. Ich empfand etwas anderes, was ich in diesem Augenblick aber noch nicht benennen konnte.

»Sag doch etwas.« Ich schaute sie an.

»Was soll ich denn sagen? Es wird dich ja doch nicht bei uns halten. Du bist jetzt schon ganz aufgeregt.«

Womit sie recht hatte, obgleich ich es niemals zugegeben hätte.

»Das ist nur, weil ich mir vor den Mädchen meine Sorge nicht anmerken lassen will.«

Sie glaubte mir nicht.

»Wie lange wirst du fort sein?«

Ich konnte ihr nicht sagen, dass ich keine Ahnung hatte. »Etwa vierzehn Tage. Vielleicht viel weniger. Es kommt darauf an, wie schnell ich das Rätsel lösen kann. Und darauf, wie die Beweislage ist, ob es Anhaltspunkte gibt, auf die allgemeinen Umstände …«

Doch sie hatte das Gesicht abgewandt und starrte blicklos aus dem Fenster.

Als die Nachmittagssonne ihre Züge beleuchtete, hatte ich plötzlich einen Kloß im Hals und konnte nicht mehr weiterreden.

Wir schwiegen eine Weile.

Dann sagte sie: »Ich verstehe das nicht. Sollten sich die städtischen Medjai dort nicht um den Fall kümmern? Schließlich ist es eine interne Angelegenheit. Warum wollen sie dich? Du bist ein Fremder, ohne Beziehungen und ohne einen Menschen, dem du vertrauen kannst … Und wenn es wirklich so geheim ist, warum lassen sie dann jemanden von außerhalb kommen? Die dortige Polizei wird es dir übelnehmen, dass du dich in ihre Angelegenheiten mischst.«

Wie gewöhnlich hatte sie mit allem, was sie sagte, recht. Sie besaß ein unfehlbares Gespür für die schlichte Wahrheit. Ich lächelte.

»Das ist nicht zum Lachen«, sagte sie.

»Ich liebe dich.«

»Ich will nicht, dass du gehst.«

Ihre Worte machten mich betroffen.

»Du weißt, dass mir keine andere Wahl bleibt.«

»Doch. Man hat immer eine Wahl.«

Ich nahm sie in die Arme und versuchte, sie zu besänftigen, als ich spürte, wie sie zitterte. Sie beruhigte sich und legte sanft die Hände auf mein Gesicht.

»An jedem neuen Morgen weiß ich nicht, ob ich dich zum letzten Mal sehe. Daher präge ich mir dein Gesicht ein. Mittlerweile kenne ich es so gut, dass ich die Erinnerung daran mit ins Grab nehmen könnte.«

»Lass uns nicht von Gräbern reden, sondern lieber davon, was wir mit der Belohnung machen, die mir der Herr geben wird, wenn ich den Fall gelöst habe und der berühmteste Ermittler der Stadt bin.«

Endlich lächelte sie. »Eine Belohnung käme gelegen. Man hat dich seit Monaten nicht mehr bezahlt.«

Die Wirtschaft liegt am Boden, seit mehreren Jahren ist die Ernte schlecht, sogar von Plünderungen wird gemunkelt. Und das großartige Bauprojekt hat Einwanderer aus Nord und Süd in Scharen herbeigelockt, eine Masse von entwurzelten und hoffnungslosen Menschen, die nichts zu verlieren haben. Das Getreide, so heißt es, ist sogar in den königlichen Kornkammern knapp geworden. Und dass niemand seinen Lohn erhält, ist Stadtgespräch und trägt zur allgemeinen Unsicherheit bei.

Jeder hat doch hungrige Mäuler zu stopfen. Die Menschen haben Angst vor Hungersnöten und fragen sich, wann sie gezwungen wären, ihre guten städtischen Möbel unter der Hand gegen ein Stück Fleisch und einen Korb Gemüse vom Land zu tauschen.

»Ich kann schon auf mich aufpassen. Und die ganze Zeit

über werde ich nur daran denken, wie ich wieder zu dir zurückkomme. Das verspreche ich dir.«

Sie nickte und wischte sich mit dem Ärmel die Augen.

»Ich muss den Kindern Lebewohl sagen.«

»Du gehst jetzt gleich?«

»Ich muss.«

Sie wandte sich ab.

Als ich ins Zimmer trat, hielten die Mädchen in ihrer Tätigkeit inne. Sechmet blickte von ihrer Schriftrolle auf. Ihre topasgelben Augen unter den schwarzen Stirnfransen. Hin- und hergerissen zwischen dem Wunsch, weiterzulesen, und mich richtig zu begrüßen. Ich stellte sie auf einen Stuhl und legte meine Wange an die ihre. Ich roch den vertrauten Milchduft ihres Atems. Sie schlang ihre federleichten Arme um meinen Hals.

»Ich muss für eine Weile fortgehen. Wirst du auf deine Mutter und deine Schwestern aufpassen, bis ich wieder da bin?«

Sie nickte ernst und flüsterte mir ins Ohr, dass sie es tun wolle und dass sie mich liebte und jeden Tag an mich denken würde.

»Schreib mir einen Brief«, bat ich sie.

Wieder nickte sie. Meine kleine Gelehrte. Dieses Jahr ist sie unsicher: Ihre Stimme klingt verändert, feiner und bedächtiger.

Als Nächste Thuju. Sie grinste, nun wieder mit vollständigen Zähnen, und schnitt Grimassen. Ich ließ es zu, dass sie mir in die Nase biss. »Viel Spaß!«, schrie sie und ließ sich zu Boden fallen.

Nedjmet, das Baby, »die Süße«, wie wir sie hoffnungsvoll nennen. Ein beherztes Geschöpf, das in seiner unbedingten Entschlossenheit mir erschreckend ähnlich ist. Ihr nächtliches Weinen ist einer ausgesprochen ernsthaften Betrachtung der Welt gewichen. Ich kann ihr beim Frühstück nicht mehr einreden, das süße Brötchen wäre frisch, wenn es in Wahrheit vom Vortag ist.

Und schließlich meine Tanefert, mein Herz, mit deinem

Haar, so schwarz wie eine mondlose Nacht, deiner markanten Nase und den länglichen Augen.

Verzeih mir, dass ich dich verlasse. Wenn ich auch sonst nichts mit meinem Leben angefangen habe, so habe ich doch zumindest diese Familie gegründet. Meine klugen Mädchen. Mögen sie mir zurückgegeben werden, wenn diese Geschichte beendet ist. Für sie würde ich jedes Opfer bringen. Man erkennt die Dinge, die man liebt, erst dann, wenn man sie verlassen muss.

Wie es meine Gewohnheit und Arbeitsweise ist, werde ich in der nächsten Zeit ein Tagebuch führen. Am Ende jedes Tages oder jeder Nacht werde ich niederschreiben, was ich weiß, und ebenso, was ich nicht weiß. Ich werde Anhaltspunkte notieren und Fragen und verzwickte Probleme und Rätsel. Ich werde schreiben, was ich mag und denke, und nicht, was ich schreiben sollte.

Falls mir etwas zustößt, wird dieses Tagebuch vielleicht als mein Vermächtnis erhalten bleiben und seinen Weg zurück nach Hause finden wie ein verirrter Hund. Und vielleicht erfährt der Fall ja durch die Stücke und Teile, die Schnipsel und scheinbaren Nebensächlichkeiten, die Träume und Zufälle und Unmöglichkeiten, die mit einem Verbrechen einhergehen, eine schlüssige, wohlgeordnete und, wer weiß, vielleicht sogar vernünftige, logische, scharfsinnige Lösung. Aber das wäre nicht die Wahrheit. Meiner Erfahrung nach klären sich die Dinge nicht so einfach. Meiner Erfahrung nach sind sie eher verworren. Daher werde ich in diesem Tagebuch die Abschweifungen vermerken, die abwegigen Gedanken und auch die unausgereiften, unsinnigen und unbegreiflichen. Dann werde ich sehen, was sie mir sagen und ob aus den bruchstückhaften Beweisen (denn meist habe ich es mit dem Unwiderruflichen zu tun) die Wahrheit zutage tritt.

Und dann tat ich etwas, das mir schwerer fiel als alles andere zuvor. Angetan mit meinem feinsten Leinengewand, in der Reisekiste die Empfehlungsschreiben, brachte ich dem Hausgott ein kleines Trankopfer dar. Mit ungewohnter Ernsthaftigkeit (er weiß nämlich, dass ich nicht an ihn glaube) erflehte ich seinen Schutz für mich und meine Familie. Dann umarmte ich meine Töchter, küsste Tanefert, die mein Gesicht mit den Händen berührte, schlüpfte in meine alten Ledersandalen und schloss mit zitternder Hand die Tür zu meinem Heim und meinem Leben. Ich ging einer Zukunft entgegen, in der nichts gewiss und alles unsicher war. Und zu meiner Schande muss ich gestehen, dass ich mich lebendiger fühlte als jemals zuvor, auch wenn das Herz in meiner Brust in Scherben lag.

2

Herrliches Theben mit deinem Licht und Schatten, deinen unredlichen Geschäften und deinen geschwätzigen Festen, deinen Läden und deinem Luxus, deinen armseligen, verkommenen Winkeln und deinen jungen, modischen Schönheiten, deinem Elend, deinen Verbrechen und Morden. Ich weiß nie, ob ich dich hasse oder liebe. Aber zumindest kenne ich dich. Über die niedrigen Dächer meines Viertels hinweg kann ich das Blau, Gold, Rot und Grün der Tempelfassaden und Wandelgänge sehen und der Tortürme, die sich zur Sonne emporrecken. Die Sykomoren in den heiligen Hainen, die sie umgeben, sind wie dunkelgrüne Kerzen. Obstbäume und verborgene Gärten. Und gleich daneben Abfallhaufen zwischen finsteren Verschlägen und in verrufenen Gässchen. Hinter den teuren Villen, den prächtigen Palästen und Tempeln liegen die Hütten, errichtet aus dem Müll und Abfall der Reichen, wo die Massen der Armen sich ihren mageren Lebensunterhalt zusammenkratzen. Die Nischen der Hausgötter, mit Tellern, auf denen die täglichen Opfergaben liegen. Man sagt, es gäbe in der Stadt mehr Götter als Sterbliche, doch ich habe noch nie jemanden gesehen, der nicht aus Fleisch und Blut gewesen wäre. Nein, mit den Göttern habe ich nicht viel im Sinn. Egoistisch sind sie in ihren Tempeln und himmlischen Gefilden. Sie haben zu viel Schuld auf sich geladen, indem sie sich an unserem Leid und Unglück weiden und das Flehen unserer Herzen ignorieren. Aber das ist Gotteslästerung, und ich muss den Gedanken unterdrücken – doch ich werde ihn hier niederschreiben, und wer es liest, muss wenigstens meine törichte Vertrauensseligkeit anerkennen.

Unter den staubigen weißen Sonnensegeln, die uns vor der

Mittagssonne schützen, ging ich durch die Straßen hinunter zum Hafen. Dabei sah ich den Kindern des Viertels zu, wie sie schreiend über die Dächer rannten, zwischen den Haufen von dörrendem Getreide und Früchten hindurchflitzten, an den Vogelkäfigen rüttelten, worauf sich ein kleiner Aufruhr aus Kreischen und Zwitschern erhob. Sie sprangen über Schlafende hinweg und vollführten waghalsige Sätze von einem Dach zum nächsten. Ich kam an den Marktständen vorüber, auf denen sich die bunten Waren türmten, ging durch die Gasse der Früchte und bog dann in die schattige Passage unter den gemusterten Sonnensegeln ein, wo die teuren Läden Raritäten wie gelehrige Affen, Giraffenhäute, Straußeneier und Stoßzähne mit eingravierten Gebeten feilbieten. Die ganze Welt zollt uns Tribut und bringt uns ihre Wundergaben: Die bemerkenswerten Früchte ihrer endlosen Mühen werden uns auf die Schwelle gelegt. Oder zumindest auf die Schwelle derer, die nicht viele Monate auf ihren Lohn warten müssen (Anmerkung in eigener Sache: beim Kämmerer erneut wegen ausstehender Bezahlung vorsprechen).

Mir ist das allgemeine Chaos der belebten Straßen lieber als die gedämpfte Stille der Tempel, Gerichtshöfe und Heiligtümer und die wohlgeordneten Hierarchien der Priester. Ich bevorzuge das Durcheinander, selbst den Lärm und Schmutz der Arbeitervorstädte im Osten mit ihren stinkenden Schweineställen und Kettenhunden in den elenden, finsteren Verschlägen, die den Menschen dort als Behausung dienen. An jenen Orten bewegen wir uns mit Vorsicht, da wir aus Erfahrung wissen, dass wir dort verhasst und daher in Gefahr sind. Das Gesetz der Medjai, die befugt sind, in allen Provinzen der beiden Reiche für Recht und Ordnung zu sorgen, hat dort keine Gültigkeit, auch wenn es kaum einer von uns zugeben würde. Sobald wir uns nähern, steigen Drachen aus aufgespannter Leinwand auf, bemalt mit den Augen zorniger Götter, und sie zucken und taumeln am Himmel, als Warnung, dass wir im Anmarsch sind. Doch ich glaube, in den Palästen und Tempeln hat unser Gesetz ebenso wenig Einfluss. Auch dort herrschen ganz eigene Mächte. Das werde ich ohne Zweifel an meinem Bestimmungsort erkennen.

Endlich kam ich zum Hafen und fand unter den Tausenden von Schiffen das Boot, das mich zur ersten Station meiner Reise bringen sollte. Ich ging als Letzter an Bord, und sobald ich das Deck betreten hatte, legten die Seeleute ab, die Ruder wurden ausgefahren, und wir mischten uns unter das Leben auf dem Großen Fluss, der sich mit seiner Last von Menschen und Waren so weit erstreckte, wie das Auge reichte, bis zum Horizont, wo das Schwarze Land auf das Rote trifft und sich ihm für alle Zeiten entgegenstemmt.

Lichtland, unsere Welt aus Licht. Der Triumph der Zeit. Zahllose Boote, die Segel vom unsichtbaren Wind gebläht: die Fischerboote, die größeren Frachtkähne, beladen mit Steinen und Vieh, die Fähren, die mit ihren sterblichen Passagieren zwischen den Ufern hin- und herpendeln, zwischen den Tempeln im Osten und den Grabmälern im Westen, zwischen der aufgehenden und der untergehenden Sonne. Scharen von Ibissen, die im Seichten waten. Blaue Lotosblüten, die als Weihegaben im Wasser treiben, daneben die Überbleibsel des alltäglichen Lebens: Essensreste, Kleiderfetzen, Abfall, tote Fische und Hunde und Hundsfische und Katzenwelse. Das unablässige Quietschen der Schadufs. Die nie versiegenden Gaben des Großen Flusses. Theben lebt für ihn und von ihm. Oder, besser gesagt, der Fluss spendet der Stadt das lebensnotwendige Wasser. Was wären wir ohne Wasser? Nichts als eine Wüste voller Furcht vor dem Fluss.

Es heißt, der Fluss gehöre den Göttern und sei selbst ein Gott, aber ich glaube, die wahren Besitzer sind die Priester in ihren Amtssitzen und die Reichen mit ihren Villen und Terrassen, wo das kühle Wasser ihre weichen, trägen Füße benetzt. Und wer den Fluss besitzt, besitzt auch die Stadt – ja sogar das Leben selbst. Doch in Wahrheit gehört der Fluss niemandem. Er ist größer, dauerhafter und mächtiger als wir alle, beinahe noch mehr als jeder Gott. Er kann uns mit seiner Kraft zerschmettern und uns aushungern, indem er uns seine jährlichen Überschwemmungen vorenthält. Er ist voller Tod. In seiner Tiefe trägt er die Leichen von Tieren, Männern und Kindern mit sich, bis sie grünlich verfärbt sind. Manchmal kommt es mir vor, als könnte ich ihre hoffnungslosen, unerlösten Geister über dem Wasser spüren, wo sie lautlose Kreise aussenden, zum Zeichen dafür, dass sie dort waren und rastlos weitergezogen sind. Doch er liefert auch die reiche schwarze Erde, aus der unsere Feldfrüchte sprießen, unsere Gerste und das Emmergetreide.

Als wir die Stadt, in der ich geboren bin und lebte, hinter uns ließen, verließ ich auch meine vertraute Welt, in der sich unsere kurzen Geschichten abspielen, zwischen Schwarz und Rot, zwischen dem Land der Lebenden und der aufgehenden Sonne und dem Land der langen Schatten und des Todes, zwischen den kleinen, schwelgerischen Augenblicken unseres Lebens und der Wüste im Westen, dieser Einöde, in die wir unsere Verbrecher hinausjagen, damit sie dort umkommen und als Dämonen zurückkehren und uns im Schlaf heimsuchen. Einst, so sagt man, vor Anbeginn aller Zeiten, war das ganze Land grün, mit Herden von Wasserbüffeln, Gazellen und Elefanten. Und plötzlich musste ich daran denken, wie ich einmal mit meinem Vater in die Wüste hinausgeritten war. Ein schwerer Sturm hatte wieder einmal die Dünenlandschaft verwandelt und das Gerippe eines Krokodils freigelegt, weit entfernt von jeder Wasserstelle. Was verbirgt sich sonst noch dort draußen? Große Städte, sonderbare Statuen, untergegangene Völker, deren Schiffe auf dem endlosen Sandmeer der jenseitigen Welt dahingleiten.

Aber ich gerate schon wieder ins Träumen. Ich muss hellwach sein, während mich die große Wasserschlange auf ihren schwarzen unablässig glitzernden Schuppen forträgt von allem, was mir vertraut ist und was ich liebe, mit ihrer verborgenen Erinnerung an eine lange Reise von hoch droben im unbekannten Gestein Nubiens, hinunter durch die großen Katarakte und hinein in die Felder mit Früchten, Gemüse und Wein, bis ins Meer und irgendwo in den Schnee.

3

Ich staune, wie geregelt es auf einem Boot zugeht. Die Einfachheit des Notwendigen. Am Morgen werden die Decken zusammengelegt und verstaut. Alle Gegenstände sind klein und zweckmäßig. Alles hat seinen Platz. Der Kapitän hat blaue Augen, ein paar schiefe weiße Zähne, einen selbstbewussten Bauch und den zupackenden Blick eines wachen Geistes, der auf dem Wasser zu Hause ist, eines Geistes, der die Landmenschen durchschaut und ihre Beweggründe und Gedanken so mühelos erkennt, als wären sie nur kleine Fische im Flachwasser. Und dann das Boot selbst, eine wunderbare Konstruktion im Gleichgewicht zwischen Wind und Wasser, was dazu führt, dass sich die Segel in vollkommenem Bogen bauschen und die Taue sich in exaktem Winkel spannen und diese geheimnisvolle Kraft entsteht, die das Gefährt mitsamt seinen Passagieren über das Wasser trägt. Seht nur, wie der Bug der Haut des Wassers eine präzise Schnittwunde zufügt, die hinter uns wieder verheilt. Das Kielwasser – weiße Finger, die blind tastend den Rand eines unbekannten Stoffes erfühlen, bevor sie zögernd, mit kleinen Gesten des Abschieds zurückbleiben und wieder in der Schwärze versinken, aus der sie für eine kurze Weile aufgetaucht waren.

Hier sitze ich, ein hochrangiger Ermittler der Medjai, und verbringe meine Zeit damit, über die unlösbaren Rätsel des fließenden Wassers nachzugrübeln, während uns die Strömung an Koptos und Dendera vorüberträgt, am Hathortempel und dem Tempel des Osiris von Abydos. Wie eine Wasserfliege ist mein Geist, auf nichts gerichtet, wo ich mich doch auf die Lösung des dringlichen Rätsels vorbereiten sollte.

Der Kapitän lud seine Fahrgäste ein, sich zum Abendessen

um das Kohlenbecken zu versammeln, denn wenn die Sonne untergegangen ist, wird es kalt auf dem Wasser. Ich verabscheue Abendgesellschaften und verärgere Tanefert, indem ich dafür sorge, dass ich jedes Mal, wenn wir eine Einladung erhalten, beruflich verhindert bin. Das liegt zum Teil daran, dass ich weder bei Tisch noch woanders über meine Arbeit reden kann: Wer will schon von Mord hören, wenn er gerade genüsslich sein Fleisch verspeist? Andererseits bringe ich es einfach nicht fertig, inmitten von Luxus und angesichts einer mit Köstlichkeiten beladenen Tafel über die Fährnisse und Übel der Welt zu reden, als wäre es ein beliebiges Gesprächsthema.

Wir begrüßten einander höflich, als wir unsere Plätze einnahmen, dann verfielen wir in verlegenes Schweigen. Die Großen Veränderungen haben tatsächlich dafür gesorgt, dass die Menschen in ihrem Alltagsleben vorsichtiger, zuweilen beinahe misstrauisch geworden sind. Früher redeten wir frei heraus, jetzt überlegt man es sich zweimal, bevor man seine Meinung äußert. Früher erntete man Erheiterung und Gelächter, wenn man einen ketzerischen Standpunkt vertrat. Heute werden derartige Ansichten mit unbehaglichem Schweigen quittiert.

Ich saß neben einem stattlichen Herrn, dessen dicker Bauch als Erstes ins Auge fiel. Er sah aus wie eine große Kugel, auf der ein weißer, mondrunder Kopf saß, der in stetem Erstaunen am Körper herabblickte. Mit beifälligen Gesten drückte er seine Freude über die einfachen, aber reichlich vorhandenen Speisen aus: Vor Vergnügen fuchtelte er mit seinen gepflegten kleinen Händen in der Luft herum. Er neigte sich zu mir und brach das Schweigen: »Und was, Herr, ist dein Geschäft in der neuen Stadt ›Horizont des Aton‹?«

Ich merkte, wie selbstzufrieden er war, weil er die neue Hauptstadt bei ihrem richtigen, reichlich pompösen Namen genannt hatte. In derartigen Situationen schauspielere ich gern ein wenig, indem ich vorgebe, jemand anderer zu sein.

»Ich bin Beamter im Schatzamt«, antwortete ich.

»Dann sollten wir uns lieber mit dir gutstellen, sonst bekommen wir nie unseren Lohn!« Nach diesem kleinen Scherz blickte er sich Beifall heischend in der Runde um.

»Die Einkünfte unseres Herrn sind in der Tat ein großes Mysterium, doch das Mysteriöseste daran ist, dass sie unablässig und reichlich fließen.«

Er musterte mich mit kühlem, abschätzigem Blick.

Doch bevor er näher auf das Thema eingehen konnte, fragte ich rasch: »Und was ist dein Anliegen in Achet-Aton?«

»Ich bin der Leiter der Hofmusikanten und Tänzer. Das ist eine äußerst ehrenvolle Stellung und, wie ich glaube, sehr begehrt. Ich soll die Eröffnungsvorführung für die Stadteinweihung inszenieren. Wusstest du, dass die Mitglieder des Hoforchesters durchweg Frauen sind?«

»Glaubst du denn, Herr, dass Frauen in Tanz und Musik weniger bewandert sind als Männer?«

Die Worte kamen von einer gut aussehenden, intelligenten Frau auf der anderen Seite des Tisches. Ihr Gatte, ein kleiner, irgendwie schwächlich wirkender Mann mittleren Alters, der wie das Inbild eines Beamten wirkte, warf ihr einen Blick zu, als wollte er sagen: Es steht dir nicht zu, darüber zu reden. Doch sie hielt ihren Blick ruhig auf das große weiße Mondgesicht des Mannes gerichtet.

Er schniefte und sagte: »Das Tanzen wird immer die Kunst der Frauen sein. Doch die Musik stellt große technische und geistige Ansprüche. Ich spreche nicht vom lediglich Dekorativen, sondern von Seelentiefe.« Er pulte ein Stückchen Garnele aus der rosa Schale und schob es zwischen seine anspruchsvollen und verwöhnten Lippen.

»Ich verstehe. Ist unsere Königin Nofretete also nur Dekoration, oder besitzt sie Seelentiefe?« Sie lächelte mir zu, als wollte sie mich in ihre Belustigung mit einbeziehen.

»Wir wissen zu wenig über sie«, sagte ich.

»Oh nein, Herr«, erwiderte die Frau. »Wir wissen, dass sie schön ist. Wir wissen, dass sie klug ist. Und wir wissen auch, dass sie die mächtigste Frau unserer Zeit ist. Sie lenkt ihren

Wagen selbst und trägt ihr Haar nach ihrem eigenen Gutdünken und nicht, wie es die Tradition erfordert. Sie zerschmettert ihre Feinde wie ein König. Und sie lässt sich von niemandem etwas vorschreiben. Sie ist wahrhaftig das Musterbeispiel der modernen Frau.«

In der Tafelrunde trat eine kurze Stille ein. Schließlich sagte das Mondgesicht: »Ja, gewiss, und das mag auch der Grund dafür sein, dass unsere Welt sich schneller verändert, als es vielleicht allen lieb ist.«

Die Diskussion wurde hitziger, das Thema gewagter. Die Frau konterte: »Gefällt dir die neue Religion etwa nicht?«

Darüber sprach man besser nicht leichtfertig mit Fremden. Das Mondgesicht wand sich vor Unbehagen und Zweifel, hin- und hergerissen zwischen dem Wunsch, seine Meinung zu sagen, und der Angst um seine Zukunft. »Ich befürworte sie von ganzem Herzen. Selbstverständlich. Als einfacher Musiker habe ich nicht das Recht, Fragen zu stellen, sondern muss tun, was man von mir verlangt, und dafür sorgen, dass alles so schön wie möglich klingt. Ich frage mich nur ganz im Stillen, und da bin ich nicht der Einzige, ob unser Herr und seine Gemahlin – die Frau, die sich nichts vorschreiben lässt – sich nicht ein wenig übernommen haben.« Mit diesen Worten schob er sich eine gebratene Sprotte zwischen die Lippen und streifte das Fleisch von den Gräten, als spielte er auf einer kleinen Rohrflöte.

Die Augen der hübschen Frau funkelten vor Erheiterung über die widersinnige Wendung, die seine Aussage genommen hatte, eine Erheiterung, die sie offensichtlich mit mir teilen wollte. »Wir leben in Zeiten großer Umwälzungen«, sagte ihr Mann. »Wie sollen wir wissen, ob es ein Fluch oder ein Segen für uns ist? Werden die Leute ihre alten Götter vermissen und die Priester ihre leicht erworbenen Reichtümer? Oder schreiten wir alle, die ganze Gesellschaft, vorwärts auf einem Weg, der uns, mag er auch dornig sein, zu einer höheren und größeren Wahrheit führt?«

Erneut meldete sich das Mondgesicht zu Wort: »Auch höhere Wahrheiten wollen anständig bezahlt sein. Erleuchtung ist kostspielig. Daher höre ich mit Freuden deine Versicherung«, hier deutete er mit einem fettigen Finger auf mich, »dass die Einkünfte unseres Herrn offenbar unerschöpflich sind. Ich habe gehört, dass die Ernte dieses Jahr wieder einmal mager ausfällt. Und dass Löhne nicht bezahlt wurden, in manchen Fällen schon seit Jahren nicht mehr. Nun war es allerdings die Aussicht auf regelmäßige Bezahlung durch Echnaton, die mich bewogen hat, mein Leben umzukrempeln und mein Schicksal mit dem der neuen Hauptstadt zu verbinden.«

Als ich nichts erwiderte, wechselte die hübsche Frau geschickt das Thema, indem sie sich an den jungen Mann zu ihrer Linken wandte, der an dem Gespräch nicht teilgenommen hatte. Er ging bei einem Architekten in die Lehre.

»Was kannst du uns nun über die neu erbaute Stadt berichten?«, fragte sie ihn. »Und, was noch wichtiger ist, haben die größeren Häuser einen Garten? Denn nur das konnte mich dazu bewegen, mein Heim und meine Freunde aufzugeben und in die Wüste zu ziehen.«

»Ich glaube, die Villen sind luxuriös, und für die Gärten gibt es Wasser in Hülle und Fülle. Obwohl der Ort mitten in der Wüste liegt und zu trocken und ungeeignet scheint, um dort eine neue Welt zu errichten, grünt und blüht alles in der Stadt. Ich habe leider nur eine untergeordnete Aufgabe.« Er schwieg verlegen.

»Und die wäre?«, fragte ich.

»Ich entwerfe die Latrinenanlagen in der Nähe des großen Atontempels.« Darüber mussten alle lachen. Ermutigt fuhr er fort: »Selbst die Priester in ihren Heiligtümern müssen scheißen!«

»Red mir nicht von Priestern«, sagte das Mondgesicht. »Sie sind nur auf Reichtum aus, das ist alles. Eines hat Echnaton zumindest geschafft: Er hat die Tempel zerstört, die sie dem Gott des Mammons errichtet haben!«

Wir verfielen in Schweigen. Es ist gefährlich, Kritik an den Priestern zu üben, oder, besser gesagt, an den alten Familien, die seit vielen Generationen die Macht innehaben und nun, da ihnen der Verlust ihrer Stellung, ihrer Ländereien und Einkünfte droht, in Aufruhr sind wie ein gereiztes Ungeheuer. Ebenso die Medjai: Viele glauben, dass es innerhalb der Truppe Elemente gibt, die unbotmäßigen Mitgliedern der Gesellschaft die neue Religion mit den alten Methoden aufzwingen – Einschüchterung, Gewalt und Schmerz. Ich habe Geschichten gehört von Menschen, die verschwunden sind, von unidentifizierbaren Leichen, die der Fluss ans Ufer spülte und denen man die Hände abgehackt und die Augen herausgerissen hatte. Aber das sind bloß Gerüchte. Unsere Truppe sorgt dafür, dass die Ordnung über das Chaos siegt, dass *Maat* im Gleichgewicht ist und die Dinge ihre Richtigkeit haben. So muss es sein.

Wir sagten einander Gute Nacht und zogen uns in unsere Hängematten und unter die Decken zurück. Ich fand für mein Nachtlager ein wenig Abgeschiedenheit im Heck des Bootes, zwischen den Taurollen, unter den großen Steuerrudern, die jetzt im Schlamm des Flussbettes steckten. In einer Hängematte im Bug lag der Kapitän mit einer Kerze. Bald schnarchten alle Passagiere unter Zelten aus Leinwand und Insektennetzen.

Und so sitze ich hier mit meinem Tagebuch und überlege, was mich wohl in der Stadt Achet-Aton erwarten mag. Im Grunde genommen habe ich keine Ahnung. Da ist nur Leere. Echnatons angeblich so großartige Idee, eine neue Religion einzuführen und die alte zu verbieten, erscheint mir verrückt. Es ist gegen jede Vernunft. Mit dieser Meinung bin ich vermutlich nicht allein: Ich glaube, dass nur eine Handvoll Leute – der engste Kreis um den König und diejenigen, wie die Bauarbeiter und Architekten, die Arbeit bis an ihr Lebensende haben – nicht davon überzeugt sind, dass sie den Verstand verloren haben. Eine neue Religion, gegründet auf ihn selbst und Nofretete als Verkörperungen und alleinige Mittler von Aton, der Sonnenscheibe? Echnaton hat die niederen Götter abgeschafft, die die Menschen ihr ganzes Leben lang verehrt haben, ebenso wie die Hauptgottheiten der diesseitigen und jenseitigen Welt und des Himmels. Heutzutage glaube ich nur noch, was ich mit meinen eigenen Augen sehen oder aus Hinweisen hier in dieser Welt schließen kann. Also hat der König vielleicht doch recht, wenn er die Macht des Unsichtbaren leugnet. Und wahrscheinlich ist es ganz richtig, dass er die Priester mit ihren eigenen Waffen schlägt, die sie, zu ihrem enormen persönlichen Vorteil, seit Generationen einsetzen. Aber ihnen auf einen Schlag alle Macht zu rauben, sie aus ihren alten Tempeln von Karnak zu vertreiben und sie (was das Schlimmste ist) ungehindert und müßig durchs Land streifen und auf Rache sinnen zu lassen – wie ist das möglich? Wie soll das enden, wenn nicht in einer Katastrophe? Es heißt, der König biete nicht gerade einen göttlichen Anblick. Angeblich ist sein Körper ebenso absonderlich wie sein Geist. Seine Gliedmaßen lang und spindeldürr wie bei einem Grashüpfer, der Bauch wie ein Wasserfass. Aber die das behaupten, haben den Mann gar nicht selbst gesehen. Das Einzige, was er richtig gemacht hat, ist, dass er als Kind einflussreicher Eltern zur Welt gekommen ist und sich gut verheiratet hat. Nofretete. Die Vollkommene. Es heißt, ihre Herkunft wäre nebulös, doch sie selbst würde sehr bewundert.

Vielleicht kann ich mich von alldem ja selbst überzeugen. Sicher ist, dass wir in Zeiten des Wandels leben und uns ebenfalls wandeln müssen, um nicht unterzugehen – zumindest bis die Mächtigen alles wieder rückgängig machen und das, was neu entstanden ist, wieder zu Staub zerfällt. Denn Echnaton wird sich mit Sicherheit nicht lange halten können. Die Priester lassen sich ihren Reichtum und ihre irdische Macht nicht wegnehmen.

Doch was das alles mit dem Rätsel zu schaffen hat, das ich lösen soll, weiß ich nicht.

4

Ich lag unter dem Mond und blickte hinauf zu den zahlreichen gleichmütigen und unvergänglichen Sternen des Jenseits. Doch die Nacht ist stets voller Unruhe. Vom Ufer drangen die Geräusche der Vögel und Tiere, die ihrem nächtlichen Treiben nachgingen. Ich erinnerte mich daran, wie Tanefert und ich uns zum ersten Mal auf einem Fest begegneten. Damals ließen wir die Lichter und den Trubel hinter uns und spazierten gemeinsam am Ufer entlang. Hin und wieder berührten sich verstohlen unsere Hände, und jede dieser vermeintlich absichtslosen Berührungen sandte einen Schauer durch meinen ganzen Körper. Es war, als könnten wir beide die Gedanken des anderen lesen. Wir setzten uns auf eine Bank und blickten zum Mond auf. Ich sagte, er sei eine verrückte alte Frau, die man allein am Himmel zurückgelassen hatte, doch Tanefert widersprach: »Nein, es ist eine große Dame, die um ihren verlorenen Geliebten trauert. Sieh nur, wie sie nach ihm ruft.« Wir unterhielten uns noch weiter. Vorbehaltlos und ohne Rücksicht auf das damit verbundene Risiko öffnete sie mir ihr Herz und zeigte mir das Gute und Schlechte darin, und an dieser Ehrlichkeit erkannte ich, dass sie mein Leben durch Liebe verändern würde. Selbstverständlich war es nicht immer einfach. Die Götter wissen, wie ich sein kann: launisch, egoistisch, traurig.

Unvermittelt fühlte ich mich verloren. Ich erhob mich und starrte auf das dunkle Wasser hinaus. Ich war beunruhigt, so als befände ich mich am falschen Ort. Ich wollte das Boot wenden und auf der Stelle zu ihr zurückkehren. Plötzlich schwirrte etwas aus der Dunkelheit heran, schneller als ein herabstoßender Falke – ein Pfeil. Bevor ich ihn sah, spürte ich ihn wie eine kalte Nadel an meinem linken Auge vorübersausen. Ich spürte – oder bildete ich mir das nur ein? –, wie heiße, hell leuchtende Federn meine Wange streiften. Und dann sah ich die Flammen, die emporzüngelten, wo sich der Pfeil ins Holz gebohrt hatte, unter dem Auge des Horus, das als Schutzzeichen an den Mast genagelt war. Der Geist ist langsamer als die Zeit, langsamer als Feuer und Luft. Endlich riss mich ein Geräusch wie frenetischer Applaus aus meiner Versunkenheit, und ich schrie wie ein Wahnsinniger. Mit seinen vielen gierigen Mäulern sprang das Feuer vom Mast, diesem brennenden Baum, auf das Segel über und begann, es zu verzehren. Dann war plötzlich der Kapitän da und riss an den Tauen, während die Matrosen mit Eimern fieberhaft Wasser aus dem Fluss schöpften und in den brüllenden Rachen der Feuersbrunst schütteten.

Langsam kam ich wieder zu mir. Die Passagiere, alle in ihrer Nachtkleidung, drängten sich mittlerweile auf dem Deck, klammerten sich aneinander und weinten oder starrten in die plötzlich bedrohliche Finsternis, die unser zerbrechliches, lädiertes Gefährt umgab. Ich hörte, wie das rettende Wasser mit stetem Drip-drip-drip vom verkohlten Holz tropfte. Alle wussten, dass der Pfeil mir gegolten hatte. Sie wussten auch, dass sie wegen meiner Anwesenheit auf dem Boot nur knapp dem Tod entronnen waren. Und außerdem wussten sie, dass ich nicht der war, als der ich mich ausgab.

Das Mondgesicht ergriff das Wort. »Du warst nicht ehrlich zu uns, Herr. Ein Beamter im Schatzamt verdient nicht so viel Aufmerksamkeit.«

Ich zuckte die Achseln. Die hübsche Frau schaute mich mit fragenden Augen und einem gesteigerten Interesse an. Und der Kapitän, dessen Miene Beschämung und Zorn ausdrückte, warf einen Blick auf die schwarz verkohlten Überreste des Pfeils. »Du schuldest mir ein Schiff«, sagte er.

Er wollte den Pfeil herausziehen, doch ich gebot ihm Einhalt. Es handelte sich um einen Beweis. Ich schob den Kapitän beiseite und besah mir den Pfeil. Er ließ sich nicht aus dem Holz ziehen, da er so stark verbrannt war, dass er jeden Augenblick zu Asche zerfallen konnte. Doch obgleich er so stark beschädigt war, fielen mir sofort zwei bemerkenswerte Dinge auf. Erstens: Die nun rußgeschwärzte Spitze bestand aus Metall, wahrscheinlich Silber, und nicht aus Feuerstein. Also handelte es sich nicht um einen zufälligen Gewaltakt, sondern um eine Tat, für die beträchtliches Geschick und ein nicht unerheblicher Aufwand nötig gewesen waren. Und noch etwas: Zwei Hieroglyphen, gerade noch erkennbar im hölzernen Schaft. Die magische Uräusschlange. Eine Kobra, aufgereckt auf der Krone des Pharaos, die Re bei seiner Reise durch die Unterwelt in der Nacht beschützt. Und Seth mit seinem gespaltenen Schwanz, Gott des Chaos und der Verwirrung, des Roten Landes und des Krieges. Hier war ein Könner am Werk gewesen, und ich hatte erstaunliches Glück, dass ich noch lebte. Ebenso erstaunlich, dass ich mich nicht darüber freute. Ich hatte die Warnung verstanden. Entweder war ich durch einen bloßen Zufall davongekommen, oder ich sollte davonkommen. Entweder hatte mich der unsichtbare Mörder um Haaresbreite verfehlt – wegen einer freundlichen nächtlichen Brise oder dem plötzlichen Schrei eines Vogels, die den Pfeil von seiner Bahn ablenkten –, oder er hatte absichtlich danebengeschossen.

Und er hatte ein Zeichen hinterlassen.

5

Der Rest der Reise verging in unbehaglichem Schweigen. Alle Passagiere und die Mannschaft betrachteten mich mit Misstrauen und hielten sich von mir fern. Der Kapitän hatte das angesengte Segel flicken lassen, dennoch kamen wir nur langsam voran und stachen hässlich gegen die zahlreichen anderen Boote auf dem Fluss ab. Selbst die Kinder aus den Dörfern am Ufer, stets bereit zu lachen, zu winken und zu rufen, blickten uns nur stumm nach. Ich bot dem Kapitän eine Entschädigung durch das Büro der Medjai an, doch wir wussten beide, dass die Aussichten darauf gering waren. Wenn wir noch nicht einmal unseren Lohn erhielten, wie sollten dann solch ungewöhnliche Forderungen erfüllt werden? Aber ich gab ihm mein Wort, da ich sonst nichts zu geben hatte. Er war nicht besonders beeindruckt. Irgendwie muss ich das wiedergutmachen. Und ich muss mir über eines im Klaren sein: Jemand Mächtiges weiß, dass ich komme, und will mich nicht in Achet-Aton haben, dieser Stadt, die ich noch nie gesehen habe – bis jetzt.

Als wir um eine Biegung des Flusses kamen, nachdem wir nichts gesehen hatten als Felder und kleine Dörfer und dahinter die ewig ihre Gestalt wechselnden, zerklüfteten Steine des Roten Landes, lag vor uns plötzlich wie eine Vision eine strahlend weiße Stadt. Sie schmiegte sich in den weiten Bogen, den das Ostufer des Flusses beschrieb, und war auf ihrer Rückseite geschützt durch eine Reihe roter und grauer Felsen, die die Ostgrenze des Landes markierten und in der Mitte von einem engen, tiefen Tal, wie einer Kerbe in einem Baumstamm, durchschnitten waren. Im Nordwesten reichten die Ausläufer der Berge bis an den Fluss. Die Stadt lag da wie in einer riesigen schützenden Handfläche. Sie hatte nichts gemein mit den anderen Städten unserer Welt, dieser chaotischen Ansammlung alter und neuer Bauten, sondern ähnelte vielmehr einem großen, wohlgeordneten Garten voller Türme, Tempel, Amtsgebäude und Villen, die sich von den Ufern des Flusses bis an den Rand der Wüste dahinter erstreckten. Am Himmel kreisten große Schwärme von Vögeln, deren Rufe und Gesang ich schon von Weitem hören konnte.

Alle Passagiere standen am Bug und blickten staunend auf dieses unglaubliche Paradies in der Wüste, den Ort, der unsere Zukunft bestimmen sollte. Der junge Architekt zeigte uns die einzelnen Bereiche der Stadt sowie den nördlichen Palast und die dazugehörigen Gebäude. Wie er erklärte, waren sie allesamt nach einem neuartigen System ausgerichtet, einem regelmäßigen Gitternetz von Haupt- und Nebenstraßen, in das sich alle Häuser einfügten. Warum die einzelnen Gebäudekomplexe voneinander getrennt waren, wusste er nicht. Wie zu erwarten war, lag das Dorf der Arbeiter außerhalb der eigentlichen Stadt. Es handelte sich offenbar um ein einzigartiges Modellprojekt, das zweifellos nicht das Ergebnis aufgeklärten Denkens ist, sondern auf der simplen Tatsache beruht, dass gesunde und wohlgenährte Handwerker und Arbeiter nun einmal der beste Garant für schnelle und gute Arbeit sind und genau das tun, was die Aufseher und die Vorarbeiter der Bautrupps von ihnen verlangen.

Am Anlegesteg wartete ein kleines Empfangskomitee der Medjai auf mich. Als ich über die Planke schritt, kam einer von ihnen auf mich zu und begrüßte mich förmlich. Er stellte sich als Mahus Gehilfe vor und sagte, es sei ihm eine Ehre, mich zu meinem ersten Treffen mit dem Leiter der Polizei zu begleiten. Mit jeweils zwei Wächtern vorne und hinten marschierten wir aus dem Hafen und ließen meine Mitreisenden verblüfft zurück. Der junge Architekt verneigte sich, als wäre ihm plötzlich aufgegangen, dass seine indiskreten Bemerkungen womöglich naiv und unvorsichtig gewesen waren. Mit einem Nicken gab ich ihm zu verstehen, dass uns beiden klar war, dass in dieser

Welt auch Priester scheißen mussten. Das Mondgesicht zog nur herablassend eine Augenbraue hoch, als wollte er sagen: Du hast uns zum Narren gehalten, und nun zeigst du dein wahres Gesicht. Viel Glück. Der Bürohengst wirkte verärgert, und seine ansehnliche Frau warf mir einen raschen, strahlenden Blick zu, als wollte sie sagen: Vielleicht sehe ich dich ja eines Tages wieder, inmitten vieler Menschen bei einem offiziellen Empfang. Dann werden wir einander wiedererkennen … Ich verbeugte mich respektvoll vor ihr.

Überrascht registrierte ich, dass auf den Straßen nicht das übliche Gewimmel derer herrschte, die ihren täglichen Geschäften nachgingen. Hier schien jede Art von Tätigkeit nur einem einzigen Zweck zu dienen: der Verherrlichung und Verehrung Echnatons und der königlichen Familie. Das verlieh der Stadt eine bewusste, deutlich spürbare Besonderheit, als hätte man das bunte Durcheinander auf Thebens Straßen absichtlich und mit kühler Berechnung vermieden. An diesem Ort konnte jeder die Stellung und den Einfluss des anderen einschätzen. Es schien weniger eine Stadt zu sein als vielmehr ein ausgedehnter Bezirk von Tempeln und Palästen mit einigen Beigaben für die Bedürfnisse des täglichen Lebens. Schön und von grandioser, überwältigender Künstlichkeit.

Doch als wir weiter in die Stadt hineingingen, wirkte sie zunehmend weniger durchorganisiert und vollständig, als es zunächst den Anschein gehabt hatte. Weil alles so neu war, leuchteten die getünchten, aber weitgehend noch unbemalten Tempeltore und Weihestätten in blendendem Weiß. Die Hieroglyphen an den Wänden waren unvollendet. Weite Teile der Stadt befanden sich noch im Bau. Hässliche Baugerüste verbargen die zukünftigen Amtsgebäude und Tempelanlagen. Tausende von Arbeitern waren auf den verschiedenen Baustellen beschäftigt. Breite Wege und Prozessionsstraßen verengten sich zu Wüstenpfaden oder endeten in Geröll und Staub. Am nördlichen und südlichen Rand der Stadt sah ich zu meinem Erstaunen prächtige Villen unmittelbar neben armseligen

Hütten. Auf einer öden, steinigen Fläche am Rand des Stadtgebiets nahe dem Dorf der Arbeiter erhoben sich die ersten Grabmäler und Kapellen der städtischen Nekropole. Und genau im Zentrum lag die innere Stadt mit dem weitläufigen Atontempel und den öffentlichen Gebäuden. Die Tatsache, dass diese Amtsgebäude ebenso wuchtig und auffällig wirkten wie die Tempel, verriet viel über das Wesen der Stadt, und ich habe mir sagen lassen, dass es dort das größte geheime Papyrusarchiv gibt. Ich brenne schon darauf, mir mithilfe meines Empfehlungsschreibens diesen geheimnisvollen Palast von innen anzusehen. Eine solche Anhäufung von Informationen kann nur im Dienst der Macht stehen. Vielleicht geht es in dieser eindrucksvollen Stadt ja in Wahrheit darum, den Bewohnern Angst einzujagen.

Ebenso eindrucksvoll – und hochwillkommen bei dieser Hitze, die selbst ich bestürzend finde – ist das allgegenwärtige Wasser. Normalerweise gerät man, sobald man sich vom kühlen Fluss entfernt, geradewegs in Chaos und Staub. Nicht jedoch hier. Sogar das Straßenpflaster und die Mauern wirkten frisch und sauber und glänzten, als würden sie regelmäßig abgespült. Als Erstes fiel mir das Geräusch von fließendem Wasser auf, das unablässig und unsichtbar unter unseren Füßen dahinströmte. Dann, wie frisch und grün die Gärten waren und die neu gepflanzten Bäume entlang der Prachtstraßen: Ich sah Feigen, Datteln, Avocados, Johannisbrotfrüchte und Granatäpfel. Vielleicht war in dieser unglaublichen Stadt ja immer Erntezeit.

Dreist pflückte ich mir eine Feige von einem Zweig, der über eine Gartenmauer hing. Dabei warf ich einen Blick in den Garten und sah ein gefliestes Wasserbecken und eine Frau, die überrascht und ärgerlich aufblickte, als der Zweig, von dem ich die Feige gestohlen hatte, wieder zurückschnellte. Das Wasser war glasklar, die Fliesen bildeten ein verschlungenes Muster aus Blau und Gold. Das war wahrer Reichtum. Ich hätte zehn Jahre arbeiten müssen, um mir solch einen Palast bauen zu können. Die Frau war fast nackt, ihre Haut hatte die gleiche Farbe wie das Gold der Fliesen im Wasser. Hier, so scheint es, können die Frauen müßig im Schatten sitzen, während ihre Ehemänner, vermutlich Beamte oder Diplomaten, mithelfen, die neue Welt zu erschaffen.

In merkwürdigem Kontrast dazu standen die Scharen von Arbeitern, die entlang unseres Weges auf den wackeligen Gerüsten schufteten, die man mit wenig Sorgfalt an den hohen Mauern der Gebäude errichtet hatte. Es kommt mir wie ein Wunder vor, dass von diesen zusammengezimmerten Konstruktionen nicht jeden Tag welche zusammenbrechen. Überall standen hohe Stapel von trockenen Lehmziegeln, wie Miniatur-Wüstenstädte für winzige Bewohner. Und versteckt in einigen der schattigen Gässchen, bemerkte ich Gestalten, die hingestreckt, wie zerbrochen, dalagen und aussahen, als hätten sie sich schon seit geraumer Zeit nicht mehr gerührt und würden es auch nie wieder tun.

Man brachte mich auf direktem Weg zum Hauptquartier der Medjai. Neue Unterkünfte. Die Mauern mit Marmor und Sandstein verkleidet und frisch verziert, zweckmäßiges, elegantes, modernes Mobiliar, ungeöffnete oder halb ausgepackte Kisten voller Akten und sonstigem überflüssigem Kram. Sieht so unsere neue Machtzentrale aus? Was für ein Gegensatz zu unseren eigenen alten, finsteren und schäbigen Amtsstuben in Theben und in allen anderen Gauen, in denen ich gewesen bin. Wir schritten durch immer neue Korridore, vorbei an zahlreichen Männern, die ihrer Arbeit nachgingen und mich meist nur mit einem kurzen, neugierigen Blick musterten. Endlich kamen wir an eine große, mit Goldornamenten und den Insignien der Macht verzierte Holztür. Darüber befand sich das Emblem der neuen Gottheit Aton, die Sonnenscheibe, deren zahlreiche kleine Hände nach unten auf die sie anbetende Welt gerichtet waren.

Neben der Tür saß ein Sekretär an einem Schreibtisch. Ohne mich weiter zu beachten, betrat der junge Beamte das große Amtszimmer, während ich wartete. Die Wachen scharrten ein wenig mit den Füßen, mein Führer blickte verlegen, und die Sekunden verrannen. Alle lauschten wir auf den Gesang der Vögel im Hof. Ich räusperte mich, worauf jedoch niemand reagierte. Die Wachen starrten weiterhin die Tür an. Allmählich kam ich mir eher wie ein Gefangener vor als wie ein geschätzter Kollege. Endlich öffnete sich die Tür mit einem schleifenden Geräusch – das neue Holz hatte sich im Rahmen verzogen. Wie absurd, diese aufdringliche Zurschaustellung von Macht, und dann eine klemmende Tür! Der Sekretär bat mich einzutreten. Ich antwortete mit einem spöttisch gemeinten Nicken und schritt dem nächsten Schauplatz des Rätsels entgegen. Hinter mir schloss sich die Tür.

6

Ich befand mich in einem weiten, offenen, hellen Raum, der von einem großen Schreibtisch mit einer prächtigen polierten Platte aus einer mir unbekannten Holzart beherrscht wurde. Darauf standen einige kunstvoll gearbeitete Gegenstände: eine Vase mit blauen Lotosblumen, eine Statuette Echnatons, eine zierliche Karaffe aus Alabaster in Form eines Vogels, der aus dem Wasser auffliegt, eine Reihe von Pokalen und zwei Holztabletts.

Hinter dem Schreibtisch ließ sich ein merkwürdiges Hecheln vernehmen. Dort saß ein fülliger Mann und studierte eine Akte, die er vom ersten Tablett genommen hatte. Er ignorierte meine Anwesenheit. Mahu.

Er war mittleren Alters und von untersetztem, muskulösem Körperbau. Seine einflussreiche, gehobene Stellung zeigte sich ebenso in seiner Körperhaltung und in der unverkennbar brutalen, fast grobschlächtigen Form seines Schädels mit dem kurz geschorenen grauen Haar wie in seiner in jeder Hinsicht prächtigen, luxuriösen Kleidung. Er trug einen auffälligen Kragen, den ich in aller Ruhe betrachten konnte. Sechs Reifen, an denen eine Vielzahl kleinerer goldener Ringe baumelte und deren schwere, mit Lapislazuli eingelegte Schließe mit einem geflügelten Skarabäus und Sonnenscheiben verziert war. Dazu trug Mahu eine mit Ärmeln versehene Tunika aus dem feinsten weißen Leinen und Sandalen.

Interessanter jedoch als seine theatralische Aufmachung waren seine Augen. Als er endlich aufzublicken geruhte, sah ich, dass sie nicht nur wegen ihrer topasgelben Farbe außergewöhnlich waren. Besonders bemerkenswert war der Hunger, der in ihnen funkelte. Lässig und grausam wie bei einem Löwen oder einem Gott. Mir war, als könnte er durch mich hindurchsehen bis auf die Knochen und alle Schwäche und Verletzlichkeit erkennen und das Schicksal, das mir beschieden war.

Ich hätte zu gern gewusst, ob er zu frühstücken pflegte, ob er vielleicht Kinder hatte, eine Frau, Freunde, ob er ein Leben führte, in dem sich seine Macht mit Zärtlichkeit und Fürsorge vereinbaren ließ, oder ob er die Menschen mit all ihren Träumen, ihrem Streben und ihrer Nichtigkeit so klar durchschaute, dass er nicht mehr für sie zu empfinden vermochte als ein Gott für die törichten Sterblichen, die die Zeit im Nu fortwischt, wie ein Tuch, das über einen fleckigen, beschlagenen Spiegel fährt.

Ich erwiderte seinen starren Blick. Er erhob sich von seinem Schreibtisch und kam auf mich zu, begleitet von einem sabbernden schwarzen Hund, der auch für das seltsame Hecheln verantwortlich war.

»Wie ich sehe, interessierst du dich für meinen Kragen«, sagte Mahu. »Er ist ein Geschenk von Echnaton. Man sollte sich so kleiden, wie man sich selbst sieht, findest du nicht auch?«

»Deine Kleidung ist wirklich prächtig«, erwiderte ich in der Hoffnung, dass ihm mein ironischer Unterton nicht entgehen würde. Doch der abschätzige Blick, mit dem er meine reichlich abgerissene Reisekleidung musterte, schien auszudrücken, dass jegliche Ironie durch meine offensichtliche Unzulänglichkeit unglaubwurdig wirkte.

Wir schwiegen einen Augenblick und überlegten uns unsere nächsten Worte. Normalerweise rede ich ständig, doch nun wartete ich stumm darauf, dass er den nächsten Zug machte. Doch er schien völlig unbeeindruckt von meiner armseligen List.

Als hätte er meine Gedanken gelesen, deutete er auf die Liege, und so blieb mir nichts anderes übrig, als mich zu setzen, während er stehen blieb. Über diese Machtspielchen muss ich noch viel lernen.

Er starrte auf mich herab und rieb sich das Kinn. Das Schweigen war unbehaglich.

»Dich hat man also ausgewählt, um das Rätsel zu lösen.«

»Ich habe die Ehre.«

»Womit hast du sie deiner Meinung nach verdient?«

»Vermutlich mit gar nichts. Alle Begabungen, über die ich möglicherweise verfüge, stelle ich in den Dienst unseres Herrn.« Ich zuckte innerlich über meine eigenen Plattitüden zusammen.

»Und deine Familie …?«

»Mein Vater war Schreiber auf dem Bauamt.«

Meine bescheidene Herkunft stand zwischen uns im Raum.

»Ich bin bereit, Näheres über den Fall zu erfahren«, fügte ich hinzu.

»Echnaton selbst wünscht, dich über alles, was wir darüber wissen, in Kenntnis zu setzen. Er hat mich mit der Aufgabe betraut, dich in unsere neue Welt hier einzuführen, dir angemessene Unterstützung zu geben und vor allem ein Auge auf dich zu haben.«

Er machte eine bedeutungsvolle Pause.

Ich wartete.

»Wir stellen dir zwei unserer besten Offiziere zur Seite, einen hochrangigen und einen vielversprechenden jüngeren. Sie werden Tag und Nacht zu deiner Verfügung stehen und dich überall hinführen.«

Man hatte also Wachhunde auf mich angesetzt. Das war lästig, und das sollte es auch sein.

»Ich bedauere, dir sagen zu müssen, dass ich mit deiner Anwesenheit nicht einverstanden bin. Aber es ist das Beste, du weißt es von Anfang an«, fuhr er fort. »Warum hat man jemanden von außerhalb geholt? Jemanden, der nicht weiß, wie die Dinge hier laufen. Einen Mann, dessen Erfahrung sich auf kleine Diebe und Huren beschränkt und der bisher nichts weiter getan hat, als mühsam im Dreck nach Indizien zu wühlen, wenn in den armseligen Vierteln des erbärmlichsten Abschaums ein Mord verübt wurde. Einen Mann, der das für moderne Ermittlungsmethoden hält. Doch die Entscheidung lag nicht bei mir. Das hier ist eine neue Welt. Es ist nicht Theben, und du wirst mehr Zeit brauchen, als du hast, um dich hier zurechtzufinden. Hier sind mannigfaltige Kräfte am Werk, die, wenn man sie nicht richtig behandelt oder versteht, einen Menschen zerbrechen können wie eine trockene Brotkruste.«

Eine ganze Weile blickten die topasfarbenen Augen durch mich hindurch.

»Aber vergiss bitte nicht: Ich bin da, um dir zu helfen. Ich biete dir meine fachliche Unterstützung an, von Medjai zu Medjai. Ich bin derjenige, der die Schlüssel zu dieser Stadt besitzt. Ich kenne hier jeden Stein. Ich weiß, wo die Steine herkommen und wer sie warum wohin gesetzt hat.«

Ich lauschte seinem Monolog mit ausdrucksloser Miene, und da dies ja offensichtlich ein Gespräch sein sollte, erhob ich mich nach einer respektvollen Pause und antwortete ihm. »Ich teile deine Einschätzung der Lage und nehme deine fachliche Hilfe dankend an. Aber da mich Echnaton persönlich ausgewählt hat, kann ich mich hoffentlich darauf verlassen, dass alle, die in seinem Dienst stehen, mich rückhaltlos unterstützen. Ich glaube, das wäre auch sein Wunsch. Und wenn ich versage, ist mein Schicksal besiegelt.«

Er neigte ganz leicht den Kopf und erwiderte meinen Blick ein klein wenig zu lange. »Wir verstehen uns vollkommen.« Darauf wandte er sich seinem Schreibtisch zu, überflog kurz das Papyrusdokument, bedachte mich erneut mit einem rätselhaften, halb lächelnden, halb warnenden Blick und ließ dabei die Akte nachlässig auf das leere Tablett auf seinem Schreibtisch fallen.

»Deine Unterredung findet bei Sonnenuntergang statt«, sagte er, bevor er sich setzte und aufmerksam aus dem Fenster blickte.

Ich verließ das Zimmer mit dem Gefühl, dass er mir durch die Rückseite seines grausamen Schädels nachsah, und zog die

Tür hinter mir zu. Ich musste ein wenig drücken, bis sie richtig schloss, und das Geräusch weckte die Aufmerksamkeit der Wachen, des unfreundlichen kleinen Sekretärs und des Gehilfen. Letzterer trat auf mich zu und sagte: »Ich zeige dir dein Quartier. Und dann bringe ich dich zu deiner Unterredung.« Also wusste er bereits Bescheid.

Mir war zumute wie einem Tier, das man für die Opferung bereit macht.

Ausgerechnet bei Sonnenuntergang.

Der Stunde des Todes.

7

Ich kann nur warten, und Warten ist für mich eine Qual. Lieber würde ich Sand essen. Man hat mir ein Büro zugewiesen mit einer Liege und einem Schreibtisch, in einem Gebäude hinter den Haupttempeln und den Kasernen der Medjai. Der Blick geht auf ein leeres Wasserbecken mit einem Brunnen, der nicht funktioniert. Es ist von einer Terrasse umgeben, und dahinter liegt ein leeres, von Steinen übersätes Grundstück mit roter Erde. Um die Terrasse ein bisschen weniger trist erscheinen zu lassen, hat jemand eilig ein paar Töpfe mit mickrigen Pflanzen und kleinen Akazienbüschen darauf verteilt. Man hat auch eine Bank aufgestellt, als hätte ich Zeit, im Schatten zu sitzen und mich mit angenehmen Dingen und Poesie zu beschäftigen. Ansonsten wirkt das Gebäude unbewohnt. Über dem Kopfende meiner Liege befindet sich eine Nische mit einem Abbild Echnatons, des Großen Königs, dem ich in Kürze unter die Augen treten soll. Und dann werde ich ja sehen, was den wunderlichen Burschen in der Nische mit seinem langen Hals, dem Hängebauch und den großen schräg stehenden Augen, der wie eine Kreuzung zwischen einem Maultier und einer Schwiegermutter aussieht, von der wirklichen Inkarnation des Gottes unterscheidet.

Ich trank von dem Wasser aus dem Krug. Es war ungewöhnlich süß und klar. Dann prüfte ich, wie weich die Liege war, und fand sie erstaunlich bequem, besonders nach dem Schlafen in gekrümmter Haltung in der Schiffshängematte. Wie es sich zeigte, war sie sogar allzu bequem. Ich erwachte mit einem Ruck von einem lauten Geräusch. Es war schon spät, und jemand hämmerte an die Tür. Ich erinnerte mich an gar nichts. Mein Tagebuch lag auf dem Boden, einige Blätter waren leicht geknickt, und der letzte Eintrag brach mitten im Satz ab. Das Abbild Echnatons starrte auf mich herab, als würde ich schon jetzt an meinem Auftrag scheitern. Doch ich fühlte mich erstaunlich ausgeruht. War ich wirklich so übermüdet gewesen? Ich blickte mich im Zimmer um. Nichts schien verändert. Ich prüfte das Tagebuch: keine herausgerissenen Seiten, keine Markierungen. Und doch – irgendetwas fühlte sich anders an. Als läge noch die Gegenwart eines Fremden in der Luft. Hatte das Wasser ein Schlafmittel enthalten? Ich musste wieder daran denken, wie ungewöhnlich süß es geschmeckt hatte.

Wieder klopfte es. »Herein!«, rief ich mit fester Stimme, um mir meine Schläfrigkeit nicht anmerken zu lassen. Der Offizier der Wache, der mich zu meinem Treffen mit Mahu und anschließend in dieses Büro gebracht hatte, stand auf der Schwelle. Er war vielleicht fünf Jahre jünger als ich, mit wachen Augen und einem antrainiert beherrschten Ausdruck auf seinem angenehmen, munteren und unauffälligen Gesicht. Hinter ihm stand ein jüngerer, auf eine weiche, gepflegte Art attraktiver Mann mit dem Blick eines Charmeurs und den für unseren Beruf so typischen bewusst langsamen und lässigen Bewegungen.

»Wie ist dein Name?«, wandte ich mich an den Älteren der beiden.

»Keti, Herr.«

»Der Name eines Weisen für einen weisen Mann?«

»Das hofften meine Eltern, Herr.«

»Unser Name gibt uns Kraft, glaubst du nicht auch?«

»Ja, Herr, das wird allgemein angenommen.«

Er gab sich zurückhaltend. Selbstbewusst, aber vorsichtig.

»Wie lange bist du schon hier, Keti?«

»Von Anfang an, Herr. Immer bei Mahu.«

»Du meinst, seit die Stadt erbaut wurde?«

»Mein ganzes Leben lang. Vor mir arbeitete mein Vater für ihn.«

Das war natürlich durchaus üblich. Für Familien niedrigen

oder auch mittleren Ranges konnte es große Vorteile haben, derartige Bindungen über Generationen hinweg einzugehen. Ebenso konnten sie jedoch auch viel verlieren, wenn sie in Ungnade fielen. Jedenfalls verriet mir diese Tatsache, was ich mir ohnehin hätte denken können, dass ich mich bei diesem Offizier vorsehen musste. Wenn ich mit ihm zusammenarbeitete, musste ich mir darüber im Klaren sein, dass jede Einzelheit und jeder meiner Schritte Mahu hinterbracht würden. Alles ganz normal.

»Und du?«

»Tjenri, Herr.«

Sein Ton war nicht sonderlich respektvoll, doch mir gefiel diese etwas lässige Art.

»Ich freue mich darauf, bei der Untersuchung des Rätsels von deiner Erfahrung und deinem Wissen zu profitieren.«

»Es ist mir eine Ehre, Herr.« Die Andeutung eines Lächelns umspielte seine Lippen.

»Gut. Ihr müsst mir helfen, mich in dieser großen Stadt mit ihren Geheimnissen zurechtzufinden.«

»Ja, Herr.«

»Und jetzt wollt ihr mich zu der Unterredung bringen?«

»Es ist Zeit.«

»Dann lasst uns gehen.«

Tatsächlich sank die Sonne bereits, das Licht fiel schräg auf Bäume und Häuser, und die Schatten wurden länger. Die Welt lag nicht mehr in der blendenden Helle des Nachmittags, sondern im goldenen, quecksilbernen, schattenblauen Abendlicht, das erfüllt war von Vogelgesang. Gemeinsam gingen wir die breite Hauptstraße entlang und bogen in die sauber gefegte Königliche Straße ein, die parallel zum Fluss mit der untergehenden Sonne sachte zur inneren Stadt anstieg. Von ihren gehorsamen Schatten begleitet, strebten auch andere in die gleiche Richtung. Sie machten einen zielstrebigen Eindruck, als wollten sie jeden davon überzeugen, wie unermüdlich sie für die Erhaltung des Staates tätig waren.

»Keti, nach welchem System ist dieser Teil der Stadt angelegt?«

»Er bildet ein Gitter, Herr. Die Straßen verlaufen völlig gerade und kreuzen sich so, dass die Gebäude dazwischen alle die gleiche Größe haben. Es ist vollkommen.«

»Vollkommen, aber nicht vollendet.«

Er ignorierte meine Bemerkung, doch Tjenri fügte hinzu: »Bis zum Fest bleibt nicht mehr viel Zeit. Sie haben zusätzliche Arbeiter kommen lassen, aber trotzdem wird es schwierig werden, die Fristen einzuhalten.«

Keti wies auf weitere Baulichkeiten hin: »Rechts von uns befindet sich das Archiv, und dahinter das Haus des Lebens.«

»Das Archiv? Das würde ich mir gern ansehen.«

»Es ist wie eine riesige Bibliothek mit Aufzeichnungen über alles und jeden.«

»Es ist das einzige in beiden Ländern«, warf Tjenri so begeistert ein, als hielte er es für eine großartige Einrichtung.

»Dort sind wir also alle in Form von Aufzeichnungen vertreten?«

»Ich glaube schon«, antwortete Keti.

»Es ist schon erstaunlich, wie ein paar Zeichen auf Papyrus all unsere Geschichten und Geheimnisse festhalten, damit sie aufbewahrt und gelesen werden und im Gedächtnis bleiben.«

Keti nickte, als wäre er nicht sicher, wovon ich sprach.

»Und was ist das für ein Gebäude dahinter?«

»Der kleine Atontempel.«

»Und das da hinten?« Jenseits des von Segeln bedeckten funkelnden Flusses konnte ich einen flachen, ungeheuer langen Bau erkennen.

»Der große Atontempel, der besonderen Festlichkeiten vorbehalten ist.«

»Wo werde ich den König treffen?«

»Ich habe Anweisung, dich zum großen Palast zu bringen. Aber zuerst soll ich dir den kleinen Atontempel zeigen.«

»Häuser, Paläste, Tempel, große und kleine. Das ist doch

verwirrend, nicht? Warum konnte man nicht alles so lassen, wie es war?«

Wieder nickte Keti, der nicht wusste, was er darauf erwidern sollte. Tjenri grinste. Ich grinste zurück.

Vor uns sah ich den Strom von Menschen mitsamt ihren Schatten auf ihrem Weg zu den großen strahlend weißen Tortürmen der Tempel, die, sechs an der Zahl, immer paarweise den Weg ins Innere des Gebäudekomplexes markierten. An ihren hohen Masten flatterten anmutig farbige Wimpel im leichten Wind, der vom Fluss kam, als hätten sie alle Zeit der Welt. Die Mauern der Pylonen, die von der untergehenden Sonne vergoldet wurden, waren mit unvollendeten Hieroglyphen bedeckt. Ich versuchte vergeblich, einige davon zu entziffern. Darin war ich noch nie gut gewesen. Schließlich gelangten wir zwischen den mittleren Pylonen hindurch zur Wachpforte, über der ein weiteres Abbild Atons eingemeißelt war. Wir wurden gestoßen und geschoben von der Menschenmenge, die sich durch den Engpass zwängte und sich schließlich in einem offenen Hof mit Bogengängen auf beiden Seiten auflöste, als alle zielsicher ihren Büros und anderen Bestimmungsorten zustrebten. Mehr denn je ist heutzutage der Sonnenuntergang eine der wichtigsten Gebetszeiten.

Einen Tempel wie diesen hatte ich noch nie gesehen. Die großen, dunklen steinernen Tempel von Karnak sind Labyrinthe, nur stellenweise erleuchtet von grellem weißem Licht, mit hintereinander angeordneten, zunehmend finsteren Kammern, die sich bis in das geheimnisvolle Herz des Gebäudes erstrecken, wo man den Gott für immer verborgen hält vor dem Licht der profanen Welt und der wimmelnden Menge der Gläubigen. Dieser Tempel hier war das genaue Gegenteil – weit offen für Luft und Sonne. Die ausgedehnten Flächen der Wände waren verziert mit Tausenden von Bildern, die, soweit ich erkennen konnte, in einzelnen oder zusammengehörigen Darstellungen fast ausschließlich Echnaton, Nofretete und ihre Kinder bei der Anbetung Atons darstellten. Ringsum an den Wänden standen, in Reihen angeordnet, Hunderte von Altären, und an der Rückseite des Tempels befanden sich mit weiteren Altären ausgestattete Kapellen. Mitten auf dem Platz erhob sich der erhöhte Hauptaltar, umgeben von lotosförmigen Räuchergefäßen und beladen mit Speisen und Blüten aus ganz Ober- und Unterägypten. Wie klug gerade in dieser Zeit, die Opfergaben der beiden Länder demonstrativ auf einem Altar zu vereinen. Und wohin man auch blickte, standen Statuen von Echnaton und Nofretete in verschiedenen Größen. Das Herrscherpaar blickte auf seine Untertanen herab, jedoch nicht mit dem starren, abwesenden Blick offizieller Darstellungen, sondern mit lebensechten, mit großer Kunstfertigkeit in den Sandstein gemeißelten Gesichtern. Ihre Hände waren ineinander verschlungen oder mit gewölbten Handflächen erhoben, um die göttliche Gabe der Sonnenwärme zu empfangen, die an diesem wie an jedem Abend vom echten Himmel herabströmte. Die Menschen standen unbeweglich, mit weit geöffneten Augen, und hoben ihre Opfergaben – Blüten und Speisen – und hin und wieder sogar ein Baby dem Licht entgegen.

Ich blickte auf meine eigenen Hände hinunter, die im sanften Abendlicht wie vergoldet wirkten.

»Da er seine Strahlen auf mich herabsendet und mir Leben und Herrschaft verleiht für immer und ewig, will ich Aton, meinem Vater, an dieser Stelle die Stadt Achet-Aton errichten«, zitierte Keti und fügte lächelnd hinzu: »Der Gott ist immer bei uns.«

»Außer bei Nacht.«

»Im Dunkeln durchquert der Gott die Unterwelt, Herr. Aber jeden Morgen kehrt er neugeboren zurück.«

»Sollten wir jetzt nicht langsam zur Audienz gehen?«, ließ sich Tjenri vernehmen, der den Anbetungen teils belustigt, teils gelangweilt zugesehen hatte.

Die beiden Männer gingen durch die Menschenmenge voraus, und ich folgte ihnen.

Ob dieser Effekt nun beabsichtigt war oder nicht, jedenfalls verwirrte mich der Anblick des neuen Tempels und der Gläubigen. Natürlich hat man schon von der neuen Religion gehört und davon, wie man nun mit erhobenen Händen die Sonnenscheibe anbeten soll. Natürlich erörtert man das Für und Wider. Natürlich muss man an seine Stellung und Zukunft denken. Für einige ist es eine Frage von Leben und Tod, doch für die meisten von uns geht es lediglich darum, zu tun, was verlangt wird, und ansonsten sein Leben weiterzuführen. Doch jetzt weiß ich nicht mehr, was ich denken soll. Es war noch nie sehr klug, sich der prallen Sonne auszusetzen.

Wir verließen den Tempel, traten auf die Königliche Straße hinaus und standen bald darauf vor dem großen Palast. Der Gebäudekomplex war mit dem Haus des Königs durch eine große geschlossene Brücke verbunden, unter deren eckigen Bögen der Straßenverkehr hindurchfahren konnte. In der Mitte der Brücke, über den Köpfen der Menschenmenge, befand sich ein großer Balkon.

»Das Erscheinungsfenster.«

»Aha.«

»Von dort aus verteilt unser Herr die Gaben.«

»Hast du etwas bekommen, Keti?«

»Diesen Kragen, Herr. Er ist fein gearbeitet und besteht aus erlesenem Material.«

Er betastete den Golddraht und die azurblauen Perlen. Der Kragen war bei Weitem nicht so kostbar wie der von Mahu, aber dennoch ein schönes und wertvolles Stück.

»Du musst Hervorragendes geleistet haben, um so ein Geschenk zu verdienen.«

»Er ist sehr verlässlich«, sagte Tjenri, der keinen solchen Kragen trug.

»Ich bin loyal«, sagte Keti.

Sie wechselten einen Blick.

»Da sind wir schon – der große Palast«, erklärte Tjenri so großspurig, als gehöre ihm das Bauwerk.

8

Wir schritten durch die Wachpforte und traten in einen weitläufigen Hof, der in Richtung des Flusses lag. Der Anblick seiner fließenden Farben und die wohlklingenden Rufe der Wasservögel weckten meine Lebensgeister. Über mir ragten, das Gesicht dem Fluss zugewandt, zwei weitere Standbilder von Echnaton und Nofretete auf. Ein Mann und eine Frau, in Stein gehauen wie Götter.

Wir bogen nach rechts in einen umschlossenen Hof und noch einmal nach rechts in ein Vorzimmer. Der Fußboden, über den ich schritt, war mit verschiedenen Szenen bemalt: schöne Gewässer mit Fischen und Blumen, Steinen und Schmetterlingen. Wir näherten uns dem Zentrum des Palastes, denn immer mehr hochgestellte Hofbeamte in feinen weißen Leinengewändern kamen uns entgegen. Mit einem neugierigen, doch kühlen und unbewegten Blick erkannten sie mich auf Anhieb als Fremden. Hier kannte offenbar jeder jeden, und war doch mit keinem befreundet.

Keti sprach mit einem der Hofbeamten. Tjenri machte eine rasche, ermunternde Geste, und schon wurde ich in einen privaten Hof geführt wie in die Höhle des Löwen. Dort war es wunderschön. Mit Holzblenden versehene und mit filigranen Schnitzereien verzierte Vertäfelungen bedeckten die drei Wände des Hofes, der an einer Seite, zum Fluss hin, offen war. Aus einer durchscheinenden Schale über einem länglichen Wasserbecken sprudelte ein Springbrunnen. Blumen und Farne schwankten sanft. Vor dem kühlen Schatten hob sich scharf die Silhouette einer Gestalt ab, die, eingerahmt von den Holzblenden, auf einem breiten Balkon stand und auf das großartige Flusspanorama und den noch herrlicheren Sonnenuntergang blickte. Der Mann war völlig versunken in den Anblick des funkelnden Lichts, das auf dem Wasser tanzte. Schließlich wandte er sich zu mir um.

Zuerst erkannte ich ihn nicht. »Leben, Wohlstand, Gesundheit«, sagte ich. »Ich bringe mich meinem Herrn und Re zum Opfer.« Ich hielt die Augen gesenkt.

»Wir können dein Opfer gebrauchen«, sagte er endlich. Seine Stimme war hell und klar. »Erhebe die Augen.«

Er blickte mich eine Weile an. Dann stieg er vorsichtig herunter, aus dem letzten roten Schimmer der untergehenden Sonne.

Nun konnte ich ihn richtig sehen. Er ähnelte den Abbildungen und doch wieder nicht. Sein Gesicht war noch recht jung, lang, schmal und beinahe schön, mit fein gezeichneten Lippen und intelligenten Augen, in deren Blick uneingeschränkte Macht lag: Es war schwer, ihn anzusehen, doch unmöglich, den Blick abzuwenden. Es war ein lebendiges, bewegliches Gesicht, von dem man sich vorstellen konnte, dass seine Züge von einem Augenblick zum anderen zu Unbarmherzigkeit erstarrten. Sein Körper war unter der Kleidung verborgen, und über eine Schulter geworfen trug er ein Leopardenfell, doch ich hatte den Eindruck, dass er von schlanker, zierlicher Gestalt war. Gewiss hatte er zartgliedrige Hände. Unter den rechten Arm hatte er eine fein gearbeitete Krücke geklemmt. Er wirkte so zerbrechlich, als würde er bei der leichtesten Berührung zu Staub zerfallen, und doch unermesslich machtvoll, als sei er zerschmettert worden und aus den Scherben umso stärker wiederauferstanden. Ein merkwürdiges Geschöpf, nicht ganz von dieser Welt. Schön und ungezähmt zugleich.

Echnaton, Herrscher der Beiden Länder und Herr der Welt, lächelte und entblößte dabei schmale, weit auseinanderstehende Zähne. Und dann verblasste das Lächeln. Er schlurfte zu einem Thron, wobei er den rechten Fuß ein wenig nachzog, und ließ sich darauf nieder. Ein ganz gewöhnlicher, sehr menschlicher Seufzer der Erleichterung.

»Es ist anstrengend, die neue Welt zu erschaffen. Doch nur dieser Weg führt zurück zu unseren Ahnen und der großen Wahrheit. Achet-Aton, die Stadt des Großen Horizonts, ist die Pforte zur Ewigkeit, und ich erneuere den Weg dorthin.«

Er schwieg und wartete auf meine Antwort.

Ich wusste nicht, was ich sagen sollte. »Es ist ein großes Werk, Herr.«

Er betrachtete mich. »Ich habe interessante Dinge über dich gehört. Du hast neue Ideen. Anhand von Indizien kannst du ein Verbrechen aufklären. Du schaffst es ohne Folter, dass Verbrecher gestehen. Du findest Vergnügen daran, die dunklen und geheimen Winkel des menschlichen Herzens zu ergründen.«

»Mich interessiert, wie und warum etwas geschieht. Also schaue ich mir aufmerksam an, was ich vor mir sehe.«

»Aufmerksamkeit. Das gefällt mir. Bist du jetzt auch aufmerksam?«

»Ja, Herr.«

Er winkte mich näher zu sich, damit uns keiner belauschen konnte. »Dann hör zu. Etwas Rätselhaftes und Schreckliches ist geschehen. Die Königin, meine Nofretete, die Vollkommene, ist verschwunden.«

Das war eine äußerst beunruhigende Nachricht. Eine Bestätigung meiner quälenden Unruhe, die immer stärker geworden war, seit Ahmose das erste Mal zu mir gekommen war. Für einen Mann, der sich plötzlich am Rande eines tiefen Abgrunds wiederfand, war ich erstaunlich ruhig.

Wieder wartete er auf meine Antwort.

»Erlaubt mir eine Frage: Wann ist das geschehen?«

Er überlegte einen Augenblick. »Vor fünf Tagen.«

Ich wusste nicht recht, ob ich ihm glauben sollte.

»Ich habe versucht, es geheim zu halten«, fuhr er fort. »Aber in dieser Stadt voller Gewisper und Echos ist das unmöglich. Ihre Abwesenheit ist bereits Gegenstand zahlreicher Spekulationen, vornehmlich in Kreisen, die davon profitieren.«

»Das ist ein Motiv«, sagte ich.

Plötzlich blickte er verärgert. »Was willst du damit sagen?«

»Ich meine, dass sie vielleicht von derartigen Personen … an einen anderen Ort verbracht wurde.«

»Natürlich. Es gibt Kräfte der Unwissenheit, die gegen uns – gegen die Erleuchtung – arbeiten. Ihr Verschwinden wird Anlass geben, alles, was wir getan haben, in Zweifel zu ziehen, und dem finsteren Aberglauben wieder Tür und Tor öffnen. Das würde ausgezeichnet passen, der Zeitpunkt ist genau richtig.«

Ich muss ihn etwas verständnislos angesehen haben.

»Haben diejenigen, die dich mir empfohlen haben, vielleicht einen schweren Irrtum begangen?«

»Verzeiht mir, Herr. Man hat mir nicht verraten, worum es bei diesem Fall geht. Ich habe nur gehört, dass Ihr mich persönlich sprechen wolltet.«

Auf einmal wirkte er vollkommen konzentriert. »In zehn Tagen feiern wir das Fest zur Einweihung der Hauptstadt. Auf meinen Befehl hin werden sich alle Könige, Statthalter und Stammesführer nebst ihren Gesandten und ihrem Gefolge hier einfinden und mir ihre Abgaben entrichten. Wir präsentieren ihnen eine neue Welt. Darauf haben sie und ich so viele Jahre hingearbeitet, und jetzt, so kurz bevor es von Erfolg gekrönt werden soll, darf unser Werk einfach nicht scheitern. Ich muss sie wiederhaben. Ich muss wissen, wer sie verschleppt hat, und muss sie wiederhaben!«

Unvermittelt bebte er vor Zorn – mehr, wie es mir schien, über diejenigen, die sie ihm genommen hatten, als über den Verlust der Frau selbst. Wütend knallte er seinen Stab auf den Tisch. Dann schüttelte er den Kopf, erhob sich zittrig und drehte sich um. Nachdem er sich ein wenig beruhigt hatte, deutete er mit seinem goldenen Stab auf mein Gesicht.

»Ist dir klar, welches Vertrauen ich in dich setze, indem ich so mit dir rede und dir meine Gedanken eröffne?«

Ich nickte.

Er ging zum Springbrunnen hinüber und blickte auf den pulsierenden Wasserstrahl. Dann kam er wieder zurück.

»Finde sie. Und wenn sie noch am Leben ist, rette sie und bring sie mir wieder, zusammen mit denen, die für die Tat verantwortlich sind. Wenn sie tot ist, bring mir ihren Leichnam, damit ich ihn der Ewigkeit übergeben kann. Du hast zehn Tage Zeit. Du kannst alles fordern, was du benötigst, aber vertraue niemandem in dieser Stadt. Du bist ein Fremder hier. Und so soll es auch bleiben.«

»Darf ich sprechen?«

»Ja.«

»Ich werde jeden befragen müssen, der Zugang zur Königin hatte. Jeden, der sie kennt, der für sie arbeitet, dem sie etwas bedeutet oder auch nicht. Das könnte Eure eigene Familie mit einschließen, Herr.«

Er blickte mich lange an. Wieder wurde seine Miene finster. »Willst du damit etwa andeuten, dass es in meiner eigenen Familie ein *Motiv,* wie du es nennst, gibt?«

»Ich muss jede Möglichkeit in Erwägung ziehen, und sei sie noch so unerträglich oder undenkbar.«

Er war nicht erfreut. »Tu, was du tun musst, mit meiner Erlaubnis. Ich werde dir die nötigen Genehmigungen erteilen. Aber denk daran, dass mit diesen Befugnissen auch Verantwortung verbunden ist. Wenn du dem nicht gerecht wirst, lasse ich dich hinrichten. Und falls du innerhalb von zehn Tagen kein Ergebnis vorweisen kannst, so wisse: Dann werde ich auch deine Familie töten lassen.«

Mein Herz wurde zu Stein. Meine schlimmsten Befürchtungen hatten sich bewahrheitet. Und das wusste er auch. Ich konnte es an seinem Gesicht sehen.

»Und was das kleine Tagebuch angeht, dem du deine Gedanken anvertraust – an deiner Stelle würde ich jede Schriftrolle nach dem Schreiben sofort verbrennen. ›Eine Kreuzung zwischen einem Maultier und einer Schwiegermutter‹? Ich fühlte mich nicht geschmeichelt. Beherzige deinen eigenen guten Rat und sieh dich vor.« Er stieß mit seinem Stab nach mir, starrte mich eindringlich an, und dann war ich entlassen.

9

Vor der Tür wartete Keti auf mich. Er merkte, wie erschüttert ich war, und wartete darauf, dass ich etwas sagte.

»Wo ist Tjenri?«

»Er musste fort. Mahu hat nach ihm geschickt. Wir treffen ihn morgen wieder.«

Ich nickte. »Ich brauche etwas zu trinken. Wohin geht ein durstiger Mann in dieser trockenen Stadt?«

Keti führte mich zu einem Pavillon am Wasser, der durch einen Holzzaun von der staubigen Straße getrennt war und ein kunstvoll verziertes Tor besaß, das völlig frei dastand. Wir hätten genauso gut darum herumgehen können, doch da sich jemand die Mühe gemacht hatte, es zu entwerfen und zu bauen, taten wir ihm den Gefallen und schritten hindurch. Dahinter lag eine hölzerne Plattform, die ein wenig über die Wasseroberfläche hinausragte und mit zwanglos angeordneten Tischen und Stühlen umgeben war. In Gruppen und Paaren saßen sie dort, die Getränke und Gesichter von Lampen erleuchtet und von den Laternen, die über ihren Köpfen hingen. Die meisten blickten auf und beobachteten mich. Erneut fiel mir auf, dass diese Menschen aus allen Teilen des Reiches stammten. Vielleicht hatten sie sich ja schon zum Fest eingefunden.

Ich wählte einen seitlichen Tisch nahe am Wasser, und wir setzten uns.

Die Weinliste war interessant, und ich bestellte einen Krug jungen Hatti: leicht genug für diese Tageszeit und als Begleitung zu einem Imbiss.

Der Diener kam mit einem Teller Feigen und – welch unglaubliche Seltenheit! – Mandeln, etwas Brot und dem Krug, auf dem Jahr, Herkunft, Sorte und Hersteller vermerkt waren. Ich probierte. Vorzüglich. Klar wie Quellwasser.

»Du bestellst keinen ägyptischen Wein?«

»Nein, Keti. Ich schätze den Wein aus Karga, und auch der aus Kynopolis kann ausgezeichnet sein. Aber für einen vom Fußvolk wie mich ist ein Hatti eine rare Köstlichkeit. Probier ihn mal.«

»Ich verstehe nicht viel von Wein. Ich trinke ägyptisches Bier.«

»Sehr gesund, aber keine reine Gaumenfreude.«

»Der Wein ist wirklich gut. Leicht und rein. Er schmeckt mir.«

»Versuche, ihn richtig zu genießen.«

»Ja, Herr.«

Er nahm noch einen Schluck. »Er ist wirklich süffig.«

»Nimm doch eine Mandel. Sie sind köstlich.«

»Ach, nein, danke.«

Wie konnte ich diesen Mann nur aus der Reserve locken? Er blickte mich an wie ein wachsamer, nicht allzu kluger Hund. Ich wünschte, Tjenri wäre an seiner Stelle hier. Er wirkte ein bisschen lebensfroher.

»Keti, vor uns liegt eine unlösbare Aufgabe. Hat dein charmanter Chef dir gesagt, worum es bei diesem Fall geht?«

»Nein, Herr.«

»Na gut, dann werde ich es dir erklären. Und indem ich das tue, mache ich uns in einer einzigen entscheidenden Hinsicht ebenbürtig. Uns beiden droht dasselbe Schicksal: Wenn wir den Fall nicht lösen, steht uns das Gleiche bevor. Verstehst du?«

Er nickte.

»Gut. Es geht um Folgendes.« Ich machte eine dramatische Kunstpause.

»Die Königin ist seit fünf Tagen verschwunden, und meine Aufgabe ist es, sie Echnaton bis zum Beginn der Feierlichkeiten zurückzubringen.«

Seine Augen wurden groß, und er starrte mich mit offenem Mund an. »Verschwunden? Willst du damit sagen …?«

Es war die schlechteste schauspielerische Leistung, die ich je gesehen hatte. Er wusste es schon. Anscheinend wusste es jeder außer mir.

»Hör um Himmels willen auf, so zu tun, als ob. Ihre Abwesenheit ist doch ganz offensichtlich Stadtgespräch.«

Seine Miene zeigte, wie sehr er nach einer Ausrede suchte, doch rasch erkannte er, dass er ertappt war. Achselzuckend hob er die Hände und lächelte mich offenherzig an.

»Gut. Und nun können wir vielleicht noch mal von vorn anfangen.«

Jetzt war sein Blick interessiert.

»Was geht in dieser Stadt vor sich?«

»Was musst du wissen?«

»Die Politik.«

Er zuckte mit den Schultern. »Dreckig.«

»Dann gibt es also nichts Neues in der Pforte zur Ewigkeit.«

»Was?«

»Nur etwas, das Echnaton zu mir gesagt hat.«

Ich schlürfte den guten Wein und schob ihm die seltenen Mandeln hin. Widerstrebend nahm Keti sich eine.

»Ich bin bloß ein Medjaioffizier mittleren Ranges, was weiß ich also schon?«, sagte er. »Aber wenn du mich fragst, werde ich dir sagen, was ich denke.«

Er rückte näher. »Jeder, der in die Stadt gekommen ist, ist auf Geld aus. Die meisten sind hier, weil es sich für die Zukunft auszahlt – ihre eigene und die ihrer Familie. Sie wissen, dass sie innerhalb der neuen Behörden und der Verwaltung aufsteigen und auf diese Weise ihre gesellschaftliche Stellung verbessern können. Und es gibt so viel Reichtum hier. Er strömt aus dem Rest des Landes, und, soweit ich weiß, dem gesamten Reich herbei. Ein Freund hat mir erzählt, dass die Garnisonen im Nordosten kaum noch besetzt sind, obwohl es dort oben gärt. Jeder hier stammt aus einer anderen Gegend, wo er oft nicht einmal mehr genug zum Leben hatte. Die Vorbereitungen für das Fest setzen alle enorm unter Druck. Die Handwerker verlangen das Fünffache für ihre Arbeit wegen der Umstände und dem Zeitdruck, und ihre Chefs machen einen guten Schnitt. Sie haben Tausende von Arbeitern ins Land geholt, aber ich bin sicher, dass nicht das ganze Geld für Nahrungsmittel und Löhne ausgegeben wird. Der Reichtum schwindet dahin, das Schatzamt kommt mit dem Bezahlen nicht mehr nach, das übrige Land leidet unter den Kürzungen ... Ich glaube, die Katastrophe ist schon in vollem Gange.«

Die Sonne war mittlerweile über dem Fluss und dem Roten Land untergegangen.

»Aber was hat das alles mit ihrem Verschwinden zu tun?«

Keti verstummte.

»Nun rede schon. Dein Schweigen geht mir auf die Nerven.«

»Manchmal ist es gefährlich, etwas zu sagen.«

Ich wartete.

»Es gibt zwei Gründe. Erstens den Zeitpunkt. Ohne sie ist das Fest sinnlos. Und zweitens wird sie viel mehr geliebt und verehrt als er. Manchmal glaube ich, die Leute schließen sich der neuen Religion nur an, weil sie an sie glauben – viel mehr als an den Atonkult. Sogar diejenigen, die sich über alles und jedes beklagen, müssen zugeben, dass sie ein erstaunlicher Mensch ist. Eine wie sie gab es noch nie. Aber das ist zugleich auch ein Problem. Es gibt Leute, die in ihr eine Bedrohung sehen.«

Ich nippte an meinem Wein. »Wer?«

»Leute, denen ihre Macht schadet und ihr Tod nützt.«

»Ihr *Verschwinden.* Warum sagtest du Tod?«

Er wirkte betroffen. »Entschuldige, Verschwinden. Alle glauben, dass sie ermordet wurde.«

»Regel Nummer eins: Nimm nie etwas als gegeben hin. Schau einfach, was da ist und was nicht. Ziehe daraus deine

Schlussfolgerungen. Wer würde von der gegenwärtigen Situation, der Unsicherheit profitieren?«

»Da gibt es nicht nur einen Kandidaten, sondern viele. Im neuen Militär, in der alten Priesterschaft von Karnak und Heliopolis, im Harem, in der neuen Beamtenschaft, sogar …«, er rückte näher, »… in der königlichen Familie selbst. Offenbar ist in den innersten Hofkreisen die Ansicht verbreitet, dass sogar die Königinmutter neidisch auf Nofretetes Schönheit und ihren Einfluss war – Dinge, die sie selbst schon vor langer Zeit verloren hat.«

Wir schwiegen und blickten in den rasch dunkler werdenden Himmel.

Er hatte gut gesprochen, und jedes seiner Worte hatte meine schlimmsten Befürchtungen bestätigt: dass ich tatsächlich in einem Geflecht aus Geheimnissen gefangen war, fein und fest gesponnen wie Spinngewebe, das nicht nur mein Leben, sondern das des ganzen Landes zerstören konnte. Plötzlich hatte ich das Gefühl, als wimmelte ein ganzes Schlangennest in meinem Magen, und eine innere Stimme sagte, es sei völlig unmöglich, ich würde sie niemals finden, sondern hier zugrunde gehen, ohne Tanefert und die Kinder noch einmal wiederzusehen.

Ich versuchte, ruhig zu atmen und nur an die anstehende Aufgabe zu denken. *Konzentriere dich. Konzentriere dich. Gebrauche dein Wissen. Mach deine Arbeit. Denk nach. Denk gründlich nach.*

»Vergiss nicht, Keti, es gibt keine Leiche. Ein Mörder will nur verletzen, bestrafen und töten. Ein Tod ist ein Tod. Er ist eine vollendete Tatsache. Die jetzige Situation ist anders. Ein Verschwinden ist viel komplizierter. Es bringt alles aus dem Gleichgewicht. Wer immer es getan hat, hat für beträchtliche Unsicherheit und Unruhe gesorgt. Und in den Augen der Obrigkeit ist das das Schlimmste, was passieren kann. Sie muss gegen Hirngespinste kämpfen, und die haben große Macht.«

Keti wirkte beeindruckt. »Wie sollen wir also vorgehen?«

»Dem Ganzen liegt ein Muster zugrunde. Wir müssen es nur erkennen und die einzelnen Hinweise zusammenfügen. Der Ausgangspunkt ist ihr Verschwinden. Eine Tatsache, die wir kennen. Das Warum und Wie kennen wir nicht. Wir wissen nicht, wo sie ist oder ob sie noch lebt. Das müssen wir herausfinden. Und wie, glaubst du, sollen wir das tun?«

»Hmm …«

»Du lieber Himmel, haben sie mir denn einen Affen zum Gehilfen gegeben?«

Er errötete vor Verlegenheit, doch seine Augen blitzten zornig.

Gut. Eine Reaktion.

»Wenn du etwas verloren hast, was fragst du dich dann als Erstes?«

»Wo ich es zum letzten Mal gesehen habe.«

»Und deshalb …«

»Deshalb müssen wir den letzten Ort, die letzte Zeit und die letzte Person herausfinden und von dort aus ihre Spur vor und zurück verfolgen. Du willst also, dass ich …«

»Genau.«

»Gleich morgen früh wird ein Name auf deinem Schreibtisch liegen.«

Nach einer Weile lächelte ich. »Keti, du wirst mit jedem Schluck von diesem guten Wein klüger.«

Sein Ärger legte sich ein wenig. Er füllte seinen Becher noch einmal.

»Niemand verschwindet einfach, als wäre er aus seinen Sandalen gestiegen und hätte sich in Luft aufgelöst«, fuhr ich fort. »Es gibt immer Spuren. Menschen können gar nicht umhin, Spuren zu hinterlassen. Und diese Spuren werden wir finden und lesen. Wir werden ihre Fußspuren im Staub dieser Welt aufspüren, sie finden und sicher heimbringen. Uns bleibt gar nichts anderes übrig.«

Wo sich die Königliche Straße und der Weg zu meinem Büro kreuzten, verabschiedeten wir uns voneinander.

Keti salutierte, dann machte er sich auf den Weg zum Hauptquartier der Medjai.

Ohne jeden Zweifel würde er noch an diesem Abend alles Mahu berichten mit der selbstbewussten Geläufigkeit des ungeübten Trinkers.

Aber vielleicht war ich zu hart mit ihm. Er war mir gegenüber offener gewesen, als es erforderlich gewesen wäre. Obgleich ich ihm nicht trauen konnte, mochte ich ihn recht gut leiden. Und in dieser fremden Welt würde er mir ein nützlicher Führer sein.

10

Wie ein Verurteilter erwachte ich frühmorgens vom unschuldigen Gesang der Vögel. Ich konnte es gar nicht fassen, dass ich noch immer hier war und mich und meine Familie in diesen Wahnsinn verstrickt hatte. Ich wünschte, Tanefert läge neben mir. Ich wünschte, ich würde die Mädchen nebenan in ihrem Zimmer reden hören. Doch der Raum war wie eine leere Schachtel. Wenn der Fluss, der mich hierher geführt hatte, mich doch nur wieder davontragen würde.

Keti und Tjenri erschienen gemeinsam. Tjenri hatte Frühstück dabei, einen Krug Bier und einen Korb mit Brötchen, die er vor mich hinstellte. Keti wirkte selbstzufrieden. Vorsichtig legte er ein Schriftstück aus Papyrus auf meinen Schreibtisch. Darauf stand ein Frauenname: Senet.

»Wer ist das?«

»Nofretetes Magd. Soweit ich feststellen konnte, die Letzte, die sie gesehen hat. Sie hat das Verschwinden ihrer Herrin gemeldet.«

»Gut. Gehen wir.«

»Aber wir sind doch nicht angemeldet.«

»Brauchen wir eine Anmeldung, um mit der Magd der Königin zu sprechen?«

»So gehört es sich eben. Das ist Sitte bei Hofe. Sie ist schließlich nicht irgendjemand. Ihre Familie …«

»Sieh mal, Keti, in Theben tauche ich einfach irgendwo auf. Ich entscheide, mit wem ich wann, wo und wie reden will. Ich gehe durch die Straßen, spreche mit Leuten, die arbeiten und ihr Leben auf eine Art führen, die praktisch auf den ersten Blick einleuchtet. Und sie reden schon, bevor sie sich noch eine Geschichte zurechtlegen können. Ich weiß, wie es geht.

Ich weiß, wie ich die richtigen Leute finde. Ich stelle ihnen Fragen. Sie antworten.«

Er blickte beunruhigt. »Darf ich etwas sagen?«

»Aber beeil dich.«

Tjenri grinste, doch Keti beachtete ihn nicht.

»In der Hauptstadt geht alles sehr förmlich zu. Ständig muss man auf Rangordnungen Rücksicht nehmen, Etikette, Vorschriften, Schicklichkeit. Selbst die einfachste Bitte um eine Audienz erfordert manchmal tagelange Vorbereitungen und Verhandlungen. Die Leute sind sehr … *empfindlich* und wollen, dass man ihre Stellung anerkennt und respektiert. Alles befindet sich in einen fein ausbalancierten Gleichgewicht, und wenn du es falsch anfängst und jemanden verärgerst, kann es sehr … schwierig werden.«

Ich konnte es nicht glauben. »Keti, weißt du noch, worüber wir uns gestern Abend unterhalten haben? Ist dir klar, wie wenig Zeit uns noch bleibt? Wir haben nur noch zehn … nein, jetzt bloß noch neun Tage. Höchstens. Wenn wir artig an all diese unsichtbaren Türen klopfen und sagen: ›Dürfen wir bitte hereinkommen? Bitte, schenk uns einen Augenblick deiner kostbaren Zeit. Dürften wir bitte deinen hohen Rang würdigen. Dürfte mein Gehilfe Keti bitte deinen hochwohlgeborenen Arsch küssen?‹, dann werden wir es nicht überstehen. Und außerdem haben wir die Befugnis. Von Echnaton.«

Ich rollte meinen Papyrus mit den königlichen Insignien auf – Kartuschen mit seinen beiden Namen – und zeigte sie ihm.

Tjenri war beeindruckt.

Wir traten in den frühen Morgen hinaus, und Keti zeigte mir ein klappriges Gefährt, das er aufgetrieben hatte, um mich damit herumzufahren.

»Tut mir leid, Herr, das ist alles, was ich kriegen konnte.«

»So weit zu Rang und Ehre«, erwiderte ich.

Wir fuhren los, gefolgt von Tjenri in einem noch hinfälligeren Karren. In der Luft und im frischen Morgenlicht lagen noch Spuren der nächtlichen Kühle. Das Zwitschern Tausender Vögel, die jetzt schon gleißende Helle der Gebäude, die Art und Weise, wie das erste Licht inmitten der kleinen Dinge aufleuchtete – zwischen den Grashalmen, im Laub der Bäume und dem fließenden Wasser –, all das weckte in meinem Herzen die Hoffnung, dass es mir vielleicht doch gelingen würde, dieses Rätsel zu lösen und zu meiner Familie zurückzukehren.

Zügig lenkte Keti unseren Wagen auf der breiten Königlichen Straße aus der inneren Stadt hinaus und nahm dann eine Abzweigung zu einem schönen, gewundenen Weg, der unter hohen Palmen am Fluss entlangführte.

»Gab es diese Bäume schon, als die Stadt gebaut wurde?«, fragte ich.

»Nein, Herr. Sie wurden mit Lastkähnen herangeschafft und nach Plan angepflanzt.«

Ich schüttelte verwundert den Kopf über die seltsamen Dinge, die es heutzutage gab: ausgewachsene Palmen, die in der Wüste gepflanzt wurden.

»Und Senet – erzähl mir etwas über sie.«

»Sie ist die Magd der Königin.«

»Bitte noch mehr.«

»Sie genießt das Vertrauen der Königin.«

»Ist das etwas Besonderes?«

»Ich weiß nicht. Ich nehme es an.«

»Und das ist die Privatresidenz der Königin?«

»Ja. Sie schätzt eine weniger förmliche Umgebung als das Haus des Königs. Hier zieht sie ihre Kinder auf. Es ist äußerst ungewöhnlich.«

Wir fuhren an Gemüsegärten mit ihren glitzernden Bewässerungskanälen und an frisch angelegten Obstgärten vorüber. Die Sonne war mittlerweile über den Bergen im Osten aufgegangen und brannte uns schon heiß ins Gesicht. Die langen Schatten waren vertrieben. Tausende namenloser Feldarbeiter plagten sich mit der schwarzen Erde, um Nahrungsmittel für die Stadt zu gewinnen, und lenkten mit ihren breiten Hacken den Lauf des Wassers in den Gräben am Rand der Felder.

Ebenso viele Bauarbeiter und Handwerker arbeiteten an den neuen Gebäuden, Haut und Haar ständig vom Staub gebleicht, den Rhythmus der Arbeitstrommel so stetig im Ohr wie einen Herzschlag.

Endlich kamen wir an das Tor des Palastes der Königin. Zu meiner Überraschung handelte es sich lediglich um ein Haus, das hinter einer hohen Einfassungsmauer aus Lehmziegeln verborgen lag. Zwar war es ungewöhnlich weitläufig, doch kein Palast im herkömmlichen Sinne mit Wandelgängen und hohen, mit Hieroglyphen und Statuen geschmückten Mauern. Vielmehr ein elegantes Gebäude von normalem Maß und Aussehen. Die lang gestreckten, niedrigen Dächer befanden sich auf unterschiedlicher Höhe, mit Zwischenräumen, durch die die Luft zirkulieren konnte, das Licht von oben einfiel und wo sich immer ein schattiges Plätzchen fand.

Ich wies Tjenri an, draußen zu warten. Da er nicht erfreut schien, erklärte ich es ihm: »Ich möchte bei dem Mädchen nicht mit lauter Medjaioffizieren auftauchen, damit ihr vor lauter Angst nicht die Sprache wegbleibt.« Er zuckte die Achseln, dann nickte er und setzte sich in den Schatten.

Am Eingang standen Wachtposten, doch als Keti und ich unsere Vollmacht präsentierten, gaben sie den Weg frei, und wir traten in einen Hof mit einem Boden aus Alabaster und schmalen, flachen Wasserrinnen, die auf einen Brunnen in der Mitte zuliefen, in dem eine niedrige Fontäne unablässig sprudelte. Der Anblick des Lichts, das auf der Wasseroberfläche spielte, weckte angenehme Gefühle. Zum ersten Mal, seit ich in der Stadt war, fühlte ich mich beinahe gelöst. Meine Reaktion auf diese Erkenntnis war sofortige erneute Anspannung: ein Reflex des Ermittlers. Nichts ist gefährlicher als Gelöstheit.

Wir wurden von einem Mädchen eingelassen, das ganz in weißes Leinen gekleidet war, ebenso wie all die anderen Mädchen, die kamen und gingen, während wir durch eine Reihe von Zimmern und Höfen schritten. Ähnlich und doch verschieden gingen die einzelnen Räume ineinander über, in einem Zusammenspiel von Innen und Außen, Ziegeln und Holz, Licht und Schatten. Man hatte das äußerst sonderbare Gefühl, dass hier die beiden Welten von Behausung und Natur aufs Glücklichste miteinander vereint waren. Die lang gestreckten, vorragenden Dächer schützten die darunterliegenden Terrassen vor der Sonne, und mir war nicht klar, wie man sie derart konstruieren konnte, dass sie in der Luft zu schweben schienen.

Ich bemerkte Kinderspielzeug, Papyrusrollen und Zeichenmaterial, das überall verstreut lag, Tische mit hübschen Dingen darauf und verschiedene Pflanzen, die in schattigen Ecken angeordnet waren.

Man bat uns, in einem Zimmer zu warten, in dem zwei lange Bänke standen. Kurz darauf trat eine junge Frau ein und stellte sich vor. Bei solchen Mädchen erwarte ich nie mehr als ein durchschnittlich gutes Aussehen, damit ihre Herrin umso vorteilhafter gegen sie abstechen kann. Doch dieses Mädchen war schlank, elegant und kultiviert. Sie trug ihr Haar unter einem Kopftuch verborgen. Ich mochte sie auf Anhieb. Sie wirkte so warmherzig und aufrichtig, dass ich ihr vertrauen wollte. Und dass sie an ihrer Herrin hing, war ebenso offensichtlich wie ihre Nervosität während der Befragung.

Ich holte mein Tagebuch heraus, um ihr klarzumachen, dass ich ihre Worte für immer festhalten wollte. Das hat oft eine einschüchternde Wirkung auf den Befragten, was sehr nützlich ist. Sie saß da, die Hände in den eleganten gelben Handschuhen im Schoß gefaltet, und wartete.

»Du weißt, warum wir hier sind?«

»Ja. Und ich möchte euch behilflich sein.«

»Dann musst du mir alles erzählen, was dir wichtig, aber auch, was dir unwichtig erscheint.«

»Ich werde mein Bestes tun.«

»Fangen wir also an. Du hast die Königin als vermisst gemeldet?«

Sie nickte. »Als ich in ihr Zimmer kam, um sie anzukleiden, war sie nicht da. Ihr Bett war unberührt.«

»Erzähl mir von deinem Verhältnis zur Königin.«

»Ich bin ihre Magd. Mein Name ist Senet. Als ich ein junges Mädchen war, wählte sie mich aus, damit ich bei ihr lebe und ihr beim Ankleiden helfe, mich um ihre Kinder kümmere, ihr die Dinge hole, die sie braucht, ihr zuhöre.«

»Sie unterhielt sich also mit dir. Über Privatangelegenheiten?«

»Zuweilen. Aber ich habe ein schlechtes Gedächtnis.«

Sie warf einen raschen Blick auf Keti, und ich verstand. Es wäre unrecht und gefährlich für sie gewesen, in seiner Gegenwart das Vertrauen der Königin zu enttäuschen.

»Gehen wir noch einmal zurück zu den Tagen, bevor sie verschwand. Schaffst du das? Berichte mir alles.«

»Meine Herrin ist immer glücklich. Jeden Tag. Doch in letzter Zeit schien sie sich über etwas Sorgen zu machen. Ihre Gedanken waren beschäftigt.«

»Sie ist die Königin. Da sind ihre Gedanken natürlich beschäftigt«, sagte Keti.

Sein Einwurf kam für uns beide überraschend. Er schien sich selbst über seine Worte zu wundern.

»Es wäre sinnvoller, wenn ich dieses Gespräch führen könnte, ohne unterbrochen zu werden«, entgegnete ich.

»Ja, Herr.«

Doch ich spürte, dass sich sein Körper anspannte. Wie ein Hund schien er die Ohren anzulegen.

»Kannst du dir vorstellen, warum sie sich Sorgen machte?«, wandte ich mich erneut an Senet.

»Setepenre, die jüngste Prinzessin, zahnt und kann schlecht schlafen. Ich weiß, es ist ungewöhnlich, aber die Königin kümmert sich selbst um ihre Kinder.«

Senet sah mich mit einem Blick an, den ich nicht recht deuten konnte. Glaubte sie wirklich, die Königin hätte keine anderen Sorgen? Oder wollte sie einfach nicht darüber reden?

»Sie liebt die Kinder?« – »Sehr sogar. Sie sind ihr Leben.« – »Also würde sie sie nicht lange allein lassen?«

»Aber nein. Sie lässt sie äußerst ungern allein. Sie begreifen nicht, was vor sich geht …«

Zum ersten Mal stiegen ihr die Tränen in die Augen und verrieten so ihre tieferen Gefühle.

»Und würdest du dich jetzt bitte daran erinnern, wie du die Königin zum letzten Mal gesehen hast.«

»Das war vor sieben Nächten. Sie brachte die Kinder zu Bett und setzte sich dann auf die Terrasse, von der aus man auf den Fluss und die untergehende Sonne blickt. Das tut sie oft. Ich sah sie dort sitzen, ganz in Gedanken versunken.«

»Woher weißt du, dass sie nachdachte?«

»Ich brachte ihr einen Schal. Sie hielt nichts in der Hand, weder eine Handarbeit noch einen Papyrus oder eine Haarbürste, sondern blickte einfach auf das Wasser hinaus. Die Sonne war untergegangen, und es gab kaum etwas zu sehen. Es wurde bereits dunkel. Als ich ihr den Schal und einige brennende Lampen reichte, schrak sie zusammen. Dann hielt sie einen Augenblick meine Hand. Ich sah ihr Gesicht. Es war verkniffen und angespannt. Ich fragte sie, ob ich etwas für sie tun könne. Sie blickte mich nur an, schüttelte langsam den Kopf und wandte sich ab. Ich bat sie hereinzukommen, da es mir nicht recht erschien, dass sie allein draußen saß. Sie erhob sich, nahm eine Lampe und ging in ihr Schlafzimmer. Das war das letzte Mal, dass ich sie sah – wie sie, von einem Lichtkreis umgeben, den Flur zu ihrem Zimmer hinunterging.«

Wir schwiegen alle einen Moment.

»Du hast sie also nicht in ihr Zimmer begleitet?«

»Nein. Sie wünschte es nicht.«

»Hat sie dir das gesagt?«

»Nein. Ich verstand sie auch so.«

»Kannst du sicher sein, dass sie in ihr Zimmer ging?«

»Nein.«

Sie wurde allmählich nervös.

»Wer sonst hielt sich zu der Zeit im Haus auf?« – »Die Kinder, ihre Kinderfrau und vermutlich noch weitere Bedienstete: die Köche, die Dienstmägde, die Nachtwachen.«

»Wann ist Wachwechsel?«

»Bei Sonnenuntergang und Sonnenaufgang.«

Ich überlegte einen Augenblick, was als Nächstes zu tun war.

»Wir müssen ihre letzten Schritte zurückverfolgen. Kannst du uns zu der Terrasse führen und uns danach den Weg zu ihrem Schlafzimmer zeigen?«

»Darf ich das denn?«

»Ja.«

Sie führte uns zu einer breiten steinernen Terrasse, von der Stufen bis ans Wasser hinunterführten und die durch üppige Weinranken vor der Sonne und neugierigen Blicken geschützt war. Unter diesem Sonnenschutz stand ein Sessel, ausgerichtet auf den Fluss und das gegenüberliegende Ufer. Dort gab es keine Bauwerke, nur ausgedehnte Felder, einige Weiler, und dahinter schimmerte das Rote Land in der Ferne. An der Grenze konnte ich im Dunst nur ein einziges größeres Gebäude ausmachen. Ein niedriger Turm oder eine Festung, die in der flirrenden Hitze wie eine Fata Morgana wirkte. Plätschernd umspülte das graugrüne Wasser die wie von Salzkristallen glitzernden neuen Mauern.

In der Stille zwang ich mich, alles in Ruhe zu betrachten. Dann fasste ich mir ein Herz und ließ mich auf dem Sessel nieder. *Ihrem* Sessel. Keti wurde nervös angesichts dieses Tabubruchs, und das Mädchen schien ehrlich entsetzt. Ich fuhr mit den Fingern an den Rändern des Kissens entlang. Nichts. In den Umrissen des Sessels wollte ich die Gestalt der verschwundenen Frau erfühlen, als könnte ich auf diese Weise eine Nachricht, einen Hinweis erhalten oder irgendeine Verbindung zwischen uns herstellen. Doch ich fühlte mich lediglich zu groß und plump. Mein Körper passte sich der fließenden, geschwungenen Form des Sessels nicht an. Ich blieb noch einen Augenblick sitzen, die Hände auf den Armlehnen, wo ihre

Finger gelegen hatten. Ich betastete das Holz, das in geschnitzten krallenlosen Löwenpranken auslief. Die Maserung war sanft unter meinen Fingerspitzen, die frische Bemalung glatt. Ich stellte mir vor, wie die Königin auf den Fluss hinausstarrte, in das unergründliche Licht. Unablässig grübelnd, die Gedanken klar wie kühles Wasser.

Ich öffnete die Augen und bemerkte, was ich zuvor übersehen hatte. Die Festung am anderen Ufer, wenn es denn eine war, lag vom Sessel aus genau in Blickrichtung. Hier hatte sie gesessen und über das Wasser auf das Land im Westen und eine Festung geblickt. Was war in ihrem Kopf vorgegangen?

»Und jetzt der Weg zum Schlafzimmer, bitte.«

Das Mädchen ging voraus durch den Korridor, der nach links abbog, dann nach rechts und wieder nach links. Dann standen wir vor zwei schlichten Holztüren. Über ihnen gab es keine heraldischen Symbole, keine Atonsonnenscheibe, keine königlichen Insignien. Senet blickte mich fragend an, und als ich nickte, öffnete sie die Türen.

Das Zimmer war eine angenehme Überraschung. Im Unterschied zum wohlgeordneten restlichen Haus war dies hier die private Welt einer öffentlichen Frau, ein munteres Durcheinander, das sich wohltuend von all der Eleganz und dem guten Geschmack abhob. An einer Wand standen zahlreiche Truhen, deren Deckel und Fächer geöffnet waren. Viele Roben und Gewänder lagen wie zur Auswahl nebeneinander aufgereiht. Mehrere Truhen enthielten Sandalen in speziell dafür vorgesehenen Fächern. Auf dem Deckel einer Schminktruhe stand ein Spiegel aus polierter Bronze, umgeben von einer Vielzahl kleiner Alabastertiegel und Gefäßen aus Gold und Glas: Schönheitsmittel, Parfum, Augenschminke, Salben und Cremes. In offenen Schubladen sah man Mischpaletten aus Schiefer, von denen eine noch die eingetrockneten Reste von ockerfarbener und schwarzer Paste trug. Außerdem tropfenförmige Applikatoren – genug für hundert Augenpaare, ja, für ein ganzes Theater. Kleine Figürchen und Statuetten von Göttern und Göttinnen, wilden und zahmen Tieren. Eine Halskette mit fliegenden Fischen und winzigen Seemuscheln aus Gold zwischen roten, grünen und schwarzen Perlen. Und einige großartige antike Stücke, weniger aufwendig und protzig als die heutigen Arbeiten: ein geflügelter Skarabäus mit Einlegearbeiten aus Karneol und Lapislazuli, goldene Ringe, verziert mit Fröschen und Katzen aus Karneol, Armbänder mit aus Gold gefertigten liegenden Katzen und ein goldener Skarabäus als Ring.

An diesem Ort war kein Verbrechen geschehen. Die Unordnung war normal und sympathisch und nicht das Ergebnis von Hast oder Kampf. Es war nichts Ungewöhnliches daran. Von hier war sie nicht verschleppt worden.

»Fehlt irgendetwas?«, fragte ich das Mädchen.

»Ich traue mich nicht nachzusehen.«

»Dann möchte ich dich ausdrücklich bitten, alles so gründlich wie möglich durchzusehen. Achte auf alles, was nicht dort ist, wo es sein sollte.«

Sie betrachtete aufmerksam die Truhen, ließ ihre Blicke und Finger über die kostbaren, farbenprächtigen Stoffe gleiten und bewegte dabei die Lippen, als flüsterte sie die Namen der Kleider.

»Eine Garnitur fehlt«, stellte Senet kurz darauf fest. »Eine lange goldene Tunika, goldene Sandalen, Unterhemd aus Leinen. Aber ich erinnere mich, dass sie die Sachen an ihrem letzten Abend getragen hat.«

Jetzt wusste ich, was sie bei ihrem Verschwinden trug.

»Und jetzt bitte die Schminktruhe.« Sie schaute sich alles darauf und darin genau an. Ihr Gedächtnis war offenbar ausgezeichnet. Einen Augenblick lang schien sie zu zögern und in Gedanken noch einmal den Inhalt eines der Fächer durchzugehen. Dabei blickte sie sich um, als suchte sie etwas Wichtiges, doch dann schloss sie behutsam die Schublade.

»Alles, an das ich mich erinnern kann, ist da, außer dem Schmuck, den sie trug, als ich sie zum letzten Mal sah.«

»Und das wäre?« – »Eine goldene Halskette.« – »Sonst noch etwas?«

»Nein.«

Ich wollte ihr eine weitere Frage stellen, als es plötzlich an der Tür klopfte. Keti ging öffnen. Es war Tjenri mit einem erschrockenen Ausdruck auf seinem glatten jungen Gesicht. Wir gingen zu einem Hof an der Seite des Hauses, wo uns, wie ich hoffte, niemand belauschen konnte.

»Eine Leiche«, sagte Tjenri. »Man hat eine Leiche gefunden.«

11

Sie lag in eine flache Sanddüne des Roten Landes gebettet, ein Stück hinter dem nördlichen Rand der Stadt, zwischen den Wüstenaltären im Osten. Getragen vom leichten Wind hatte sich der graue Sand wie eine zweite Haut über sie gelegt und war in die Falten ihrer wunderschönen Gewänder gedrungen – der langen goldenen Tunika, der prächtigen Goldkette, der goldenen Sandalen, des Leinenunterhemdes. Sie lag auf der Seite, mit angezogenen Beinen und verschränkten Armen wie ein schlafendes kleines Mädchen. Ihr Kopf wies, wie ich feststellte, in Richtung auf die untergehende Sonne wie bei einem traditionellen Begräbnis. Hier stimmte gar nichts. Ihre Reglosigkeit. Die gedämpften Geräusche der leeren Wüste, wie ein verschlossener Raum, in dem niemand lebt. Die Hitze des nahen Mittags, die über uns allen flirrte. Der abstoßende süßliche Gestank des kürzlich eingetretenen Todes. Und vor allem das wütende Summen der aufgescheuchten Fliegen. Dieses Geräusch kannte ich nur zu gut.

Ihr Gesicht hatte man taktvoll zum Sand hin gewendet. Während Mahu mit seinem vor Hitze hechelnden Hund und Keti in einiger Entfernung warteten, presste ich mir ein Tuch vor Mund und Nase und berührte sie sanft an der Schulter. Schwerfällig rollte sie herum, auf mich zu, und die Steifheit dieser Bewegung verriet mir sofort, dass ihr Tod vermutlich in den frühen Morgenstunden eingetreten war. Wie ich gestehen muss, machte ich einen Satz rückwärts. Wo ihr Gesicht sein sollte, befand sich eine schwirrende Maske aus Fliegen, die auf meine Berührung hin aufflogen und schimmernd meinen Kopf umkreisten, bevor sie sich erneut zu einem abscheulichen Schwarm zusammenballten und sich mit einem entschlossenen Surren wieder auf den blutigen Überresten von Lippen, Zähnen, Nase und Mund niederließen. Ich hörte, wie sich Tjenri übergab. Mahu rührte sich nicht. Sein großer, scharf umrissener Schatten fiel auf mich, als ich mich erneut neben die Leiche der Königin kauerte, deren herrliches, weithin berühmtes Gesicht so grausam zerstört worden war. Auf Anhieb war mir klar, was man mit dieser Verstümmelung bezweckt hatte: Aufgrund dieses barbarischen Akts konnten die Götter sie nicht erkennen und sie bei ihrem Namen rufen, wenn ihr Schatten im Jenseits eintraf. Man hatte sie in diesem Leben *und* im nächsten ermordet – eine königliche Ausgestoßene in alle Ewigkeit. Aber irgendetwas stimmte nicht. Warum hier? Warum jetzt?

»Ich glaube, du bist deine Arbeit los.«

Ich blickte auf. Mahus Gesicht lag verborgen im tiefen Schatten. In seiner Stimme klang kein Triumph, doch er hatte recht. Die Königin war tot. Ich war zu spät gekommen. Ihr Tod würde zwangsläufig den meinen nach sich ziehen. Meine Gedanken wirbelten durcheinander. Sollte das denn schon das Ende sein? Ich hatte ja noch gar nicht richtig angefangen.

Der Bauer, der sie gefunden hatte, stand ein wenig abseits und versuchte, nicht hinzusehen, ja, überhaupt nicht vorhanden zu sein. Als Mahu ihn heranwinkte, gehorchte er zitternd. Ausdruckslos, als wäre er ein Tier, ließ Mahu ohne Vorwarnung sein Krummschwert durch die dünne Luft sausen. Mit einem leisen Zischen beschrieb es einen Bogen und durchtrennte den dünnen Hals des Mannes. Sein Kopf fiel in den Sand wie ein Ball, der aus der Wurfbahn gerät, und sofort sank sein Körper in die Knie und brach zusammen. Blut sprudelte aus seinem Hals. Die ruchlose Priesterschaft der Fliegen machte sich erneut an ihre ekelhafte Opferfeier. Der Hund ging einige Schritte vor und beschnüffelte den Kopf. Auf Mahus scharfes Kommando hin machte das Tier gehorsam kehrt und ließ sich, noch immer hechelnd, wieder zu Füßen seines Herrn nieder.

Mahu blickte Keti, Tjenri und mich an und wartete darauf, dass wir etwas sagten. Vor lauter Angst rasten meine Gedanken wie tollwütige Hunde. Plötzlich fiel mir etwas ein.

»Vielleicht ist das gar nicht die Königin«, sagte ich.

Mahu starrte mich an. »Erklär mir das.« Seine Stimme hatte einen unangenehmen Klang.

»Der Körper scheint zur Königin zu gehören, doch ihr Gesicht ist zerstört. An unseren Gesichtern erkennt man uns. Wie sollen wir sonst wissen, um wen es sich handelt?«

»Sie trägt königliche Kleider. Und das ist auch ihr Haar, ihre Figur.«

Es lag eine Spannung in Mahus Stimme. Wollte er, dass sie tot wäre? Oder mochte er es einfach nicht, dass ich ihm widersprach?

»Gewiss sind das ihre Kleider, und sie scheint es auch selbst zu sein. Trotzdem muss ich den Leichnam gründlich untersuchen, um seine Identität festzustellen.«

Nachdenklich ließ Mahu seine goldenen Augen auf mir ruhen. »Du strampelst dich ab wie eine Fliege im Honigtopf, Rahotep. Nun gut, dann mach dich jetzt besser schnell an die Arbeit. Falls du recht hast, was ziemlich unmöglich erscheint, steckt hier mehr dahinter, als man auf den ersten Blick sieht. Falls du dich irrst, wovon ich überzeugt bin, und Echnaton, seine Familie und die ganze Welt den Tod der Königin zu beklagen haben, dann weißt du ja genau, was dich erwartet.«

Unter absoluter Geheimhaltung brachten wir den mit einem Tuch verhüllten Leichnam auf einem Karren in eine private Kammer der Reinigung. Es war der kälteste Raum, der zu finden war. Seine in die Erde gebauten Sandsteinmauern verströmten eine unheimliche Kühle. Selbst von den Kerzen, die mit leichtem Flackern in den Wandleuchtern brannten, ging keine Wärme aus. In einem Schrank fand ich Leinenbinden, auf Borden standen Krüge mit trockenem Natron, Zedernöl und Palmwein, darunter hingen Eisenhaken zum Entfernen des Gehirns, scharfe Messer und kleine Beile. An einer anderen Wand befand sich eine Reihe von Kanopenkrügen für Organe. Ihre Deckel waren mit Darstellungen des Horussohnes geschmückt. An der dritten Wand lehnte, aufgereiht wie zu einer Parade, eine Auswahl gold- und lapisverzierter Särge für reiche Leute, darüber hingen Wandborde mit Mumienmasken. Als ich einige Kästchen öffnete, starrte mir daraus zu meiner Überraschung eine Vielzahl von Glasaugen entgegen, die, eingepasst in die Augenhöhlen, den Verstorbenen ermöglichen sollten, die Götter zu erblicken.

Plötzlich entstand Unruhe an der Tür: Der Hüter der Mysterien begehrte Einlass in seinen Raum. Doch als er Mahu erblickte, verstummte er sofort und ging, auf ein Wort von Tjenri hin, Entschuldigungen murmelnd hinaus. Mahu wandte sich an uns: »Draußen stehen Wachen. Ich will, dass ihr mir innerhalb einer Stunde Bericht erstattet.« Dann ging er und nahm ein wenig von der Dunkelheit und Kälte des Raumes mit.

Ich drehte mich zu der Frau auf dem hölzernen Einbalsamierungstisch um. Die Fliegen hatten sich zu anderen, reicheren Festmählern begeben, und die Überreste des Gesichts – schwarz und blutrot und ocker, ohne Augen, mit zerschmetterter Stirn und Nase, Mund und Lippen zermalmt – waren deutlich zu erkennen. An einigen Stellen war das Gehirn zu sehen. Ich nahm die Verletzungen genau in Augenschein. Kiefer und Stirn trugen noch die groben Abdrücke und Dellen, die ihnen mit etwas wie einem großen Stein beigebracht worden waren. Doch abgesehen davon schien es keine weiteren tödlichen Verletzungen zu geben. Daran war sie also gestorben. Sie hatte ihren eigenen Tod kommen sehen. Einen grausamen und nicht allzu raschen Tod.

Zügig goss ich genug von einer Mischung aus Säure und Natronpulver über das Gesicht, um das zerstörte Fleisch, das geronnene Blut sowie eventuell noch vorhandene Hautreste zu beseitigen und die Knochen freizulegen. Während das Natron wirkte, wandte ich mich an Tjenri, der mit der Faszination eines jungen Menschen auf die Leiche starrte.

»Was täten wir ohne dieses Pulver? Man findet es am Ufer alter Seen, die besten Vorkommen gibt es in den Wadis von Natrun und Elbak. Es reinigt Haut und Atem, lässt die Zähne strahlen, dient aber auch zur Herstellung von Glas. Ist es nicht interessant, dass etwas so Unscheinbares so viele Kräfte besitzen kann?«

Tjenri wirkte noch immer verwirrt angesichts der vielen offensichtlich neuen Erfahrungen und schien keine Lust zu haben, sich über die Vorzüge von Natron zu unterhalten.

»Was für eine Sauerei. Glaubst du wirklich, sie ist es nicht?«

»Wir werden sehen. Sie scheint es wirklich zu sein, aber es gibt noch viele andere Möglichkeiten.«

»Wie willst du es herausfinden?«

»Indem ich mir ansehe, was da ist.«

Wir fingen mit ihren Füßen an. Ihre Sandalen bestanden aus Leder und Gold. Die Haut der Fußsohlen wies keine Risse auf, sondern war sauber und weich. Eine Müßiggängerin. Ihre Fußknöchel waren zierlich, die Zehennägel rot bemalt, doch abgestoßen und verschrammt. An den Seiten waren die Füße mit etwas Trockenem verschmiert.

»Sieh mal.«

Tjenri ging mit dem Gesicht näher an den Fuß heran.

»Was siehst du?«

»Die Nägel sind sorgfältig gepflegt.«

»Aber?«

»Aber sie sind abgestoßen. Der Lack ist beschädigt. Und außen an den kleinen Zehen sind Kratzer und Spuren von Blut und Staub.«

»Schon besser. Und was schließen wir daraus?«

»Ein Kampf.«

»Ja, ein Kampf. Diese Frau wurde gegen ihren Willen fortgeschleppt. Aber das wussten wir auch schon vorher. Siehst du da, zwischen den Zehen? Was ist das?«

Als ich in der Mulde zwischen dem großen und dem zweiten Zeh kratzte, fielen nicht nur ein paar Sandkörner, sondern auch ein wenig dunklerer Staub in meine Hand: getrockneter Flussschlamm. Ich begutachtete ihre Hände. Auch sie wiesen Kampfspuren auf: Blutergüsse an den Knöcheln, abgesplitterte Nägel und aufgeschürfte Haut. Ich schaute unter den Nägeln nach. Noch mehr Schlamm. Vielleicht hatten die Mörder sie ein Stück am Fluss entlang oder ans andere Ufer geschafft und sie, noch lebendig, aus dem Boot gezerrt. Aber da war noch etwas. Mit einer Pinzette zog ich aus der im Tod geballten Faust ein langes rotbraunes Haar. Seltsam. Das Haar dieser Frau war schwarz. Wessen Haar war es dann? Gehörte es einem Mann oder einer Frau? Die Länge verriet mir nichts. Ich hielt es ins Licht der Lampe. Es wirkte ungefärbt und echt und schien nicht aus einer Perücke zu stammen. Ich schnupperte daran und glaubte, eine ganz leichte Spur eher von Parfum als von Haarbalsam zu riechen.

Ich machte mich gerade daran, die Kleidung näher zu untersuchen, als plötzlich die Tür aufflog und zu meinem Schrecken Echnaton persönlich eintrat. Keti, Tjenri und ich warfen uns neben dem Tisch mit gesenktem Gesicht zu Boden. Ich hörte, wie er quer durch den Raum zu dem Leichnam ging. Es war eine Katastrophe. Ich besaß noch nicht den kleinsten Beweis dafür, dass mein Instinkt recht hatte. Ich musste unbedingt den Körper untersuchen und die Ergebnisse überprüfen, bevor ich Echnaton Bericht erstattete. Jetzt sah es so aus, als versuchte ich hinter seinem Rücken den Mord an der Königin und zugleich meine eigene Unfähigkeit und mein Versagen zu vertuschen. Ich verfluchte mich im Stillen selbst und wünschte, ich wäre nie hierhergekommen, sondern in Theben geblieben. Aber ich war nun einmal da, verleitet von meinem Ehrgeiz und meiner Neugier.

Ich blickte kurz auf. Er stand neben dem Leichnam und strich langsam mit den Händen darüber. Seine Augen waren vor Konzentration weit aufgerissen, und er atmete mit tiefen, unregelmäßigen Zügen, als habe er Schmerzen, als versuche er, den noch immer anwesenden Geist zu erspüren, als wolle er sie von den Toten erwecken. Er schien wie gebannt von ihrem zerstörten Gesicht, als wäre es ihm nie in den Sinn gekommen, wie zerbrechlich Schönheit war, als hätte er nie geglaubt, seine Königin könnte sterblich sein. In diesem Augenblick hatte ich den Eindruck, dass er sie liebte.

Ich dachte: Was für eine Ironie, dass uns unser Schicksal ausgerechnet in der Werkstatt eines Einbalsamierers ereilt. Wir brauchten nur stillschweigend in einen der Särge zu steigen, den Deckel zu schließen und auf den Tod zu warten.

Endlich schien Echnaton seine Sprache wiedergefunden zu haben. »Wer hat das getan?«

»Ich weiß es nicht, Herr«, musste ich gestehen.

Er nickte mitleidig, als sei ich ein Schuljunge, der eine einfache Frage nicht beantworten konnte. Mit einer Ruhe, die bedrohlicher war als jedes Gebrüll, fuhr er fort: »Hast du gehofft, es vor mir verbergen zu können, bis du dir eine Ausrede überlegt hättest, warum du keine Antwort auf diese simple Frage weißt?«

»Nein, Herr.«

»Widersprich mir nicht.«

»Auf genau diese Frage suche ich eine Antwort, Herr. Es ist keine simple Frage. Und verzeiht mir, wenn ich so etwas jetzt sage, aber es gibt noch eine Frage.«

Er blickte mich verächtlich an. »Was für eine Frage konnte es sonst noch geben? Sie ist tot!«

»Die Frage ist, ob es sich tatsächlich um die Königin handelt.«

Es folgte eine unangenehme Stille. Als Echnaton erneut sprach, triefte seine Stimme von beherrschtem Hohn. »Dies sind ihre Kleider. Ihr Haar. Ihr Schmuck. Die Leiche verströmt noch ihren Duft.«

Ich musste nach jedem Strohhalm greifen. »Der äußere Anschein kann täuschen, Herr.«

Als er sich zu mir umdrehte, lag ein geradezu gieriger Ausdruck von Hoffnung auf seinem Gesicht. »Das ist deine erste interessante Bemerkung. Sprich.«

»Wir alle unterscheiden uns voneinander in Körpergestalt, Farben und Eigenarten, doch manchmal irren wir uns, wenn wir glauben, jemanden zu kennen. Wie oft erblickt man einen Menschen auf einer belebten Straße und ruft dem alten Schulfreund, den man so viele Jahre nicht gesehen hat, zu, nur um festzustellen, dass nicht er es ist, sondern jemand mit ähnlichem Aussehen? Und erkennt man nicht zuweilen die Züge eines Mädchens, das man einst liebte, im Gesicht einer vorübergehenden Fremden?«

»Was willst du damit sagen?«

»Ich will damit sagen, dass die Frau hier wie die Königin aussieht, ihre Größe und die gleiche Haar- und Hautfarbe hat und ihre Kleider trägt. Doch ohne das Gesicht, diesen Spiegel, in dem wir einander erkennen, kann nur jemand, der die Königin kennt und eng mit ihr vertraut ist, ihre Identität bestätigen.«

»Ich verstehe.«

Ich senkte den Blick, sorgsam darauf bedacht, diesen heiklen Augenblick nicht zu zerstören.

»Mit Eurer Erlaubnis, Herr, es gibt eine Möglichkeit herauszufinden, ob es wirklich der Leichnam der Königin ist. Doch das erfordert Kenntnisse. Intime Kenntnisse.«

Er dachte über meine Andeutungen nach. »Wenn du dich irrst, mache ich mit dir dasselbe, was man ihr angetan hat. Ich reiße dir die Kleider vom Leibe, schneide dir die Zunge heraus, damit du nicht nach dem Tod rufen kannst, ziehe dir dann streifenweise die Haut ab und zerschlage dein Gesicht zu Brei. Und dann lasse ich dich in der Wüste anpflocken und sehe zu, wie du langsam an den Fliegen und der Sonne krepierst.«

Was konnte ich sagen? Ich blickte ihm in die Augen, dann neigte ich ergeben den Kopf.

»Dreht euch um. Mit dem Gesicht zur Wand.«

Wir gehorchten. Er öffnete ihre Kleidung und entblößte ihren Körper. Ich hörte ein wenig Sand zu Boden rieseln. Dann war Stille. Und dann krachte ein Krug gegen die Wand. Keti schrak zusammen. Der Geruch nach Palmwein waberte durch den Raum. In der nächsten Sekunde würde sich mein Schicksal entscheiden.

»Das ist ein riesiger Schwindel!«

Mein Herz machte einen Sprung.

»Deine Arbeit ist noch nicht erledigt. Sie hat gerade erst begonnen. Und es bleibt wenig Zeit. Du sollst alles bekommen, was du brauchst. Finde sie!« Seine Miene verriet nicht bloß Erleichterung, sondern überschwängliche Freude. »Diese Leiche ist Abfall. Werft sie weg.« Mit diesen Worten fegte er aus dem Raum.

Keti, Tjenri und ich blickten einander an und erhoben uns. Tjenri fuhr sich mit der Hand über die feuchte Stirn. »Das ist einfach zu viel Aufregung.« Er lachte ein wenig verlegen über seine eigene Furcht.

»Wie konntest du das wissen?«, fragte Keti mit einem Blick auf den Leichnam.

Ich zuckte die Achseln und verriet ihnen nicht, wie wenig Trümpfe ich beim Spiel um unser Leben noch in der Hand gehabt hatte. Der vor uns liegende Körper war schön, ja, sogar vollkommen. Welche Kleinigkeit hatte meine merkwürdige Ahnung bestätigt und uns erlöst? Plötzlich entdeckte ich eine kleine weiße sternformige Narbe auf ihrem Bauch, wo möglicherweise ein Muttermal entfernt worden war. Das hatte genügt, um uns für einen weiteren Tag zu retten. Doch dann kamen mir Fragen über Fragen. Warum hatte jemand eine Frau ermordet, die genauso aussah wie die Königin? Was sollte diese sorgfältig gelegte falsche Fährte? Und wo war Nofretete?

Aus Gewohnheit durchsuchte ich die Falten ihres Gewandes. An der Innenseite, nah bei ihrem Herzen, stießen meine Finger auf einen kleinen Gegenstand. Ich zog ihn heraus und erblickte ein altes goldenes, mit Lapislazuli verziertes Amulett. Es war ein Skarabäus. Der Mistkäfer, Symbol der Erneuerung, dessen Nachkommen wie aus dem Nichts im Schlamm auftauchten. Der Skarabäus, der Tag für Tag die Sonne nach ihrem nächtlichen Weg durch die Unterwelt wieder an den Himmel schiebt. Erstaunlicherweise war an der Unterseite nicht der Name der Besitzerin eingraviert, sondern drei Zeichen: Re, die Sonne, ein Kreis mit einem Punkt in der Mitte, dann ›t‹ und daneben die Hieroglyphe einer sitzenden Frau. Wenn ich mich nicht irrte, hieß es: Raet. Der weibliche Re.

Ich ließ das Amulett in meine Tasche gleiten. Es schien mir ein Beweis zu sein oder ein Zeichen – das einzige, das ich hatte, abgesehen von dem Mädchen ohne Gesicht, dessen entsetzlicher Tod mir am Ende das Leben gerettet hatte. Wenn ich nur hätte verstehen können, was mir vor Augen lag. Noch einmal schaute ich mir den Leichnam auf dem Tisch an.

»Also, hier sind die wichtigsten Fragen. Wer ist sie? Warum sieht sie der Königin so ähnlich? Warum trägt sie die Kleider der Königin? Und warum wurde sie so entsetzlich zugerichtet?«

Keti und Tjenri nickten weise.

»Wer macht all diese Abbilder der Königin? Die ganzen eigenartigen Statuen?«

»Thutmosis«, antwortete Keti. »Seine Werkstätten liegen in der südlichen Vorstadt.«

»Gut. Ich möchte mit ihm reden.«

»Heute Abend gibt es auch einen Empfang zu Ehren der ersten Würdenträger, die zu den Feierlichkeiten eingetroffen sind.«

»Dann sollten wir daran teilnehmen. Ich hasse Feste, aber es könnte wichtig sein.«

Ich wies Tjenri an, bei der Leiche zu bleiben und Wachen aufstellen zu lassen. »Keti wird dich später am Abend ablösen.« Er salutierte stramm.

Keti und ich gingen zu unserem peinlichen Vehikel. Über

den quietschenden Streit von Stein und Metall hinweg sagte ich: »Erzähl mir mehr von diesem Künstler.«

»Er ist berühmt. Nicht so wie die anderen Bildhauer. Ihn kennt jeder. Und er ist *sehr* reich.« Er warf mir einen bedeutungsvollen Blick zu.

»Und wie findest du seine Arbeiten?«

Keti zögerte. »Sie scheinen mir sehr ... modern zu sein.«

»Das klingt nicht gerade begeistert.«

»Oh nein, sie sind sehr eindrucksvoll. Es ist bloß ... Er zeigt alles. Er stellt die Menschen da, wie sie sind, und nicht, wie sie sein sollten.«

»Ist das nicht besser? Ehrlicher?«

»Kann schon sein.«

Er klang nicht überzeugt.

12

Die südliche Vorstadt war ein Wohnbezirk. Hier lagen, hinter hohen Mauern verborgen, gediegene Anwesen, große Häuser inmitten ummauerter Gärten, Kornspeicher, Stallungen und Werkstätten. Zum Schutz der Privatsphäre waren die Wohnhäuser durch Freiflächen voneinander getrennt, die fast immer mit Baumaterial und zuweilen auch mit Abfallhaufen übersät waren. Bei einem Blick über die Mauern entdeckte man interessante Pflanzen, die dank der Brunnen und Wassergräben gediehen: Tamarisken, Weiden, Zwergdattelpalmen, Avocadobäume und die modischen Granatapfelbüsche, an denen die Früchte mit den kleinen Krönchen hingen, die in ihrem Inneren eine unglaubliche Fülle säuerlicher Kerne trugen. Und Blumen: himmelblaue Kornblumen, Mohn, Gänseblümchen. Auch die Gebäude zeugten von großem Wohlstand: steinerne Türstürze, in die meistens die Namen und Titel der Eigentümer eingemeißelt waren, große weinberankte Holzpergolen, weiträumige Höfe und Grundstücke.

»Mahu hat auch ein Haus in diesem Teil der Stadt«, erklärte Keti. »Ebenso wie der Wesir Ramose.«

»Lebt hier die Oberschicht?«

»Ja.«

»Und ist es hier immer so still? Das ist ja geradezu weihevoll.«

»Lärm ist unerwünscht.«

Das Fehlen jeglichen menschlichen Lebens war beunruhigend, und die tiefe Stille war unheimlich, als wäre das hier eine Stadt reicher Geister.

Keti klopfte an die Tür eines Hauses, das ebenso gediegen und still wirkte wie die meisten anderen in der Straße. Schließlich hörten wir Schritte, und gleich darauf wurden wir von einem tadellos gekleideten Diener eingelassen. Drinnen empfing uns eine Welt voller Geschäftigkeit. Über den Hof mit seinen Bäumen und Bänken, die um ein rundes Wasserbassin gruppiert waren, klang das leise Pink-pink-pink zahlreicher Meißel, die emsig auf Stein schlugen. Auch in den Räumen ging es fleißig zu: Jemand brauchte Hilfe, ein anderer rief einen Dank, wieder einer pfiff vor sich hin. Der Diener verschwand, um uns anzumelden.

Nach einer Weile kam eine massige Gestalt durch den Korridor auf uns zu. Alles an diesem Mann war groß, sein merkwürdiges Gesicht rund wie ein Teller mit blauen Augen darin und obendrauf einem schütter werdenden Schopf rotbrauner Haare. Gähnend führte er uns durch das Haupthaus in einen Nebenhof. An der Südseite reihten sich kleine Ateliers und Werkstätten aneinander, in denen eifrig gehämmert, gemeißelt und gepinselt wurde.

»Du hast viele Angestellte, wie ich sehe.«

»Man findet kaum genügend gute Handwerker, um die Nachfrage zu decken. Die meisten von ihnen musste ich aus Theben holen, mitsamt ihren vermaledeiten Familien. Den Rest konnte ich vor Ort oder in den Städten des Deltas anwerben. Manchmal kommt es mir so vor, als müsste ich ganz allein die Wirtschaft eines kleinen Landes in Gang halten.«

In der Nordostecke des Grundstücks befand sich ein weiteres Gebäude, in dem, wie sich zeigte, seine Werkstatt untergebracht war. Sie bestand aus einem großen offenen Raum, von dem Zimmer und Korridore abgingen. Das Licht fiel direkt durch Oberlichte im aufgestockten Dach. Mit barscher Stimme scheuchte Thutmosis seine Schüler und Handwerker hinaus, die ihm eilig gehorchten. Auf großen Tischen und Ständern waren unvollendete Werke aufgebaut: deutlich erkennbare Körperteile wie Finger, Hände, Wangen, Arme und Torsi, die bereits zum Teil aus den mit kreuz und quer laufenden schwarzen Markierungslinien versehenen Steinblöcken herausgehauen waren. Doch was mich wirklich verblüffte, waren die zahllosen grauweißen Gipsabgüsse von Köpfen, die aufgereiht auf einem langen Wandbord standen. Sie zeigten junge, mittelalte und alte Gesichter unterschiedlicher Klassen und waren äußerst detailliert und lebensecht: Die Bartstoppeln auf einem Kinn, die zarten Wimpern eines Mädchens, die Warzen und Hautflecken einer alten Frau, die Runzeln, die die Zeit gegraben hatte, die Linien, in denen sich der Charakter zeigte – alles war getreu wiedergegeben. Die Köpfe hatten geschlossene Augen, als träumten sie allesamt von einer anderen Welt, weit fort jenseits der Zeit.

»Ich sehe, du interessierst dich für meine Köpfe.«

»Sie wirken so lebendig, dass man geradezu darauf wartet, dass sie die Augen öffnen und zu reden beginnen.«

Er lächelte. »Sie könnten uns vielleicht interessante Dinge erzählen.«

Wir saßen nebeneinander auf der vergoldeten Bank in einer Ecke des Raums. Man brachte uns etwas zu trinken. Thutmosis trank langsam und bedächtig aus seinem Becher, ich aus dem meinen. Ein schwerer, vollmundiger Rotwein. Keti stellte seinen Becher auf das Tablett zurück. Ich ließ mir den Wein schmecken, obwohl es noch früh am Tag war.

»Aus der Oase Dachla?«

Thutmosis drehte den Krug zu sich und warf einen Blick auf die Kennzeichnung. »Sehr gut. Hast du etwas dagegen, wenn ich eine Skizze von dir mache, während wir uns unterhalten? Meine Hände sind nur glücklich, wenn sie etwas zu tun haben.«

Er begann zu malen und ließ dabei seinen Blick über mein Gesicht wandern, während sein Pinsel scheinbar selbstständig tätig war, denn er warf nie einen Blick auf das Bild. Als Erstes fragte ich ihn nach seiner Beziehung zur Königin.

»Kann man es überhaupt eine Beziehung nennen? Sie ist meine Mäzenin und zuweilen meine Muse.«

»Was heißt das?«

»Sie inspiriert mich. Besser kann ich es nicht ausdrücken. Ich erschaffe ihre Abbilder, das bedeutet, ich habe die Ehre, mit ihrem Einverständnis ihrem lebendigen Geist in Stein und Holz und Gips Form zu verleihen.«

»Ich glaube, ich verstehe.«

»Tatsächlich? Mir wird es ewig ein Rätsel bleiben.«

»Vielleicht könntest du für einen Laien verständlich erklären, wie es funktioniert. Der schöpferische Prozess.«

Seufzend fuhr Thutmosis fort zu malen. »Die Königin ist von der Arbeit nach dem lebenden Modell überzeugt. In der Vergangenheit beschränkten sich die Künstler auf Darstellungen der Tugend und Vollkommenheit von Verstorbenen. Warum? All diese Arbeiten sind bloße Kopien, die Verehrung ausdrücken und nur sehr entfernt etwas mit dem lebenden Vorbild zu tun haben. Diese ganzen Kolossalstatuen, so monumental, so politisch und so langweilig – es sei denn, man ist der Ansicht, die einzige Reaktion, die Kunst hervorrufen sollte, sei ehrfürchtiges Staunen. Zweifellos waren die Dargestellten dick und derb und dumm wie andere Leute auch, aber sieh sie dir an, wie sie da stehen mit ihren gottgleichen Körpern – nichts als Muskeln, Reichtum und Herablassung! Seien wir mal ehrlich, das ist doch beschränkt, findest du nicht auch?«

Er legte seine Skizze beiseite, veränderte seine Haltung ein wenig und begann von Neuem zu malen.

Plötzlich war ich ein Künstlermodell. Allmählich wurde mir unter seinem forschenden Blick unbehaglich zumute. Gleichzeitig war ich jedoch sehr gespannt darauf, wie er mich dargestellt hatte.

»Und du arbeitest nicht so?«

»Nein, das kann ich nicht. Es macht einen Bilderschöpfer zu einem bloßen Diener. Der Künstler bleibt vollkommen anonym. Das Werk ist formelhaft und austauschbar. Nofretete hat recht: Das sind die überholten Formen der Vergangenheit. Verstehst du, mein Ehrgeiz ist es nicht, eine lebendige Form zu *beschreiben,* sondern sie zu *erschaffen.* Und ich glaube daran, dass noch in unvorstellbar ferner Zukunft diejenigen, die diese Abbilder verehren, wissen werden, das war *er,* das war *sie* und niemand anders. Noch am Ende aller Zeiten werden die Menschen, wer immer sie auch sein mögen, auf Echnaton und Nofretete blicken und wissen, wer sie waren. *Das* ist wirklich ewiges Leben.«

Er blickte mich erwartungsvoll an in der Hoffnung, ich würde seine Begeisterung teilen. Ich nippte an meinem Wein.

»Darf ich fragen, wie du vorgehst, wenn du ein Abbild der Königin erschaffst? Womit fängst du an?«

»Sie sitzt mir Modell, viele Stunden, viele Wochen lang. Sie sitzt hier, und ich arbeite direkt nach dem lebenden Vorbild. Eine Studie nach dem Leben.«

»Und redet ihr miteinander?«

»Nicht immer. Ich gehe nicht davon aus, dass sie Konversation machen möchte, und ich selbst kann nicht reden, während ich arbeite. Die Konzentration ist enorm. Es klingt hochtrabend, aber man ist kaum noch in dieser Welt. Die Zeit verfliegt. Plötzlich verblasst das Licht, ich habe ein paar graue Haare mehr auf dem Kopf, die Königin lächelt mir zu, und da, unter meinen Händen – ein Ebenbild. Eine Darstellung. Eine Form.«

Und eine schlaue Art und Weise, meine Frage nicht zu beantworten.

»Und was tut die Königin während dieser Zeit?«

»Sie denkt nach, sie träumt. Ich liebe das. Sie bei der Tätigkeit des Denkens wiederzugeben. Das Geheimnis des arbeitenden Verstandes …«

»Du erinnerst dich also nicht mehr, worüber ihr gesprochen habt? Oder was für einen Eindruck sie bei der letzten Sitzung machte?«

»Sie war sehr still.«

»Ungewöhnlich still?« Er blickte mich direkt an. »Ja, das würde ich so sagen.«

»Und woran hast du gearbeitet?« – »Eine herrliche Büste. Meine beste Arbeit, glaube ich.«

»Darf ich sie sehen?«

Er legte seine Skizze hin und dachte gründlich über meine Bitte nach.

»Hast du die erforderliche Genehmigung?«

»Ja«, sagte ich. »Ich kann sie dir zeigen, wenn du es wünschst.«

»Niemand außer der Königin persönlich hat das unvollendete Werk gesehen. Sie will bestimmt nicht, dass die Öffentlichkeit es zu sehen bekommt. Es ist ein persönliches Stück. Es ist gerade erst fertig geworden, sodass sie noch keine Zeit hatte, es abholen zu lassen, bevor …«

»Ja?«

»Was, glaubst du, ist mit ihr geschehen? Ich befürchte das Schlimmste. Alle sagen, sie wäre ermordet worden.«

»Ich weiß es nicht. Aber alles, was du mir sagst, könnte hilfreich sein. Jede Kleinigkeit.«

»Meiner Meinung nach hatte sie das Gefühl, sie wäre irgendwie in Gefahr.«

»Was meinst du damit?«

Er schwieg und blickte auf seine rastlosen Hände, als wären es zwei gut dressierte Tiere. »Eine Frau von ihrer Intelligenz, ihrer Macht, ihrer Schönheit, ihrer Stellung … ihrer Beliebtheit.«

»Ist Beliebtheit ein Problem?«

»Ja, wenn man beliebter wird als der eigene Gemahl.«

Gefährliche Worte. Er blickte mich an, sich vollkommen bewusst, wie viel Vertrauen er in mich setzte.

»Echnaton selbst hat mich kommen lassen, um das Verschwinden der Königin aufzuklären.«

Er warf mir einen raschen Blick zu, sagte jedoch nichts mehr.

»Es würde mir sehr helfen, wenn ich deine letzte Arbeit sehen könnte.«

»Tatsächlich? Ja, mag sein. Wenn es denn hilft. Ich werde tun, was ich kann.«

Wir drangen tiefer ins Herz des Hauses vor. Hier war es kühler. Wände und Boden lagen ständig im Schatten. Vor der unauffälligen Tür zu einem, wie es schien, einfachen Lagerraum blieb er stehen, erbrach das Siegel und löste die Schnur von den Riegeln. Dann zog er die schwere Tür auf, die in einem steinernen Rahmen saß. Er entzündete eine Lampe, und wir traten ein.

An den aus Steinblöcken bestehenden Wänden verliefen Regale aus Holz oder Stein. Die Luft war trocken, staubig. Jenseits des kleinen trüben Lichtkreises der Funzel verlor sich der Raum in pechschwarzer Finsternis. Thutmosis entzündete Wandleuchter, und allmählich, nach und nach, bevölkerten undeutliche Formen im Dämmerlicht den Raum – teils von Tüchern verhüllt, teils auf den Regalen stehend, einige lebensgroß, wie Erwachsene oder Kinder. Mir war, als befände ich mich in der Unterwelt. Thutmosis stellte die Lampe auf ein Bord und holte eine der Formen herunter. Andächtig setzte er sie auf einem kleinen runden Tisch ab. Dann zog er schwungvoll das Tuch weg und enthüllte – ein Wunder. Er drehte das Tischchen, sodass wir die Figur von allen Seiten betrachten konnten, und weidete sich an unserem Staunen.

Ich erkannte sie sofort. Ihr Haar war unter einer dunkelblauen Krone verborgen, was ihr eine außergewöhnliche Autorität verlieh. Ihre Haltung zeugte von Intelligenz, Kraft und Selbstbeherrschung und deutete auf eine bemerkenswerte Ausgeglichenheit und Lauterkeit hin. Die Haut wirkte so lebensecht, als könnte sich ihre Miene jeden Augenblick verändern, sie war blass und rein wie bei einem Menschen, der sich ständig im schützenden Schatten aufhält. Hohe Wangenknochen in einem Gesicht voller Anmut und Empfindsamkeit. Die Lippen rot, kräftig und eindrucksvoll. Und ein Auge: groß, detailliert ausgearbeitet, mit forschendem, stolzem Blick und einem so dezent humorvollen Ausdruck, dass er beim Hinsehen auftauchte und wieder verschwand. Das andere Auge war noch nicht fertig bemalt. Und da war noch etwas: In dem kraftvollen Blick lag eine Andeutung von Schmerz. Eine heimliche Traurigkeit, vielleicht sogar Leid, schien in seinen Tiefen zu schlummern. Bildete ich mir das nur ein? Konnten Gips und Farbe und Stein so viel enthüllen?

»Hilft dir das weiter?«, fragte Thutmosis.

»Ja. Ich würde sie überall erkennen.«

Ich konnte sehen, dass er sich über meine aufrichtige Begeisterung freute.

»Hat sie es schon im vollendeten Zustand gesehen?«

»Nein, die Augen fehlten noch. Dafür sollte sie noch einmal sitzen. Die Augen lasse ich immer bis zum Schluss.«

Das Auge. Es starrte mich an, in mich hinein, durch mich hindurch. Dieses bezwingende Lächeln. Als lebte sie bereits in der Ewigkeit. Ich wollte es nicht hoffen. Von dort konnte ich sie nicht zurückholen.

»Hier gibt es noch weitere Werke«, sagte der Bildhauer. »Vielleicht möchtest du sie auch sehen?«

Als ich nickte, ging er langsam durch den Raum, zog die Tücher fort und enthüllte ein Abbild der Königin nach dem anderen. Eine Lebensgeschichte, in Stein gehauen: eine jüngere Frau, das Gesicht weniger vollkommen, weniger gefasst, doch belebt von der verhaltenen Kraft der Jugend; die junge Mutter, sitzend mit ihrem ersten Kind in den Armen; Nofretete am Tag ihrer Amtseinführung, neue Macht, eine neue Facette ihres Wesens; eine Doppelstatue mit ihrem Gemahl, ihre natürliche Schönheit in seltsamem Kontrast zu den eigentümlich verlängerten Proportionen seines Gesichts und seiner Gliedmaßen.

Mit der Lampe in der Hand wanderte ich zwischen den Bildnissen umher und betrachtete sie aus jedem Blickwinkel, das wechselnde Mienenspiel ihres Gesichts in dieser Schattenwelt. Keti blieb an der Tür stehen, als hätte er Angst, zwischen den lebenden Toten umherzugehen.

»Aus welchem Material fertigst du diese Wunderwerke?«, fragte ich.

»Vorwiegend aus Sandstein. Gips. Alabaster und Obsidian für die Augen.«

»Und die Farben? Wie bekommst du die hin? Sie sind so lebensecht.«

Er stellte sich hinter die Büste und deutete mit dem Finger darauf, ohne die Oberfläche zu berühren. »Ihre Haut besteht aus einer Mischung aus fein gemahlenem Sandsteinpulver und noch feinerem roten Ocker, dem Oxid irgendeines Metalls. Die Gelbtöne stammen von Arsensulfid, schön, aber giftig. Das Grün ist pulverisiertes Glas mit einer Beimischung von Kupfer und Eisen. Das Schwarz wird aus Holzkohle oder Ruß gewonnen.«

»Und aus diesen Pulvern und Metallen erschaffst du die Illusion der Wirklichkeit.«

»So könnte man es ausdrücken. Aber dann klingt es nach Abklatsch. Das hier ist eine eigene Wirklichkeit. Sie wird uns alle überdauern.« Er blickte ehrfürchtig auf sein Werk.

»Hast du von Echnaton ähnliche Bildnisse geschaffen?«

Er zuckte die Achseln. »Erst in letzter Zeit. Früher arbeitete ein anderer Bildhauer für ihn.«

»Ich habe diese Statuen gesehen. Die Leute fanden sie sehr merkwürdig.«

»Er weiß, dass wir in einem Zeitalter der Bilder leben. Er wollte anders aussehen als alle Könige zuvor. Also veränderten die Künstler die konventionellen Proportionen und machten ihn überlebensgroß, groß wie einen Gott, und stellten ihn als Mann und Frau zugleich und doch mehr als beides dar. Bilder besitzen große Macht. Das hat Echnaton besser begriffen als jeder andere. Er weiß, dass Bilder ein Teil der Politik sind. Er ist die Inkarnation Atons, das haben die Bilder bewirkt, unabhängig vom Aussehen seines sterblichen Körpers. Bei Kunst geht es nicht nur um Schönheit und nicht nur um Wahrheit, sondern auch um Macht.«

Darauf deckte Thutmosis das Tuch wieder über das neue Werk, verbarg ihre Augen und die schweigenden Lippen und blies die Lampe aus.

Er versiegelte den Raum erneut, und wir gingen schweigend durch den Korridor zurück. Zufällig fiel mein Blick auf etwas Glänzendes hinter einer offenen Tür. Thutmosis bemerkte mein Interesse.

»Ach ja, mein kostbarster Besitz. Die goldene Frucht irdischen Erfolgs.«

Es war ein prunkvoller privater Wagen. Für die Zurschaustellung bei Vergnügungsfahrten ausgelegt, war er besonders leicht gebaut – man hätte ihn bequem mit den Händen anheben können – und von vollendeter Machart. Seine Form – der weite, offene, halbkreisförmig gebogene und mit Blattgold verzierte Holzrahmen – war auf herkömmliche Art gestaltet, doch war er außerordentlich kunstvoll gearbeitet, und die Beschläge bestanden aus kostbarem Material. Ich ging um das Gefährt herum und erfreute mich an seinem Ebenmaß. Als ich die zierliche Konstruktion sacht berührte, spürte ich ein leichtes Federn, begleitet von einem hellen summenden Ton.

»Kann ich dich zurückbringen?«

Da nur Platz für zwei war, musste Keti in unserem klapprigen Vehikel hinterherfahren und dabei so gut es ging mit uns Schritt halten. Der Wagen wurde von zwei prachtvollen kleinen schwarzen Pferden – einem außergewöhnlichen Gespann – gezogen, und Thutmosis fuhr mit hoher Geschwindigkeit. Der Boden aus Ledergeflecht gab beim Fahren angenehm nach, wenn der Wagen durch Furchen und über Steine rollte. Unter uns wisperten die fein ausbalancierten, eleganten Räder. Ich konnte die Vögel singen hören, als wir im Licht des späten Nachmittags dahinfuhren.

»Man hat beinahe das Gefühl, als könnte man den Himmel erreichen, was?«, sagte er.

Ich nickte.

»Ich wünsche dir Glück bei deiner großen Aufgabe.«

»Das kann ich gebrauchen. Mir ist, als würde ich bei meinen Untersuchungen nur auf Bilder und Illusionen stoßen. Die echte Person weicht mir bei jedem Schritt aus. Ich strecke die Hand nach ihr aus, nur um festzustellen, dass alles, was greifbar erschien, sich in Luft auflöst.«

Er grinste. »Es ist ein metaphysisches Rätsel! Ich vermute, wenn jemand verschwindet, ist das nun einmal so. Die Fragen sind schon schwieriger: warum, nicht wie.«

»Ich glaube, für alles gibt es Gründe. Ich weiß nur nicht, welche. Ich habe lauter kleine Bruchstücke und kann sie noch nicht zusammensetzen. Und die Stadt kommt mir auch nicht gerade entgegen. Sie ist verworren und fremdartig, und hinzu kommt noch, dass hier jeder eine Rolle spielt. Irgendetwas will mir daran einfach nicht gefallen.«

Er lachte. »Du musst hinter die äußeren Erscheinungen blicken. Es sieht beeindruckend aus, aber glaube mir, hinter diesen prunkvollen Fassaden spielt sich immer dieselbe alte Geschichte ab: Männer, die für Macht ihre eigenen Kinder verkaufen würden, und Frauen mit dem Herzen von Ratten.«

Wir rumpelten auf einer Behelfsbrücke über einen breiten Wasserlauf.

»Was kannst du mir über Mahu erzählen?«

Thutmosis warf mir einen Blick zu. »Er hat großen Einfluss in der Stadt und genießt das Vertrauen der königlichen Familie. Man nennt ihn den ›Hund‹. Er ist berühmt für seine Loyalität und ebenso für seinen Zorn auf alle, die sie nicht teilen.«

»Das kann ich mir vorstellen.«

Er warf mir einen vorsichtigen Blick zu. »Ich halte mich an meine Kunst. Politik und dergleichen … ein schmutziges Geschäft.«

»Aber sie liegt doch hier geradezu in der Luft, oder?«

»Stimmt. Aber ich versuche, nicht so tief einzuatmen. Oder ich halte mir die Nase zu.«

Wir fuhren eine Weile schweigend dahin, durchquerten

platschend flache Rinnsale, die die Straße kreuzten, und erreichten schließlich die innere Stadt mit ihrer sorgfältig geplanten, wohlgeordneten Struktur. An der Wegkreuzung ließ er mich aussteigen. Eine Frage hatte ich noch an ihn.

»Wäre es möglich, dass es am Hofe oder in der Stadt eine Frau gab, die der Königin sehr ähnlich sah? Woher könnte ein solches Mädchen kommen?«

»Davon habe ich noch nie etwas gehört, doch der einzige Ort in der Stadt, wo man eine solche Frau verstecken könnte, wäre der Harem. Vielleicht solltest du dich dort umsehen.«

»Das werde ich tun.«

»Warum wolltest du das wissen?«

»Ich fürchte, das kann ich dir nicht sagen.«

Er wollte schon aufbrechen, doch dann fiel ihm noch etwas ein. »Diese Stadt, diese herrliche, erleuchtete neue Welt, die glorreiche Zukunft. Es sieht alles ganz großartig aus, aber es ist auf Sand gebaut. Ob freiwillig oder gezwungenermaßen, man muss daran glauben, damit es wahr wird. Doch ohne sie, ohne Nofretete, ist es nicht denkbar. Es ist irreal. Es geht nicht. Alles wird in sich zusammenbrechen. Sie ist wie der Große Fluss: Die Stadt lebt durch sie. Ohne sie stehen wir wieder in der Wüste. Und wer immer sie verschleppt hat, weiß das auch.«

Dann, mit einem geübten Ruck an den Zügeln, fuhr er davon. Sein Wagen funkelte im goldenen Licht.

Ich stand an der Straßenkreuzung. Mit ihrem gleißenden Licht und der tiefen Dunkelheit war die Stadt wie eine merkwürdige Sonnenuhr, in der die rechtwinkligen Schatten der Gebäude den geordneten Lauf von Res Stunden maßen. Der Nachmittag wurde zum Abend. Klar und deutlich stand Nofretetes Bild vor meinem inneren Auge. Ich hielt den Skarabäus in der Hand und betrachtete ihn. Der weibliche Re. Vom Licht geblendet, blinzelte ich und sprach ein ganz persönliches Gebet zu dem seltsamen Sonnengott, der mir mit der raschen Fahrt in seinem Wagen die wenige Zeit zumaß, die mir noch blieb.

13

Den Empfang gab Ramose, der Wesir Echnatons. All jene, die einflussreich und bedeutend genug waren, um eine Einladung zu erhalten, waren schon seit Wochen aus dem gesamten Reich herbeigeströmt, um noch eine Unterkunft in der neuen Stadt zu finden. Die meisten von ihnen hatten nicht den Fehler begangen, zu lange mit dem Aufbruch zu einer nach wie vor gefährlichen und unsicheren Reise zu zögern. Ich konnte mir die Vorbereitungen dazu gut vorstellen: die Briefe und Einladungen, die im Laufe der vergangenen Monate hin- und hergegangen waren, die Verhandlungen über die Größe des Gefolges und die Art der Unterbringung, die heiklen Fragen von Hierarchie und Status.

Niemand, der Rang und Namen hatte – und nur das zählte in dieser großen Stadt –, erschien zu Fuß bei dem Empfang. Und da wir, wie Keti mir erklärte, dabei keine Ausnahme machen durften, benutzten wir unser klappriges Gefährt. Sein beklagenswerter Zustand wurde besonders deutlich durch den direkten Vergleich mit den prächtigen Fahrzeugen, die alle Straßen und Wege verstopften und ein rasches Vorankommen unmöglich machten. Unweit des Hauses steckten wir schließlich in einer ungesitteten, aufgebrachten Menschenmenge fest, die in Wagen, Sänften und Tragstühlen unterwegs war. Hochgestellte Persönlichkeiten, Beamte, Diener und Sklaven brüllten Beleidigungen, Befehle und Aufforderungen, und jeder versuchte sich vorzudrängen. Lärm, Hitze und der allgemeine Tumult waren überwältigend. Unter dem Geschimpfe ihrer Passagiere bemühten sich Träger, die Stangen ihrer Sänften zu entwirren, ohne die auf Hochglanz polierten Flächen der teuren Vehikel zu zerkratzen. Die Pferde vor den Einspännern aus

Ebenholz wieherten unruhig. Sie schwitzten in ihren reich verzierten Geschirren und verdrehten angstvoll die Augen. Mehrere von ihnen trugen weiße Federbüsche, das Abzeichen hoher Beamter, und ihre vornehmen Besitzer saßen in ihren Wagen und starrten schlecht gelaunt auf die Menschenmenge. Ich erkannte keinen von ihnen, denn im zuckenden Lichtschein der Wagenlaternen tauchten ihre Gesichter auf und waren ebenso schnell wieder verschwunden, bevor ich noch einen eingehenden Blick auf sie werfen konnte. Es war, als triebe man in einer tosenden Brandung aus Vornehmheit und Eitelkeit.

Auch die andere Hälfte der Stadtbewohner hatte sich offenbar aufgemacht, um dem albernen, hochtrabenden Schauspiel beizuwohnen: Dicht gedrängt und lediglich zurückgehalten von einem einzigen Absperrseil, stand eine gaffende Menge aus Männern, Frauen und Kindern auf der anderen Seite der Königlichen Straße. Die Leute beteten laut, riefen den Vornehmen ihre Anliegen zu, zeigten einander wichtige Persönlichkeiten, aßen Zuckerkuchen und tranken Bier aus Krügen, als wäre das alles ein öffentliches Spektakel – was es natürlich auch war. Die prächtig ausstaffierte Elite, die vor ihrem Publikum paradiert.

Endlich erreichte unser Gefährt, vom allgemeinen Gedränge geschoben, das erhöhte Podest. Keti zuckte mit den Schultern. »Sollen wir?«

Also stiegen wir aus und betraten den mit Teppichen bedeckten Empfangsbereich, der von großen gehämmerten Schalen mit brennendem Öl erleuchtet wurde. Ich war froh, dass ich mir ein Paar elegante Sandalen und anständige Kleider zum Wechseln mitgebracht hatte, denn der allgemeine Kleiderluxus war bemerkenswert.

»Ich komme mir eindeutig unmodisch vor, Keti.«

»Du siehst gut aus, Herr.«

»Ich möchte die Hauptakteure kennenlernen. Du musst mich ihnen unbedingt vorstellen. Besonders Ramose.«

Ein sorgenvoller Schatten zog über sein Gesicht. »Ich kann dich ihm nicht vorstellen. Das wäre nicht schicklich.«

Dann musste ich eben selbst zu ihm gehen.

Wir ließen uns von der Menge durch das bewachte Tor schieben, wo man unsere Namen überprüfte, und gelangten in eine große von Säulen umstandene Empfangshalle, in der sich nicht nur Tausende von Menschen, sondern auch zwei riesige Statuen befanden, die Echnaton und Nofretete bei einer Opferzeremonie darstellten. Ihre Abbilder schienen mit Wohlgefallen auf die Menge herabzublicken, die sich zu ihren Ehren eingefunden hatte. Es herrschte ein unglaublicher Lärm. Musikanten gaben kunstvolle Weisen zum Besten, bemüht, das allgemeine Getöse zu übertönen. Mit versteckter Feindseligkeit schlängelten sich Diener durch das Gewirr aus Ellbogen, Schultern und Köpfen, reichten ausgefallene Getränke und Tabletts mit kleinen erlesenen Leckerbissen. Keti schnalzte mit den Fingern, doch sie ignorierten ihn und taten, als hätten sie nichts gehört. Als schließlich eine Dienerin in einem hauchzarten Gewand leichtfüßig vorüberlief, schnappte ich mir mit knappem Lächeln zwei Getränke, von denen ich eins Keti reichte.

Wir tranken viel zu hastig, als sich plötzlich ein Mann von beeindruckender Leibesfülle aus der Menge löste und zu uns trat. Mit seinem merkwürdig großen Kopf sah er aus wie ein Papagei, der vorgibt, ein Adler zu sein. Keti trat ehrerbietig zurück.

»Ich bin Parennefer«, sagte der Fremde lächelnd.

Ich erwiderte das Lächeln. »Rahotep.«

»Willkommen in der großen Stadt Achet-Aton. Ich weiß, wer du bist. Ich bin der Aufseher über alle Arbeiten im Hause Echnatons und freue mich, dich kennenzulernen. Als ich erfuhr, dass du heute Abend hier sein würdest, wollte ich dir meine Hilfe anbieten.«

»Mir war gar nicht klar, dass jemand von meiner Anwesenheit weiß.«

»Alle wissen davon«, erwiderte er leichthin. Ich stellte Keti als Angehörigen der Medjai und meinen Gehilfen vor. Parennefer nickte kurz, und Keti neigte den Kopf.

»Lass uns irgendwo hingehen, wo wir uns in Ruhe unterhalten können«, schlug Parennefer mit einer kleinen Handbewegung vor.

»Am besten so weit entfernt von den Musikanten wie möglich, oder?«, erwiderte ich.

»Magst du keine Musik?«

»Doch, *Musik* mag ich sogar sehr.«

Parennefer begrüßte meinen kleinen Scherz mit der oberflächlichen Begeisterung eines Gastgebers. Wir ließen uns auf Lederbänken nieder. Unverzüglich stellte man neue Getränke und kleine mit Blüten dekorierte Gerichte vor uns auf das Serviertischchen. Ich nahm mir vor, langsam zu trinken.

»So, und welchen Eindruck hast du bisher von unserer Stadt gewonnen?«, fragte Parennefer.

Jetzt hieß es diplomatisch sein. Als Aufseher über alle Arbeiten war er verantwortlich für die Gestaltung der Gebäude und die Planung der Stadt. Ich tat also mein Bestes.

»Sie ist wirklich beeindruckend. Mir scheint, bei der Architektur hat man die Gegebenheiten von Licht und Raum geschickt mit einbezogen.«

Mit zurückhaltender Begeisterung klatschte er in die beringten Hände. »Gott der Sonne, ein Offizier der Medjai, der Architektur zu schätzen weiß. Du schmeichelst mir. Ich glaube, noch nie zuvor hatte ein Architekt bei einem so großen Projekt völlig freie Hand und unbegrenzte Mittel zur Verfügung. Wir mussten natürlich rasch arbeiten. Echnaton hat eine Vision, und die soll zügig umgesetzt werden.«

»Ich nehme an, bis zum Fest wird es knapp.«

Plötzlich wirkte er ein wenig ungehalten. »Ganz und gar nicht. Bis dahin wird alles in schönster Ordnung sein.« Er lächelte bekräftigend, als könnte er allein damit sein Ziel erreichen.

Ich verkniff mir die Bemerkung, dass er wahrscheinlich noch ein weiteres Jahr brauchen würde, um die Vision zu verwirklichen.

»Heute Morgen war ich im Palast der Königin. Anscheinend hat auch sie eine Vision. Die Konstruktion des Hauses ist sehr ungewöhnlich. So etwas habe ich noch nie gesehen. Hast du es auch entworfen?«

»Ja, das war ein wunderbarer Auftrag! Allerdings weiß sie ganz genau, was sie will, und ich muss mich bemühen, ihre Ideen in die Tat umzusetzen. Sie ist sehr radikal, musst du wissen. Alles sollte fließen, die Dächer praktisch schweben. ›Parennefer‹, sagte sie zu mir, ›wir werden die Naturgesetze überwinden.‹ Das waren ihre Worte … sehr typisch.«

Diese Frau war anscheinend vollkommen.

»Ich habe viele Lobreden über sie gehört.«

»Alles, was du gehört hast, ist wahr. Sie ist schön wie ein Gedicht. Nein, eher wie ein Lied, denn das ist noch ausdrucksvoller und kann mich noch leichter zu Tränen rühren. Sie ist nicht politisch im heutigen Sinne des Wortes. Sie begreift Macht, ist aber nicht machtverliebt. Die Macht ist dagegen durchaus in sie verliebt. Sie steuert ihren eigenen Kurs, weißt du. Sie ist ganz entschieden ein Kind unserer Zeit.«

Meine Skepsis muss sich in meinem Gesicht widergespiegelt haben, denn seine Miene verdüsterte sich. »Das ist keine sentimentale Lobhudelei. Sie ist wirklich bemerkenswert.«

Er musterte mein Gesicht. Ich regte mich nicht. Wir warteten.

Doch letztlich war es an mir zu antworten.

»Ist dir klar, warum ich hier bin?«

Parennefer neigte leicht den Kopf. »Ich fürchte, jeder weiß, warum du hier bist. In dieser Stadt gibt es kaum Geheimnisse. Nofretete hat sich seit Tagen nicht mehr in der Öffentlichkeit gezeigt. Kulthandlungen, der Empfang ausländischer Würdenträger, Versammlungen zur Vorbreitung des Festes – bei keiner dieser Gelegenheiten ist sie erschienen. Auch ihre Abwesenheit heute Abend erregt Besorgnis. Das hier«, er wies auf die Menschenmenge in der Halle, »sind kluge Leute, denen nichts entgeht. Sie bemerken selbst kleinste Abweichungen bei Ritualen und Etikette. Sie verstehen die Zeichen zu deuten. Sie haben sonst wenig, worüber sie reden könnten, denn dies ist eine in sich abgeschlossene Welt. Man könnte leicht auf den Gedanken kommen, dass außerhalb davon nichts anderes existiert. Es ist wie ein Zauber, als lebten wir in einem schönen Spiegel und betrachteten uns zugleich selbst darin. Aber manchmal bricht die Wirklichkeit doch ein, nicht wahr?«

»Tut sie das?«, fragte ich. »Mir kommt es so vor, als hätte man sie bisher geflissentlich auf Distanz gehalten.«

»Gerade jetzt, da wir im Begriff sind, die neue Ordnung zu festigen, können wir uns keine instabilen Verhältnisse leisten. Das Fest muss einfach vollkommen werden.« Mit geöffneten Handflächen zuckte er die Achseln. Eine gewollte Naivität lag in dieser Geste und zugleich eine gewisse Ironie.

»Kannst du mich einigen Leuten vorstellen? Ich muss die Männer aus dem Umkreis der Königin kennenlernen. In erster Linie Ramose.«

Er nickte.

Wir folgten Parennefer in die geräuschvolle Menschenmenge.

Er steuerte auf einen großen, mit vollendeter Eleganz gekleideten Mann zu, der von einem Kreis aus männlichen und weiblichen Bewunderern umgeben war. Während wir darauf warteten, dass er uns bemerkte, trafen mich die neugierigen, kühlen Blicke der Umstehenden, die plötzlich verstummten. Diese Leute trugen genügend Schmuck, um damit ein kleines Königreich zu kaufen, und mit dem Preis für die Kleidung jedes Einzelnen von ihnen hätte man eine Arbeiterfamilie ein Jahr lang ernähren können.

Sein stolzes, kantiges Gesicht bildete einen eigenartigen Gegensatz zum gefälligen, verfeinerten Stil seiner Kleidung. Das also war der Mann, der Echnaton am nächsten stand. Der

Mann, der im Namen des Königs alles lenkte: Außenpolitik, Landwirtschaft, Rechtswesen, Steuereinnahmen, Bauprojekte, die Priesterschaft, die Armee … Ramose stand im Zentrum von Verwaltung und Politik des Großen Reiches. Daher musste er auch maßgeblich an den Großen Veränderungen beteiligt sein. Er begrüßte mich mit einem kaum merklichen, hochmütigen Kopfnicken, bevor er mir lässig die Umstehenden vorstellte: seine leitenden Minister, obersten Richter und Buchhalter mitsamt ihren in Künstlichkeit erstarrten Frauen mit ihren eng anliegenden Perücken und dem zurückhaltenden Lächeln. Dann nahm er mich beiseite, um mich ein wenig auszufragen.

»Du bist also derjenige, der das Rätsel lösen soll?«

»Ich habe die Ehre.«

»Die Königin muss unverzüglich gefunden und zurückgebracht werden.«

»Ich bin gerade erst eingetroffen und stehe mit meinen Nachforschungen noch ganz am Anfang.«

»Mag sein, aber du weißt wahrscheinlich, dass dir nicht viel Zeit bleibt. Wie ich höre, gibt es bereits eine Leiche?«

»Es ist nicht sie.«

»Das hat man mir berichtet. Eine ausgezeichnete Nachricht. Dennoch haben wir es hier mit einem Rätsel zu tun. Und sie wurde noch nicht gefunden. Ich meine, du hast sie noch nicht gefunden.«

Er betrachtete mich mit kaltem Blick. Was sollte ich sagen?

»Du unterstehst unserem bewundernswerten Polizeichef?«

»Ich unterstehe Echnaton persönlich.«

»Nun ja, ich bin sicher, er hält sich über deine Fortschritte eingehend auf dem Laufenden. Um es positiv zu sagen.«

Ich konnte mir eine Erwiderung nicht verkneifen. »Wenn die königlichen Sicherheitskräfte tüchtiger gewesen wären, hätte man sie gar nicht erst entführt. Der Palast der Königin wird nachts kaum bewacht. Es gibt nur zwei Wachen und ein paar Dienerinnen.«

Jetzt war er zornig. »Die königlichen Sicherheitskräfte sind einmalig. Daran darfst du nicht den geringsten Zweifel haben. Erledige einfach deine Arbeit und bring sie rechtzeitig zum Fest zurück.«

Damit drehte er sich um und gesellte sich wieder zu seinen Freunden.

Parennefer nahm meinen Ellbogen und steuerte mich davon. »Wie ist es gelaufen?«

»Ein liebenswürdiger Mensch.«

»Er ist überaus bedeutend, und, was noch wichtiger ist, er hat die richtige Einstellung.«

»Inwiefern?«

»Er tritt sehr für die Festigung der neuen Ordnung ein, sowohl im Land selbst als auch in unseren ausländischen Territorien. Dabei steht für ihn eine Menge auf dem Spiel.«

»Dann wird er vermutlich schlecht schlafen.«

Parennefers Entgegnung wurde von einem eleganten Mann mit intelligenten, offenen Zügen unterbrochen, der ihn leicht auf die Schulter tippte.

»Ah, der edle Nacht. Darf ich dir Rahotep, unseren Rätsellöser, vorstellen?«

Wir begrüßten einander mit höflichem Kopfnicken.

»Nacht hat einen herrlichen Garten hier, in dem neunzehn verschiedene Arten von Bäumen und Büschen wachsen.«

»Nun ja, es ist zumindest ein Anfang«, entgegnete der Mann bescheiden. »Grüne Blätter, Schatten, ein kleiner Teich, ein paar Weinranken, einige Vögel im Käfig – dann habe ich das Gefühl, dass die Welt doch nicht so schrecklich ist. Zumindest für eine Weile.«

Seine Art zu reden gefiel mir ebenso wie sein Gesicht.

»Was den Zustand der Welt angeht, stimme ich dir zu«, sagte ich. »Doch die meisten Menschen würden sagen, dass wir in der besten aller Zeiten leben.«

»Dann denken sie eben nicht selbstständig. Meiner Meinung nach wird der große Garten dieses Landes von Kräften bedroht, die besonders in den höchsten Kreisen nicht ernst genug genommen werden. Am Hofe gibt es Gruppen, die sich einzig und allein darauf konzentrieren, die Stadt zu errichten und dabei ein Vermögen zu verdienen. Dagegen kümmern sie sich nicht um alle anderen anstehenden Probleme, als da wären: eine unzufriedene, irritierte Bevölkerung, eine wütende, entmachtete ehemalige Priesterschaft, ganz zu schweigen von Nebensächlichkeiten wie außenpolitischen Problemen an unseren Nordgrenzen, in den unterworfenen Gebieten und verbündeten Königreichen. Wir vernachlässigen unsere Pflichten dort sträflich und schaden uns damit selbst. Ich habe Briefe von loyalen Vasallen und Garnisonskommandanten gelesen, in denen von der Ermordung örtlicher Statthalter die Rede ist, von heimtückischen Überfällen und davon, dass unsere Herrschaft bröckelt. Die Statthalter flehen uns um Hilfe an, um Unterstützung und zusätzliche Truppen, aber erhalten sie eine Antwort? Nein. Wir überlassen sie ihrem Schicksal. Nicht nur, dass unschuldige Menschen leiden und der Handel beeinträchtigt wird, in diesen Gebieten wird die Autorität des Königs selbst infrage gestellt und angefochten. Wir betreiben eine Politik der Nichteinmischung. Ich bin jedoch davon überzeugt, dass diese kleinen Auseinandersetzungen und Scharmützel nicht wieder von selbst aufhören werden. Und ein Fest ist ja etwas Schönes, wenn man gern feiert. Aber was bleibt davon in einem Jahr, wenn die königlichen Getreidespeicher leer sind, die Arbeiter unbezahlt und hungrig und wenn die Barbaren am Gartentor rütteln?«

Schweigend überdachten wir seine Worte.

»Barbaren am Gartentor, also wirklich.«

Ich erkannte die kalte, sarkastische Stimme auf Anhieb. Mahu war zu uns getreten.

Nacht begrüßte ihn mit einem kaum wahrnehmbaren Kopfnicken. »Wo ist dein Hund, Mahu? Wartet er zu Hause auf dich?«

»Er mag keine Festlichkeiten. Da bleibt er lieber allein.«

Sie schienen völlig gegensätzlichen Arten anzugehören: der elegante Leopard als Angehöriger der gebildeten adligen Oberschicht und der rangniedrigere Löwe, die ihren Lebensraum nur aufgrund einer Übereinkunft teilten, die jederzeit widerrufen werden konnte.

Parennefer, der jeder Auseinandersetzung aus dem Weg gehen wollte, nutzte die Gelegenheit und verabschiedete sich. Damit überließ er mich der Gesellschaft eines Mannes, von dem er wusste, dass er mir nicht wohlgesonnen war. Das würde ich ihm nicht vergessen.

»Wir sehen uns bestimmt wieder«, sagte er. »Die Welt ist klein.«

»Aber ich bin trotzdem froh, dass ich sie nicht anstreichen muss«, erwiderte ich.

Das hatte mein ehemaliger Partner Pentu immer gesagt. Ich wusste nicht, warum es mir gerade jetzt in den Sinn kam. Nacht lachte, doch Parennefer blickte nur verwirrt, bevor er die Achseln zuckte und zum nächsten Gesprächspartner davonrauschte.

Mit den Worten »Es ist ermutigend zu wissen, dass wir in diesen merkwürdigen Zeiten einen klugen Mann auf unserer Seite haben« wandte sich Nacht an mich. »Ich hoffe, wir sehen uns wieder. Lass es mich wissen, wenn du etwas brauchst. Dein Gehilfe weiß, wo er mich finden kann.« Dann verließ auch er uns.

Es tat mir leid, dass er ging. Ich hatte das Gefühl, ich könnte ihm trauen. Außerdem hätte ich mit ihm einen Freund im inneren Zirkel der Macht.

Mit düsterem Blick starrte Mahu ihm nach, dann drehte er sich zu mir um. »Du hast einen kleinen Bewunderer.«

Ich zuckte die Achseln. »Er scheint mir ein netter Mensch zu sein.«

»Er ist ein Adliger. Denen fällt es nicht schwer, nett zu sein. Das Talent dafür erben sie zusammen mit ihrer Macht und ihrem Reichtum.«

Einen Augenblick lang sprach keiner von uns beiden. »Du bist mit deinen Neuigkeiten nicht zu mir gekommen«, sagte er schließlich.

Natürlich nicht, und zwar mit Absicht. Doch damit hatte ich gegen das Protokoll verstoßen und ihn verärgert. Wieder einmal.

»Ich dachte, Keti oder Tjenri würden dir Bericht erstatten.«

»Wer ist das tote Mädchen?«

»Das weiß ich noch nicht.«

Ich schwieg und hoffte, er würde gehen.

Doch er starrte nur auf die Anwesenden und erweckte dabei den Eindruck eines Raubtieres, das sich darüber ärgert, dass es keinen Hunger hat.

»Was hältst du von ihnen?«, fragte er schließlich und deutete mit dem Kopf auf sie.

»Sie versuchen alle zurechtzukommen. Wir sitzen alle im selben Boot.«

Er bedachte mich mit einem kurzen, zynischen Blick. »Die meisten von denen wissen gar nicht, wofür sie auf der Welt sind. Das Schlimmste, was sie sich vorstellen können, ist, dass ein Sklave ihnen eine Handvoll Schmuck stiehlt, während wir Übrigen unser Leben damit verbringen, ihnen die Wüste vom Hals zu halten.«

»Das ist nun mal unsere Aufgabe. Die Wüste kommt immer näher.«

»Ich will wissen, auf wessen Seite du stehst, Rahotep. Ich will wissen, was du denkst.«

»Ich stehe auf niemandes Seite.«

»Dann lass dir eines gesagt sein. In dieser Stadt ist das die gefährlichste Einstellung überhaupt. Früher oder später wirst du dich entscheiden müssen. Im Augenblick kommt es mir so vor, als würdest du die einzelnen Seiten noch nicht einmal kennen.«

»Um sie kennenzulernen, bin ich ja hier.«

Er lachte böse. »Du solltest lieber schnell herausfinden, wie die Dinge hier laufen und wer die Fäden zieht. Auch deine eigenen. Viel Glück beim Entwirren. Und übrigens, ich habe ein paar Freunde zur Jagd auf dem Fluss eingeladen. Für morgen Nachmittag. Jagst du, Rahotep?«

Ich musste es zugeben.

»Dann will ich, dass du mit uns kommst. Das gibt mir Gelegenheit herauszufinden, welche Fortschritte du gemacht hast.«

Er tätschelte mir herablassend den Rücken und verschwand mit seinem Raubtiergang in der Menge.

Ich blickte mich nach Keti um, der die ganze Zeit über unbeachtet hinter mir gestanden hatte, und war überrascht über den zornigen Ausdruck in seinen Augen.

»Kümmere dich nicht darum, Keti. Er ist eben ein Rüpel vom alten Schlag. Lass dir nicht von ihm auf die Nerven gehen, und vor allem, hab keine Angst vor ihm.«

»Fürchtest du dich denn nicht vor ihm? Nicht mal ein bisschen?«

»Ich bin ihm ins Gehege gekommen, und das passt dem großen alten Löwen nicht.«

Ich wechselte das Thema. »Kommt Echnaton heute Abend nicht?«

»Ich glaube nicht. Ich habe gehört, er geht nur selten nach Einbruch der Dunkelheit aus. Und die Einladungen erfolgten in Ramoses Namen. Aber dennoch hätte ich gedacht, er müsste sich sehen lassen, um zu zeigen, dass es kein Problem gibt.«

»Aber wenn er ohne die Königin auftritt, würde das die Vermutungen doch nur bestätigen.«

Plötzlich wusste ich, warum so viel Lärm und Unruhe in der Halle herrschten.

Es schien, als wären die neuen Regeln – Respekt und Anerkennung für die neue Religion – heute lascher. Und ich teilte dieses Gefühl.

Als abermals ein Mädchen vorüberkam, hielt ich sie an und

nahm mir noch einmal Getränke. Urplötzlich brauchte ich unbedingt etwas zu trinken. Ich ließ es mir schmecken.

Keti warf mir einen Blick zu.

»Was ist?«

»Nichts.«

In diesem Augenblick beendete das Orchester sein unerträgliches Getöse, und die Tänzerinnen verschwanden. Fanfarenstöße brachten die Unterhaltung zum Schweigen, die Würdenträger nahmen ihre Plätze ein, und alle Köpfe wandten sich dem Podest in der Mitte des Raums zu. Von einem Herold angekündigt, betrat Ramose das Podium. In der Halle wurde es still. Er blickte sich einige Sekunden lang um, bevor er sprach.

»Wir haben uns heute Abend hier versammelt, in der neuen Stadt der beiden Länder. Eine neue Stadt für eine neue Welt. Hier feiern wir die Werke und Wunder Atons. Und in den kommenden Tagen werden wir hier Könige, Häuptlinge, Herrscher, treue Vasallen, Würdenträger und Statthalter willkommen heißen. Von überall her kommen sie herbei, um dem Großen Reich Echnatons die Ehre zu erweisen, durch den alle Dinge bestehen und in dem wir die Wahrheit erkennen. Alle verehrten Gästen, die bereits unter uns weilen, heiße ich willkommen. Und denjenigen unter euch, die das Glück haben, hier zu leben und dem Großen Reich dienen zu können, sage ich: Schließt euch meinem Willkommensgruß an. Und der Welt, die diese Worte hört, sage ich im Namen Echnatons und der königlichen Familie: Verehrt Aton, hier in Achet-Aton, der Stadt des Lichts.«

Am Ende der Rede entstand ein seltsames und unbehagliches Schweigen, als müsste noch etwas gesagt werden oder geschehen, wie beispielsweise der Auftritt Echnatons und seiner Familie am Erscheinungsfenster. Doch nichts passierte. Ich sah, wie die Anwesenden vorsichtige und unsichere Blicke wechselten, als Reaktion auf die Aufforderung und auf die verstörende, seltsam inhaltslose Ansprache Ramoses. Jeder wusste, dass etwas fehlte. Ramose stieg vom Podium, um die Glückwünsche seiner Beamten entgegenzunehmen. Allmählich wurden die Gespräche wieder lebhafter, doch der Ton hatte sich verändert. Spekulationen wurden laut.

Ich hatte genug von diesem Abend. Ich musste zurück ins Büro, um nachzudenken und zu schlafen. Noch einmal blickte ich an Nofretetes Statue empor. *Wo bist du? Warum bist du gerade jetzt fortgegangen? Wurdest du entführt, und, wenn ja, von wem? Oder bist du einfach verschwunden – und, wenn ja, warum? Wer bist du?*

Draußen auf der Königlichen Straße harrten noch immer einige Einwohner aus, begierig darauf, eine wichtige Persönlichkeit zu Gesicht zu bekommen. Glücklicherweise nahm niemand von Keti und mir Notiz, als wir langsam davonfuhren.

Jetzt liege ich hier und denke über die Ereignisse des Abends nach. An meinem Kopfende steht das seltsame kleine Abbild Echnatons. Ich erinnere mich an Parennefers Worte: Die Stadt ist ein schöner Zauber. Aber so einfach kommt es mir jetzt nicht mehr vor. Trotz des ganzen Geredes über Licht und Erleuchtung lauern auch hier die finsteren Schatten von menschlichem Ehrgeiz, von Habgier und Grausamkeit und warten auf eine günstige Gelegenheit. Auf einmal will es mir scheinen, als verehrte Echnaton nur deshalb die Sonne, weil er sich vor diesen nächtlichen Schatten fürchtet, die mit jedem Tag ein Stückchen näher kriechen. Auch ich bin jetzt von diesen Schatten umgeben. Mahu hatte recht. Noch kann ich nicht unterscheiden zwischen Wahrheit und bloßer Spekulation, zwischen Tatsachen und Einbildungen, Ehrlichkeit und Lügen.

Ich trete ans Fenster und blicke hinaus auf den kahlen kleinen Hof. Zumindest ist es nicht mehr ganz so heiß. Durch die Wüste wird es nachts in dieser Stadt erträglich. Eine vom Mondlicht gekühlte Brise weht durch die Türen und Flure, streift im Schlaf unser Gesicht und dringt bis in unsere unruhigen Träume.

Morgen muss ich herausfinden, wer das tote Mädchen war. Mir kommt der Gedanke, dass ich verschiedenen Möglichkeiten auf der Spur bin. Ich untersuche Kopien in der Hoffnung, das verlorene Original aufzuspüren. Aber zumindest weiß ich, was als Nächstes zu tun ist. Den Skarabäus und dieses Tagebuch werde ich unter dem Kissen auf meiner Kopfstütze sicher verwahren. Mögen die Götter meine Kinder und meine Frau segnen und mich in das Licht eines neuen Morgens geleiten. Plötzlich spüre ich die Liebe zu meiner Familie wie einen schmerzhaften Stich im Brustbein.

14

Ich erwachte davon, dass jemand nachdrücklich an die Tür klopfte. Es war Keti. Irgendetwas stimmte nicht. Rasch und schweigend fuhren wir durch die menschenleeren Straßen.

Ich öffnete die Tür zur Kammer der Reinigung. Es war sehr dunkel und sehr kalt. Behutsam, um nichts durcheinanderzubringen, trat ich ein. Der schattenhafte Leichnam des Mädchens lag noch da wie zuvor. In der kühlen Luft lag ein Hauch von Verwesung. Sämtliche Kerzen in ihren Haltern waren heruntergebrannt. Langsam schritt ich durch den Raum und blickte mich dabei sorgfältig um. Wie es meine Methode ist, teilte ich alle Flächen und Räume in Quadrate ein, die ich jeweils eingehend musterte, bevor ich zum nächsten ging. Es war so, wie ich es in Erinnerung hatte: Die Truhen waren geschlossen, sämtliche Werkzeuge an ihrem Platz, die Kanopenkrüge standen auf ihren Wandborden. Die Horussöhne starrten auf mich herab. Die Lampe in der erhobenen Hand, wanderte ich an der Wand mit den leeren, geschmückten Sarkophagen entlang. Plötzlich machte ich einen Satz rückwärts: einer von ihnen stand weit offen. Darin lehnte, wie ein grimmiger Scherz, eine Leiche.

Tjenri stand aufrecht im Sarg, seine Augen waren geöffnet, auf seinem gut aussehenden blutleeren Gesicht lag ein leichtes Lächeln. Als ich ihn mit der Lampe beleuchtete, glitzerten seine weit aufgerissenen Augen merkwürdig. Ich blickte genauer hin. Glas. Ich ließ die Lampe sinken. Da stand etwas zu seinen Füßen auf dem Boden. Ein Kanopenkrug.

Unendlich behutsam und voller Trauer hoben Keti und ich den Leichnam heraus und legten ihn vorsichtig auf den Tisch. Wir konnten einander nicht ansehen. Noch vor wenigen Stunden war dieses Ding aus Muskeln und Sehnen ein liebenswürdiger Mann mit einer aussichtsreichen Zukunft gewesen. Beim Schein einer frisch angezündeten Lampe untersuchte ich die Leiche Zentimeter um Zentimeter. Abgesehen von einem Lendentuch war er nackt und sauber gewaschen. Tiefe blaue und rote Striemen leuchteten auf dem graugelben Fleisch an Hand- und Fußgelenken, Brust und Taille. Über die Stirn zog sich wie ein breites Band ein purpurroter Bluterguss. Man hatte ihm enge Fesseln angelegt. Er hatte mit aller Kraft um sein Leben gekämpft. Auch an seinen Nasenlöchern fanden sich Male und kleine Tröpfchen. Ich hatte Angst vor dem, was wir entdecken würden. Ich öffnete seine mittlerweile starren Lippen und zog verklebte rote Watte aus der Mundöffnung. Von der Zunge war nichts mehr übrig als eine zerbissene Masse Fleisch, als Instrument der Sprache nicht mehr erkennbar. Ich machte weiter, obgleich ich nichts lieber getan hätte, als hinauszugehen und dann immer weiter und weiter, anstatt mich dem zu stellen, was mir bevorstand. Er war eindeutig noch am Leben gewesen, als man ihm das antat. Alles deutete auf einen langsamen, schmerzhaften und qualvollen Tod hin. Als ich aufsah, fiel mein Blick auf die grausigen Werkzeuge zur Mumifizierung, die im Schatten an ihren Haken hingen. Ich fasste mir ein Herz und blickte in den Kanopenkrug. Zerfleischt und zerstückelt, durch die Verwesung bereits bläulich angelaufen, lag darin sein Gehirn – ein Organ, das normalerweise weggeworfen wurde. Darauf die Augen an blutigen, zerfaserten Strängen.

Ich konnte es kaum fassen. Man hatte ihn gefesselt und ihm dann mit den eisernen Haken, die so unschuldig dort an der Wand hingen, bei lebendigem Leibe das Gehirn durch die Nasenlöcher herausgezogen, als wäre er bereits tot und müsste für die Bestattung hergerichtet werden. Das Ganze war sorgfältig und fachmännisch vonstattengegangen. Es war geschehen, während wir auf dem Empfang waren, aßen, tranken und redeten. Es war in diesem Raum geschehen.

Ich musste mich zusammenreißen, um nicht die Fassung zu

verlieren. Im Laufe der Zeit hatte ich schon viel Schlimmes gesehen. Ich hatte den süßlichen Gestank brennender Menschenknochen gerochen und den Dunst von Eingeweiden, die gerade erst einer geöffneten Bauchhöhle entnommen worden waren. Doch eine so unmenschliche, mit geradezu barbarischer Präzision ausgeführte Grausamkeit hatte ich noch nie gesehen.

Es gab nichts mehr, was ich für ihn tun konnte. Gegen diese Gräuel konnten auch die Gebete aus dem Totenbuch nichts ausrichten. Ich musste daran denken, dass ich ihm befohlen hatte, auf uns zu warten. Und nun war er tot.

Ich schloss seine zarten, kalten Lider über den seltsam glänzenden Glasaugen. Keti und ich verließen den unangenehm kalten Raum und blieben vor der Tür stehen. Der Tag brach an. Die Vögel sangen.

15

Ich befahl Keti, zum Hauptquartier der Medjai zu gehen und den Mord zu melden, während ich wartete. Ich musste eine Weile allein sein, bevor der Tumult einsetzte. Ich musste nachdenken, auch wenn mein Kopf von einer noch unheimlicheren Leere war als das Rote Land. Das Bild dessen, was man diesem vielversprechenden jungen Mann angetan hatte, erstickte jeden Gedanken im Keim.

Ich sah zu, wie die Straße zum Leben erwachte. Ein alter Mann kam mit einem Krug Wasser aus seiner Haustür geschlurft und begoss sorgsam ein junges Bäumchen, das gerade erst Wurzeln geschlagen hatte. Es schien, als hätte er für seine Verrichtung alle Zeit der Welt. Dann hob er ein wenig Abfall auf, der neben dem Bäumchen lag, warf ihn auf die Straße und schlurfte wieder zurück in seine finstere Behausung. Als schließlich die Sonne aufging, kamen die Leute aus ihren Häusern und gingen ihrer täglichen Beschäftigung nach.

Zorn stieg in mir hoch – auf mich selbst, weil ich diesen jungen Mann hatte sterben lassen, über die Vergeudung von Leben, über die widerliche Sinnlosigkeit dieser Stadt, über die ausgeklügelte Grausamkeit dieses Verbrechens. Ich wusste natürlich, dass es eigentlich gegen mich gerichtet war, ebenso wie der Pfeil auf dem Boot. Wer auch immer diese Gräueltat begangen hatte, wollte mir damit zeigen, dass er genau wusste, was ich tat. Ich sollte wissen, dass ich auf Schritt und Tritt beobachtet wurde und dass mir jederzeit etwas Schlimmeres zustoßen konnte. Es lag ein gewisser Hohn und Spott darin. Langsam, aber gründlich untergruben sie den Boden meiner Autorität, bis ich schließlich auf einer winzigen Insel der Ungewissheit festsäße. Ich war in die Stadt gekommen, um eine

Vermisste zu suchen. Nun gab es auch noch Morde aufzuklären.

Selbstverständlich erschien Mahu. Ohne mich weiter zu beachten, betrat er die Kammer. Als er wieder herauskam, ließ er ein Donnerwetter über mir los. Das war natürlich peinlich in Gegenwart der übrigen Männer, doch seltsamerweise war ich unempfindlich dagegen.

Wenn man bedachte, auf welche Weise Tjenri zu Tode gekommen war, wurde Mahus Zorn sinnlos und unerheblich. Unter schrecklichen Drohungen verschwand er wieder, um Echnaton zu informieren. Mir war es ziemlich egal. Ich wollte den Täter, oder die Täterin, überführen. Meine ganz persönliche Rache nehmen und sehen, was für ein Mensch es war, der einem anderen so etwas antun konnte. War es ein Ungeheuer, oder hatte er oder sie ebenso ein Herz und eine Seele, Blut und Gefühle wie wir alle?

Als die anderen fort waren, saßen Keti und ich noch eine Weile schweigend beieinander.

»Das ist das Schlimmste, was ich je im Leben gesehen habe«, sagte Keti schließlich.

»Innerhalb weniger Tage sind zwei grausige Morde geschehen. Und es gibt keinen Grund anzunehmen, dass es die letzten sein werden. Wir können davon ausgehen, dass sie in unmittelbarem Zusammenhang mit unseren Ermittlungen stehen. Wir werden beobachtet.«

Er nickte. »Und unsere Verfolger hinterlassen überhaupt keine Spuren.«

»Das stimmt nicht ganz. Die Art der Morde sagt etwas aus. Wir müssen nur herausfinden, was. Und als Nächstes müssen wir der Spur des toten Mädchens nachgehen. Ich habe da eine Idee. Wir sollten es im Dorf der Handwerker versuchen.«

»Wie kommst du darauf?«

»Wenn sie eine wichtige Person gewesen wäre, hätte man ihr Verschwinden mittlerweile bemerkt und vielleicht auch gemeldet. Irgendjemand aus der Stadt hätte sie sicherlich mit dem

Mordopfer in Verbindung gebracht. Doch auf dem Weg müssen wir noch einen Abstecher machen. Ich will mit der Magd Senet reden.«

Es war still im Haus, als wir ankamen. Die Wachen ließen uns ein, und wir warteten, bis Senet erschien. Sie verbeugte sich tief vor mir.

»Können wir irgendwo hingehen, wo wir ungestört sind?«

Sie führte uns in ein Vorzimmer. Wie zuvor war sie makellos gekleidet. Ihr Haar war bedeckt, die Hände steckten in kleinen gelben Handschuhen.

»Ich möchte dir etwas zeigen. Sag bitte nichts, sondern nicke nur mit dem Kopf, wenn du es wiedererkennst.«

Sie nickte. Ich öffnete die Faust und zeigte ihr den Skarabäus. Ihre Miene verriet mehr Entsetzen als Trauer. Vor Schreck zitterten ihr die Hände.

»Es ist nicht so, wie du denkst.« In ihren großen Augen, mit denen sie mich anblickte, erschien ein Hoffnungsschimmer.

»Warum hast du mir nicht die Wahrheit gesagt?«

»Worüber?«, fragte sie atemlos.

»Dass dieser Skarabäus beim Schmuck der Königin fehlte.«

Sie dachte rasch nach. »Verzeih mir, aber ich wusste nicht, wer du warst. Ich meine, wer du wirklich warst.«

»Du meinst, du wusstest nicht, ob du mir als Medjai trauen konntest?« Sie nickte, dankbar, dass ich die Worte für sie ausgesprochen hatte. »Ich muss wissen, ob du mir etwas über diesen Skarabäus sagen kannst.«

Sie sah ihn sich an. »Bitte sag mir, wie du dazu gekommen bist.«

»Jemand trug ihn. Eine andere Frau.«

Sie blickte erstaunt. »Wie kann das denn sein?«, fragte sie und drehte den Schmuck in den Fingern.

»Das weiß ich nicht. Aber eines kann ich dir sagen. Die Frau, die das hier trug, sah früher einmal der Königin sehr ähnlich.«

Sie bemühte sich, den Sinn meiner Worte zu erfassen. »Früher einmal?«

»Sie ist tot, und ich kann sie nicht identifizieren. Gibt es irgendetwas, das du mir sagen möchtest?«

Unvermittelt wandte sie den Blick ab. »Das hier ist ein finsterer Ort«, stieß sie leidenschaftlich hervor.

»Was soll das heißen?«

»Menschen sind wie Tiere, findest du nicht auch? Die Königin sagt, die meisten Menschen hätten ein gutes Herz. Aber ich sehe ihre Gesichter, wenn sie lächeln, wenn sie kluge Dinge sagen, wenn sie über das Missgeschick anderer lachen. Ich glaube, unsere Zunge ist das Ungeheuer, das in uns allen steckt.«

»Wie kommst du darauf?«

»Weil Worte besser verwunden und töten können als Messer.«

Ich ließ den Gedanken im Raum stehen.

»Erzähl mir mehr über diesen Skarabäus.«

Sie hielt das Ding auf ihrer zarten Handfläche und drehte es hin und her.

»Ich sehe die Möglichkeit eines neuen Lebens, ausgedrückt durch unvergängliches Gold. Der Skarabäuskäfer, diese geringste aller Lebensformen, erneuert sich fortwährend. Wiederauferstehung aus den Niederungen dieser Welt. Ich sehe die Sonne, Quelle der Schöpfung, wie sie durch die Kraft des Käfers in ein neues Leben geschoben wird. Eingeschlossen in dem Punkt in seiner Mitte sehe ich das Mysterium der Macht Res. Wie ein Kind im Mutterleib. Ich sehe eine Frau, die dem Sonnengott in allem gleicht. Ich sehe in dem Skarabäus ein Zeichen der Hoffnung. Ich spüre, wie er auf warmer Haut ruht, über einem guten Herzen.«

Plötzlich krümmte sie sich wie von einem schrecklichen Kummer überwältigt zusammen. Ihr Körper wurde von heftigem Schluchzen geschüttelt. Schließlich verebbte der Schmerz, und sie beruhigte sich wieder. Die Stille wurde nur durch das leise Plätschern unterbrochen, mit dem die Wellen des Flusses gegen die Terrasse schlugen. Mit gesenktem Kopf wartete sie auf meine Antwort.

»Du hast gut gesprochen«, sagte ich. »Nichts davon wird vergessen werden.«

Ich wandte mich zum Gehen, doch bevor ich die Tür erreichte, streckte sie die Hand nach mir aus.

»Was ist mit den Kindern? Sie werden bestimmt traurig sein ohne ihre Mutter.«

»Wo sind sie?«

»Man hat sie zu ihrer Großmutter gebracht.«

Ihr ängstlicher Blick verriet mir deutlich, was sie von diesem Arrangement hielt.

»Ich werde mit ihnen allen sprechen müssen. Soll ich ihnen etwas von dir ausrichten, wenn ich sie sehe?«

»Sag ihnen bitte, dass ich hier zu Hause auf sie warte.«

16

Das Dorf der Handwerker lag im Osten der inneren Stadt. So schnell wir konnten fuhren wir den Weg entlang. Re in all seiner Pracht – viel zu viel Pracht für meinen Geschmack – brannte gnadenlos vom Himmel herab. Man konnte ihm nicht entfliehen, denn alle Schatten hatten sich in die Dinge zurückgezogen.

Keti hielt schützend einen Sonnenschirm über unsere Köpfe, dessen wackeliger kleiner Schattenkreis uns ein wenig Erleichterung verschaffte.

Mehrere Pfade kreuzten unseren Weg und verloren sich in der östlichen Wüste. Einige von ihnen führten zu den Wüstenaltären, andere zu den Felsengräbern und den Kontrollposten. Wie dunkle Striche standen erschöpfte junge Männer an den Kreuzungspunkten, und hin und wieder entdeckte ich winzige Gestalten an den Grenzposten am Rande des flirrenden Stadtgebiets. Es schien, als sollten sie sowohl die Einwohner am Verlassen der Stadt als auch die Geister und Barbaren des Roten Landes am Eindringen hindern.

Ich zeigte sie Keti.

»Das ist der schlimmste Dienst überhaupt«, sagte er. »Den ganzen Tag lang stehen sie dort draußen und haben nur eine leichte Schilfhütte als Sonnenschutz. Sie bewachen auch die Grabstätten, die weiter oben in den Felsen angelegt werden.« Er deutete auf die fernen Berge in Weiß, Rot und Grau, und ich beschattete meine Augen, um besser sehen zu können. Auf mich wirkten sie verlassen. »Sie haben sich schon ein Stück in den Fels hinein gegraben. Es wird tatsächlich immer heißer, je tiefer man kommt.«

»Wie viele Gräber werden dort angelegt?«

»Ich weiß es nicht. Aber wahrscheinlich viele. Leute, die es sich leisten können, geben eine Menge Geld dafür aus.«

»Dann müssen sie wohl der Meinung sein, dass es sich lohnt. Vermutlich gehen sie davon aus, dass sie auf Dauer hierbleiben und auch hier begraben werden.«

»Ja, aber es soll auch jeder sehen, dass sie so denken.«

Das sind die Sorgen der Reichen. Manchmal erscheint mir diese geradezu zwanghafte Beschäftigung mit dem Jenseits lächerlich. Wir werden alle unter dem großen Licht der Sonne dahinschwinden wie das Flutwasser auf dem Feld, und nichts wird von uns bleiben als unsere Kinder. Und auch sie werden zu gegebener Zeit aus dem Leben verschwinden. Ich weiß, wie zynisch ich in dieser Verfassung auf andere wirke. Tjenris Tod hatte mich in eine düstere Stimmung versetzt. Mir fiel ein Vers aus einem alten Gedicht wieder ein:

Wo sind nun ihre Wohnungen?
Die Mauern sind zerfallen,
Die Wohnungen dahin,
Als wären sie nie gewesen.

Es war noch etwas Zeit bis zur Mittagspause, und daher mussten wir ein wenig warten, bis die Arbeiter für ihr Mittagsmahl heimkehrten. Der Schock über Tjenris Tod steckte mir noch tief in den Knochen, und da ich wusste, dass nur Beschäftigung mir helfen würde, beschloss ich, mir die Grenzstelen am Ostrand der Stadt anzusehen.

Keti sträubte sich. »Findest du es nicht zu heiß, um dort hinaufzuklettern?«

Ich achtete nicht auf ihn, sondern nahm die Zügel, und wir fuhren weiter, während Keti den Sonnenschirm über meinen Kopf hielt. Nach ungefähr einer Viertelstunde auf dem mittlerweile holprigen Weg hielten wir an, stiegen aus und wanderten über das eintönige Land, bis wir endlich zu einigen Felsen kamen, über die wir hinwegkletterten. Dann standen wir vor einem riesigen in den Fels gehauenen Grenzstein, der von den Standbildern Echnatons und Nofretetes flankiert wurde, die über ihr neues Land blickten. Ich schwitzte stark, das Leinengewand klebte mir am Rücken. Wir tranken beide einen Schluck kühles Wasser aus der Flasche, die Keti vorsichtshalber mitgebracht hatte. Dann inspizierte ich die Inschrift und las langsam vor:

Achet-Aton in seiner Gesamtheit gehört meinem
Vater Aton,
der allem unvergängliches und ewiges Leben
schenkt –
den Hügeln, Höhen, Sümpfen, den neuen
Ländern, Tälern, Weiden, Feldern, Gewässern,
Städten, den Flussufern, Menschen, Herden und
Hainen
und allem, was Aton, mein Vater, erschafft, auf
dass es unvergänglich und ewig bestehe.

»Das umfasst so ungefähr alles«, sagte Keti mit einem Blick von unserem neuen Aussichtspunkt.

Wir setzten uns unter unseren kleinen Sonnenschutz und schauten auf die weite, flache Ebene. In der Ferne konnten wir gerade noch den Fluss ausmachen, der zwischen den Bäumen glitzerte, und an seinen üppig grünen Ufern die in der trockenen Hitze wie in einem Backofen glühende weiße Stadt. Sie erschien unwirklich, wie eine Luftspiegelung. Die Tempelfahnen hingen völlig schlaff in der Stille des Mittags. Die neuen Felder – Gerste, Weizen, Gemüse – bildeten ein grüngelbes Mosaik im staubigen Schwarz des fruchtbaren Landes. Am Westufer des Flusses, jenseits des Streifens bebauten Landes, schimmerte trügerisch das Rote Land. Ich beschattete meine Augen, konnte dort jedoch nichts erkennen.

»Gefällt es dir hier?«, fragte ich Keti.

Er blickte in die Landschaft hinaus. »Ich hatte Glück und

habe eine gute Stellung. Das gibt uns ausreichend Sicherheit. Wir sorgen füreinander. Und wir haben ein Stück Land gekauft.«

»Hast du eine große Familie?«

»Ich habe eine Frau. Wir wohnen bei meinem Vater und meinen Großeltern.«

»Noch keine Kinder?«

»Wir versuchen es. Aber bisher ...« Er verstummte. »Ich brauche einen Sohn. Ohne einen Sohn kann ich die traditionelle Verbindung meiner Familie mit Mahu und den Medjai nicht weiterführen. Nur so können wir überleben. Meine Frau glaubt an Wundermittel und Zauberei. Sie geht zu einem Quacksalber, der ihr weismachen will, dass ein Absud aus Blüten und Fledermausscheiße in Verbindung mit dem Vollmond und ein paar Opfern uns zu einem Sohn verhilft. Sie behauptet sogar, ich wäre an dem ganzen Problem schuld.« Er starrte finster vor sich hin und schüttelte den Kopf. »Mahu hat uns angeboten, uns eine Empfehlung für den Palastarzt zu geben. Jemand, der sich mit diesen Dingen gut auskennt. Aber wir wollen ihm nicht verpflichtet sein.«

Ich beschloss, ihm gegenüber ebenso offen zu sein. »Ich habe drei Töchter. Tanefert, meine Frau, wurde vor Sechmets Geburt beinahe verrückt. Wir waren so nervös, dass wir uns wegen jeder Kleinigkeit aufregten. Sie ist nicht besonders abergläubisch, aber eines Nachts überraschte ich sie dabei, wie sie in zwei Gefäße pinkelte, die Weizen und Gerste enthielten. ›Was tust du da?‹, fragte ich sie, und sie antwortete: ›Ich will sehen, welches Getreide wächst. Dann werden wir wissen, ob es ein Junge oder ein Mädchen wird.‹ Keines von beiden ist richtig gewachsen, aber weil die Gerste ein bisschen höher wurde, rechneten wir mit einem Jungen. Und dann kam Sechmet, brüllend und so schön, wie sie eben ist.«

Ich hörte jemanden rufen. Zwei junge Wachtposten standen am Fuße der Felsen und blickten zu uns empor. Wir kletterten vorsichtig zu ihnen hinunter. Die beiden waren wahrscheinlich nicht älter als siebzehn und offensichtlich zu Tode gelangweilt, weil sie Tag für Tag nichts weiter zu tun hatten, als mit Steinen zu werfen, von Sex zu träumen und darauf zu warten, dass ihre endlose Schicht endlich zu Ende ginge.

»Was habt ihr da oben gemacht?«

Ich zeigte ihnen meine Vollmacht, und sie blinzelten mit den Augen. Analphabeten.

»Wir sind Medjai«, erklärte Keti.

Sofort wichen sie vor uns zurück. Gemeinsam mit ihnen gingen wir zu ihrer winzigen Hütte mit der Schilfmatte zum Sitzen und Schlafen. Im Vergleich zu den hochtrabenden Ansprüchen auf dem Grenzstein kam mir das Ganze ziemlich mickrig vor. Sie lehnten ihre Waffen – zwei plumpe Speere – an die Wand. In der Hütte gab es noch ein Fass mit Wasser, einen Ölkrug, ein Häufchen Zwiebeln und ein angebrochenes, aber frisches Gerstenbrot auf einem Bord.

Sie fragten mich, woher ich käme. Als ich sagte, dass ich aus Theben sei, erwiderte einer von ihnen: »Eines Tages gehe ich auch dorthin, um mein Glück zu machen. Es soll toll dort sein, habe ich gehört. Da ist was los. Gesellschaften, Feste. Jede Menge Arbeit. Nachtleben …« Der andere wich unserem Blick aus und scharrte verlegen mit den Füßen.

»Es ist wirklich eine tolle Stadt, aber das Leben dort ist hart«, erwiderte ich. »Pass auf dich auf, wenn du dorthin gehst.«

»Wir gehen auf jeden Fall. Hauptsache, wir kommen aus diesem elenden Loch hier heraus.« Der Stillere von beiden wirkte entsetzt über die Offenherzigkeit seines Freundes, doch der fuhr, noch kühner geworden, fort: »Wir treten in das neue Heer ein.«

Davon hatte ich noch nichts gehört. Was für ein neues Heer?

»Es gibt doch nur ein Heer«, sagte ich vorsichtig. »Das des Königs.«

»Ein neuer Mann arbeitet sich nach oben. Er sieht die Dinge anders und wird dafür sorgen, dass etwas passiert.«

»Und wie ist der Name dieses Mannes?«

»Horemheb«, sagte er in respektvollem, fast ein wenig ehrfürchtigem Ton.

In diesem Augenblick ertönte ein Ruf vom nächsten Grenzposten. Die Jungen rissen grüßend die Arme hoch und brüllten zurück. Mit einem knappen Gruß verließen wir sie und fuhren zurück ins Dorf.

»Hast du schon mal von diesem Horemheb gehört?«, fragte ich Keti.

Er zuckte die Achseln. »Infolge der Großen Veränderungen können auch Männer an die Macht gelangen, die nicht den vornehmsten Familien entstammen. Ich habe seinen Namen schon einmal gehört. Er ist mit einer Schwester der Königin verheiratet.«

Das war mir neu. Ein ehrgeiziger Militär, der in die königliche Familie eingeheiratet hatte.

»Wird er auch an den Festlichkeiten teilnehmen?«

»Das wird er wohl müssen.«

Ich ließ mir all das durch den Kopf gehen, während wir über die holprigen Steine rumpelten.

»Und wo ist die Schwester der Königin?«

»Keine Ahnung. Es heißt, sie wäre ein bisschen sonderbar.«

»Was meinst du damit?«

»Ich habe gehört, sie soll einmal ein ganzes Jahr lang geweint haben. Und sie spricht selten.«

»Aber trotzdem hat er sie geheiratet.«

Abermals zuckte Keti mit den Schultern.

Das schien so seine Art zu sein, auf den Lauf der Welt zu reagieren.

Im Gegensatz zum eleganten, weiträumigen Stadtzentrum bestand das Quartier der Handwerker aus schlichten, zweckmäßigen, rasch errichteten Unterkünften. Außen an der dicken Umfassungsmauer aus Lehm standen mehrere einfache Altäre und kleine Kapellen, umgeben von Schweinekoben, Ställen und Schuppen, wo die Menschen ihren täglichen Verrichtungen nachgingen, das Vieh graste und Frauen Brot in Öfen backten.

Keti und ich gingen durch das Tor. Die Häuser ähnelten sich mehr oder weniger: Jedes verfügte über einen kleinen Vorhof voller Tiere und Vorratskrüge, einen erhöhten, luftigen Hauptraum und nach hinten hinaus gelegene kleinere Räume. Die Erbauer dieser ewig gleichen Behausungen hatten die Leitern zum Dach weggelassen, daher hatten sich die Bewohner selbst aus Abfallholz die verrücktesten Gestelle zurechtgezimmert und sie angebracht, wo immer gerade Platz war. Wie in Theben waren auch hier die Dächer ein wichtiger Teil des Hauses. An Spalieren wuchsen Weintrauben, und Früchte und Gemüse lagen zum Trocknen in der Sonne.

Die Häuser waren in Reihen gebaut, getrennt von engen Wegen, die durch Stapel von Waren, Baumaterial und Abfallhaufen noch enger wurden. Schweine, Hunde, Katzen und Kinder liefen uns zwischen den Füßen umher, Frauen schrien einander über die Gasse hinweg etwas zu, einige Händler priesen ihre Waren an. Vagabunden in stinkenden Lumpen, Krüppel mit abgefaulten Gliedern und Hoffnungslose ohne Arbeit hockten im Schatten. Zwischen Packeseln und wimmelnden Menschenmassen hindurch bahnten wir uns unseren Weg. Der Kontrast zu den feinen begrünten Vorstädten war überwältigend, und ich muss gestehen, dass ich mich zum ersten Mal seit Tagen wie zu Hause fühlte. Es tat gut, wieder in das chaotische Durcheinander des normalen Lebens einzutauchen, weitab von den durchgeplanten, künstlich wirkenden Vierteln der Mächtigen.

Mit einigen gezielten Fragen führte Keti uns zum Haus des Aufsehers. Ich klopfte an den Türsturz und spähte in den dunklen Innenraum. Ein grobschlächtiger Riese mit einem harten, stoppeligen Gesicht blickte vom Tisch auf.

»Kann ich denn nicht mal in Ruhe zu Mittag essen? Was zum Teufel wollt ihr?«

Ich trat in den niedrigen, heißen Raum und stellte mich vor.

Er grunzte und lud mich widerwillig ein, auf der niedrigen Bank Platz zu nehmen.

»Bleib nicht stehen und sieh mir beim Essen zu. Das gehört sich nicht.«

Keti war draußen vor der Tür geblieben.

Der Aufseher war der typische Bauarbeiter, der es zu etwas gebracht hatte: kräftiger Körper mit dickem Wanst, Goldkragen um den feisten Hals, große Pranken, die ein Leben lang hart gearbeitet hatten, dicke abgesplitterte Fingernägel an kraftvollen Stummelfingern, die mit billigen Goldringen geschmückt waren und gierig, doch ohne Genuss Brocken vom Brotlaib abrissen. Er aß unablässig, mechanisch. Mit allen fünf Fingern stopfte er das Essen in sich hinein, als fütterte er ein Tier. In seinem Rücken lugten die Gesichter einer Frau und eines Mädchens hinter einem Vorhang hervor, der das Zimmer vom Küchenhof trennte. Als ich in ihre Richtung schaute, starrten sie mich eindringlich an wie streunende Katzen, dann verschwanden sie.

Ich zeigte ihm meine Vollmacht. Wie viele dieser Handwerker konnte auch er lesen, denn er musste Pläne und Bauanleitungen verstehen und Hieroglyphen meißeln. Mit einem Grunzen berührte er das königliche Siegel, misstrauisch und – auch wenn er es nicht zeigen wollte – beunruhigt.

»Was will jemand mit einer vom König ausgestellten Vollmacht in diesem Loch?«

Sein Mut und seine abfällige Art gefielen mir. Die Spannung zwischen uns lockerte sich ein wenig.

»Ich suche jemanden. Ein Mädchen. Ein Mädchen, das vermisst wird.«

Ohne seine gierigen Kaubewegungen zu unterbrechen, antwortete er: »Und warum suchst du hier? Hier schert sich keiner um vermisste Mädchen, sondern ist froh, wenn er sie los ist. Solltest du nicht besser unten in der Stadt suchen?«

»Mir ist so, als würde ihre Familie hier leben.«

Er schob mir das Brot hin. »Hunger?«

Ich nahm ein Stück und aß es gemächlich. Ich hatte gar nicht gemerkt, dass wir den ganzen Tag noch nichts gegessen hatten.

»Erzähl mir von dem vermissten Mädchen«, sagte er.

»Es ist eher eine junge Frau. Schön. Mit einer guten Stellung in der Stadt.«

Er wischte sich Gesicht und Hände ab. »Das ist nicht viel, was?«

»Ein Mädchen wie sie wird bestimmt vermisst.«

»Welche Farbe haben ihre Augen? Wie sieht ihr Gesicht aus?«

»Sie hat kein Gesicht mehr. Jemand hat es ihr zerschlagen.«

Er blickte mich an, stieß einen kurzen Pfiff aus und schüttelte langsam den Kopf, als hätten meine Worte lediglich seine Meinung von der Welt bestätigt. Dann erhob er sich unvermittelt und wies zur Tür. »Komm!«

Die Menschenmenge in den engen Gassen teilte sich bereitwillig, um uns vorbeizulassen. Dieser Mann wurde geachtet und gefürchtet. Er war der Aufseher und besaß die Macht, Vergünstigungen, Arbeit und Gerechtigkeit zu gewähren und zu entziehen. Hier, in seinem eigenen Reich, war er ebenso mächtig wie Echnaton. Wir kamen zu dem einzigen offenen Platz des Dorfes. Er wurde von bemalten Stoffbahnen beschattet, die bunte Muster auf den festgestampften Boden und die Bänke warfen, die sich über den gesamten Platz zogen. Hunderte von Arbeitern aus allen Teilen des Reiches, von Nubien bis Arzawa, von Hatti bis Mittani, saßen da und redeten, brüllten und sangen sogar, alle in ihrer eigenen Muttersprache. Dabei aßen sie hastig und bedienten sich aus den großen Schüsseln, die neben den Bänken standen. Die Jungen, die bei den Grenzsteinen Wache standen, versäumten tatsächlich etwas. Frauen gingen hin und her und tischten dickflüssiges Gerstenbier in Schalen auf. Lärm und Hitze waren unvorstellbar.

Der Aufseher postierte sich am Ende der mittleren Bank. Er stieß seinen Amtsstab dreimal auf das Holz, und sofort herrschte Stille. Alle Köpfe wandten sich ihm zu, aufmerksam, aber sichtlich begierig darauf, mit dem Essen fortzufahren.

»Wir haben hohen Besuch«, verkündete er. »Er will wissen, ob jemand ein Mädchen vermisst.«

Es gab ein kurzes Gelächter, das jedoch sofort verstummte, als der Aufseher seinen Stab erneut fest auf die Bank stieß. Alle blickten mich an, um zu sehen, wer das wissen wollte und warum. Mir war klar, dass ich etwas sagen musste.

»Mein Name ist Rahotep von den Thebener Medjai. Ich versuche, ein Rätsel zu lösen. Niemand hier hat sich etwas zuschulden kommen lassen, aber ich muss unbedingt die Familie finden, in der ein Mädchen vermisst wird. Ich glaube, es arbeitete in der Stadt, stammte aber von hier. Sagt mir nur, ob jemand eine Familie kennt, die sich Sorgen um eine Tochter oder Schwester macht.« Die Männer starrten mich an. »Alles, was man mir mitteilt, wird vertraulich behandelt.«

Es herrschte absolutes, feindseliges Schweigen. Niemand rührte sich. Schließlich erhob sich langsam ein junger Mann im Hintergrund. Ich führte ihn zu einer freien Bank, ein Stück von den anderen entfernt. Der Aufseher verließ uns mit den Worten: »Ich will, dass er gleich wieder an die Arbeit geht.«

Wir setzten uns einander gegenüber. Sein Name war Paser. Er besaß die harten, scharf geschnittenen Züge eines geschickten Arbeiters, einen Haarschopf, weiß von Staub, und Hände, die bereits schwielig waren von dem harten Stein, dessen Berührung ihm im Laufe der Zeit vertrauter werden würde als alles andere – als der Körper seiner Frau, vertrauter selbst als seine Kinder. Doch die Augen, mit denen er mich ansah, verrieten Intelligenz. Vielleicht nicht gerade Schlauheit, doch Nachdenklichkeit und einen unabhängigen Geist.

»Erzähl mir bitte etwas von dir.«

Er blickte argwöhnisch. »Was willst du denn wissen? Warum bist du hier und stellst Fragen?«

»Warum hast du auf meine Frage reagiert?«

Er senkte den Blick und verschränkte seine dicken Finger.

»Ich habe eine Schwester. Ihr Name ist Seschat. Wir sind in Sais, im westlichen Delta, aufgewachsen, doch die Stadt ging vor die Hunde. Man konnte nichts weiter tun, als den ganzen Tag herumzusitzen und auf Arbeit zu warten, die nie wiederkommen würde. Also zogen wir alle gemeinsam hierher und beteten darum, dass wir hier Arbeit finden würden. Wir hatten Glück. Als wir ankamen, fanden Vater und ich eine Stelle auf dem Bau, denn mein Vater ist ein Vetter des Aufsehers. Seschat ging in den Haremspalast.«

Keti und ich wechselten einen Blick. Endlich eine interessante Verknüpfung.

»Wann hast du sie zuletzt gesehen?«

»Das möchte ich lieber nicht sagen.«

»Warum nicht?«

Er zögerte.

»Kein Wort, das du sprichst, wird diesen Ort verlassen.«

»Du bist ein Medjai. Warum sollte ich dir vertrauen?«

»Weil du musst.«

Da ihm nichts anderes übrig blieb, redete er schließlich. »Ich war mit den Bauarbeiten an neuen Büros innerhalb des Haremspalastes beschäftigt. Manchmal konnten Seschat und ich uns für ein paar Minuten in einen stillen Winkel zurückziehen und miteinander sprechen …«

Er schwieg einen Augenblick. »Wir trafen uns gewöhnlich mehrmals in der Woche. Wir hatten eine Verabredung getroffen. Aber beim letzten Mal erschien sie nicht. Ich dachte, sie hätte einfach zu tun. Jede Woche schickt sie meinen Eltern etwas. Aber diese Woche …« Er schüttelte den Kopf. »Wo ist sie?«

Er nahm mich mit zum Haus seiner Eltern. Sie traten verlegen von einem Fuß auf den anderen, da sie nicht wussten, ob das Protokoll verlangte, dass wir uns setzten oder stehen blieben, und meine Anwesenheit sie einschüchterte. Im hinteren Zimmer werkelten die Großeltern. Sie nickten höflich, bevor sie wieder an ihre Arbeit gingen. Erfreut stellte ich fest, dass im Familienschrein die alten Götter noch immer ihren Platz hatten: Amulette von Bes und Taweret und Statuetten von Hathor – die alten Beschützer von Familie, Fruchtbarkeit und Festlichkeiten. Der Bildersturm der neuen Religion hatte diese kleine Heimstatt noch nicht erreicht.

Der Vater, ein Mann mittleren Alters, begann, von seiner Tochter, seinem Schatz, zu erzählen: Wie gut sie vorankam und dass ihre Schönheit und Anmut ihr neue Möglichkeiten im Haremspalast eröffnet hatten. Sein ganzer Stolz. Ihre strahlende Zukunft. Und obgleich ich keinen Beweis dafür hatte, spürte ich es die ganze Zeit über in meinen Knochen, dass die Tochter dieses Mannes tot auf einem Tisch lag, zerschunden und für alle Ewigkeit vernichtet.

Ich erblickte die Mutter am Vorhang. Sie wirkte besorgt wegen meiner Anwesenheit und verwirrt von meinen Fragen. Aber ich hatte eben keinen Beweis, und darum war ich hier. Von Gefühlen durfte ich mich gerade jetzt nicht abschrecken lassen.

»Und seit kurzer Zeit habt ihr nichts mehr von ihr gehört?«

»Nein, das ist auch nicht anders zu erwarten, denn sie ist sehr beschäftigt, musst du wissen. Wahrscheinlich arbeitet sie zu hart. Sie lassen sie wirklich hart arbeiten, das weiß ich.« Der Vater lächelte ein wenig unsicher.

»Ich muss dir eine persönliche Frage stellen. Trägt sie irgendwelche Kennzeichen an ihrem Körper? Ein Muttermal vielleicht?«

Der Vater schien verwirrt. »Kennzeichen? Ich weiß nicht. Warum bist du hier und fragst das alles? Warum sitzt ein Medjaioffizier in meinem Haus und stellt mir Fragen über meine Tochter?« Jetzt wirkte er verängstigt.

»Ich hoffe, sie zu finden.«

»Wenn du sie suchst, warum gehst du dann nicht in den Haremspalast und fragst dort nach ihr?«

»Weil ich fürchte, dass sie nicht dort ist.«

Allmählich dämmerte ihnen die Wahrheit. Still und starr

wie eine Statue stand die Mutter in der Tür. Langsam deutete sie auf ihren Bauch.

»Sie hat eine Narbe wie ein kleiner Stern. Hier.«

Als ich ging, ließ ich das Haus in einem Schweigen zurück, aus dem es, wie ich wusste, nie wieder erwachen würde. Das freundliche Gesicht des Vaters wirkte zerstört, als hätte ich es mit einem Stein zerschmettert. Er konnte nicht begreifen, warum ich gekommen war, um ihm den Trost seiner alten Tage zu nehmen. Die Mutter weigerte sich zu glauben, dass all das wirklich geschehen war. Die Verbitterung des Sohnes würde sich mit der Zeit zu einem tiefen Hass auf die Götter steigern, die es zugelassen hatten, dass ein unschuldiges Leben so grausam vernichtet wurde. Ich sagte ihnen nur, dass sie ermordet worden war, weil ich nicht den Mut aufbrachte, ihnen auch noch den Rest mitzuteilen. Doch ich versprach, ihnen den Leichnam überstellen zu lassen, damit sie ihn anständig bestatten konnten. Alles, was ich ihnen, abgesehen von ihrem Schmerz, hinterlassen konnte, war der Skarabäus. Ich hoffte nur, sein Erlös würde für eine gute Bestattung und die damit verbundenen Rituale reichen. Wie ich es sah, war er Eigentum des Mädchens. Das Mindeste, was ich tun konnte, war, dafür zu sorgen, dass sie nach allem, was sie und ihre Familie durchgemacht hatten, nicht in irgendeinem Grab in der Wüste verweste.

Wir verließen das nun stille Dorf. Schließlich ergriff ich das Wort.

»Zumindest haben wir jetzt eine Antwort, Keti. Etwas, das wir mit Sicherheit wissen.«

»Die Verbindung des toten Mädchens zum Haremspalast.«

»Genau. Bring mich jetzt gleich dorthin. Ich muss jemanden befragen.«

»Wir besitzen zwar unsere Vollmacht, aber trotzdem müssen wir zuerst das Haremsamt benachrichtigen.«

Ich seufzte. War denn gar nichts einfach?

»Wir haben keine Zeit zu verlieren. Los, lass uns hinfahren.« Keti wand sich wie ein Kind, das man bei einer Lüge ertappt hatte.

»Was ist?«

»Du hast es vielleicht vergessen. Die Einladung.«

Plötzlich fiel es mir wieder ein. Von Mahu. Zu einer Jagd. Heute Nachmittag. Ich verfluchte mich selbst, weil ich so dumm gewesen war, sie anzunehmen.

»Da stehe ich nun mit der ersten richtigen Spur seit Tagen, und du glaubst tatsächlich, ich würde meine Zeit mit Jagen vergeuden? Und ausgerechnet noch mit Mahu?«

Keti zuckte die Schultern.

»Hör auf, mit den Schultern zu zucken! Wir fahren geradewegs zum Haremspalast.«

Wir hatten kaum die äußeren Bereiche der Stadt erreicht, als plötzlich Mahu in seinem Wagen wie aus dem Nichts auftauchte. Sein hässlicher Hund, der so offensichtlich die Seele seines Herrn widerspiegelte, wie man es sich nur denken konnte, stand neben ihm, die Pfoten auf den Rand des Wagens gelegt.

Wütend drehte ich mich zu Keti um. »Hast du ihm erzählt, wohin wir wollten?«

»Nein! Dem erzähle ich gar nichts.«

»Na ja, du arbeitest schließlich für ihn, und da ist er nun, ausgerechnet jetzt, da wir endlich eine Spur haben. Ist doch ein komischer Zufall, findest du nicht auch?«

Keti wollte gerade eine scharfe Antwort geben, da brüllte Mahu zu mir herüber: »Gerade rechtzeitig zur Jagd. Ich war sicher, dass du es nicht vergessen würdest.« Er riss heftig an den Zügeln und raste voraus.

17

Die Jagdgesellschaft versammelte sich am neuen Hauptanlegesteg des Flusses, einer langen, schmalen Konstruktion aus Holzbohlen, die auf Pfeilern aus Stein und Holz ruhte und etwa fünfhundert Ellen weit ins Wasser ragte. Einige Lastbarken mit Steinblöcken wurden soeben entladen, und eine plumpe überladene Fähre hisste die Segel, um mit ihrer Last aus Erwachsenen und Kindern, Tieren und Sarkophagen zum Westufer überzusetzen. Ansonsten waren zu dieser nachmittäglichen Stunde nur Vergnügungsboote zu sehen, die mit umgelegten Masten an ihren Liegeplätzen ruhten – darunter ein besonders elegantes mit einer doppelstöckigen Kabine, wie ich noch nie eines gesehen hatte. Zwischen den Booten trieben einige Ruderboote mit kleinen Leinensegeln in leuchtendem Blau und Rot. Vornehm gedämpfte Stimmen und perlendes Lachen klangen über das dahinströmende Wasser.

Von der Jagdgesellschaft kamen andere Geräusche. Es waren forsche männliche Stimmen, die sich bemühten, eine gewisse gespannte Stille zu übertönen. Eine Gruppe junger Männer – typische Sprösslinge der Oberschicht – und dazu eine Handvoll Medjaioffiziere. Alle stolzierten prahlerisch herum und warfen sich in Positur. Die Stimmung war aufgeheizt und aggressiv.

Keti beteuerte noch einmal, dass er mit Mahus Einladung nichts zu tun hatte, doch ich glaubte ihm nicht. »Ich fing an, dir zu vertrauen«, sagte ich und schritt auf die Gruppe von Männern zu. Meine Füße waren so schwer, als steckten sie im zähen Flussschlamm. Gerade jetzt, da ich eine neue Spur verfolgen musste, war ich von gesellschaftlichen Pflichten gefangen genommen.

Mahu stellte mich vor. »Ich bin froh, dass du kommen konntest«, fügte er ausgesprochen ironisch hinzu. Alles, was dieser Mann sagte, klang wie eine Drohung.

»Danke für die Einladung«, erwiderte ich mit so wenig Begeisterung wie nur möglich.

Er achtete nicht darauf. »Ich habe gehört, du schnüffelst im Arbeiterdorf herum. Du hast eine vermisste Frau und einen toten Offizier am Hals. Die Zeit läuft ab.«

Ich hatte nicht vor, ihm etwas zu verraten. »Es ist doch erstaunlich, wie Dinge, die scheinbar nichts miteinander zu tun haben, in Wahrheit eng verbunden sind.«

»Ach ja? Vielleicht schaffst du es ja wenigstens, deinen Pfeil mit einer fliegenden Ente zu verbinden.«

Von den anderen Männern kam herablassendes Gelächter. Ich blickte sie der Reihe nach an. Sie alle imitierten, mehr oder weniger geschickt, Mahus Raubtiergrinsen. Alle trugen nagelneue Jagdkleidung. Es sah aus, als hätten sie sich für ein Fest verkleidet. Ihre Muskeln waren das Ergebnis von Eitelkeit, nicht von Arbeit. Jagd war für sie ein Zeitvertreib und keine Notwendigkeit. Mit der Not, diesem einfachen und ehrlichen Gott, hatten sie nie Bekanntschaft gemacht. Die schräg einfallenden Sonnenstrahlen betonten die Schatten auf ihren arroganten Gesichtern. Bürovorsteher waren darunter und Abkömmlinge vornehmer Familien, allesamt Angehörige der einflussreichen Oberschicht.

Auch wenn ich aus meiner Ablehnung der großen Veränderungen kein Hehl mache, muss ich doch zugeben, dass sie weiteren Kreisen der Bevölkerung Aufstiegsmöglichkeiten eröffnet haben. Leuten wie mir. Ich stamme aus einer sogenannten »gewöhnlichen« Familie. Doch wie wenig sagt dieses Wort über das, was dahintersteckt: Menschen, die füreinander da sind und nach Kräften versuchen, sich durchs Leben zu schlagen, ein wenig Vergnügen zu haben und ihr Auskommen zu finden. Die führenden Familien dagegen haben sich – Sohn wie Vater, Vater wie Großvater – an die irdische Macht geklammert und die Reichtümer unseres Landes eifersüchtig gehütet, so lange, wie das Wasser schon durch die Uhren rinnt. Sie haben sie festgehalten, als könnten sie sich auf diese Weise vor allem schützen. Und das können sie ja auch – vor Armut, den meisten Ängsten, Bedürftigkeit und zerstörten Lebenshoffnungen, vor Ohnmacht, Erniedrigung, Hunger. Nicht jedoch vor dem Leid und dem Unglück, dem jeder Mensch zum Opfer fallen kann.

Als hätte er meine Gedanken gelesen, unterbrach Mahu meine Grübeleien: »Nun ja, die Zeit verfliegt. Lasst uns die Boote besteigen. Erfolgreiche Jagd!«

Wir gingen zu einigen Booten aus Papyrusschilf. Diener, die uns bei der Jagd behilflich sein würden, standen schon bei ihren eigenen Booten bereit. Seit meiner Jugend war ich mit diesen hübschen Wasserfahrzeugen gesegelt, die so schlicht und doch so elegant waren. Wir bildeten Paare. Mit eifriger Miene gesellte sich Keti zu mir, doch gerade als er mit mir ins Boot steigen wollte, hielt ihn einer aus der Gruppe mit erstaunlicher Schroffheit zurück. Doch ich hatte ohnehin keine Lust, mir die nächsten Stunden Ketis Gejammer anzuhören. Der Fremde stellte sich als Hor vor. An einer Lederleine führte er seine Katze mit sich, die sofort vorn auf das Boot sprang und sich dort niederließ, um sich ihre rechte Vorderpfote zu putzen. Dabei blickte sie mich erwartungsvoll und kritisch an.

Hor, der anscheinend keine Lust zum Reden hatte, wickelte einen vorzüglichen Bogen aus dem leinenen Tragetuch. Mit dem Daumenring prüfte er die Spannung der Bogensehne. Die feinen Stränge – wahrscheinlich rund sechzig für eine Waffe dieser Güte – waren fest verzwirbelt und an den Enden zu ordentlichen Schlingen gedreht, damit sie nicht ausfransten. In einer Holzkiste fand ich ein gebogenes Wurfholz, das ich als Waffe benutzen konnte, denn selbstverständlich besaß ich kein eigenes. In der Kiste befanden sich auch ein Netz mit Gewichten und ein Speer, für den Fall, dass wir eine größere Beute aufspürten. Es waren alles ziemlich simple Waffen und bei Weitem nicht so wirkungsvoll wie der teure, elegante Bogen.

Auf Mahus Zeichen hin legten wir schweigend ab und steuerten auf den breiten Fluss hinaus, dessen Oberfläche sich wie ein Banner leicht im Wind kräuselte. Während wir auf ein Schilfmoor zuhielten, das ein Stück nördlich der Stadt am Ufer lag, wünschte ich bereits, die Jagd wäre schon vorbei. Die Katze saß noch immer gespannt und reglos am Bug, wie hypnotisiert vom entfernten Rauschen und den lockenden Rufen des Schilfs. Bald verschwand die Stadt hinter einer weiten mit Bäumen bestandenen Biegung des Flusses. Die Felswände im Osten, wo die Grabstätten gebaut wurden, ragten rechts von uns auf, wo sie eine natürliche Barriere für den Flusslauf bildeten. Im Westen dagegen wurde er breiter und flacher, mit Sumpfgebieten und dichten, dunklen Schilfwäldern. Hoch am Himmel kreisten Vögel und stießen ihre schrillen Warnrufe aus.

Lautlos verschwand ein Boot nach dem anderen zwischen den hohen, reglosen Schilfrohren des grünen und silbernen Sumpfgebietes. Ich stakte unser Boot vorwärts, bemüht, die anderen nicht aus den Augen zu verlieren, was im flimmernden Gewirr der Schilfrohre nicht einfach war. Die Jagdkatze hatte sich erhoben und tigerte, die Nase witternd in der Luft, im begrenzten Raum des Bugs hin und her. Hor stand auf, machte seinen Bogen bereit und spähte scharf in das Schilf, als suche er etwas. Ich warf einen Blick zurück und sah für einen Augenblick Keti, der ein ganzes Stück hinter uns geblieben war und nun aufzuholen versuchte. Ich stakte langsamer, worauf er die Hand hob, um mir ein Zeichen zu geben, gleich darauf jedoch wieder im dichten Schilfwald verschwand. »Nicht langsamer werden«, sagte Hor barsch. »Wir wollen uns den Spaß doch nicht entgehen lassen.« Mit einem Blick vergewisserte ich mich, dass die Netze und das Wurfholz griffbereit waren.

In diesem Augenblick erreichten wir eine Lichtung im Schilfwald, wo die anderen Boote versammelt waren. Ihre

Spiegelbilder auf dem Wasser dehnten sich und zitterten, dann wurden sie ruhig. Ich sah Mahu, der in seinem Boot stand und das Schilf und den Himmel beobachtete. Alles war ruhig. Alle lauschten.

Plötzlich schlug er ein Paar Klappern aneinander, stieß einen Jagdruf aus, und gleich darauf war der Himmel erfüllt von einem Rauschen, als Tausende von Vögeln aufflatterten. Alle Männer schleuderten gleichzeitig ihre Wurfhölzer, von denen rund ein Dutzend in den Vogelschwarm schwirrte, und diejenigen, die einen Bogen besaßen, ließen ihre Pfeile in das Durcheinander zischen. Ich zielte kurz und warf mein Holz. Die Katze geriet außer sich und sprang wie verrückt herum. Rufe und Schreie ertönten, die Boote trennten sich, um das Wild zu verfolgen, und gleich darauf war die Luft erfüllt von herabstürzenden Vogelkörpern, die mit lautem Klatschen ins Wasser plumpsten. Mit einer blutbefleckten Ente im Fang tauchte die Katze aus dem Schilf auf. Bis auf die Blutspuren auf den schillernden Federn unter den Flügeln wirkte der tote Vogel unversehrt.

Ich bückte mich und griff nach einem Speer. Wir befanden uns erneut im dichten Schilf, und von den übrigen Booten war nichts zu sehen.

Als ich aufblickte, befand ich mich Auge in Auge mit Hor. Sein Bogen war gespannt, der Pfeil mit der Silberspitze und den eingeritzten Hieroglyphen der Kobra und des Gottes Seth direkt auf mich gerichtet.

»Beim letzten Mal hast du mich verfehlt«, sagte ich.

»Das war Absicht.«

»Das behaupten sie alle.«

Er fand das nicht lustig und spannte den Bogen noch weiter. Er lächelte – diesmal konnte er mich nicht verfehlen. Ich hielt den Atem an und dachte: Du Idiot, wie konntest du nur in diese Falle tappen. Es würde aussehen wie ein unglücklicher Zufall, als hätte mich bei der Jagd ein verirrter Pfeil getroffen.

Da kippte Hor plötzlich zur Seite – wie aus dem Nichts

hatte ihn ein Wurfholz getroffen. Mit einem beinahe komisch klingenden Ton schwirrte der Pfeil zwischen die Schilfrohre. Um ein Haar wäre ich ins Wasser gefallen. Ich konnte gerade noch das Gleichgewicht halten. Aufgeregt mit den Armen fuchtelnd, kam Keti in Sicht. Unten im Boot regte sich Hor und hielt sich stöhnend den Kopf. Am Boden aus Schilf klebte Blut. Ich warf das beschwerte Netz über ihn, und als er sich aufrappeln wollte, stieß ich ihn ins Wasser. Platschend und strampelnd verfing er sich immer mehr in den feinen Maschen des Netzes. Mir blieb nichts anderes übrig. Ich stieß ihm den Speer tief in die Brust und drückte ihn unter Wasser. Da der Speer auf feste Muskeln und Knochen traf, holte ich zu einem weiteren Stoß aus. Diesmal drang die Waffe leicht in den Körper ein und trat am Rücken wieder aus. Ich zog sie heraus und wollte ein weiteres Mal zustoßen, doch das war nicht nötig. Selbst unter Wasser wirkte seine Miene erst verblüfft, dann enttäuscht. Rote Schlieren bildeten sich im Wasser, der Körper drehte sich langsam auf den Bauch.

Ich wendete das Boot und segelte um mein Leben. Ich warf einen Blick zurück. Die Leiche trieb unmittelbar unter der Wasseroberfläche. Schilfrohre schlugen mir ins Gesicht und gegen den Bug. Da das Boot jetzt leichter war, fuhr es glücklicherweise schneller. Vor mir erblickte ich Keti, ebenfalls allein in seinem Boot. Ich winkte ihm zu, er solle weiterfahren. Hinter mir sah ich, wie Mahu sich nach mir umdrehte, dann ertönten Schreie und Rufe. Ich verschwand erneut im zischelnden Schilf. Die Katze, jetzt beunruhigt, machte sich an dem toten Vogel zu schaffen und rupfte ihm verstohlen einige Federn aus. Ich gewann einen Vorsprung und näherte mich Keti. Er bedeutete mir, still zu sein, denn vom Fluss her kamen die Geräusche weiterer Boote und die lauten Rufe von Männern. Es war zu vermuten, dass sich unter ihnen Komplizen des Mörders befanden und auch Mahu mit ihnen unter einer Decke steckte. Kein Wunder, dass er mich unbedingt bei der Jagd dabeihaben wollte.

Wir drangen tiefer in das Sumpfgebiet ein. Mit einer Handbewegung bat ich Keti, langsamer zu fahren. Inmitten eines Schilfdickichts hielten wir an und warteten lauschend. Wir wagten kaum zu atmen. Ich hörte Warn- und Erkennungsrufe, als sich die Boote einander näherten und schließlich in das Schilf einfuhren. Einen Augenblick lang besprachen sich die Männer, dann beschlossen sie, sich aufzuteilen, um das Sumpfgebiet zu durchsuchen. Ich blickte mich um. Da es bereits dunkel wurde, konnte ich nicht erkennen, in welcher Richtung das Ufer lag und ob wir uns dorthin würden retten können.

Ich zerrte der widerstrebenden Katze den toten Vogel aus dem Fang, wobei sie mit ihren verdammten Krallen mein Handgelenk zerkratzte. Dann riss ich den Hals des Vogels auf, verschmierte eilig Boden und Seitenwände des Bootes mit Blut und warf den Kadaver dann über Bord. Wütend über diese Vergeudung starrte mich die Katze giftig an und schnüffelte dann jaulend an dem Blut, um zu sehen, was noch zu retten war. Ich winkte Keti zu mir heran und stieg zu ihm in sein Boot. So leise wie möglich schob ich mein Boot mit dem Fuß noch weiter ins Schilf. Langsam verschwand es in den aufsteigenden Nebelschwaden. Die Katze saß am Bug und starrte mir mit hasserfülltem Blick nach.

Schweigend stakten wir das Boot, so weit wir konnten, in den finsteren Schilfwald hinein. Dann setzten wir uns hin und warteten.

»Guter Wurf«, flüsterte ich.

»Danke.«

»Wo hast du so gut zielen gelernt?«

»Ich gehe schon mein ganzes Leben lang auf die Jagd.«

»Das war mein Glück.«

Plötzlich hörten wir es: Raschelnd teilten sich die Schilfhalme und ließen ein Boot durch. Es war nicht mehr als zwanzig Ellen von uns entfernt. Wir konnten nichts erkennen. Ich überprüfte den Bogen, spannte einen Pfeil auf die Sehne. Vor lauter Energie vibrierte der Bogen in meinen Händen. Wir warteten mit angehaltenem Atem. Dann plötzlich ein erregter Wortwechsel: Sie hatten das blutverschmierte Boot gefunden. Wir kauerten uns hin und warteten darauf, dass das Schicksal seinen Lauf nahm. Würden Sie den Köder schlucken? Wir konnten sie so deutlich hören, als stünden sie im Nebenzimmer. Dann wurden ihre Stimmen allmählich leiser, als sie sich entfernten und das leere Boot mitnahmen.

Lange Zeit saßen wir dort, regungslos wie die Krokodile. Langsam verloren sich die Stimmen und der Schein der Bootslaternen in der Dunkelheit, und wir waren allein mit den mannigfaltigen nächtlichen Geräuschen des Sumpfes. Nach und nach erschienen die Sterne am Himmel, und der halbe Mond ging zum Glück früh auf: Wir hatten genügend Licht für unseren Heimweg, und die langen Schatten würden uns verbergen.

»Danke, dass du mir das Leben gerettet hast«, sagte ich.

Ich spürte, wie Keti in der Dunkelheit zufrieden lächelte.

»Es scheint, hier kann mich einer nicht leiden, Keti.«

»Ich habe Mahu nichts erzählt, glaub mir.«

Dieses Mal beschloss ich, ihm zu glauben.

»Aber warum geht er so offen ein Risiko ein? Wenn er mich aus dem Weg räumen wollte, könnte er das doch unauffälliger tun, als mich zu einer Jagd einzuladen.«

»So schlau ist er nicht«, erwiderte Keti irgendwie vergnügt.

»Lass uns zurückfahren.«

»Und dann?«

»Dann nehmen wir die Spur wieder auf. Der Harem. Ein nächtlicher Besuch.«

18

Die Stadt kam in Sicht. Ihre neuen Gebäude glänzten bleich im Mondlicht, während die umgebende Wüste im Dunkeln lag. Lediglich die Berge und Felsbrocken schimmerten schwach, als strahlten sie das am Tag gespeicherte Sonnenlicht ab.

An einer dunklen Stelle in der Nähe des Hafens sprangen wir ans Ufer. Keti ging voraus, wobei er sich auf der Straßenseite hielt, die vom Mond nicht beschienen wurde. »Es gibt drei königliche Paläste«, erklärte er. »Den großen, den nördlichen und den am Fluss. Im großen Palast befinden sich die meisten Unterkünfte der Frauen.«

»Und wo schläft Echnaton nachts?«

»Das weiß niemand. Er wechselt von einem Palast zum anderen, je nachdem, welche Pflichten gerade anstehen. Zwischen den Kulthandlungen im Tempel, seinen offiziellen Amtshandlungen und den Empfängen zeigt er sich dem Volk. Ich nehme an, er hat Schlafgemächer in jedem der Paläste.«

»Ein hartes Leben.«

Keti grinste mich an.

Wir überquerten die Königliche Straße und gelangten zum großen Palast. Es war ein riesiges lang gestrecktes Gebäude, das sich an der Westseite der Straße hinzog. Vor dem Haupttor standen zwei Wachen. »Wir haben Glück, ich kenne sie«, sagte Keti leise.

»Du bist aber noch spät unterwegs«, sagte der Jüngere von beiden zu Keti und versetzte ihm einen Schlag auf die Schulter. »Immer noch im Dienst? Und wer ist das?«

»Wir müssen etwas in Echnatons Auftrag erledigen.« Einen Augenblick lang wirkten die Wachen unsicher.

»Habt ihr eine Vollmacht?«, fragte der Ältere. Wortlos zog ich sie aus der Tasche.

Er warf einen Blick auf den Papyrus und schüttelte langsam und verwundert den Kopf. Schließlich nickte er. »Na, dann geht.« Als er den Bogen, den ich bei mir hatte, bemerkte, fügte er hinzu: »Den musst du hierlassen. Im Palast sind ohne Sondererlaubnis keine Waffen erlaubt.«

Mir blieb nichts anderes übrig, als ihm den Bogen auszuhändigen.

»Pass gut darauf auf. Du siehst ja hoffentlich, wie wertvoll er ist«, sagte ich.

»Der war bestimmt sehr teuer, Herr.«

Wir traten in den Haupthof, der von hohen Lehmziegelmauern umgeben war. Er erinnerte mich an die Säulenhallen von Theben, nur dass dieser Hof hier offen und mit einigen Baumgruppen bepflanzt war. Mit Keti, der den Weg kannte, an der Spitze schlichen wir, verstohlen wie die Diebe, durch die Schatten, die das Mondlicht warf.

»Das ist ja riesig hier«, flüsterte ich.

»Ich weiß. In der Mitte liegen die Festhallen und die privaten Schreine. An der Nordseite befinden sich Büros, Unterkünfte und Vorratsräume. Ehrlich gesagt beklagen sich alle über die Wohnbedingungen. Sie sagen, alles wäre hier zu beengt und außerdem jetzt schon baufällig. Der Gips reißt und bröckelt, und überall gibt es Ungeziefer. Es heißt, man hätte billiges Bauholz verwendet und es durch die Bemalung auf teuer getrimmt. Und jetzt säße schon der Holzwurm drin.«

Wir durchquerten mehrere Säulenhallen und gingen immer weiter. Alles schien still und verlassen. Ab und an vernahmen wir leise Stimmen, und einmal versteckten wir uns hinter einer Steinsäule, als drei Männer, in ein ernsthaftes Gespräch vertieft, vorübergingen. Viele weitere Räume gingen von den inneren Hallen ab, doch sie wirkten allesamt unbewohnt.

»Wo sind die Leute alle?«

Keti zuckte mit den Schultern. »Die Stadt wurde für eine

große Einwohnerschaft gebaut. Noch sind nicht alle da. Viele von denen, die einmal diese Hallen und Büros bevölkern werden, sind noch nicht einmal geboren. Und du darfst nicht vergessen, dass zum Fest unglaublich viele Besucher erwartet werden.«

Wir kamen an einen hübschen Innenhof voller kühler nächtlicher Düfte. Ich bemerkte, dass der Boden mit der Darstellung eines Teiches, von blauen und silbernen Sumpfblumen und -pflanzen umstanden, bemalt war.«

»Und wieder sind wir auf dem Wasser. Diesmal sogar zu Fuß«, sagte ich.

Keti blickte nach unten und erwiderte überrascht: »Oh, tatsächlich.«

»Was sollen alle diese Flussszenen?«, fragte ich.

»Atons Schöpfung. Sie wollen sie überall sehen.«

Wir liefen trotzdem über das Gemälde hinweg bis zu einer großen Tür. In die schöne Täfelung war eine kleinere Tür eingelassen, und darin saß ein Holzladen von der Größe eines kleinen Fensters. Die Bemalung des Bodens zeigte an dieser Stelle nur unbewegtes Wasser. Keti klopfte leise an den Fensterladen. Während wir warteten, hatte ich erneut das kribbelnde Gefühl, dass wir beobachtet wurden. Ich blickte mich um. Es war niemand zu sehen. Da wurde der Laden von innen geöffnet.

»Zeigt eure Gesichter«, sagte eine Stimme mit sonderbarem Tonfall.

Keti winkte mich zu sich, und als ich vor die Luke trat, traf mich ein helles Licht direkt in die Augen. Dann öffnete sich die kleine Tür geräuschlos, und ein Lichtstreif fiel auf den Boden. Ich trat in das Licht und durch die Pforte.

Innen war es noch immer blendend hell. Ich beschattete die Augen mit den Händen und vermeinte, zahllose Lichter, wie kleine Monde, zu sehen, die sich durch den Raum bewegten. Plötzlich erkannte ich, dass es sich um Papyruslaternen handelte, die sich auf ihren schlanken Stängeln neigten und drehten. Die Laternen wurden von Mädchen gehalten. Hübschen jungen Mädchen. Als die Laterne unmittelbar vor mir gesenkt wurde, erblickte ich ein Gesicht, grobknochig, doch elegant, mit geschminkten Wimpern und Lippen und einer dick mit weißem Puder bedeckten Haut. Und einen exquisit gekleideten Körper, der seiner Statur nach jedoch besser zu einem Preisringer oder Wagenlenker gepasst hätte.

»Es gehört sich nicht, so zu starren«, sagte sie. Die Stimme passte nicht zum Gesicht, sondern zum Körper.

»Verzeih mir.«

»Ich weiß dein *Interesse* zu schätzen.« Das Wort Interesse sprach sie nuschelnd aus, als würde sie es von einem Teller ablecken.

»Guten Abend. Wir sind von den städtischen Medjai und müssen die Frauen des Harems befragen.«

»Um diese Zeit?«

»Die Zeit ist egal.«

Sie blickte ungehalten. »Welche Frauen meinst du denn? Hier gibt es alle Arten von Frauen: Näherinnen, Ankleiderinnen, Helferinnen, Tänzerinnen, Musikantinnen bis hin zu den Ausländerinnen. Ich glaube nicht, dass eine der Frauen euch zu dieser Stunde sehen möchte.«

»Ach nein? Abwarten. Ich weiß, dass eine von ihnen vermisst wird. Verschwunden. Ein ganz besonderes Mädchen. Eine Art Spiegel. Ihre Schwestern werden wissen, was ich meine. Sie müssen sich Sorgen machen. Wahrscheinlich haben sie Angst um sie. Nicht zu wissen, was geschehen ist, ist noch schlimmer, findest du nicht auch?«

Sie blickte mich eindringlich an, das großflächige Gesicht nachdenklich verzogen. Dann ließ sie uns ein.

»Das ist ein Eunuch«, flüsterte Keti.

»Ich weiß«, flüsterte ich zurück. Ich habe alles gesehen, was das Nachtleben von Theben zu bieten hat, all die armseligen Lokale und Spelunken und andere Orte, wohin Männer gehen, um sich ihre geheimsten Wünsche zu erfüllen. Jungen als Frauen, Frauen als Männer, Männer mit Männern, Frauen mit Frauen.

Der Eunuch ging Keti und mir voraus, und die Mädchen folgten uns flüsternd und kichernd mit tänzelnden Schritten. Die Laternen in ihren Händen schwankten und hüpften. Mit all den tanzenden Lichtern und Schatten verlor ich in der fremden Umgebung bald die Orientierung, als wir immer wieder abbogen: links, rechts, rechts, links … Immer tiefer drangen wir in dieses finstere Labyrinth ein. Wir kamen an leeren Empfangszimmern vorüber, voller unbenutzter Liegen mit aufgehäuften Kissen, an niedrigen Arbeitsräumen, in denen kleine Gestalten hockten und nähten und sich bei dem funzeligen Lampenlicht die Augen verdarben, an stillen Wäschehöfen mit aufgestapelten Waschzubern und endlosen Gestellen, auf denen weißer Leinenstoff zum Trocknen hing, an verschlossenen Büros und dunklen Schlafquartieren, wo müde Frauen mit aufgelöstem Haar und allen möglichen Kleidungsstücken kamen und gingen. Mit leichten, graziösen Schritten ging der Eunuch vor uns her, wobei er hin und wieder einen verschlagenen Blick über die Schulter warf, um zu sehen, ob wir ihm noch folgten.

Endlich kamen wir an eine weitere Tür. Das Geschnatter der Mädchen, die sich um uns scharten, verstummte, die Laternen kamen zur Ruhe.

»Hier dürfen wir nicht weitergehen. Das ist verboten.«

Der Eunuch klopfte an, flüsterte einige dringliche Worte und bedeutete mir einzutreten. Keti musste draußen bleiben. Mit einem letzten Blick sah ich ihn in einem Lichtkreis stehen, inmitten unseres Gefolges aus hübschen Mädchen, die lächelnd zu ihm aufsahen. Dann wurde ein dicker Vorhang zugezogen, und er war fort.

»Guten Abend.« Ihre Stimme klang hell, belustigt, intelligent. »Du musst den Mädchen verzeihen. Sie sind albern und übermäßig aufgeregt. Um diese Zeit bekommen wir normalerweise keinen Besuch, aber ich habe damit gerechnet.«

Sie trug ein gefälteltes Gewand, das sich eng an ihren Körper schmiegte und die rechte Brust frei ließ. Es war ein hübscher Effekt. An den Füßen hatte sie makellose goldene Sandalen, ihr schimmerndes parfümiertes Haar hing lose herab. Sie ähnelte der Frau, deren gemeißeltes und gemaltes Bildnis ich überall in der Stadt gesehen hatte.

Ihr Name war Anath. Wir befanden uns in einem gemütlichen Gesellschaftszimmer mit hochlehnigen Holzstühlen, die mit kunstvollen Schnitzereien, Einlegearbeiten und Vergoldungen verziert waren und deren Füße wie Löwenpranken aussahen. Zwischen uns lag auf einem Ständer ein Spielbrett für *Senet*. Das Brett war wunderschön mit seinen dreißig elfenbeinverzierten Spielfeldern.

»Spielst du?«, fragte sie.

»Zu Hause schon. Mit meiner Frau und meinen Töchtern. Meine Älteste ist geschickter als ich und schlägt mich oft darin. Sie erinnert sich an jeden Zug, überlegt sich alle Satzkombinationen genau und bekommt fast immer die richtigen Würfe.«

»Mädchen sind klüger als Jungen. Vom Tag ihrer Geburt an müssen sie selbstständig denken.«

Wir setzten uns, und ich berichtete ihr alles. Während ich sprach, traten nach und nach weitere Frauen aus dem Schatten ins Zimmer, nahmen auf Stühlen oder Kissenstapeln Platz und hörten mir zu. Ich versuchte, mich auf das Gesicht meines Gegenübers zu konzentrieren. Sie lauschte aufmerksam.

Zunächst herrschte entsetztes Schweigen, dann drangen aus allen Ecken trauriges Gemurmel und kleine betrübte Seufzer. Ich blickte auf die anderen Frauen und sah, dass es sechs an der Zahl waren.

Plötzlich hatte ich das Gefühl, als sei die Welt aus den Fugen geraten. Als ich beim flackernden Schein der Lampen nacheinander in jedes Gesicht blickte, war mir, als sei ich in einen Raum voller lebender Spiegel geraten, denn die Frauen glichen einander bis auf winzige Kleinigkeiten. In ihrer Haltung, ihrem

Profil, in allem ähnelten sie ein und derselben Person. Der Königin.

Schließlich sprach Anath: »Wir leben hier – einige schon von Kindheit an – in diesem Harem innerhalb des Harems, weil wir alle eines gemeinsam haben. Im Haremspalast gibt es noch weitere Bereiche, die unterschiedlichen Zwecken dienen, doch hier, in jeder von uns, spiegelt sich – wie schwach auch immer – die Vollkommenheit der Königin. Und wir geben uns alle Mühe, diejenigen unserer Züge – Augen oder Nase, die Länge unserer Beine oder den Klang unseres Lachens –, die nicht gänzlich den ihren entsprechen, weiter zu vervollkommnen. Das ist ein hohes Ziel, findest du nicht auch?«

Ich wusste nicht, was ich sagen sollte. »Aber warum?«

»Um sie zu beschützen. Um uns für sie auszugeben, wenn es nötig ist.«

Ich schaute sie alle ungläubig an. »Ist sie jetzt hier unter euch? Ist eine von euch die Königin? Wenn ja, möge sie sich bitte zu erkennen geben. Ich werde sie wohlbehalten nach Hause bringen. Das schwöre ich.«

Ich blickte in die schweigenden Gesichter im ruhigen Schein der Kerzen und wartete verzweifelt darauf, dass eine vortrat und sagte: »Du hast die Königin gefunden. Deine Suche ist zu Ende.« Doch niemand rührte sich, und mir wurde klar, dass sie alle verängstigt waren. Fragend blickten sie Anath an, die verwirrt aussah.

»Warum sollte sie hier bei uns sein?«, fragte sie.

»Weil sie verschwunden ist. Man hat mich kommen lassen, damit ich sie finde und sicher nach Hause bringe.«

Die Stille im Raum wurde noch dichter.

»Bitte sag mir: Was geschah in der Nacht, als Seschat verschwand?«, fuhr ich fort.

»Vor drei Nächten«, begann Anath, »kam eine versiegelte Botschaft von der Königin. Es gab genaue Anweisungen. Keiner, nicht einmal wir, durfte wissen, was in der Nachricht stand.«

Eine zweite Frau meldete sich zu Wort: »Wir dachten uns nichts dabei. Ein solcher Befehl von der Königin war nichts Ungewöhnliches.«

»Die Anweisungen waren vor allem an Seschat gerichtet«, setzte Anath hinzu.

»Und wer überbrachte die Botschaft?«

Sie blickten einander an, und Anath zuckte die Achseln. »Das wissen wir nicht. Was geschieht, sobald wir durch diese Tür gehen, ist streng geheim. Natürlich können wir den anderen bei unserer Rückkehr alles erzählen. Aber diesmal nicht, denn Seschat kam nie zurück.«

Das Skarabäusamulett, das ich ihnen beschrieb, kannten sie nicht. Anscheinend hatte es nicht Seschat gehört. Trotzdem war ich froh, dass ich es ihrer trauernden Familie gegeben hatte.

»Was ist das für ein Mensch, der unsere Schwester so entsetzlich grausam getötet hat?«, fragte eine der Frauen.

Eine zornige Stimme ertönte aus dem Hintergrund: »Was für ein Mensch will denn die Königin selbst ermorden?«

»Es muss ein Ungeheuer sein«, sagte eine.

»Nein«, entgegnete eine andere, »es gibt keine Ungeheuer. Nur Menschen.«

Ich verabschiedete mich von den seltsamen Frauen. Anath nahm meinen Arm und führte mich hinaus, an einer dunklen Reihe von Sykomoren entlang bis in die hinterste Ecke eines Gartens, der vom Mond und zahlreichen Lampen erhellt war. Am Rand eines Wasserbeckens stand eine Statue Nofretetes. Mit hellsichtigem, allwissendem Blick starrte sie über die dunkle Wasserfläche zu ihren Füßen. Wir setzten uns für einen Augenblick auf eine Bank und lauschten dem Gesang eines einsamen Nachtvogels.

»In dem Harem, in dem ich lebe, haben wir wenig Kontakt zur Außenwelt«, sagte Anath nach einer Weile. »Ich weiß, die Leute glauben, der Harem wäre ein Ort voller Begierden und Geheimnisse, und für einige mag das auch zutreffen. Vielleicht malen sie sich aus, dass es die Dinge, die sie selbst gern hätten, in der abgeschiedenen Welt der Frauen gibt. Wir haben unsere täglichen Rituale, unsere Aufgaben und Pflichten. Manchmal fühlte ich mich wie eine Schale voller Stille, unberührt, unbehelligt von der äußeren Welt. Doch deine Neuigkeiten haben meinen Frieden zerstört. Die Schale ist zerbrochen. Was für eine Illusion es war zu glauben, die Welt sei gut und freundlich.«

Was konnte ich ihr antworten? Es war sinnlos, ihr zu sagen, dass meiner Erfahrung nach die Gewalt tief in uns allen lauerte und uns als Anlage in den Knochen saß – eine Eigenschaft, die uns sogar mit den Göttern verband.

»Ich weiß nicht, was aus uns werden soll, wenn die Königin ebenfalls tot ist«, fuhr sie fort. »Wenn man sogar die Königin ermordet, was wird man uns erst antun? Wem nützen wir dann noch? Wer will uns haben? Wir wären dann nichts weiter als ein blasser Abglanz einer Verstorbenen. Geister, im Leben gefangen.«

»Ich glaube nicht, dass die Königin tot ist«, erwiderte ich. »Ich bin sicher, sie lebt noch.«

»Mögen die Götter dir recht geben.« Sie klang, als wäre sie über meine Worte erleichtert. Dann nahm sie meine Hand und drehte sie so, dass die Handfläche nach oben zeigte. »Ich glaube, ich kann da etwas sehen.«

Innerlich zog sich mir alles zusammen. Ich kann den Unfug der Wahrsagerei und der Horoskope nicht ertragen. Dieser ganze Blödsinn mit Zaubersprüchen und Tränken und Hokuspokus. Bedeutungsvolle Muster zu erkennen, wo es keine gibt. Das widerspricht meiner Ausbildung und meinen Instinkten.

Sie musste das gespürt habe, denn sie fuhr lächelnd fort: »Keine Angst, ich werde dir nicht die Zukunft voraussagen wie eine Wahrsagerin auf dem Markt. Ich möchte dir nur sagen, was ich empfinde. Dass du ein guter Mensch bist. Dass du wieder nach Hause willst.«

Ich kam mir vor wie eine Steingutscherbe, die unter einem

Sonnenstrahl aufblitzt. Lächerlich. Das weiße Standbild Nofretetes blickte noch immer sinnend über die dunkle Wasserfläche, ohne uns zu beachten. »Möge sie dich auf deinem Weg behüten«, sagte Anath leise, als wüsste sie, dass ich noch viel weiter in die Finsternis vordringen musste, bevor ich endlich, wenn überhaupt, an den ersehnten Ort zurückkehren konnte, der sich mit jedem Tag und jedem Schritt weiter von mir zu entfernen schien.

»Ich werde dich nicht vergessen«, sagte ich.

Sie lächelte etwas wehmütig, dann öffnete sie die Tür, die zurück ins Hauptgebäude des Harems führte. Ich ging hindurch. Geisterhaft schwebte ihr Duft noch einen Augenblick in der Luft, dann war er verschwunden.

19

Auf der anderen Seite wartete Keti auf mich. Ich bat ihn, mich zum Haus des Adligen Nacht zu bringen. Wir gelangten ungesehen dorthin. Die Straße in der südlichen Vorstadt lag in Schatten und Stille, die dunklen Villen und Anwesen waren sicher hinter ihren hohen Mauern verborgen. Die Luft stand vor Hitze. Nichts regte sich. Ich klopfte leise an die Tür, und sogleich wurde der Riegel fortgeschoben, aber anstelle eines Pförtners erschien Nachts freundliches Gesicht. Er wirkte überaus erleichtert.

»Es ist mitten in der Nacht, und du machst selbst die Tür auf«, sagte ich.

Wir setzten uns in seinen Garten um eine einzelne Lampe herum. Die warme Nachtluft war erfüllt vom Duft fremdartiger Blumen.

»Kann uns jemand belauschen?«, fragte ich.

»Nein. Das Haus ist so gebaut, dass ich ungestört bin.«

Die Mauern waren hoch, und die Frösche am Teich übertönten mit ihrem Quaken unsere Stimmen. Nacht schenkte uns Wein ein.

»Es ist mir eine Ehre, euch Zuflucht bieten zu können.«

»Es ist nur für eine Nacht.«

Er senkte den Kopf. »Ihr habt also Mahus Jagd überlebt. Offensichtlich solltet ihr die Rolle des Wildes spielen.«

»Wird in der Stadt bereits über meinen Tod geredet?«

»Ja, in der Tat. Dadurch wurde der Eindruck noch verstärkt, dass es keinen mehr gibt, der die Zügel in der Hand hält. Erst Nofretete. Dann der junge Medjaioffizier. Und jetzt du. Alle sind davon überzeugt, dass sie umgebracht wurde. Und die Stadt ist auf dieses schlecht geplante Fest offenbar noch immer nicht vorbereitet. Die eintreffenden Gäste finden unfertige Unterkünfte vor, mangelnde Vorräte und einen König ohne Königin. Es scheint, als bahnte sich ein Chaos an.«

»Jemand hat durchaus die Zügel in der Hand, aber es ist nicht Echnaton«, erwiderte ich.

»Mahu aber auch nicht, falls du das annimmst. Er mag sein, wie er will, doch seine Loyalität steht außer Frage. Und außerdem wäre er nicht so dumm, dich auf seiner eigenen Jagdpartie umbringen zu lassen.«

»Wer war es dann?«

Nacht schüttelte den Kopf. »Ich weiß es nicht. Aber du scheinst ihnen gefährlich zu werden, wenn man dir solche Aufmerksamkeit schenkt.«

»Ich habe das Gefühl, ich komme überhaupt nicht weiter, und die Zeit tröpfelt dahin. Bald wird das Becken leer sein.«

»Wir kennen die Identität des toten Mädchens und wissen in etwa, was in jener Nacht geschah«, sagte Keti aufmunternd.

»Wer will Nofretete tot sehen?«, fragte ich Nacht. »Wer ist daran interessiert, alles ins Wanken zu bringen? Ramose?«

»Das glaube ich nicht. Ramose steht im Zentrum der neuen Ordnung. Er verehrt die Königin, und mir kommt es so vor, als hätte er es lieber mit ihr als mit dem König zu tun, da sie einen praktischeren Sinn für die Belange des Großen Reiches hat als er. Er ist besessen von seinem großen Plan und seiner neuen Religion.«

Ich starrte in meinen fast leeren Weinbecher. »Was ist mit der alten Priesterschaft? Den Anhängern von Amun? Welchen Einfluss könnten sie hier haben?«

»Sinn und Zweck der neuen Hauptstadt war es doch, sie weit entfernt von ihrer Machtbasis in Theben und Memphis zu errichten«, erwiderte Nacht und schenkte mir nach.

»Aber sie sind doch bestimmt nach wie vor mächtig. Zwar kann Echnaton sie verbannen, doch ganze Familien, ganze Generationen kann er nicht auslöschen. Kampflos werden sie nicht aufgeben.«

Nacht nickte und blickte in das dunkle Blattwerk seines Gartens. »Ich war selbst einer von ihnen. Und doch bin ich jetzt hier. Viele von uns haben die praktische Lösung gewählt und sind zu Aton übergetreten. Doch dahinter steckte mehr als Pragmatismus. Bei den Priestern des Amun handelte es sich natürlich nicht nur um eine Priesterschaft, auch wenn sie den Gott verehrten, die Rituale vollzogen und die Feierlichkeiten organisierten. Wie du weißt, vertraten sie auch wichtige wirtschaftliche und politische Interessen. Ihnen gehörte ein Großteil des Landes und seines Ertrags. Wiederholt kollidierten ihre wirtschaftlichen und politischen Interessen mit denen des Königshauses. Daher war es unausweichlich, dass früher oder später eine der beiden Seiten versuchen würde, die alleinige Oberherrschaft zu erlangen. Nun habe ich persönlich meine Zweifel am Hohen Haus und seinen Melodramen, aber«, er lächelte leise, »letzten Endes war ich gespannt darauf, was passieren würde, wenn Echnaton uns dazu verpflichtete, seine aufklärerischen Vorstellungen zu übernehmen. Vielleicht werden sie tatsächlich vielen Leuten Vorteile bringen. Durch sie wurden begabten Männern, die nicht der Oberschicht angehörten, schon viele Türen geöffnet, die ihnen früher verschlossen waren. Sie haben dafür gesorgt, dass sich religiöse Verehrung nicht länger sorgsam verborgen in den Tempeln, sondern offen vor aller Augen abspielt. Und wenn man tiefer in ihre Feinheiten eindringt, wird man feststellen, dass sie den Menschen vermitteln, dass man keine Angst vor dem Leben zu haben braucht. Außerdem darf man nicht vergessen, dass die Amunfamilien in aller Regel außerordentlich unsympathisch sind. Sie halten ihre Überlegenheit für selbstverständlich. Es war besonders erfreulich, den Schock und die Bestürzung auf ihren arroganten Visagen zu sehen, als Echnaton und Nofretete ihnen Macht und Reichtum nahmen. Willkommen im Kreis der gewöhnlichen Menschen!«

Seine Offenherzigkeit schien ihn nicht in Verlegenheit zu bringen.

»Natürlich ist es dir trotz deiner Bekehrung zu Aton gelungen, dein Vermögen zu retten«, sagte ich.

Er lächelte. »Ich sehe nicht ein, warum ich mein Leben und das Werk meiner Vorfahren zerstören sollte, nur um einen Standpunkt zu beweisen, zumal es ein Standpunkt war, den ich nicht teilte. Stattdessen habe ich die Früchte ihrer Arbeit einem neuen, großzügigeren Zweck zugeführt. Ich wollte die neuen Möglichkeiten ausloten. Glaubst du, das war falsch?«

»Nein, ich glaube, du hast das Notwendige getan.«

»Aber nicht das Richtige.«

»Ich kann die Worte ›richtig‹ und ›falsch‹ nicht mehr hören. Wir benutzen sie viel zu leichtfertig, um über Dinge zu urteilen, über die wir uns kein Urteil erlauben können. Und außerdem kann ich nicht behaupten, dass das, was ich hier in Achet-Aton gesehen habe, *richtig* ist. Die Menschen bleiben sich immer gleich: habgierig, ehrgeizig, prahlerisch, leichtsinnig. Das ändert sich nie.«

Er nickte. »Sicher. Es ist ein schwieriger Weg. Sobald eine Idee von den Höhen des Ideals in die Niederungen des menschlichen Lebens hinabsteigt, entsteht Chaos. Es gibt hier viele Leute, die große Zweifel an den jüngsten Entwicklungen hegen. Sie sehen, wie sich Idealismus in Fanatismus verwandelt. Immer wieder gibt es dieses eigensüchtige Streben nach persönlicher Macht. Aber um auf die Sache mit den Amunanhängern zurückzukommen: Höchstwahrscheinlich sind sie ebenfalls hier, geben sich als Bekehrte und warten dabei vielleicht auf Anweisungen und auf die richtige Gelegenheit, die neue Herrschaft zu stürzen.«

Ich trank noch etwas Wein. Plötzlich fiel mir ein Name ein. »Und Horemheb?«

Nacht richtete sich auf. »Das ist jemand, mit dem man rechnen muss.«

»Wir haben zwei junge Wachen getroffen, die geradezu von ihm schwärmten.«

»Das überrascht mich nicht. Er tauchte offenbar auf wie aus

dem Nichts, machte eine glänzende Karriere, heiratete die verrückte Schwester der Königin und ist nun auf dem Weg an die Spitze der Streitkräfte, indem er die gesamte Armee für sich einnimmt.«

»Wer ist diese verrückte Schwester?«

»Mutnedjmet. Offiziell fungiert sie als Hofdame, doch in Wahrheit hat man sie immer vom Hof ferngehalten. Es heißt, irgendetwas wäre ihr als Kind zugestoßen, und seitdem leidet sie an Depressionen und Hysterie.«

»Und er hat sie geheiratet?«

Wieder nickte Nacht. »Er ist auf irgendetwas aus. Ich kann mir nicht vorstellen, dass es eine Liebesheirat war.«

»Und kommt er auch hierher?«

»Ich glaube, vielleicht schon morgen. Und Eje ebenfalls.«

»Wer ist Eje?«

»Ein Höfling, der sich selten in der Öffentlichkeit zeigt. Soweit ich weiß, trägt er lediglich den Titel ›Aufseher der Pferde‹. Aber er ist der Onkel des Königs, und Echnaton scheint auf ihn zu hören.«

»Die Schakale rotten sich also zusammen.«

20

Trotz des frühen Sonnenlichts, das durch den Vorhang fiel, hinter dem sich Menschen bewegten und sprachen, erwachte ich mit einem Gefühl tiefer Beunruhigung, wie nach einem bösen Traum. Dagegen halfen nur Bewegung und Tätigkeit. Also kleidete ich mich eilig an und spritzte mir Wasser ins Gesicht, um mich leichter in den neuen Tag hineinzufinden. Flüchtig strich ich mein Haar glatt. Im Mund hatte ich einen Geschmack wie saure Milch. Ich spülte ihn aus. Ich hatte Hunger. Und pinkeln musste ich auch.

»Hast du gut geschlafen?«, erkundigte sich Nacht, der gemeinsam mit Keti auf mich wartete.

»Ja, abgesehen von einigen sonderbaren Träumen.«

»Welcher Traum ist nicht sonderbar? Das ist ja der Sinn der Sache. Sollen wir ein Buch der Traumdeutungen zurate ziehen?«

Ich schüttelte den Kopf. Er lächelte.

»Was hast du jetzt für Pläne?«, fragte er.

»Wenn ich bedenke, wie unbeliebt ich mich in der Stadt gemacht habe und dass sich das Gerücht von meinem Tod nicht mehr lange halten wird, und angesichts der bedauerlichen Tatsache, dass die Tage wie im Flug vergehen, habe ich mich entschlossen, um eine Audienz bei Echnaton zu bitten. Ich glaube, es ist an der Zeit, ihn über den Stand der Dinge zu informieren. Abgesehen davon könnte ich meine Arbeit nicht erledigen, wenn ich verkleidet herumlaufen müsste.«

Nacht wiegte nachdenklich den Kopf. »Heute wird es eine öffentliche Zeremonie zu Ehren von Merira geben. Er soll zum Hohen Priester Atons ernannt werden. Es kann gut sein, dass Echnaton zu beschäftigt ist, um dich zu empfangen.«

»Hoher Priester? Ich dachte, Echnaton wäre der höchste und einzige Priester Atons. Darum ging es doch wohl gerade.«

»Ja, es ist interessant, dass er sich gerade jetzt bemüßigt fühlt, einen Stellvertreter zu ernennen. Merira ist ihm treu ergeben. Und vollkommen skrupellos. Außerdem ist er der Hauptwidersacher Ramoses, der sich seit Längerem für eine konservativere Politik im Großen Reich starkmacht. Merira wird Echnaton gegen Ramose unterstützen. In Fragen der Religion geht es nur noch um Politik.«

Keti hatte uns mit banger Miene zugehört. »Aber selbst wenn du zu ihm vordringen kannst, was wirst du Echnaton sagen? Wir sind der Lösung des Rätsels noch nicht näher gekommen.«

»Ich werde ihm die Wahrheit sagen.«

»Ja, aber du kannst doch nicht einfach hingehen und sagen: ›Ach, und übrigens, dein getreuer Polizeichef Mahu, der fast so mächtig ist wie du, will mir das Fell über die Ohren ziehen und einen Futtersack für einen Esel daraus machen.‹ Und wenn Mahu herausbekommt, dass du Vorwürfe gegen ihn erhoben hast, wird er hinter mir her sein. Er würde mich umbringen.«

»Na, das hat er ja schon versucht.«

»Nein, Herr, er hat versucht, *dich* umzubringen. Er würde mich töten und danach meine Familie. Dabei wissen wir nicht einmal genau, ob er es wirklich war.«

Da war etwas dran. »Keti, ich bin nicht so dumm, ohne Beweise an Echnatons Hof aufzukreuzen, Anschuldigungen zu erheben, die keine nachweisbare Verbindung zu dem Rätsel haben, und damit genau die Leute zu alarmieren, die wir aus der Sache heraushalten wollen. Wir müssen ihm einfach einen Erfolgsbericht erstatten und so tun, als machten wir Fortschritte, selbst wenn es nicht stimmt. Wenn wir uns dann etwas Zeit verschafft haben und ich meine Autorität ein wenig wiederherstellen konnte, werden wir ihn um die Erlaubnis bitten, die Königinmutter und die Prinzessinnen zu befragen.«

»Teje? Warum willst du sie sehen?«

»Weil ich in den inneren Kreis dieser merkwürdigen Familie vordringen muss. Ich will herausfinden, was sie weiß.«

»Es heißt, sie wäre widerlich. Man sagt, sie hätte Goldzähne, und ihr Atem ließe Früchte verfaulen.«

»Dennoch ist sie die Schwiegermutter der vermissten Frau und nimmt daher einen, sagen wir, besonderen Standpunkt in dieser Sache ein. Und außerdem können wir ja so lange die Luft anhalten.«

Nacht grinste. »Dein Freund hat recht. Sie ist ein altes Scheusal. Grüß sie herzlich von mir.«

Die Straßen waren voller Beamter auf dem Weg zur Arbeit. An Karren und Buden wurden Honigkuchen, Brote in verschiedensten Formen und Bier verkauft. Die meisten aßen und tranken im Gehen, da sie, ebenso wie wir, keine Zeit für ein richtiges Frühstück hatten. Keti kaufte Honigbrot mit Feigen, das köstlich schmeckte, und Bier, und wir verschlangen alles wie hungrige Hunde in einer Seitenstraße an der Rückseite eines Gebäudes, wo nur Arbeiter vorbeikamen. Niemand nahm Notiz von uns, alle dachten nur mit Schaudern an einen weiteren langen und harten Arbeitstag unter der unbarmherzigen Sonne.

Essen heitert mich immer auf. Das ist eine Schwäche von mir. Ich wünschte, ich wäre einer von diesen Männern, die Tage und Nächte lang ohne einen einzigen Bissen auskommen und nichts anderes im Sinn haben als Wahrheit und Schönheit. Aber so bin ich nun einmal nicht. Ich esse gern so gut und reichlich wie möglich. Sogar nach einem Begräbnis freue ich mich auf das anschließende Festmahl. Tanefert kocht nicht schlecht, aber ich muss sagen, ich koche besser. Ich packe es an wie ein Rätsel, spüre ungewöhnliche Gewürze auf und mache mir Gedanken über das manchmal überraschende geschmackliche Zusammenspiel der einzelnen Zutaten. Ich kann mit Stolz von mir behaupten, dass ich weiß, wo auf dem Markt und in welchen der zahlreichen Läden ich das schmackhafteste

Fleisch, die frischesten Kräuter, den besten Honig bekomme. Mein Lieblingsgericht ist in Rotwein marinierte Gazellenkeule mit Feigen. Ich wünschte, das hätte ich jetzt kochen können. Mein früheres Leben, in dem ich den Gazellenbraten zubereite, während die Mädchen die Bohnen putzen, Tanefert mit meiner Mutter die Auswahl des Weins bespricht und mein Vater döst oder mit den Mädchen spielt, erscheint mir wie eine versunkene Welt.

Während wir aßen, spürte ich die schmerzhafte Sehnsucht bis in die Knochen. Um mich abzulenken, fragte ich Keti, wie und wo wir Echnaton finden könnten.

»Das kommt darauf an«, antwortete er. »Manchmal folgt er am Morgen vor den Augen des Volkes dem Lauf der Sonne vom nördlichen Palast aus entlang der Königlichen Straße. Er verrichtet seine Gebete im Atontempel, gewöhnlich dem kleinen. Danach empfängt er Würdenträger, trifft politische Entscheidungen, gibt Audienzen und hört sich Bittgesuche an …«

»Von wem?«

»Von allen möglichen Leuten. Beamten, Provinzstatthaltern, Vertretern der Gerichtshöfe, Heerführern … von allen, bis hinauf zu den nördlichen und südlichen Wesiren.«

»Und dann?«

»Dann verleiht er zuweilen Ehrenkragen am Erscheinungsfenster. Nicht viele wissen es, aber es gibt zwei Fenster: das Hauptfenster auf der Brücke für das größere Publikum und ein kleineres, eher unbekanntes, innerhalb des großen Palastes, wo er Würdenträger, ausländische Gesandte und Boten empfängt.«

»Bemerkenswert. Und wenn er nicht dem Sonnenlauf folgt?«

»Na ja, meistens tut er es. Aber wenn nicht, weiß niemand, wo er sich aufhält. Überall in der Stadt gibt es Paläste und Residenzen, in denen er sich, soweit man weiß, aus Sicherheitsgründen abwechselnd aufhält. Am ehesten aber wohl im nördlichen Palast am Fluss. Er ist von den höchsten Mauern umgeben, und kaum jemand wird hineingelassen. Angeblich gibt es dort einen großen künstlichen Teich für Fische und Vögel und einen Park, in dem sämtliche Tiere des Königreichs gehalten werden. Dort, im Mittelpunkt der Welt, zwischen den Tieren, soll er angeblich seine freie Zeit verbringen.«

Keti warf mir einen raschen Blick zu, um zu sehen, was ich davon hielt.

»Was sich die Leute so erzählen«, sagte ich vage lächelnd. Wenn es um Ketzerei ging, konnten wir einander noch nicht völlig vertrauen.

Wir drängten uns durch die Menschenmenge bis dorthin, wo das Seitengässchen in die Königliche Straße mündete, und suchten uns einen Fleck, von wo aus wir die weiteren Geschehnisse gut verfolgen konnten.

»Zu welcher Stunde nimmt er normalerweise den Weg?«

»Stets um dieselbe Zeit, außer an Festtagen. Er zieht es vor, die Sonne in Abgeschiedenheit zu begrüßen, und wenn sie dann ihren Lauf bis zur Höhe der neunten Stunde fortgesetzt hat, macht er sich auf den Weg. Dann ist das Licht genau richtig. Nach den Audienzen, zur zwölften Stunde, wenn Re am höchsten Punkt steht, setzt der König seinen Weg zum Hohen Haus fort. Die Zeremonie für Merira wird vermutlich zwischen diesen beiden Zeitpunkten stattfinden.«

»Falls er also Lust dazu hat, wird er hier vorüberkommen, und wir können ihn sehen?«

Keti nickte. »Es ist natürlich ungewöhnlich, dass die Königin nicht anwesend ist. Sie lenkt ihren eigenen Wagen. Manchmal werden die beiden von den Prinzessinnen in ihren gesonderten kleinen Wagen begleitet. Das gefällt anscheinend den Leuten. Die Familie. Vielleicht kommt er heute aber auch nicht.«

Wir warteten also. In seiner ihm eigenen Geschwindigkeit, die mir viel zu langsam war, zog Re in seinem blendend hellen Wagen seine Bahn am ewig blauen Himmel. Ich vertrieb mir die zermürbende Wartezeit damit, die geschäftig hin und her eilenden Menschen zu beobachten und dann und wann ans Essen zu denken. Endlich vernahmen wir weiter hinten auf der Königlichen Straße ein Rumpeln. Es entstand Unruhe, und die wenigen Fußgänger, die sich auf der Straße aufhielten, wurden eilig von einem Trupp Wachsoldaten beiseitegeschoben, die die Vorhut bildeten und kräftig in ihre Trompeten stießen. Plötzlich quollen wie von Zauberhand ganze Scharen von Menschen aus den Seitenstraßen und suchten sich stoßend und drängelnd einen Platz so nahe wie möglich am Straßenrand. Sie riefen und schrien begeistert und streckten flehend die Hände nach dem Wagen aus, der jetzt, umgeben von rennenden Fußsoldaten, in Sicht kam. Immer schriller wurden die Schreie, immer dringlicher die bittenden Gesten, als Echnaton höchstpersönlich vorüberfuhr. In seinem strahlend weißen Gewand, die Krone auf dem Haupt, stand er reglos auf dem hohen Podest seines Wagens und achtete nicht auf das Getöse um ihn herum. Er wirkte wahrhaftig wie der König der Welt, doch ich musste daran denken, wie der Mann, den ich in seinen Privatgemächern getroffen hatte, vor Schmerz zusammengezuckt war.

Bei diesem Auftritt des Königs wurden starke Sicherheitsvorkehrungen getroffen. Mit Langbogen bewaffnete nubische, syrische und libysche Bogenschützen hielten ihre Pfeile auf die Dächer oder die begeisterte Menge gerichtet. Barbrüstige Soldaten in Militärschurzen trugen Schilde aus Rindsleder und auf Hochglanz polierte Äxte. An der Kurve, wo es zum großen Palast ging, bildeten dicht an dicht stehende Wachen eine undurchdringliche Barriere zwischen Echnaton und dem Volk. Eilig passierte der königliche Zug die Pylonen und verschwand im Palasthof, gefolgt von den bewaffneten Wachen, die schützend hinter ihm einschwenkten. Es war eine perfekte, eindrucksvolle Machtdemonstration mit sorgfältig gedrillten Soldaten – und nicht etwa einem zusammengewürfelten Haufen von Rekruten. Kaum war der König vorübergefahren, wurden die Tore fest verschlossen, und es kehrte erneut Ruhe ein. Doch

Keti hatte recht gehabt: Den Leuten war die Abwesenheit der Königin aufgefallen. Sie flüsterten einander Bemerkungen ins Ohr, sahen sich fragend an, tauschten vielsagende Blicke und nickten zustimmend.

Zumindest hatten wir ihn gefunden. Ich bahnte mir einen Weg durch die Menge, gefolgt von Keti, der mit mir Schritt zu halten versuchte. Wir gingen an der Umfassungsmauer des Palastes entlang. Zunächst schien es uns, als gäbe es keinen weiteren Eingang, doch schließlich fanden wir einen an der Rückseite: Es war eine kleine Tür, durch die Händler und Bedienstete ein und aus gingen, mit einem kleinen Fenster in der Mauer daneben. Der Pförtner passte kaum in seine kleine Loge. Es sah aus wie eine Schachtel, aus der der Inhalt herausquillt.

»Lass uns rein.«

Massig und unnachgiebig wie ein buckliger Felsbrocken drehte der Pförtner langsam den Kopf und musterte mich.

»Es ist wichtig. Hier ist meine Vollmacht.«

Ich presste die Papyri gegen das Fenstergitter. Auf seinen Wink hin schob ich sie hindurch, worauf er sie sorgfältig studierte. Dabei ging sein Atem schnaufend, während sein Finger quälend langsam über die Zeilen fuhr.

»Ihr habt umfassende Genehmigungen, und doch wollt ihr den Palast durch meine Pforte betreten.«

»Ja.«

Er betrachtete mich. »Nein.«

Keti drängte sich ans Fenster. »Er ist Oberermittler bei den Medjai. Ich bin der Gehilfe von Mahu, dem Polizeihauptmann. Hör auf, dumme Fragen zu stellen, und lass uns rein.«

Der Pförtner senkte langsam seine dichten Augenbrauen und schob, noch lauter schnaufend, die Genehmigungen wieder durch das Gitter. Ich nahm die Papyri aus seiner verschwitzten Hand und eilte durch die Tür, die er geöffnet hatte. Wir stiegen einige breite Stufen hinauf und befanden uns in einem großen Küchenhof. Enten kauerten sich im Staub zusammen, und in den Ecken lagen Haufen von Gemüse. Wir gingen durch die Küchenräume, vorbei an Männern, die an Tischen hackten oder große Pfannen bewachten, deren Inhalt über offenen Feuern siedete, durchquerten ein Anrichtezimmer und einen hohen, stillen Speisesaal mit Tischen und Regalen. Mit gespielter Entschlossenheit schritten wir durch eine Doppeltür und gelangten in eine weite, hohe Halle mit Säulen in der Mitte. Breite, leuchtende Sonnenstrahlen fielen auf den glänzend polierten Boden. Zahlreiche Türen führten zu kleineren Räumen. Die unbewegte Luft schien gesättigt von Macht. In wenigen Augenblicken von den Enten im Hof zu den schimmernden Hallen der Herrschenden: So nah lagen in diesem Palast die Gegensätze beieinander.

Plötzlich vernahm ich hinter einer geschlossenen Tür die wütende Stimme Echnatons und noch eine zweite, die ruhig und bestimmt klang. Sie sprach, als wollte sie ein Kind beruhigen, doch mit einem drohenden Unterton. Ich kannte die Stimme, konnte sie jedoch nicht einordnen. Wir traten näher, um das Gespräch mit anzuhören. Wieder erklang Echnatons Stimme, nachdrücklich, fordernd, unnachgiebig. Die andere hörte sich an, als verlangte der Sprecher etwas Unmögliches oder zumindest etwas, dem der König nicht zustimmen konnte oder wollte. Ich hörte so etwas wie »meine Autorität anzweifeln … öffentliche Demütigung« und dann ein Wort, das ich nicht richtig verstand – vielleicht »Schwäche«? Als Nächstes: »Die Geheimdienstberichte deuten darauf hin … jetzt die Gelegenheit, um Schluss zu machen.« Es folgte ein gespanntes Schweigen, als würde das weitere Gespräch flüsternd geführt. Schließlich schlug eine Tür zu.

Keti blickte mich an. Er hatte die Satzfetzen ebenfalls mitbekommen. Nach einigen Sekunden absoluter Stille wurde die Tür aufgerissen, und die herrische Gestalt Ramoses in seinen vornehmen, imposanten Gewändern kam herausgerauscht. Er schien wütend zu sein und ging rasch davon.

Plötzlich waren wir umzingelt. Zwischen den Säulen traten

Wachen hervor, stießen uns gewaltsam zu Boden und brüllten uns an, uns nicht zu rühren. Ich hörte, wie die Schritte verharrten und sich dann wieder näherten. Ramoses Füße standen unmittelbar vor meinem Gesicht, das an den kalten Steinboden gepresst wurde. Seine langen Füße in den goldverzierten Ledersandalen waren knotig mit blauen Adern.

»Was macht ihr hier? Wie seid ihr an den Wachen vorbeigekommen? Lasst ihn aufstehen.«

Die Wachen traten sofort zurück. Ich erhob mich und bürstete mit den Händen meine Kleider ab.

»Es war nicht schwer. Ich habe schon einmal gesagt, dass die Sicherheitsmaßnahmen hier unzulänglich sind.«

Er sah aus, als wollte er vor Wut platzen. Irgendetwas an diesem Mann verlockte mich, ihn zu reizen, obwohl ich wusste, wie dumm das war.

»Ein guter Rat von einem Mann, der auf einer *Entenjagd* verloren gegangen ist.«

Dann ertönte eine andere Stimme. Hell und klar. »Beachte bitte, wie leicht er hier hereingekommen ist. Wohin wird es mit diesem Land noch kommen? Kommt mit«, fügte Echnaton an mich gewandt hinzu und entließ mit einem Wink alle Übrigen, den noch immer zornigen Ramose eingeschlossen.

Wir traten in ein Privatzimmer, und die Türen schlossen sich leise hinter uns. Rasch drehte sich der König zu mir um.

»Da ich nichts hörte und es keine Fortschritte gab, nahm ich an, du wärst tatsächlich tot. Was auch gut hätte sein können. Sprich.«

»Irgendjemand hier würde mich anscheinend wirklich gern tot sehen.«

Er starrte mich an. Dann bedeutete er mir zu folgen und ging rasch durch einen Torbogen hinaus in einen ummauerten Garten. Wir folgten dem Weg, bis wir ein Stück vom Haus entfernt waren.

»Der Palast wurde zu meinem Schutz gebaut, doch er hat

Ohren. Hin und wieder bemerkt man einen ganz leichten Luftzug, der wie aus dem Nichts zu kommen scheint. Daher weiß ich, dass es einen winzigen Spalt in der Wand gibt, so schmal, dass er fast nicht zu sehen ist, aber dennoch groß genug, um Worte und Nachrichten in die Außenwelt dringen zu lassen. Worte haben große Macht, sind aber auch sehr gefährlich.«

Wir saßen einander auf Holzstühlen so nahe gegenüber, dass unsere Knie sich beinahe berührten. Die Hitze war entsetzlich. Mir brach der Schweiß aus. Er schien sich behaglich zu fühlen wie eine Eidechse.

Ich berichtete ihm, wer das tote Mädchen war, und unterstrich, dass ihre Identifizierung eine wichtige Entdeckung war, die mehrere wesentliche Schlussfolgerungen zuließ, unter anderem, dass die Königin nicht tot war. An dieser Stelle nickte er nur leicht mit seitwärts gewandtem Kopf. Ich schilderte den grauenvollen Mord an Tjenri und den Anschlag auf mein Leben während der Jagd, wobei ich jedoch Mahu nicht namentlich erwähnte. Darauf sollte er selbst kommen. Allerdings machte ich deutlich, dass es in dieser Stadt Kräfte gab, die es auf mich abgesehen hatten. Plötzlich, wie aus heiterem Himmel, wurde er ärgerlich.

»Die Tage rinnen dir wie Wasser durch die Finger, und du sitzt hier und erzählst mir gar nichts. Alles, was du bisher geschafft hast, ist, dir Feinde zu machen. Und außerdem hast du mir keine handfesten Erkenntnisse darüber geliefert, wo sich die Königin aufhält, wie es ihr geht und wer sie entführt hat.«

Ich wartete, bis er eine Pause machte, dann erwiderte ich: »Die Auflösung des Rätsels ist näher gerückt. Aber ich brauche weitere Genehmigungen und dazu einen gewissen Schutz.«

»Und wozu?«, blaffte er.

»Ich würde gern die Königinmutter befragen. Und Eure Töchter.«

»Warum? Glaubst du vielleicht, meine eigene Mutter hätte meine Frau entführt?«

Ich verteidigte meinen Standpunkt. Mehr konnte ich nicht tun. »Ich muss mit allen reden, die vielleicht etwas gehört oder gesehen haben, ohne zu wissen, wie wichtig es war. Ich versuche, Spuren zu verfolgen, die in die Vergangenheit führen. Da kann jeder Hinweis entscheidend sein.«

Er überlegte einen Augenblick und traf dann eine Entscheidung. »Ich bin einverstanden. Aber denk daran, was ich dir versprochen habe. Wenn du versagst, wird deine Familie darunter leiden. Und ich sage es dir zum letzten Mal: Deine Zeit läuft ab.«

Ich wurde einer Antwort enthoben, denn in diesem Augenblick ertönte ein leises *Tack-tack-tack.* Es näherte sich jemand mit einem Stock. Ein Junge kam den Weg entlang. Er war Echnaton wie aus dem Gesicht geschnitten, von dem ausdrucksvollen, länglichen Gesicht und dem dünnen Körper bis hin zu der kunstvollen Krücke, die er unter dem Arm trug. Sein Blick ging beiläufig über mich hinweg. Mich überlief ein Schauder. Er wirkte wie eine alte Seele in dem verkrümmten Körper eines Kindes.

Echnaton begrüßte den Jungen mit einem kühlen Nicken, worauf dieser uns anblickte und sich dann mit der anmutigen Gewandtheit umdrehte, die er sich in seinem kurzen, gebrechlichen Leben angeeignet hatte. Ich hörte, wie die Bewegung der Krücke seine Schritte begleitete und in einem entfernten Gemach widerhallte. Echnaton erwähnte die seltsame Erscheinung mit keiner Silbe.

»Ich werde dir deine Genehmigungen erteilen«, wiederholte er. »Heute Abend darfst du mit der Königinmutter und meinen Töchtern sprechen. Und ich werde dir noch eine Vermutung mitteilen.«

Ich wartete.

»Ich habe viele Freunde und Verbündete, doch zwangsläufig habe ich auch viele Feinde. Du kannst dir vorstellen, wer sie sind. Unzufriedene Priester der abgeschafften Kulte. Die alten Familien von Karnak. Thebanische Adlige, deren durch Korruption angehäufte Reichtümer nun den großen Visionen dieser Stadt zugutekommen. Und wenn sie schon meine Feinde sind, wie viel stärker noch müssen sie die Königin hassen. Ein mächtiger Mann als Herrscher der Welt ist eine Sache, eine mächtige Frau eine ganz andere. Und jetzt muss ich gehen. Ich wünsche, dass du der Ehrung Meriras im großen Tempel beiwohnst. Um zu erleben, wie weit wir bereits auf dem Weg der Wahrheit vorangeschritten sind. Er ist ein zuverlässiger Diener und der einzige Priester außer mir, dem die Ehre zuteil wird, zwischen der Welt und der Gottheit zu vermitteln. Alle sollen Zeugen seiner Ehrung werden.«

Mir sank das Herz. Ich ging mit ihm hinein, wo Parennefer auf uns wartete. Der charmante, geschwätzige, einflussreiche Parennefer. Er verneigte sich tief vor Echnaton, der ihm befahl, mich zu der Zeremonie zu begleiten, und dann ohne ein Wort des Abschieds verschwand. Wir blieben noch eine Weile mit ehrfürchtig gesenktem Kopf stehen.

»Nun denn«, sagte Parennefer schließlich lakonisch. »Ich habe gehört, du warst fleißig.«

21

Parennefer brachte Keti und mich zurück zum offenen Haupthof, wo wir darauf warteten, dass sich das Gefolge des Königs sammelte und aufstellte. Schließlich eilten die letzten Bediensteten und einige verspätete Beamte auf ihre Plätze, die Wachen nahmen ihre Positionen ein, und unter Trommelschlag und dem Trillern von Rohrflöten zog die gesamte Gruppe über den Hof und die Treppe hinauf zum Erscheinungsfenster, das sich zwischen dem Palast und dem großen Tempel befand. Unten auf der Straße harrte eine vielköpfige Menschenmenge singend in der Sonne aus. Echnaton, der nun eine prächtige, mit Kobraköpfen bestickte und mit bunten Fransen besetzte Schärpe trug, beschenkte einige Würdenträger und einfache Leute mit Ehrenkragen und Ringen. Bei ihm war ein junges Mädchen, das ähnlich gekleidet war wie er. »Das ist Meritaton, die älteste Prinzessin. Sie vertritt heute ihre Mutter.« Parennefer nickte vielsagend.

Von der Straße aus gesehen musste Echnatons Gestalt stark, kühn und selbstsicher wirken, doch von meinem Standpunkt aus konnte ich erkennen, wie schwer es ihm körperlich fiel, diesen Eindruck aufrechtzuerhalten. So schien er, von unten gesehen, zu stehen, doch in Wahrheit saß er in einer Art Sänfte, die der Menge verborgen war. Um ihn geschart im wohltuenden Schatten der Brücke erkannte ich die Gesichter der Illustren des Reiches. Gespannt verfolgten sie die Zeremonie, wobei sie einander unablässig mit prüfenden Blicken maßen, als müssten sie sich ständig ihrer eigenen Stellung im Gefüge des Ganzen vergewissern. Die am Rand standen, spähten aufmerksam über die Schultern derjenigen, die näher am Geschehen waren. Ihre Gesichter leuchteten neidisch und erwartungsvoll, als blickten sie in ein wunderbares Licht. Und wie vielfältig diese Gesichter waren: Sie gehörten nicht nur Männern aus Theben und Memphis, sondern es waren auch die schönen, kraftvollen Gesichter von Angehörigen des nubischen Königshauses darunter, dazu Arzawis und Hethiter, assyrische Fürsten und babylonische Gesandte.

Parennefer stieß mich an und flüsterte mir ins Ohr: »Da siehst du, wie kompliziert die Welt heutzutage ist. Alles ist mit allem verbunden. Unsere Städte wachsen mit erstaunlicher Geschwindigkeit. Und wegen des neuen Bauprogramms und des Zustroms ausländischer Arbeiter hat sich das Königreich in ein hungriges Ungeheuer verwandelt, das immer mehr von der Welt verschlingen muss, um seinen gewaltigen Appetit zu stillen. Das ist der Grund für – na ja, eben für alles.«

Ich nickte, als stimmte ich ihm zu. Was ein Fehler war, da er einfach weiterredete.

»Wir haben den Großen Fluss, doch was wären wir ohne ihn? Nichts als Sand im Wind. Und Sand kann man nicht essen. Nein, wenn wir unser feines Leinen wollen und unseren Weihrauch, die seltenen Hölzer für unsere Fußböden und unsere Festlichkeiten, unseren Schmuck aus Punt und unser Gold aus den fernen Minen Nubiens, müssen wir mit aller Welt paktieren und Verträge schließen. Sieh nur, selbst hier sind sie – eine Delegation von Händlern und Kaufleuten aus Alasia, glaube ich. Ihre kleine Insel ist wichtig wegen ihres Kupfers und Holzes. Und naturlich schicken sie alle ihre Töchter zum Heiraten und ihre Söhne zur Ausbildung hierher. Sie können sich wirklich glücklich schätzen! Gewiss, sie werden als Kinder aus ihrer gewohnten Umgebung gerissen, doch im Gegenzug bekommen sie schließlich eine neue und ungleich größere Welt. Im Palast gibt es eine Kinderstube. Was für ein Sprachwirrwarr dort herrscht, aber in dem Alter lernen sie unsere Sprache noch rasch, und bald können sie einander schon fließend anschreien. Denk dir nur, der beste Freund meines Sohnes stammt aus Kusch.«

Er unterbrach seinen großen Monolog für einen Augenblick, und bevor er wieder loslegen konnte, musste ich ihn einfach fragen: »Und was geben wir diesen Menschen als Gegenleistung für die Reichtümer ihrer Länder?«

Er blickte mich ungläubig an. »Na, das ist doch wohl offensichtlich, oder? Ansehen und Sicherheit. Natürlich benötigen ihre Herrscher Gold, um ihre eigene Machtstellung zu festigen, und Truppen und unsere militärische Unterstützung, falls ihre Herrschaft bedroht wird. Doch am wichtigsten ist es, dass sie sich vor ihrem Volk und voreinander in unserem Glanz sonnen können. Sie tun sich einen Gefallen, wenn sie uns gut dienen und nicht die Hand beißen, die sie füttert. Wenn es beispielsweise in Palästina Streit gibt zwischen den Stadtherren von, sagen wir mal, Megiddo, Taanach, Gath und so weiter, und sie sich auf die Hinterbeine stellen und anfangen, dumme Mätzchen zu machen, dann hat das negative Auswirkungen auf die Handelsrouten. Das ist ein wirtschaftliches Problem, und wie lösen wir es?«

Ich zuckte die Schultern, ein wenig verdrossen über seine Wichtigtuerei.

»Indem wir die Leute dort selbst die Drecksarbeit machen lassen! Wir sagen ihnen, sie sollen sich zusammensetzen und ihre Angelegenheiten regeln, und zwar schleunigst! Und sie gehorchen, weil sie wissen, was ihnen anderenfalls droht – kein Gold mehr! Keine freundschaftlichen internationalen Beziehungen! Keine weiteren Einladungen ins Hohe Haus! Manchmal beklagen sie sich oder bitten um Hilfe – in letzter Zeit sogar flehentlich –, aber oft sind es eben ihre eigenen Angelegenheiten, in die wir uns weder einmischen können noch sollten. Ich weiß, es gibt Ausnahmen, was unsere Feinde betrifft. Mit denen haben wir natürlich keine Gnade. Nein. Denen gegenüber ziehen wir andere Saiten auf und bringen sie gleich en gros um.« Er lachte über seinen grausamen Scherz.

In diesem Augenblick brach die Menge in Jubel aus, und das königliche Gefolge erhob sich. Mithilfe stützender Hände, die alle geflissentlich übersahen, wandte sich Echnaton vom Fenster ab, und der Zug setzte sich in Bewegung, über die Brücke und hinunter zum großen Tempel. »Komm«, sagte Parennefer, »das Spektakel geht los.«

Es war in der Tat sehenswert. Am Ende der umschlossenen Brücke stiegen wir einige breite Stufen zum Haupthof des Tempels hinab, wo wir einen guten Überblick hatten. Zu Tausenden hatten sich die Menschen versammelt und riefen Lobpreisungen auf den König. Gruppen und Abordnungen aus dem In- und Ausland warteten bereits darauf, sich dem Zug anzuschließen. Dabei drückte und drängelte jeder unauffällig, um nicht von seinem Platz verdrängt zu werden oder einen besseren zu ergattern, ohne sich eine Blöße zu geben. Trotz der geballten Macht, die auf diesem Hof versammelt war, war es kein erhebender Anblick. Plötzlich verspürte ich das Bedürfnis wegzugehen, und zwar auf der Stelle.

Der offene Bereich war sehr weiträumig, mindestens zwanzigmal so groß wie der Hof des Tempels von Karnak. Die Vorhut des Zuges wurde von den Tempelwachen gegrüßt. Dahinter kamen die Standartenträger aus allen Teilen des Reiches: ein Nubier mit Federn im Haar, ein bärtiger Hethiter, der einen Speer trug, ein Libyer mit der traditionell kurzen Haartracht mit den langen Schläfenlocken und weitere Abgesandte. Sie alle hielten ihre Ehrenzeichen in die Höhe: eckige Schrifttafeln an langen Papyrusstängeln, das Abbild einer heiligen Barke, deren Schmuck aus Bändern und Federn beim Gehen in der glühend heißen Luft flatterte. Und mittendrin befand sich Echnaton, hoch droben in einer Sänfte, begleitet von Läufern und verschiedenen anderen Dienern. Bei kleineren Zeremonien, die ich in Theben verfolgen konnte, war die Feindseligkeit zwischen der Priesterschaft und den Vertretern der königlichen Herrschaft deutlich zutage getreten. Doch nicht hier. Echnaton schien alles unter Kontrolle zu haben. Immerhin bezeichnete er sich als die Inkarnation der Gottheit. Und das wollte er jetzt beweisen.

Unter dem glühenden Auge der Sonne durchquerten wir den großen Hof, schritten durch den tiefen Schatten eines weiteren mit Wimpeln geschmückten Torpfeilers und gelangten in einen noch größeren Hof, riesig wie ein Festplatz, mit einem großen Altar und Tischen mit Opfergaben in der Mitte. In ordentlichen Reihen warteten hier Hunderte von Menschen, und in der Mitte der ersten Reihe stand Merira, flankiert von Mitgliedern seines Hofes, Familienangehörigen und Freunden. Er trug ein langes weißes Gewand mit einem Schmuckschurz, dessen Enden von einem knienden Diener gehalten wurden. Hinter Merira hatte sein Gefolge Aufstellung genommen. Mehrere Reihen von Beamten hielten Schriftrollen und Rohrfedern in den Händen – es waren Schreiber, die die Verlautbarungen und Ansprachen schriftlich festhalten sollten. Hinter ihnen hielten sich Medjaioffiziere mit Knütteln bereit. Und jeder einzelne der Anwesenden hatte einen Diener bei sich, der ihn mit einem Sonnenschirm vor den brennenden Strahlen schützte.

»Ich habe gehört, Merira und Ramose sollen sich nicht gerade lieben«, sagte ich zu Parennefer.

»Nun ja, du hast bestimmt bemerkt, dass Ramose nicht hier ist. Für ihn ist das Ganze ein öffentlicher Affront. Man erzählt sich, dass Merira nur deswegen befördert wurde, um einen Ausgleich zu Ramoses übergroßem Einfluss zu schaffen. Es gibt Dinge, über die sie unterschiedlicher Ansicht sind.«

»Zum Beispiel?«

»Verwaltung der Finanzen. Außenpolitik. Dahinter steckt eine Auseinandersetzung um die allgemeine Richtung des Großen Reiches.«

»Erzähl mir mehr darüber.«

»Jetzt nicht. Später. Schau mal!«

Echnatons Sänfte hatte angehalten und wurde auf Stützen neben dem Altar abgesetzt. Es trat vollkommene Stille ein. Selbst die Schwalben schienen zur Ruhe zu kommen. Echnaton und Meritaton stiegen zum Hochaltar hinauf. Er hielt eine Schale in den Händen und hob sie hoch, der Sonne entgegen.

Das gehämmerte Metall der Schale schien aus Licht zu bestehen – es war, als böte er Aton das Gefäß der Schöpfung zum Trunke dar. Und jeder einzelne der Anwesenden tat es ihm nach. Zahllose Hände reckten sich empor, um die Gabe des Lichts zu empfangen. Das Lichtland, unsere Welt aus Licht. »Licht, Licht, Licht!«, riefen sie.

Das Geschrei, dieses Geblöke der Masse, missfiel mir. Dennoch konnte ich nicht umhin, Echnatons Klugheit zu bewundern. Er hatte die Gottheit aus dem Geheimen und der Finsternis ans Licht des Tages geholt. Nun war es nicht mehr länger ein verborgenes Standbild in einem dunklen Schrein, mit dem man nur durch Vermittlung der Priester in Verbindung treten konnte, sondern der überwältigende Gott der Hitze und des Lichts, das Feuer des Ursprungs, ohne das es kein Leben gab, keine Welt, keine Lieder, kein Getreide, nichts. Wie alle anderen hob auch ich meine Hände, wenn auch widerstrebend und, wie ich hoffe, ohne diesen schwachsinnig-hingebungsvollen Ausdruck, den ich voller Verachtung auf den Gesichtern der Umstehenden bemerkte. Dennoch, muss ich gestehen, verspürte ich fast so etwas wie einen frommen Schauder. Hier war etwas, das ich sehen und fühlen konnte, und das ich nicht einfach glauben sollte, nur weil es so Sitte war. Für einen Augenblick war mir, als würde ich hineingezogen in diese ganze Sache, dieses unendliche Wunder des Göttlichen und der Welt, des höheren Wesens, das uns das Leben schenkt.

Doch ich riss mich zusammen. Dieses große Wesen, die Quelle von Licht und Leben, hatte meine Anbetung schließlich nicht nötig. Und außerdem habe ich auch die dunkleren Seiten dieses Gottes gesehen, die keinen Platz finden in den Liedern und Gesängen, den Gebeten und Gedichten. Und, um es einmal ketzerisch auszudrücken, er hatte ebenso wenig die Verehrung all dieser Menschen nötig, die ihre Hände in die Luft reckten, nicht, weil sie an die Religion glaubten, sondern weil es ihnen für ihr Überleben geraten schien, sich dabei sehen zu lassen. Nein. Der Einzige, der diese Anbetung brauchte, war der sonderbare Mann im Zentrum der Zeremonie, den ich vor Schmerzen hatte zusammenzucken sehen.

Wie die Irren standen wir eine Zeit lang in der grellen Mittagssonne. Endlich senkte Echnaton die Schale, worauf plötzlich Leben in die Menge kam. Fächerschwenker und Sonnenschirmträger eilten herbei, und Priester brachten einen Ochsen, dessen Hörner mit vielfarbigen Federn verziert war und der eine Girlande um den Hals trug. Die Priester sprachen ein Gebet, dann trat einer von ihnen mit einem Messer in der Hand vor. Das friedfertige Tier ahnte nicht, was gleich mit ihm geschehen würde. Die blitzende Klinge wurde hoch erhoben, dann sauste sie nieder und fuhr wie ein Schlachtermesser in den starken weißen Hals des Tieres. Leuchtend rotes Blut sprudelte hervor und klatschte auf die heißen Pflastersteine und in die Opferschale. Das Tier wirkte eher besorgt als entsetzt, doch plötzlich stieß es ein klagendes Brüllen aus, rutschte in seinem eigenen Blut und den zertretenen Blütenblättern aus und brach röchelnd zusammen. Unverzüglich machten sich die anderen Priester ans Werk. Was noch vor wenigen Augenblicken ein lebendiges Geschöpf gewesen war, wurde in Stücke zerlegt, und die zerhackten Einzelteile wurden zur Opferung auf die Tische gelegt. Blut und Blüten – das Ergötzen der Götter. Ich musste an Tjenri und seine verstümmelten sterblichen Überreste denken.

Jetzt folgten Musik und Tanz. Die mit Schleiern und Leinengewändern bekleideten Tänzerinnen bewegten sich vor und zurück, schwenkten ihre Sistren und ihre Brüste, während eine Gruppe blinder Sänger und ein Harfenspieler, die Gesichter rücksichtsvoll vom König abgewandt, mit den Handflächen auf den Boden schlugen und so den Takt angaben. Sie waren alt und kahlköpfig, mit Speckfalten an ihren umfangreichen Bäuchen, und ihre blicklosen Gesichter wirkten ganz verzückt beim Klang der Musik. Für meine Ohren hörten sich die ehrwürdigen Herren jedoch leider mehr wie ein Rudel bemühter, doch unmusikalischer Hunde an.

Begleitet von drei Untergebenen und drei Priestern, trat nun Merira vor und stieg langsam die Stufen empor, wo er zu Füßen Echnatons niederkniete, die Hände noch immer grüßend erhoben. Seine Kragen funkelten in der Sonne. Der König neigte sich zu ihm und legte ihm einen weiteren Kragen um den Hals, noch größer und prächtiger als die anderen. Während Merira an seinem Platz verharrte, begann Echnaton zu sprechen.

»Ich, Herr der Beiden Länder, überreiche dem Bewahrer des Schatzes, dem Hohen Priester Atons im Tempel von Achet-Aton, Gold für seinen Hals und seine Füße, in Anerkennung seiner treuen Dienste für das Haus des Königs. Ich, Herr der Beiden Länder, der ich durch die Wahrheit lebe, sage: Ich ernenne dich, Merira, zum Hohen Priester Atons im Tempel des Aton in Achet-Aton. Und ich sage weiterhin: Mein Diener, der du meine Lehre vernimmst, mein Herz ist zufrieden mit dir, und du sollst die Gaben des Königs im Tempel des Aton genießen.«

Das Schweigen dauerte an. Schließlich ergriff Merira das Wort. »Leben, Gedeihen, Gesundheit dem großen Sohn des Aton. Möge er für alle Ewigkeit bestehen. Überreicht sind die Gaben, die Aton verteilt, um sein Herz zu erfreuen, der lebendige und große Aton, Herr der Himmelsbahn, Herr des Firmaments, Herr der Erde, hier im Tempel des Aton in Achet-Aton.«

Darauf folgten weitere bescheidenere Reden von weiteren bescheideneren Personen, bis sogar Parennefer, dem derlei zu gefallen schien, erhitzt und gelangweilt wirkte. Als hätte er meine Gedanken gelesen, beugte er sich zu mir und flüsterte: »Zeremonien sind die Pracht und Herrlichkeit jeder Zivilisation, aber nimmt *diese* denn nie ein Ende?«

Endlich war es vorüber. Die Hitze war entsetzlich, und besonders die älteren Leute litten darunter. Ich blickte die Reihen entlang. Die meisten wischten sich verstohlen die Stirn oder drückten sich unauffällig ein wenig tiefer in jedes Fleckchen

Schatten, das sie finden konnten. Einige schwankten bereits bedenklich, andere wurden von ihren Dienern gestützt. Plötzlich spürte ich, wie sich meine Nackenhaare aufrichteten. Zwei topasgelbe Augen funkelten mir gegenüber im Schatten. Dieser dichte, kurz geschorene Haarschopf. Das prächtig glänzende Gold auf seinen Schultern. Mahu. Bei meinem Anblick zuckte er nicht mit der Wimper.

Doch Parennefer, der schlaue Parennefer, hatte meine Reaktion bemerkt und sogleich den Grund erkannt. Unter dem Vorwand, mir einige andächtige Worte mitzuteilen, flüsterte er mir zu: »Was geht zwischen euch beiden vor?«

»Na ja, er würde lieber auf meine Anwesenheit verzichten, und zwar um jeden Preis.«

»Wie du weißt, ist er ein ziemlich mächtiger Mann. Ich würde ihn lieber nicht verärgern.«

»Mir scheint, meine bloße Gegenwart verärgert ihn schon.«

Darauf hatte Parennefer, der schlaue Parennefer, keine Antwort.

Die Zeremonie war zu Ende, und Echnaton und Meritaton zogen aus dem Hof des Tempels unter den Torpfeilern hindurch und überquerten die Brücke, und alle folgten ihnen. Es dauerte ewig. Mahu befand sich weiter vorn im Zug, wo er den ihm gebührenden Platz unmittelbar hinter Echnaton einnahm. Ich fixierte sein eisengraues Haar, die kräftigen Schultern und den Rücken. Obwohl er den Blick nachlässig über die Menschenmenge und die hohen Mauern schweifen ließ, wusste ich doch, dass er aus alter Gewohnheit genau beobachtete und alles wahrnahm. Ich war überzeugt davon, dass er auch mich anstarrte, als hätte er Augen im Hinterkopf.

Wir verlangsamten unseren Schritt und ließen den Großteil der Menge an uns vorüberziehen. Einige Straßenkehrer waren bereits damit beschäftigt, die Spuren des Opfers zu beseitigen, wobei sie geschickt einige Handvoll Wasser verspritzen, damit der aufgewirbelte Staub des Hofes sich senkte und die noch zurückgebliebenen vornehmen Herrschaften nicht beschmutzte.

»Was hast du jetzt vor?«, fragte Parennefer. – »Vor Sonnenuntergang muss ich noch die Königinmutter und die königlichen Kinder befragen.«

»Ach, tatsächlich?« Er wurde merkwürdig schweigsam.

»Was verschweigst du mir?«

»Nichts. Nur … nimm dich vor ihr in Acht.« Mit dem Rücken zur Menge beugte er sich vor und flüsterte wie ein Schauspieler auf der Bühne: »Sie ist ganz abscheulich.« Er lächelte selbstzufrieden, weil er es gewagt hatte, die Regeln der Schicklichkeit zu verletzen.

Ich bemerkte, dass Keti nickte, als wollte er ausdrücken: Ich habe es dir doch gesagt.

»Aber hinterher musst du unbedingt zur Feier kommen«, fügte Parennefer hinzu.

Ich blickte ihn verständnislos an.

»Das Fest in Meriras Villa natürlich. Nur für geladene Gäste. Ich dachte, du würdest auch gern kommen.«

Es war bestimmt angeraten, diesen neuen mächtigen Mann kennenzulernen, doch zuerst musste ich mich waschen und mich auf die bevorstehende Unterredung vorbereiten. Parennefer lud uns in sein nahe gelegenes Haus ein, und ich nahm an, froh darüber, mich noch länger in seinem schützenden Dunstkreis aufhalten zu können. Mahu war verschwunden, doch ich hatte das Gefühl, als könnte er durch Wände blicken. Ich hatte keine Lust, in mein kleines kahles Büro zurückzukehren.

Allein schon das Badezimmer des Architekten lohnte den Besuch. Es war ein großer quadratischer Raum mit vergitterten Fenstern und einer Wandbemalung, die im unteren Bereich aus schönen farbenfrohen geometrischen Mustern bestand und darüber Fluss- und Sumpfszenen mit halb nackten Mädchen zeigte. Der Steinfußboden war mit Rinnen und einem Abflussloch versehen, und wir standen in Becken, während Diener uns mit kühlem, parfümiertem Wasser überschütteten.

»In meinen wildesten Träumen hätte ich mir nicht vorstellen

können, dass ich mich einmal in einem solchen Palast waschen würde!«, sagte Keti.

Mir war nicht nach Reden zumute. Ich blickte in das Mosaik aus spiegelndem Glas an der Wand über dem Becken und rasierte mich mit einer Bronzeklinge, deren Griff wie eine kurvenreiche nackte Frau geformt war. Überall standen kleine Tiegel mit Salben und Flüssigkeiten, und daneben lagen winzige Löffelchen zum Auftragen. Keti probierte sich durch die ganze Reihe hindurch, bis ich ihm sagte, dass er wie ein Mädchen roch.

22

Ein Schatten fiel auf mich. Ich sprang auf und schüttelte den Kopf, um wieder klar denken zu können. An den Wänden hatte man Lampen entzündet. Ich hatte geschlafen wie ein Dorftrottel. Einen Augenblick lang wusste ich nicht, wo ich war.

»Es ist Zeit.« Keti wirkte belustigt.

In einer Schüssel lagen einige Datteln und Feigen, von denen ich hungrig eine Handvoll hinunterschlang. Etwas Süßes am Nachmittag gibt mir zumindest den Anschein von Energie.

Wir richteten unsere Kleidung so gut wie möglich her, bevor mich Parennefer langsam und unsicher in seinem eigenen Wagen zum königlichen Palast fuhr. Keti folgte uns nach. Parennefer gehörte zu den Fahrern, die nie weiter blicken als bis zur Nase ihrer Pferde. Jedenfalls schaute er nicht auf, um zu sehen, was auf der belebten Straße vor sich ging. Wiederholt blickte er mich mit ängstlich schief gelegtem Kopf an. »Hat man dir viel über Teje erzählt?«, fragte er.

»Ich habe gehört, sie soll keine Schönheit mehr sein.«

»Das weiß ich nicht. Aber sie ist nur wegen des Festes hier. Obwohl der König ihr einen Palast und einen Tempel errichten ließ, hat sie bisher noch nicht den Wunsch geäußert, die neue Stadt zu besichtigen. Ich habe gehört, ihr ginge das alles zu weit, dieser Umzug in die neue Stadt, die Großen Veränderungen und so weiter. Doch nun, da es einmal geschehen ist, fühlt sie sich verpflichtet, es zu unterstützen. Ich glaube, jeder weiß, dass ihr Wort bei Echnaton immer noch viel Gewicht hat.«

»So ist das wohl zwischen Müttern und Söhnen«, sagte ich und dachte dabei an meine eigene kluge Mutter.

»Sicher, aber das ist es ja nicht allein!«, rief er, als hätte ich meine Lektion nicht gut gelernt. »Erstens ist sie selbst von königlichem Rang als geliebte Gattin von Echnatons Vater, Amenhotep dem Prächtigen, Erbauer der Monumente. Doch darüber hinaus hat ihre eigene Familie dem Königshaus besonders treu gedient. So begann ihr Vater Juja seine Laufbahn als Offizier bei den königlichen Wagenlenkern, bevor er zum engsten Vertrauten und Ratgeber Amenhoteps aufstieg. Und ihr Bruder Eje führt heute die Ämter seines Vaters fort und ist ein enger Berater Echnatons.«

»Von diesem Eje habe ich schon gehört. Was weißt du von ihm?«

»Er ist nur einem kleinen Kreis von Personen bekannt. Offensichtlich zieht er es vor, weitgehend anonym zu bleiben. Seine Familie hat sich wie Efeuranken um die königliche Familie geschlungen und ist durch Eheschließungen praktisch mit ihr verschmolzen. Es ist eine sehr einflussreiche Verbindung.«

Diese familiären Beziehungen waren derart kompliziert, dass einem davon ganz schwindlig wurde. Wie sollte jemand in der Zukunft dieses Geflecht aus Abstammung und Machtgerangel entwirren, bei dem irgendein Mädchen als Gegenleistung für ein wenig Frieden oder um den Preis eines kleinen Krieges an einen fremden Potentaten verschachert wurde? Wessen Name würde überdauern und wessen Schicksal zu Staub zerfallen und vom Winde verweht werden? Doch diese Gedanken musste ich mir jetzt aus dem Kopf schlagen, sonst würde ich mit Sicherheit in meinem bevorstehenden Gespräch mit dieser Frau einen Fehler begehen.

»Teje ist also die Königinmutter. Ihr Vater war ein aufstrebender junger Mann aus guter Familie, der großen Einfluss gewann. Ihr Bruder Eje gehört zum inneren Zirkel.«

»Ja«, erwiderte Parennefer. »Sein Vater, der ein guter und mächtiger Mann war, führte seinen Sohn schon in jungen Jahren in die richtigen Kreise ein. Ich glaube, er war der jüngste Aufseher der Pferde, den es jemals gab.«

»Und wie steht dieser Mann zu Nofretete, der Großen Königlichen Gemahlin?«, fragte ich.

»Das weiß ich nicht.« Damit verstummte er; seine Miene war verschlossen wie ein versiegeltes Grab.

Ich dachte über seine Worte nach, während wir im Abendlicht durch die nun überfüllten Straßen fuhren. Da war ein Mann im Zentrum der königlichen Familie. Seine eigene Familie hatte alles darangesetzt, diese Verbindung zu fördern und zu festigen. Und anscheinend hatten sie damit erstaunlichen Erfolg gehabt. Dennoch wusste ich nichts über diesen Mann und seinen Einfluss.

»Ist er hier in der Stadt?«, fragte ich Parennefer.

Er wirkte erstaunt, dass ich noch immer über Eje nachdachte. »Zurzeit nicht, glaube ich. Soweit ich weiß, reist er beständig zwischen Theben, Memphis und hier hin und her. Er verfügt über eine eigene Staatsbarke. Aber nur wenige wissen, wo er sich gerade aufhält, und zu denen gehöre ich gewiss nicht.«

Wir erreichten den königlichen Palast. Parennefer eilte voraus durch das Tor, indem er den Wachen lässig zuwinkte, die sich daraufhin unsichtbar machten. Durch mehrere lange Korridore führte er uns immer tiefer hinein in den Gebäudekomplex. Als wir um eine Ecke bogen, hielt er mich in einem dunklen Winkel zurück.

»Achte auf deine Worte, wenn du mit der Königinmutter sprichst«, riet er mir. »Sie weidet sich gern an der Angst anderer und hat eine Zunge wie ein Krokodil. Sie kann dein Leben in Schutt und Asche legen. Bei deiner Unterredung mit den Prinzessinnen wird sie zweifellos auch anwesend sein.«

»Das ist das Letzte, was ich will«, antwortete ich und verwünschte mich selbst, weil ich nicht vorher daran gedacht hatte.

Wir kamen an eine Tür, er klopfte an, und man ließ uns ein. Ich vernahm den vertrauten Lärm von Mädchen, die sich lautstark zankten, und zwischendrin die Stimme einer Frau, die vergeblich versuchte, sich Gehör zu verschaffen. Angespannt und erschöpft wirkende Kindermädchen und Dienerinnen liefen hin und her.

»Anscheinend ist es Schlafenszeit für die Prinzessinnen«, sagte Parennefer, der noch beunruhigter wirkte als zuvor. »Na, wunderbar. Ich muss jetzt gehen und überlasse dich der zuverlässigen Obhut der Kinderfrau. Ah, da kommt sie ja schon.« Er blickte mich an und fügte leise hinzu: »Wir sind früh dran. Ich hielt es für das Beste, zeitig zu kommen.«

Ich begriff, dass er uns ein wenig Zeit allein mit den Prinzessinnen verschaffen wollte, bevor Teje kam. Dankbar drückte ich ihm die Hand.

Eine Frau mittleren Alters trat eilfertig näher. Offenbar hatte sie nicht so früh mit uns gerechnet und war unvorbereitet. Sie öffnete den Mund, um uns zu begrüßen, als ein schriller Schrei sie unterbrach. Von einem Kind in einem Wutanfall geschleudert, kam ein kleiner Ball aus blauem und rotem Leder durch die offene Tür geflogen und zerschmetterte einen Blumentopf. Die Blumenerde fiel auf den Boden, die Tür wurde zugeschlagen.

»Kommt, fegt es schnell auf«, befahl die Frau errötend.

Dienerinnen eilten herbei und machten sauber.

»Die Prinzessinnen sind von einer so herrlichen Lebensfreude, dass sie einfach nicht ins Bett gehen möchten«, fügte sie an mich gewandt hinzu. »Dann werden sie müde und präsentieren sich nicht mehr so, wie sie es sicherlich gern täten.«

Ich verstand, was sie damit sagen wollte, und kam ihr zu Hilfe. »Meine Töchter sind genauso. Nur die Aussicht auf eine Gutenachtgeschichte bringt sie ein bisschen zur Ruhe.«

Sie nickte. »Aber damit muss man vorsichtig sein. Die königliche Großmutter ist der Ansicht, Literatur würde die Mädchen nur unnötig aufregen und sie die ganze Nacht wach halten.«

»Dürfte ich noch mit ihnen sprechen, bevor sie schlafen gehen?«

»Ich habe strikte Anweisung, dass die Unterredung erst dann beginnen darf, wenn die Königinmutter da ist.«

»Nun ja, jetzt bin ich einmal hier, und sie sollen schlafen gehen. Könnte ich sie vielleicht jetzt gleich sehen?«

Sie schüttelte ängstlich den Kopf, als ein Mädchen in der Tür erschien. Meritaton. Ich erinnerte mich an sie von der Zeremonie.

»Bring ihn herein«, befahl sie herrisch und ging wieder in das Zimmer zurück mit einem Selbstbewusstsein, das irgendwie unangenehm wirkte.

Wir betraten das Kinderzimmer. Es war ein lang gestreckter, hoher Raum mit Fenstern und Türen, die auf die Terrasse hinausgingen und deren helle Vorhänge jetzt zugezogen waren. Mitten im Zimmer stand ein langer, niedriger Holztisch. Es gab Alkoven mit Betten darin. Truhen quollen über von erstaunlich fantasievollen und hübschen Spielsachen. Auf einem Wandbord lagen Papyrusrollen mit Geschichten. Über jedem der Betten hingen an der Wand kunstvoll gestaltete Papyri mit Bildern, Geschichten und Gedichten darauf. Dienerinnen waren ängstlich bemüht, wieder Ordnung in das bunte, lebhafte Durcheinander zu bringen.

Am Tisch saßen auf niedrigen Schemeln drei Mädchen, daneben stand Meritaton. Bei unserem Eintritt blickten mich alle erwartungsvoll an. Mit ihren fein geschnittenen, hochmütigen Gesichtern, dem glänzenden schwarzen Haar, der reinen Haut und der vollendet anmutigen Haltung ähnelten sie allesamt ihrer Mutter. Befangen und mit geradem Rücken saßen sie da, als wollten sie bewusst eine Pose einnehmen, nicht lässig hingelümmelt wie meine Töchter. Ihre Kinderfrau stellte mich ihnen vor: Meritaton, dann Maketaton, Anchesenpaaton und Neferneferuaton.

»Ich weiß nicht, ob ich mir die Namen sofort merken kann«, sagte ich.

Meritaton blickte mich von oben herab an. »Dann musst du ein Trottel sein.«

Es folgte ein kurzes Schweigen, als die anderen Mädchen darauf warteten, wie ich reagieren würde. Ich fragte sie, wie alt sie sei.

»Vierzehn.« Sie sah mich an.

»Und ihr anderen?«

»Zwölf.«

»Zehn.«

»Sieben – und ich bin nicht die Jüngste. Neferneferure und Setepenre schlafen schon.«

Ich setzte mich zu ihnen auf einen der niedrigen Schemel. Das Schweigen dauerte an. Die Mädchen wirkten unsicher. Ich bemerkte, dass einige Dienerinnen in der Nähe standen und uns beobachteten. Flüsternd bat ich die Kinderfrau, ob ich mit den Prinzessinnen allein bleiben dürfte.

»Männern ist es verboten, sich allein im Kinderzimmer aufzuhalten«, entgegnete sie.

»Könntest du dann bitte die Dienerinnen entlassen und als Anstandsdame hierbleiben?«

Während sie noch überlegte, nickte Meritaton zustimmend und klatschte in die Hände. Die Dienerinnen verließen im Gänsemarsch das Zimmer und schlossen die Tür hinter sich. Kaum waren sie verschwunden, entspannte sich Meritaton sichtlich. Maketaton stand vom Tisch auf und hockte sich mit gekreuzten Beinen auf ihr Bett. Immer wieder kämmte sie die Locken an ihren Schläfen, bis sie ihr seidig glänzend über die Ohren fielen.

»Hättet ihr etwas dagegen, wenn ich mich ein wenig mit euch unterhalte?«, fragte ich.

»Deswegen bist du ja hier, oder?«, erwiderte Meritaton, die mich jetzt neugierig anblickte.

»Bist du ein Rätsellöser?«, fragte Anchesenpaaton.

»Ich bin Ermittler bei den Medjai von Theben, und dein Vater hat mich herkommen lassen. Vielleicht weißt du ja, warum?«

»Weil die Königin verschwunden ist.« Meritaton sprach die

Worte mit einem seltsam bitteren Unterton. Nichts ließ darauf schließen, dass es sich bei der vermissten Person um ihre eigene Mutter handelte. Sie musste meine erstaunte Miene bemerkt haben, denn sie fügte eilig hinzu: »Das wird zumindest gemunkelt.«

»Und was glaubst du?«, fragte ich.

»Ich glaube, dass du hier bist, um sie zu finden. Und das bedeutet, sie wurde entführt oder verschleppt. Oder sie ist tot.«

Ihr beiläufiger Ton schockierte mich.

»Ich muss euch ehrlich sagen, dass ich noch nicht weiß, was ihr zugestoßen ist. Aber ich glaube, sie ist noch am Leben, und ich bin fest entschlossen, sie zu finden und zu euch zurückzubringen. Sie wird euch ebenso sehr vermissen wie ihr sie.«

Hinter mir ertönte ein leises Schniefen. Neferneferure war aufgetaucht. Lautlos liefen ihr die Tränen über das Gesicht.

»Jetzt sieh, was du angerichtet hast«, sagte Meritaton.

Die Kinderfrau nahm das Kind in die Arme und tröstete es. Die Tränen versiegten, und das winzige Mädchen starrte mich argwöhnisch an.

»Ich weiß, wie schwer es ist, darüber zu reden«, sagte ich, »aber ich wollte euch alle sehen, weil ich eure Hilfe brauche. Ihr müsst mir jede Einzelheit über eure Mutter erzählen, an die ihr euch aus den Tagen vor ihrem Verschwinden erinnert. Überhaupt alles über eure Mutter, was ich eurer Meinung nach wissen muss. Könntet ihr das tun?«

Die Mädchen blickten alle Meritaton an, als würden sie sich wortlos verständigen. Schließlich nahm Meritaton einen Kreisel aus Fayence und setzte ihn auf dem Tisch in Bewegung. Während er auf seiner Spitze herumwirbelte, flossen die Farben darauf derart ineinander, dass ein lächelndes Gesicht erschien, wo zuvor nur bunte Linien zu sehen gewesen waren. Es war ein seltenes und erstaunliches Ding.

»Das ist ein schöner Drehkreisel. Wer hat ihn euch geschenkt?«

»Unsere Mutter«, sagte Maketaton mit Nachdruck.

Schweigend beobachteten wir alle den Kreisel. Die Prinzessinnen wirkten wie hypnotisiert. Allmählich wurde er langsamer und begann zu schwanken, bevor er sich neigte und schließlich auf die Seite kippte. Meritaton schien es als Prophezeiung oder zumindest als Entscheidungshilfe zu sehen, denn nachdem sie eine Weile überlegt hatte, nickte sie schließlich und trat ein wenig näher zu mir.

»Sie hat sich merkwürdig benommen. Ihr Gesicht war düster, traurig. Voller Schatten und Sorgen.« Das Licht der Lampen flackerte in Meritatons Augen, während sie sprach.

»Weißt du, warum?«

Maketaton, die auf ihrem Bett lag, rief: »Sie und Vater haben sich gestritten!«

»Nein, das stimmt nicht«, erwiderte ihre ältere Schwester.

»Doch. Ich habe es gehört. Hinterher, als ihr alle schon geschlafen habt, kam sie, um Gute Nacht zu sagen. Sie weinte, versuchte aber, es zu verbergen. ›Warum weinst du?‹, fragte ich sie, und sie antwortete: ›Nur so, mein Liebling, nur so.‹ Dann sagte sie, es wäre unser Geheimnis, und ich sollte es keinem verraten. Sie küsste und drückte mich, als wäre ich eine Puppe oder so, und dann sagte sie, ich sollte jetzt schlafen gehen und mir keine Sorgen machen. Sie würde dafür sorgen, dass alles wieder gut wird.«

»Und wann war das?«, fragte ich.

»Den Tag weiß ich nicht mehr. Aber es ist noch nicht lange her.«

»Hat sie zu euch übrigen Prinzessinnen etwas Ähnliches gesagt?«

Sie blickten einander an und schüttelten den Kopf. Meritaton war jetzt schweigsam und ärgerlich. »Ich dachte, es sollte ein Geheimnis sein. Und jetzt hast du darüber geredet.« Mit wütender Miene funkelte sie ihre Schwester an, die zunächst dem Blick standhielt, schließlich jedoch die Augen senkte. Meritaton wandte sich wieder an mich: »Sie streiten sich eben. Das tut doch jeder. Es hat nichts zu sagen.«

»Haben sie sich oft gestritten?«, wollte ich wissen. Meritaton weigerte sich, mir darauf eine Antwort zu geben.

Am Tisch spielte Anchesenpaaton mit einem mechanischen Spielzeug, einem Mann und einem großen Hund, die über Schnüre und Rollen miteinander verbunden waren. Wenn sie einen Zapfen drehte, hob der hölzerne Mann die Arme, als wollte er den Hund abwehren, der ihn mit einem Satz ansprang. Immer und immer wieder attackierte der Hund den Mann. »Sieh mal«, rief sie, »das bist du!«

Ich war verdutzt. Dann kam mir ein Gedanke.

»Ich soll euch allen etwas ausrichten«, sagte ich. »Von Senet. Sie lässt euch sagen, dass sie euch alle vermisst.«

Meritatons Züge wurden hart. »Sag ihr …«

In diesem Augenblick öffnete sich die Tür hinter mir. Die Mädchen sprangen auf und liefen zu ihren Betten. Die Kinderfrau begann zu zittern.

»Wer hat diesem *Mann* erlaubt, das Kinderzimmer zu betreten und in meiner Abwesenheit mit den Prinzessinnen zu sprechen?«

Ihre Stimme klang, als kratzte ein Nagel über eine Tafel. Es entstand ein erschrockenes Schweigen. Wir standen alle starr wie Statuen und blickten zu Boden. Ich fühlte mich wie früher in der Schule. Ich musste etwas sagen.

»Hoheit, es ist meine Schuld.«

Ihre schlurfenden Schritte verrieten mir, dass ihre Füße alt und schwach waren. Sie atmete stoßweise vor Zorn. Trotz der edelsten Parfums des ganzen Landes roch sie übel. Es war der süßlich kranke Gestank verfaulenden Fleisches. Plötzlich streckte sie die Hand aus und packte mein Gesicht. Erschrocken zuckte ich zusammen. Der knochige Griff war unnachgiebig, und ich musste mich zwingen stillzuhalten, während sie ihre Finger mit den langen, scheußlichen Nägeln über mein Gesicht gleiten ließ.

»Du bist also der Narr, der glaubt, sie finden zu können. Sieh mich an!«

Ich gehorchte. Die Zeit hatte ihr schönes Gesicht in eine schrumpelige, wutverzerrte Maske verwandelt. Wären da nicht die übermäßig prächtigen Schleier und Gewänder gewesen, die um ihre magere Gestalt drapiert waren, und das lange gefärbte Haar, hätte man sie für eine Wahnsinnige halten können, eine wilde Nomadenfrau aus der Wüste. Ihr Mund sah aus wie eine alte Lederbörse, ihre Augen waren milchig wie der Mond und zuckten in ihren Höhlen hin und her, während sie sprach. Mit ihrem Lachen verströmte sie einen Atemschwall, stinkend wie abgestandenes Sumpfgas. Als könnte sie meine Reaktion sehen, grinste sie und entblößte dabei eine Reihe falscher Goldzähne zwischen fauligen schwarzen Stummeln.

Wie ein altes Tier oder eine Seherin schlurfte sie in ihren fantastischen Fetzen um die Mädchen herum, die instinktiv vor ihr zurückwichen. Hinter dem Rücken der Königinmutter hielt sich Maketaton die Nase zu und schnitt eine Grimasse. Da fuhr ihre Großmutter unvermittelt herum und versetzte dem Kind eine kräftige, erstaunlich wohlgezielte Ohrfeige. Die Prinzessin schluckte die Tränen hinunter, die ihr in die Augen traten.

»Da ich mir nun einmal die Mühe gemacht habe hierherzukommen – was willst du diese Mädchen fragen? Beeil dich, es ist schon spät.«

Ich zermarterte mir das Hirn.

»Du vergeudest meine Zeit. Sprich!«

»Hoheit, ich habe keine weiteren Fragen. Wir haben bereits miteinander gesprochen.«

Sie blickte mich wütend an, dann wandte sie sich an die Mädchen: »Geht schlafen! Sofort. Jeder, der noch ein Wort sagt, wird bestraft.«

Neferneferure begann erneut zu schluchzen, als stiegen Wellen der Traurigkeit in ihr auf. Das alte Scheusal schlurfte zu dem kleinen Mädchen und schrie ihr in das betrübte Gesicht: »Hör auf zu flennen! Tränen nützen dir nichts. Damit kannst du bei mir nichts ausrichten.« Keines der anderen Mädchen hatte den Mut, die kleine Schwester in Schutz zu nehmen.

Die Alte drehte sich wieder zu mir um. »Du und dein dämlicher Sklave, folgt mir. Kinderfrau, dieses Zimmer ist eine Katastrophe. Sieh zu, dass hier aufgeräumt wird.« Damit schlurfte sie hinaus.

Keti blies die Backen auf, als wollte er damit ausdrücken: Ich hab's dir ja gesagt. Und er hatte recht. Glied um Glied nahm die Zeit langsame und grausige Rache an ihr. Sie war wie ein lebender Leichnam, doch der Geist, übermäßig geschärft durch die Ängste und Fantasien eines machterfüllten Lebens, war noch scharf und nicht bereit, sich der Vergänglichkeit ohne Gegenwehr zu unterwerfen. Doch das konnte nicht der Grund für ihre Grausamkeit und Bosheit sein. Es war, als wäre jedes menschliche Gefühl in ihr schon vor langer Zeit zu fauliger Galle geworden, die nun schwarz und giftig durch ihr Herz strömte. Vielleicht war das alles, was sie im Land der Lebenden festhielt.

Wir folgten in respektvollem Abstand. Wo sie vorüberging, trat jeder einen Schritt zurück und senkte ehrerbietig den Kopf, bevor er wieder aufblickte und Keti und mich mit wenig mehr Interesse betrachtete, als wären wir Futter für die Krokodile im Heiligen Teich. Sie schien ihren Weg ohne Hilfe zu finden, und es erbot sich auch niemand, sie zu führen. Als sie an eine Treppe kam, ertastete sie rasch und ohne zu zögern die Stufen mit ihren Füßen und stieg hinauf.

Schließlich gelangten wir zu einem Privatgemach. Links und rechts von der Tür standen Wachen. Im Vorübergehen wedelte sie mit der Hand, und die Tür schloss sich lautlos hinter uns. In dem Zimmer fanden sich keine persönlichen Dinge: Es handelte sich lediglich um einen Versammlungsraum mit einem Thronsessel auf einem Podest, auf das sie jetzt zusteuerte. Sie setzte sich nicht, sondern blieb auf dem erhöhten Podium stehen.

»Ich werde euch einige Augenblicke meiner Zeit gewähren, die in jeder Hinsicht knapp bemessen ist. Aber nur, weil mein Sohn, der König, es wünscht. Ich habe nicht die geringste Lust,

Staatsangelegenheiten mit einem übereifrigen, fantasielosen kleinen Medjaischnüffler zu erörtern.«

Wir hatten es mit einer Frau zu tun, die seit vielen Jahrzehnten mit den Funktionsweisen der Macht vertraut war. Einer Frau, die an der Spitze des mächtigsten Herrscherhauses gestanden hatte und die noch immer großen Einfluss auf den König hatte. Sie wartete, die trüben Augen weit geöffnet. Es war ein seltsamer und verwirrender Anblick.

»Hoheit«, begann ich, »seid bitte so freundlich und schildert Euer Verhältnis zu Königin Nofretete.«

»Sie ist die Gemahlin meines Sohnes und die Mutter von sechs meiner Enkel. Enkelinnen, genauer gesagt.«

»Ihr habt noch mehr?«

»Selbstverständlich. Schließlich gibt es einen Harem und weitere Ehefrauen.«

»Und weitere Enkel?«

»Ja.«

Da war ja ein Stein gesprächiger. Doch vielleicht verbargen sich hinter der versteinerten Fassade wichtige Informationen. Weitere Kinder. Weitere Ansprüche auf die Herrschaft.

Als ich zögerte, unsicher, wie ich weiter vorgehen sollte, funkelten ihre blinden Augen in einer Art bitterer Belustigung. Aber ich wollte mich nicht ablenken lassen. Ich versuchte es anders.

»Durch die Güte Res haben Eure Majestät viele Jahre über das Königreich geherrscht.«

»Ja, und?«

»Besser als jeder andere kennt Eure Hoheit die ... Schwierigkeiten, die eine Königin überwinden muss. Männer werden mit Vorrechten geboren, Frauen müssen sie sich verschaffen. Das ist, wie in Eurem Fall, eine hervorragende Leistung, wenn ich so sagen darf.«

»Untersteh dich, mich zu loben. Für wen hältst du dich?« Abermals keuchte sie vor Wut. »Ich wurde in eine überaus einflussreiche Familie hineingeboren. Mein Geschlecht gereichte mir *stets* zum Vorteil. Dafür habe ich gesorgt. Es diente mir als Tarnung für meine Intelligenz und verhalf mir zu allem, was ich erreicht habe. Die meisten Männer fürchten sich vor starken Frauen, doch einige wissen sie zu schätzen. Zu denen gehörte auch mein Gemahl. Ohne mich gäbe es diese Stadt und ihren Gott nicht.«

Keti und ich wechselten einen Blick. Ich hatte das Gefühl, dass sie trotz ihrer Blindheit alles sah.

»Und die Königin?«, fragte ich.

»Was ist mit ihr?«

Sie starrte mich eindringlich an. Diese Frau würde niemals nachgeben.

»Gäbe es die Stadt ohne sie?«

Schweigen.

»Du bist bereits verloren«, fuhr sie in entschiedenem Ton fort. »Du weißt nichts. Du hast keine Fragen an mich, weil du nichts herausgefunden hast und nichts begreifst.«

Das stimmte in gewisser Weise und war darum nur noch ärgerlicher.

»Ich fand eine junge Frau, die der Königin auffallend gleicht«, sagte ich. »Sie wurde ermordet, ihr Gesicht zerstört. Es gab keinen Hinweis darauf, dass die Königin gewaltsam oder gegen ihren Willen verschleppt wurde. Andererseits stoße ich durchaus auf Gründe, warum sie möglicherweise aus eigenem Entschluss verschwunden ist.«

Als Antwort grinste Teje und bleckte dabei ihre Goldzähne. Dann bekam sie einen Hustenanfall. Sie spuckte ein wenig Schleim aus, ohne sich darum zu kümmern, wo er landete. Keti und ich starrten nur darauf.

»Kannst du Träume in der Hand halten?«, fragte sie schließlich. »Weißt du, warum die Menschen Götter brauchen und warum die Beine der Macht auf einer geraden Straße zwangsläufig krumm werden müssen? Kannst du mir sagen, warum Menschen nicht ehrlich sein können? Weißt du, warum die Zeit mächtiger ist als die Liebe? Und warum der Hass mächtiger ist als die Zeit? Es gibt viele Fragen, auf die deine Vorgehensweise keine Antwort liefert.«

Darauf wusste ich nichts zu erwidern. Dann spielte ich meinen letzten Trumpf aus. »Sie ist nicht tot.«

Ihre Miene blieb unverändert. »Es freut mich, dass du trotz erdrückender gegenteiliger Beweise so zuversichtlich bist.«

»Warum glaubt Ihr, ist sie verschwunden?«

»Wie kommst du darauf, dass sie überhaupt verschwunden ist?«

»Ich glaube, sie musste eine Entscheidung treffen. Kämpfen oder fliehen. Sie zog es vor zu fliehen. Vielleicht konnte sie nur so überleben.«

Tejes Gesicht zuckte vor Wut. »Wenn das stimmt, dann ist sie ein elender kleiner Feigling«, fauchte sie. »Dachte sie vielleicht, sie könnte einfach verschwinden, wenn es ungemütlich wird? Ihre zarten Gefühle zusammenraffen, Mann und Kinder im Stich lassen und ihre nutzlosen Tränen vergießen? Verdammt soll sie sein für ihre Selbstsucht, ihre Eitelkeit und ihre Schwachheit!«

Ihre zornige Stimme hallte durch den kalten Raum. Plötzlich geriet die alte Frau ein wenig ins Wanken. Mit einer Hand fasste sie sich ins Gesicht, während die andere nach der Armlehne des Throns tastete. Doch vor Schreck verfehlte sie die Stütze. Ihre Beine gaben unter ihr nach, und sie brach lautlos auf dem Steinpodest zusammen.

Die Schleier waren ihr von den Schultern geglitten und lagen wie weiße und goldene Stoffschlangen um sie herum. Einen Augenblick lang rührte sie sich nicht. Doch als ich ihr zu Hilfe eilen wollte, tat sie einen rasselnden, unsicheren Atemzug und versuchte, sich aus den Falten ihrer weiten Gewänder zu befreien. Dabei rutschte ihr das Kleid von der Brust. Die braune Haut hing in verschrumpelten Falten an den Knochen. Sie wirkte eher wie eine Gliederpuppe, die an Stöcken und Schnüren hing, als wie ein lebendiges Wesen. Dann sah ich zu meinem Entsetzen die schwarzen und blauen Krebsgeschwüre und schwärenden Wunden an der Stelle, wo ihre Brüste hätten sein sollen.

Ohne zu überlegen, berührte ich ihre Schulter. Sie schrie. Der Schrei schien die steinernen Wände zu durchdringen. Draußen im Korridor hörte ich eilige Schritte näher kommen. Plötzlich packte sie meinen Kopf und zog ihn hinunter bis vor ihr hinfälliges Gesicht. Ihr Griff besaß übernatürliche Kraft, und ich spürte ihr feuchtes, dringliches Flüstern an meinem Ohr. »Die Zeit selbst verzehrt mich, allmählich, doch unaufhaltsam. Aber mein Hass wird mich überleben. Denke daran, wenn du Schönheit erblickst, denn so enden Schönheit und Macht. Mehr habe ich auf deine Fragen nicht zu sagen.« Die blinden, mondbleichen Augen starrten eindringlich aus ihrem Puppenschädel. Dann ließ sie mich los, und alle Kraft wich aus ihrem Körper.

Ich streckte die Hand aus, um den entsetzlichen Anblick zu verdecken, doch wieder stieß sie einen Schrei aus, und da begriff ich, dass jede Berührung ihr unerträgliche Schmerzen bereitete. Es konnte jetzt nicht mehr lange dauern. Und für den Einbalsamierer würde nicht viel zu tun bleiben.

23

Wir fuhren zu Meriras Villa. Die Menschenmenge auf den Straßen wurde immer größer und veränderte sich, da viele Fremde zum Fest herbeiströmten. Auch die Stimmung schlug um: Es lag nun eine Spannung in der Luft, was zum Teil daran lag, dass sich zu viele Menschen in einer Stadt drängten, die noch nicht ausreichend auf den Ansturm vorbereitet war. Doch da war noch etwas anderes, eine unterschwellige Angst, die es zuvor nicht gegeben hatte. Auf den Straßen bemerkte ich noch mehr bewaffnete Medjai, die nicht zu zweit, sondern in ganzen Trupps unterwegs waren, als rüsteten sie sich für ein großes Ereignis. Plötzlich kam es mir so vor, als könnten diese neuen Gebäude, Tempel und Amtsgebäude zittern, beben und grundlos in sich zusammenbrechen. Mir schien, als sei die Welt nicht länger festgefügt, sondern existiere nur auf Abruf. Wir bewegten uns auf unsicherem Grund.

Keti und ich erreichten die Villa, gerade als Meriras Ehrenzug die Straße herunterkam. Merira selbst wurde auf einem hohen Thronsessel getragen, ebenso wie seine Frau, die eine lange Perücke und ein gefälteltes Leinengewand trug. Beide wirkten sehr zufrieden mit sich selbst und ihrer Erhöhung über alle anderen. Er war offenbar der Held des Tages. Das Abendlicht schimmerte auf seinen goldenen Kragen. Begleitet von Jubelgeschrei bewegte sich der Zug zum Haupthaus, wo man Merira absetzte und unter Hochrufen und Gratulationen und einem Schauer von Blumen ins Haus geleitete, wo er vermutlich seine Kleider wechseln wollte.

Plötzlich stand Parennefer neben mir. »Wie ist es gelaufen?«

»Alles, was du über sie gesagt hast, stimmte.«

Er ließ seinen Blick über die Menge schweifen und registrierte, wer anwesend war und wer nicht. »Ramose ist natürlich nirgendwo zu sehen. Ich glaube, er war eingeladen, hat aber eine Entschuldigung geschickt, dass er dringende Staatsgeschäfte zu erledigen hätte. Aber das nimmt ihm natürlich niemand ab.« Er machte eine bedeutungsvolle Pause.

»Lass mich raten«, sagte ich, während wir uns an den Wachen vorbei in den offenen Hof der Villa drängten. Er war mit Alabaster gepflastert und von Bäumen gesäumt. Ein langes Wasserbecken schimmerte im Kerzenlicht. »Er ist neidisch auf Meriras Beförderung.«

Parennefer schnalzte mit der Zunge und wedelte mit den Händen. »Ja, sicher. Aber nicht nur das. Er steckt in einer Zwickmühle. Merira vertritt eine andere Politik als Ramose, und jetzt, nachdem er vor aller Augen von Echnaton begünstigt wurde, kann er Entscheidungen und den Gang der Ereignisse beeinflussen.«

»Und wie sieht seine Politik aus?«, fragte ich.

»Er kümmert sich vor allem um innere Angelegenheiten, wobei er keine Gelegenheit auslässt, dem König zu schmeicheln. Ramose ist davon überzeugt, dass das Große Reich ringsum von Barbaren bedroht wird. Seiner Meinung nach achten wir alle nicht genügend auf die instabilen Verhältnisse in unseren ausländischen Territorien, auf die wir mit Waffengewalt reagieren sollten. Merira dagegen glaubt, wir könnten die inneren und äußeren Probleme dadurch lösen, dass wir die unterschiedlichen Gruppierungen zum Fest einladen. Holt sie alle her, lasst sie sich amüsieren, dann haltet ihnen eine Standpauke und zeigt ihnen, wer das Sagen hat, und so weiter. Für Ramose ist das genauso, als würde man eine Bande Grabräuber zum Essen einladen, ihnen seine Messer aushändigen und die eigene Frau anbieten.«

»Mir scheint, da hat Ramose nicht unrecht«, sagte ich.

Parennefer seufzte. »Ich weiß, aber Echnaton hört nun einmal auf Merira. Wir müssen Nofretete wiederfinden. Was würde geschehen, wenn sie bei dem Fest nicht anwesend wäre, oder, noch schlimmer, wenn es sich herausstellt, dass sie ermordet wurde? Die ganze Veranstaltung würde in aller Augen an Ansehen verlieren. Unsere Macht würde Schwächen zeigen, gerade dann, wenn wir unsere Vormachtstellung unbedingt festigen müssten.«

Ich beschloss, das Streitgespräch zwischen Echnaton und Ramose nicht zu erwähnen, von dem ich einige Worte mitgekommen hatte. Auf einmal ergaben sie einen Sinn, wie einzelne Beweisstücke, die man zusammenfügt. Möglicherweise hatte Ramose etwas Ähnliches gesagt wie: Seht Ihr denn nicht, in welche Gefahr Ihr uns bringt, wenn Ihr im ungünstigsten Augenblick all diese zerstrittenen und verfeindeten ausländischen Potentaten hier zusammenkommen lasst? Doch Echnaton steckte in der Klemme: Die Vorbereitungen und Verhandlungen hatten Monate, wenn nicht Jahre gedauert. Die Gäste, die für ihre Anreise mehrere Wochen benötigten, waren bereits auf dem Weg und würden bald eintreffen. Wenn er das Fest jetzt absagte, hätte das verheerende Folgen für seine Vorrangstellung und seine Machtbasis. Seine Feinde würden ihn auf jeden Fall für schwach halten. Nein, eine Absage kam nicht infrage. Ich hätte gern gewusst, wie er nachts schlief.

Plötzlich hörte ich einen Schrei. Als ich aufblickte, sah ich einen Funken sprühenden Feuerball, weiß glühend wie eine kleine Sonne mit fuchtelnden Armen und Beinen daran, der mit schrillem Gekreisch und kleinen Zickzackschritten wie in einem wahnsinnigen Tanz aus der Tür gerannt kam. Die Menge schrie erschrocken auf und wich zurück, als die brennende Gestalt blindlings auf sie zuhielt.

Ich lief hin und goss einen Krug Wasser über die Gestalt, doch das schien das Feuer nur noch weiter anzufachen. Also zog ich einen Überwurf von einer der Bänke und warf ihn über den Mann. Gleichzeitig riss ich ihn zu Boden, um die Flammen zu ersticken, die jetzt noch heller aufzulodern schienen. Die Hitze war größer als bei einem gewöhnlichen Feuer, und ein starker giftiger Geruch verbreitete sich. Rasch fraß sich das Feuer durch den Überwurf, doch Keti fand eine dickere Decke, und endlich gelang es uns, die Flammen zu löschen. Wir traten zurück und wischten die letzten brennenden Fetzen von unseren eigenen Kleidern und Händen. Das Opfer zuckte und krümmte sich im Todeskampf und wurde dann still. Der Gestank nach verbranntem Fleisch und Haar war ekelerregend. Im Hof herrschte vollkommene Stille. Ich zog die versengte Decke fort. Darunter kamen die verkohlten Reste eines prächtigen Obergewandes und goldene Kragen zum Vorschein.

Es war Merira.

In diesem Augenblick trat seine Frau aus dem Haus. Wie in Trance ging sie auf den Leichnam zu. Als sie die sterblichen Überreste ihres Gemahls erblickte, stieß sie ein gellendes Geheul aus, bevor sie in den Armen ihrer Diener zusammenbrach. Plötzlich war die Hölle los. Wie eine Herde in Panik geratener Wüstenantilopen ergriffen die Gäste die Flucht. Die Frauen schleuderten ihre Sandalen von den Füßen, um besser rennen zu können.

Mitten in diesem Chaos und umringt von Priestern in weißen Leinengewändern, untersuchte ich den Leichnam. Behutsam zog ich die Stofffetzen weg, die mit den Überresten des Schädels verschmolzen waren. Von diesem war nicht mehr viel übrig. Das Fleisch war verkohlt, und als ich vorsichtig an den Stoffstücken zog, kam weißer Knochen zum Vorschein. Es sah wirklich so aus, als wäre das Fleisch nicht nur verbrannt, sondern regelrecht weggefressen worden. Die Augen waren milchig weiß wie bei einem gekochten Fisch. Mir fielen schwarze Flecke auf der Kopfhaut auf. Sie stammten von einer schwarzen, teerähnlichen Masse, die noch qualmte. Bitumen. Daher also der giftige Geruch. An dem klebrigen Pech hafteten Büschel von verfilzten, angesengten Fasern. Haare. Die Reste einer Perücke. Man hatte sie vermutlich von innen mit Bitumen bestrichen und mit einer hoch konzentrierten, leicht entzündlichen Flüssigkeit getränkt, die, wenn sie Feuer fing, mit unglaublicher Helligkeit und Hitze brannte. Und je größer die

Hitze, desto flüssiger und brennbarer wurde das Bitumen. Im Handumdrehen war die brennende Perücke am Kopf des Opfers festgeklebt. Ich versuchte noch immer herauszubekommen, was es für ein Geruch war – eigenartig stechend und sauer mit einer Spur Knoblauch –, doch der Gestank nach verbranntem Fleisch überdeckte alles.

Parennefer, der neben mir stand, schien einen Schock erlitten zu haben. Sein Gesicht war schweißbedeckt, und er blinzelte mit den Augen. »Wie ist das nur passiert?«, fragte er wieder und wieder. Ich hätte ihn am liebsten geohrfeigt. Für mich stand fest: Hier handelte es sich um einen weiteren gezielten Schlag gegen das verwundbare Herz des Großen Reiches. Am Abend seines Triumphes war der Hohe Priester Atons wie durch die Flammen eines Strafgerichts zu Tode gekommen.

In diesem Augenblick wurde der Hof gestürmt. Bewaffnete Medjai donnerten in ihren Streitwagen durch das Tor, sprangen ab und umringten uns und den Toten. Andere schwärmten eilig aus und durchsuchten die Villa und ihre Nebengebäude. Und im Zentrum dieser geräuschvollen Aktion erschien eine große, stämmige Gestalt. Mahu. Ohne mich zu beachten, stand er neben der Leiche und inspizierte alles eingehend. Dann, noch immer ohne mich anzusehen, befahl er: »Schafft ihn weg.«

Ich wurde gefesselt, verschnürt wie ein Schwein und auf einen Wagen geworfen, der mit hoher Geschwindigkeit durch die Stadt davonjagte. Die Schatten der Häuser fielen auf mich, und ich blickte zu den Dächern und den Sternen darüber auf. Ich wusste, wohin wir fuhren.

24

Strampelnd suchten meine Füße einen Halt, während man mich im Eilschritt durch die finsteren Korridore schleifte. Schließlich befanden wir uns wieder vor den majestätisch abweisenden Türen. Über dem Türsims das Symbol Atons, der die Henkelkreuze in seinen zahlreichen Händen hielt.

Mit dem Geist ist es schon sonderbar; in höchster Not befasst er sich mit unsinnigen Dingen. Ich musste an meinen ehemaligen Partner Pentu denken. Wir stammten aus derselben Stadt, demselben Viertel. Wir waren zusammen zur Schule gegangen und hatten gemeinsam die unteren Dienstränge durchlaufen. Man hatte uns wegen eines Einbruchs in ein Juweliergeschäft im unteren Viertel beim Hauptplatz gerufen. Im Laden stiegen wir über das Durcheinander von zersplittertem Holz, zerbrochenen Vasen und allerlei Krimskrams, der unter unseren Füßen knirschte. Mit einer Geste gab mir Pentu zu verstehen, dass er das Hinterzimmer inspizieren wollte, und ging vorsichtig hinein. Einen Augenblick lang war alles still, dann erschien sein Gesicht wieder in der Tür. »Leer«, sagte er und zuckte mit den breiten Schultern. Plötzlich steckte ein Dolch in seiner Brust. Blut spritzte über sein Hemd. Sein Blick war erst entsetzt, dann tief enttäuscht. Er sank in die Knie. Hinter ihm stand ein junger Mann, nicht älter als sechzehn oder siebzehn Jahre, das brutale Gesicht voller Angst. Ohne zu überlegen zog ich meinen Dolch. Er schwirrte durch die Luft und traf den Jungen ins Herz. Lautlos brach er zusammen.

Ich lief zu meinem Freund und drehte ihn so, dass ich ihm ins Gesicht sehen konnte. Er lebte noch. Das Blut sprudelte aus seiner Wunde. Zu viel Blut. »Verdammt«, flüsterte er. »Verdammt«, sagte ich. Etwas Besseres fiel mir nicht ein. Ein Weilchen saßen wir so, während die Geräusche des Nachmittags gedämpft von der Straße hereindrangen. Alles wirkte weit weg. Dann flüsterte er: »Erinnerst du dich noch an diese alte Geschichte?« Ich schüttelte den Kopf. »In der der König sagt: ›Ich will ein Fass voll mit ägyptischem Wein trinken.‹ Und das tut er auch. Und im ganzen Land heißt es: ›Der König hat einen schrecklichen Kater.‹ Und er sagt: ›Heute spreche ich mit niemandem. Und arbeiten kann ich auch nicht.‹« Er lächelte, dann starb er. Einfach so. Seine letzten Worte. Unfug. Wir sterben fast alle mit dem gleichen Gedanken: *Aber ich bin doch noch nicht fertig!*

Diese krausen Gedanken gingen mir durch den Kopf, während ich wartete. Ich erinnere mich an sie, nicht, weil sie besonders klug gewesen wären, sondern weil es sonst nichts gab. Eigentlich hätten meine Gedanken wie wild rasen müssen, um einen Ausweg aus meiner Notlage zu finden. Stattdessen beschäftigte ich mich mit irgendwelchem Blödsinn. Ob unser Verstand uns damit helfen will, eine Katastrophe zu überstehen? Treten wir im Jenseits mit einem derart verwirrten Geist vor die Götter, oder geht es nur mir so – ein Narr am Tag des Gerichts?

Die Tür ging auf. Sie lösten meine Fesseln und stießen mich in den Raum, sodass ich zu Boden fiel. Mahu saß bereits an seinem Schreibtisch, von mir abgewandt, mit etwas viel Wichtigerem beschäftigt. Schon wieder diese Spielchen. Endlich blickte er auf und richtete seine Löwenaugen auf mich. Keiner von uns beiden sagte ein Wort. Ich hatte nicht die geringste Lust, das Gespräch zu beginnen.

»Weißt du noch, wie wir uns das letzte Mal in diesem Büro trafen? Damals habe ich dir meine Hilfe angeboten. Ich sagte dir, dass ich dich weder schätze noch mag, dich aber in fachlicher Hinsicht unterstützen wollte«, sagte er.

Ich schwieg.

»Doch du hast mein großzügiges Angebot ausgeschlagen, das dir so nützlich hätte sein können.«

»Ein Anschlag mit Pfeil und Bogen ist für mich keine Unterstützung.«

Er stand auf, ging um den Schreibtisch herum, so irritierend makellos gekleidet wie immer, und dann versetzte er mir aus heiterem Himmel einen heftigen Schlag ins Gesicht. Blinzelnd unterdrückte ich meine Beschämung und meinen Zorn. Doch abgesehen davon freute ich mich. Ich hatte ihn in Wut gebracht. Das war gut. Er atmete schwer.

»Wenn Echnaton nicht dieses unverständliche, aber natürlich unanfechtbare Vertrauen in dich setzen würde, hätte ich dich für diese Anschuldigung schon längst in Fesseln in die Goldminen des barbarischen Kusch schaffen lassen. Dort wärst du vor Hitze und Anstrengung langsam zugrunde gegangen, und der Stich eines Skorpions wäre dir wie eine Gnade der Götter erschienen.«

Mein anhaltendes Schweigen schien ihn nur noch mehr zu reizen. Ich wischte mir etwas Blut aus dem Mundwinkel.

»Wenn ich dich tot sehen wollte, Rahotep, meinst du nicht, ich hätte mir ein passenderes und wirkungsvolleres Ende für dich ausdenken können? Eines, das weniger Aufsehen erregt und mich nicht in Schwierigkeiten bringt? Du hättest mich ja fragen können: ›Wer war der vornehme Herr, der mich erschießen wollte?‹ Dann hätte ich dir etwas über ihn erzählen können. Aber nein. Du hättest mich zum Freund haben können, doch du hast es vorgezogen, mich zum Feind zu haben.«

Er entfernte sich ein wenig. Völlig unrecht hatte er nicht, wie ich zugeben musste. Allerdings war ich davon überzeugt, dass er nur bluffte, als er behauptete, meinen Angreifer zu kennen. Jetzt brachte ich es nicht länger fertig zu schweigen.

»Du wolltest mich von Anfang an nicht hierhaben. Warum? Nur aus Berufsneid? Das bezweifle ich. Vielleicht hast du ja etwas zu verbergen.«

Er fuhr behände herum, sodass sein Gesicht ganz nahe vor meinem war. Ich sah die Falten um seine Augen, das zornige Funkeln in seinen kalten Augen und hörte den zischenden Unterton in seiner gepressten Stimme. Sein Atem roch übel – nach Abscheu und Hass.

»Nur der Schutz Echnatons – und wir beide wissen, dass er immer wirkungsloser wird – hindert mich daran, dich auf der Stelle zu töten.«

Der geifernde Hund bellte. »Ruhig!«, brüllte Mahu, wobei ich nicht sicher war, ob er den Hund oder mich meinte. Winselnd verzog sich das Tier. Ich lächelte. Wieder hob er die Hand, um mich zu schlagen, beherrschte sich jedoch im letzten Augenblick.

»Ach, Rahotep«, sagte er kopfschüttelnd. »Du glaubst, dir kann nichts passieren. Aber hör mir gut zu: Seit du hier bist, ist nichts mehr, wie es sein sollte. Ich habe die Wünsche und Befehle des Königs befolgt und dir freie Hand gelassen. Und sieh nur, wohin uns das geführt hat. Tote Mädchen. Tote Medjaioffiziere. Tote Priester. Ich spüre, wie das Chaos um uns herum wächst, und ich glaube, daran bist du schuld. Und daher muss ich jetzt eingreifen, bevor es zu spät ist.«

»Du kannst gar nichts tun«, erwiderte ich. »Wenn du in der Lage wärst, die Königin zu finden oder diese Morde aufzuklären, dann hättest du es schon getan.«

Seine Stimme wurde ganz leise. »Mach nicht den Fehler, mich zu unterschätzen. Ich kann dich zum Schweigen bringen. Ich kann dich zum Reden bringen. Ich kann dich singen lassen wie ein Mädchen, wenn ich will. Ich stelle dich jetzt vor eine ganz einfache Wahl. Verlass noch heute Nacht die Stadt. Ich werde dir eine bewaffnete Eskorte stellen. Du kannst nach Theben zurückkehren, deine Familie nehmen und verschwinden. Ich werde dich vor Echnatons Zorn bewahren. Oder du bleibst hier. Doch dann werde ich dein ärgster Feind sein. Was auch immer du tust, denk stets an deine Familie. Deine hübsche Tanefert, deine niedlichen kleinen Mädchen. Sechmet. Thuju. Nedjmet. Sie glauben, das Leben bestehe aus Musik und Tanz und süßen Träumen. Und denk immer daran: Ich weiß alles über sie.«

Die Namen, die meinem Herzen heilig waren, aus seinem Mund zu hören erfüllte mich mit schwarzer Wut. Doch das ließ ich ihn nicht merken. Ich würde ihn nicht gewinnen lassen. Plötzlich kam mir ein Gedanke, und bevor ich noch über die Folgen meiner Worte nachdenken konnte, waren sie schon meinem Mund entschlüpft.

»Du kannst mir drohen, aber ich dir auch.«

»Und womit?«, fragte er gleichgültig.

»Ich stehe nicht nur unter dem Schutz Echnatons. Lass mich noch einen weiteren Namen nennen: Eje.«

Meine Worte hingen im Raum. Ich ging ein hohes Risiko ein, da ich nicht wusste, wie die beiden Männer zueinander standen. Er sagte nichts, doch für einen kurzen Moment schien ihm ein Gedanke, eine Überlegung, eine Idee durch den Kopf zu gehen. Es war, als hätte ich zum ersten Mal einen interessanten Zug in einem Spiel gemacht, dessen Regeln er aufstellte. Ich war mir ganz sicher.

»Ich bin froh, dass wir miteinander geplaudert haben«, sagte er schließlich. »Unser nächstes Zusammentreffen, wenn es denn eins gibt, wird interessant für uns beide. Viel Glück bei deiner wichtigen Entscheidung.«

Mit übertriebener Höflichkeit öffnete er mir die Tür, wartete, bis ich draußen war, und schlug sie dann hinter mir zu. Es knallte aber nicht sehr laut, weil die Tür, wie ich schon früher bemerkt hatte, sich leicht im Rahmen verzogen hatte. So viel zu seiner großen Geste.

Eine Eskorte begleitete mich aus dem Hauptquartier, vorbei an Reihen von neuen Schreibtischen, wo unerfahrene Neulinge darauf warteten, dass ihnen jemand sagte, was sie tun sollten. Schließlich traten wir auf die Königliche Straße hinaus. Es war schon spät, und die mondbeschienenen Straßen lagen verlassen. In jeder anderen Stadt herrschte auch um diese Zeit noch Betrieb: An kleinen Ständen und Buden wurden bei Lampenschein Lebensmittel und andere Waren verkauft. Trunkenbolde schwankten auf unsicheren Beinen durch die

Gassen und boten ein teils trauriges, teils erheiterndes Spektakel, indem sie darin wetteiferten, in großartigen Monologen ihren Jammer über Ungerechtigkeit und Unglück herauszubrüllen.

Doch heute Nacht, in dieser Stadt der Fassaden und des schönen Scheins, fürchteten sich die Menschen und versteckten sich in ihren sicheren Häusern. Nur Schweigen und Schatten erfüllten die Straßen, als wir an den monumentalen Gebäuden aus Lehmziegeln, diesem Albtraum der Macht, vorübergingen. Ich wünschte, ein Hund würde bellen und dann ein zweiter vom anderen Ende der Stadt. Doch an diesem Ort schlachteten sie vermutlich die Hunde ab, damit sie des Nachts nicht störten.

Die Wachen begleiteten mich zu meinem Zimmer und ließen mich – natürlich nicht zu meiner Beruhigung – wissen, dass sie die ganze Nacht über vor meiner Tür stehen bleiben würden.

Ich betrat den Raum, den ich zwei Tage zuvor verlassen hatte. Die Wachen hatten mir eine Lampe gegeben, und ich sah nach, was sich verändert hatte. Der Krug stand neben dem Bett. Ich roch an dem Wasser – abgestanden, mit einer dünnen Staubschicht darauf. Das Bett und die Betttücher – unberührt. Die Statuette von Echnaton – an ihrem Platz. Mit der Lampe leuchtete ich den Boden nach Fußspuren ab, doch ich entdeckte nichts. Ich stellte die Lampe auf den Schreibtisch, nahm mein Tagebuch heraus und notierte alle Geschehnisse der letzten beiden Tage, an die ich mich noch erinnern konnte.

Ich musste wieder an den Ausdruck von Beunruhigung denken, der wie ein flüchtiger Schatten über Mahus Züge gehuscht war, als ich den Namen Eje erwähnte. Wer war dieser Mann? Konnte ich mir seinen Einfluss zunutze machen, zumindest für ein paar Tage? Vielleicht. Dennoch war mir, als würde ich auf eine bloße Vermutung hin mein Leben und das meiner Familie aufs Spiel setzen.

Ich saß da und blickte in den mondhellen Hof hinaus. Der

Vollmond – lebenslanger Gefährte meiner nächtlichen Tätigkeit. Wie oft schon hatte sein Licht mir geholfen, Dinge in der Nacht zu erkennen? Das nächtliche Leben unserer Welt, wenn der Gott in seiner Barke die Gefahren der Unterwelt durchquert und ich auf meine Art die diesseitigen (natürlich zu Fuß). Zu viele Nächte, in denen ich friedlich bei Tanefert hätte schlafen können, hatte ich damit verbracht, in den Überresten mörderischer Verbrechen und unwiderruflicher Tragödien herumzustolpern. Reue stellt sich immer erst dann ein, wenn es viel zu spät ist, noch etwas zu ändern.

Als ich den Papyrus entrollte, um auf einem neuen Blatt zu beginnen, und mir kein Gedanke oder Ausweg mehr einfallen wollte, erblickte ich diese Zeichen, die nicht von meiner Hand stammten.

Mich überlief ein Schauder. Noch einmal blickte ich mich um, als könnte jemand mit gezücktem Messer in einem dunklen Winkel auf mich lauern. Doch es war niemand da. Diese Schriftzeichen mussten irgendwann im Laufe der vergangenen Tage entstanden sein. Und derjenige, der sie geschrieben hatte, konnte unmöglich gewusst haben, dass ich sie gerade jetzt, in dieser Nacht, finden würde. Sie sollten mir etwas sagen, das man mir nicht auf andere Weise mitteilen konnte oder wollte. Doch wer hatte sie geschrieben – und wie und warum?

Ich las die Hieroglyphen und verstand sie so:

> *Gehe in die Stadt der Toten. Steige hinunter in die Unterwelt, wie es geschrieben steht in den Kapiteln über das »Heraustreten ans Tageslicht«.*
> *Dort findest du Beständigkeit.*
> *Wenn du findest, wonach du suchst, wird es eine Frau sein.*
> *Ihr Zeichen ist Leben.*

Was für rätselhafte Anweisungen! Sie erschienen mir unsinnig. Ich las sie noch einmal. Ich hatte die Totenstadt in der Nähe des Arbeiterdorfes gesehen. Außerdem gab es natürlich noch die Felsengräber der Adligen und der Königsfamilie, die in den Bergen im Norden im Bau waren. Aber wie konnte jemand den Anweisungen und Gebeten im Totenbuch folgen und in die Unterwelt hinabsteigen, es sei denn, er wäre selbst tot? Dann kamen zwei hoffnungsvolle Zeichen: die Hieroglyphe für Beständigkeit, die Säule der Macht, errichtet im Angesicht der Götter, um die Ordnung in der Welt wiederherzustellen. Diese Hieroglyphe wurde auch den Verstorbenen als Amulett mitgegeben. Und dann die letzten Hieroglyphen: *Ihr Zeichen ist Leben.* Das Symbol für Leben war das *Anch,* das Henkelkreuz, das Aton seinen Geschöpfen reicht. Ich hatte es überall in der Stadt gesehen.

Ihr Zeichen. Stand »sie« hinter dieser merkwürdigen Botschaft? Und, wenn ja, war es der Beweis dafür, dass sie noch lebte und wollte, dass ich sie aufspürte? Vielleicht. Aber warum auf diese verrückte Art und Weise? Und dann kam mir eine andere Idee: Trieb Mahu sein Spiel mit mir? Wollte er mich mit diesem Rätsel ins Verderben locken? Ich hatte keine Wahl. Diese Botschaft konnte ich nicht ignorieren. Ich musste mir den Überraschungseffekt und den Schutz der Dunkelheit zunutze machen und unverzüglich handeln.

Vor meiner Tür standen die Wachen, aber was war mit der unfertigen Terrasse vor meinem Fenster? Ich schaute eine Minute lang hinaus, doch niemand zeigte sich. Als ich an der Tür lauschte, hörte ich, wie sich die beiden Wachen beim Auf-und-ab-Gehen leise miteinander unterhielten. Ich trat erneut ans Fenster und wusste auf einmal, welchen Weg ich nehmen musste: über die Terrasse und die Mauer.

Ich schreibe diese Worte, ohne zu wissen, ob ich jemals noch etwas schreiben werde. Werde ich noch mehr zu berichten haben, oder wird man dieses Tagebuch finden und dir zustellen, meine geliebte Tanefert? Was sonst könnte ich auf diese Rolle schreiben, die vielleicht die letzte sein wird, als eine Botschaft an dich und die Mädchen. *Ich liebe euch.* Ist das genug? Ich weiß es nicht. Ich hoffe zutiefst, dass die restlichen Rollen bald mit weiteren Schriftzeichen bedeckt sein werden, und ich bete zu Re, dass sie nicht leer bleiben mögen.

25

Es gibt weise Männer und Seher, die behaupten, sie seien in ihren Visionen in die Unterwelt gelangt. Sie fasten, bis sie fast verhungert sind, oder singen in der Sprache der Vögel, und wir Sterblichen können ihnen nur glauben oder auch nicht. Wir können sagen: »Diese Männer sind verrückt. Sperrt sie in Kerker aus Stein und Schweigen, sodass ihre Visionen und ihre unwahrscheinlichen Geschichten uns keine Angst einjagen können.« Jetzt bin ich einer dieser Männer und muss die rechten Worte finden, um das Geheimnis zu erklären.

Ich hörte, wie die Wächter vor der Tür *Senet* spielten und dabei ihre Astragale warfen und ihre Spielsteine entsprechend über den langen, gewundenen Weg des Schicksals, über günstige und ungünstige Felder schoben. Ich hatte Glück, dass sie mit dem Spiel beschäftigt waren. Langeweile ist das größte Geschenk des Glücksgottes an den Gefangenen. Mit nichts als meiner Ledertasche in der Hand sprang ich über den Fenstersims und landete lautlos auf den Füßen. Einen Augenblick lang kauerte ich mich in einen Streifen Schatten, denn der Mond war noch immer voll, und in seinem silbernen Licht wirkten die riesenhaften Umrisse der Bäume und Häuser wie ein getreues, wenn auch leeres Abbild der unsichtbaren Tageswelt.

Es war gut, dass ich gewartet hatte, denn in diesem Augenblick schlenderte einer der Wächter fast zum Greifen nahe an mir vorbei. Er blickte hinauf zu den Sternen. Ich konnte erkennen, dass sein Haar geschnitten werden musste, wie abgetragen seine Sandalen waren und dass seine staubbedeckten schwieligen Füße im Mondlicht silbrig glänzten. Er blieb stehen, blickte kurz nach oben, tat einen langsamen Atemzug, während er über etwas nachdachte – sein Schicksal oder vielleicht auch seine Schulden –, um dann seinen Weg fortzusetzen. Ich hätte ihn ergreifen und ihm mit einem kurzen Ruck lautlos das Genick brechen können, doch das war nicht nötig. Ich musste auch an seine Familie denken, die irgendwo seinen Tod beklagen würde. Für mich war er nur eine Gestalt, die vorüberging, für sie ein einzigartiges, unwiederbringliches Leben. Warum sollte ich das Leid in der Welt vergrößern? Und außerdem hätte seine Abwesenheit die anderen alarmiert. Es war besser, wenn ich mich unbemerkt davonschlich, ohne Veränderungen zu hinterlassen. Die Menschen registrieren Veränderungen schneller als alles andere.

Er ging also vorüber, und ich setzte völlig lautlos meinen Weg fort. In jener Nacht lenkten die Götter meine Füße. Mein Körper verfügte plötzlich über eine neue Energie, eine Art Leichtigkeit. Mühelos erklomm ich die etwa zehn Ellen hohe Mauer. Es war, als gerieten die Gesetze der Welt bereits ins Wanken, als würden sie sich wandeln und verschwimmen, bis alles möglich schien.

Auf der anderen Seite sprang ich leise hinunter und landete im Garten eines Hauses. Ich kauerte mich hinter einen kleinen Schrein und blickte mich vorsichtig um. Ein Gastmahl war in vollem Gange. Im Licht der Lampen leuchteten die weißen Servietten auf den kleinen Tischchen, die neben einem hell erleuchteten Teich standen. Es war, als wäre ich plötzlich in einer anderen Welt: leises Klirren und die gedämpften Stimmen der Gäste. Eine kleine Szene mit Gesprächen und Speisen im begrenzten Lichtkreis unter dem gewaltigen Sternenhimmel, der wegen des Lichts ihrer Lampen für sie unsichtbar war.

Mich immer im Schatten haltend, schlich ich am Rand des Gartens entlang und hoffte, dass es hier keine Wachhunde gab. Ich hatte das Gefühl, dass die Mauer das gesamte Grundstück umschloss. Daher musste ich notgedrungen versuchen, zur Vorderseite des Hauses zu gelangen. Beim Laufen ließ ich die Festgesellschaft nicht aus den Augen. Eine Frau erhob sich und machte eine scharfsinnige, witzige Bemerkung, die die gesamte Runde zum Lachen brachte. Sie trat aus dem Lichtkreis und ging ins Haus. Diesen Augenblick nutzte ich, um rasch die restliche Strecke des Gartens hinter mich zu bringen. Vor mir lag ein langer Durchgang an der Seite des Hauses. Er war dunkel, bis auf eine Stelle, wo Licht aus einer geöffneten Tür fiel. Ich zögerte und lauschte. Ich hörte, wie die Frau im Haus umherging und dabei vor sich hin summte. Sie schien den Dienern Anweisungen für die Zusammenstellung des nächsten Gangs zu geben. Dann entfernten sich Schritte durch einen gefliesten Korridor. Die Frau summte noch immer. Es klang jetzt ganz nah. Ich verhielt mich still. Plötzlich erschien sie in der hellen Tür. Sie blickte auf und sah mich. Rasch legte ich ihr eine Hand über den Mund, und im gleichen Augenblick ließ sie eine Speiseplatte aus Metall fallen. Ich versuchte noch, die Platte aufzufangen, doch sie landete bereits laut scheppernd auf dem Boden. Wir erstarrten.

»Ist alles in Ordnung?«, rief ein Mann.

In ihren Augen lag wilde Furcht, und sie versuchte, sich loszureißen. Doch als sie mich näher ansah, wurde sie still. Sie erkannte mich, bevor ich wusste, wer sie war. Es war die Frau vom Schiff. Die intelligente, attraktive Frau. Langsam nahm ich die Hand von ihrem Mund und bat sie mit einer knappen Geste, still zu sein. Sie nickte und rief dem Mann zu: »Ja, ich habe nur etwas fallen lassen.«

Plötzlich merkte ich, dass ich sie noch immer fest an mich gepresst hielt. Sie wehrte sich nicht, sondern blickte mich nur spöttisch an.

»Was hast du vor?«, flüsterte sie. »Bist du so eine Art Meisterdieb?«

»Das kann ich dir leider nicht verraten.«

»Oh, der geheimnisvolle Mann.«

»Aber jetzt muss ich weiter.«

Sie schaute mich an. »Komm und trink einen Becher Wein mit uns.«

Ich lächelte. »Ein andermal.« Sie seufzte. »Ich hoffe, wir sehen uns wieder. Ich würde gern noch mehr von deinen Geschichten hören, wenn wir beide mehr Zeit haben. Zur Straße geht es da lang.«

Ich muss dir gestehen, sie küsste mich ausgiebig auf den Mund, bevor sie mich gehen ließ. Lächelnd verschwand ich in der Dunkelheit.

Ich fand eine Straße, die zur Totenstadt führte. Meine Augen hatten sich mittlerweile an die Dunkelheit gewöhnt, und auch meine übrigen Sinne waren jetzt geschärft. Ich kannte dieses Gefühl, diese seltsame Art, die Welt wahrzunehmen. Es war, als sei das Tier in mir zum Leben erwacht. Ich spürte Dinge, ohne mir darüber im Klaren zu sein: dass vor mir ein niedriger Ast hing, bevor ich dagegenlief; das Auf und Ab des Pfades; lose Steine auf dem Weg; Wachhunde hinter hohen Mauern. Im Zickzack suchte ich mir einen Weg durch die Vorstadt, wobei ich die Richtung, in die ich ging, mehr ahnte als kannte.

Selbst zu dieser späten Stunde bestand die Gefahr, dass mir Fußgänger oder Wachen über den Weg liefen. Aber was hatte ich schon zu fürchten? Nur wenige in der Stadt kannten mich vom Sehen. Und selbst wenn ich jemandem begegnete, der wusste, wer ich war, konnte ich mir immer noch eine Geschichte einfallen lassen, wie zuvor in dem Garten. Nein, in Wirklichkeit fühlte ich etwas anderes: Ohne zu wissen, warum, war ich völlig davon überzeugt, dass mich auf diesem Weg niemand sehen durfte. Ich musste spurlos verschwinden.

Ich bog in eine breitere Straße ein. Der Mond beleuchtete die Mauern auf der einen Straßenseite, während die andere im Dunkeln lag. Als streitende Stimmen aus einem Zimmer drangen, eilte ich rasch vorüber. Irgendwo weinte ein Kind. Im Schatten der Mauer küsste sich ein Pärchen. Der Mann stand dicht an die Frau gedrängt, deren beringte Hände mit den polierten Nägeln über seinen Hals und Rücken fuhren. Auch als ich an ihnen vorüberging, ließen sie sich nicht stören. Ihr anfeuerndes Flüstern, während er sich in ihr bewegte, klang so nah, als hielte ich sie selbst in den Armen. Ich hatte das Gefühl, als könnte ich mich beliebig verwandeln und im Vorübergehen wie ein Geist die Körper und Gefühle anderer durchdringen. Eine Art Freude ergriff mich, das alte Vergnügen an dieser dunklen Freiheit. Flink wie ein Schakal durchquerte ich kurz darauf das offene Gelände.

Die Totenstadt war nichts weiter als ein großer offener Platz, umgeben von einer Lehmziegelmauer. Die meisten Friedhöfe der Stadt, die ich kannte, lagen westlich des Flusses, in Richtung auf die untergehende Sonne. Hier handelte es sich möglicherweise nur um eine provisorische Begräbnisstätte. Vielleicht hatten aber auch die Lage der neuen Stadt, weit entfernt von jeglicher Zivilisation, und ihre ungeschützten Grenzen die Planer dazu bewogen, die Toten mitsamt ihren irdischen Gütern näher an den Wohnvierteln der Lebenden zu bestatten, wo sie besser vor Grabräubern geschützt waren.

In der neuen Stadt waren noch nicht genügend Menschen verstorben, um die Nekropole zu füllen. Hier und da fanden sich jedoch Markierungen, kleine Schreine und etwa zwanzig größere Privatkapellen in unterschiedlichen Stadien der Fertigstellung. Keine von ihnen war für hochstehende Persönlichkeiten gedacht – deren Gräber wurden bereits in die felsigen Hügel gehauen, welche die Stadt und das umliegende Gebiet im Osten umgaben. Dort waren sie den Göttern näher. Dies hier war ein Begräbnisplatz für alle, die weder Arbeiter – diese besaßen ihren eigenen Platz in der Nähe ihres Dorfes – noch Priester waren. Alle anderen würden hier bestattet werden: die fremden Beamten, die weit entfernt von ihren Heimatländern starben, die Mittelklasse, kleine Beamte mit ihren Familien, deren Leben ein stilles Sklavendasein von Büro und Schreibtisch war und die ihren Angehörigen ein würdiges, dauerhaftes Grab bereiten wollten in dieser geschichtslosen Stadt – zumindest was die menschliche Geschichte betraf.

Was nun? Ich wusste nicht weiter, doch irgendetwas musste es hier geben. So leise wie möglich wanderte ich zwischen den Kapellen umher, bemüht, nicht in den Mondschein zu treten, der bläulich auf den schwarzen und grauen Boden fiel. Als ich jungverheiratet war und nachts Streife gehen musste, bestand Tanefert darauf, dass ich ein Amulett zum Schutz gegen Geister trug. Und obgleich ich es niemals offen zugeben würde, war ich doch froh, es jetzt an meiner Brust zu spüren.

Allmählich begann ich die Frau, nach der ich suchte, zu hassen. Es hatte immer mehr den Anschein, als sei ihr Verschwinden in Wahrheit eine Flucht aus selbstsüchtigen Motiven. Bisher hatte ich in ihrem Leben nichts so Schreckliches entdecken können, dass sie das Recht gehabt hätte, ihre Kinder im Stich zu lassen und sich ihren Pflichten zu entziehen. Und nun war ich hier, ein Mann, den sie gar nicht kannte und dessen Schicksal dennoch mit dem ihren verknüpft war. Es schien ein Fluch auf ihrer Schönheit zu liegen – die Königin des Unheils.

Während ich diesen müßigen Gedanken nachhing, spürte ich auf einmal die lautlose Gegenwart von Katzen, die durch eine kurze Kabbelei meine Aufmerksamkeit erregt hatten. In jeder Totenstadt gibt es die ständig hungrigen Vertreter dieser Gattung, die wir in unseren Tempeln verehren, mit Wedjat-Amuletten und goldenen Nasenringen schmücken und deren Abbild auf den Wänden unserer Gräber Re selbst symbolisiert, wie er den schlangenköpfigen Gott Apophis erschlägt. Schließlich, nach ihrem Tod, werden die Katzen mumifiziert und, mit einem erstaunten Ausdruck auf ihren Gesichtern, sorgsam in Stoffe aus Baumwolle und Papyrus gehüllt und bestattet. Jetzt saß eine Katze oben auf einem großen Grabmonument und starrte mich an. Zugegebenermaßen blickte sie nicht so überheblich drein, wie es diesen Tieren sonst eigen ist. Stattdessen sprang sie herunter, kam zu mir gelaufen und begrüßte mich freudig, wobei das Glöckchen an ihrem Halsband leise klingelte. Ihr dichtes schwarzes Fell, das im

Mondlicht schimmerte, ließ sie im Schatten vollkommen verschwinden. Nur ihre Augen, die wie Halbmonde funkelten, waren unverwandt auf mich gerichtet. Sie strich mir um die Beine, als wollte sie mir etwas mitteilen, worauf ich mich unwillkürlich bückte und ihr über den Rücken strich bis hin zu dem wie ein Haken gebogenen Schwanz.

Was fiel mir eigentlich ein, hier mitten in der Nacht einfach so eine Katze zu streicheln? Ich musste verrückt sein. Ich richtete mich auf, um weiter fachgerecht und gewissenhaft nach Hinweisen in dieser mysteriösen und irritierenden Angelegenheit zu suchen. Doch die Katze begleitete mich. »Ich habe nichts zu essen für dich«, flüsterte ich ihr zu und kam mir albern dabei vor. Sie schnurrte immer noch friedlich vor sich hin.

Schließlich ging ich weiter, doch als ich mich umblickte, saß sie still wie ein Standbild im Mondlicht. Nur ihr hin- und herzuckender Schwanz verriet, was sie von unserem Abschied hielt. Also drehte ich mich um. Zufrieden stand sie auf und ging davon, den hoch erhobenen Schwanz schwungvoll gekrümmt. Nach ein paar Schritten wandte sie sich um, als wollte sie sich vergewissern, dass ich auch nachkam. Da ich ohnehin kein festes Ziel hatte, beschloss ich, ihre Aufforderung als Teil des Spiels und Zeichen des Schicksals zu nehmen und ihr zu folgen.

An dieser Stelle gestehe ich, dass ich, Rahotep, Oberermittler bei der thebanischen Medjaidivision, beauftragt mit der Untersuchung des großen Rätsels, alles vergaß, was ich während meiner Ausbildung gelernt hatte, und den geheimnisvollen Anweisungen einer schwarzen Katze gehorchte und ihr über einen mondbeschienenen Friedhof folgte. Ich höre förmlich das schallende Gelächter, das dieses Geständnis bei meinen Kollegen auslösen würde.

Behände suchte sich die Katze ihren Weg zwischen den Steinen und Monumenten. Hin und wieder verlor ich sie in der Dunkelheit aus den Augen, doch dann war sie auf einmal wieder da, eine anmutige schwarze Gestalt vor dem Silberblau des Bodens.

Im Gehen hielt ich nach irgendwelchen Hinweisen Ausschau, die mir bei der Lösung des Rätsels helfen könnten, das mich hierhergeführt hatte. Doch ich fand nichts.

Endlich kamen wir zu einer der privaten Kapellen. Die Katze warf einen Blick zurück, dann betrat sie den Vorhof und verschwand. Die Kapelle, eine der größeren, war noch ganz neu. Streifen von Mondlicht fielen hinein. Vorsichtig bewegte ich mich durch den Vorraum bis ins Innere. Die Katze hockte in der Altarnische und fraß bedächtig aus einer der Opferschalen, die jemand frisch gefüllt hatte. Sie wirkte selbst wie eine Hieroglyphe vor den gemeißelten Stelen und den Bildern des *Hetep*-Opfertisches: den Schilfmatten, den unterschiedlich geformten Brotlaiben, den Bechern und Gefäßen, den zusammengebundenen Enten, deren Abbild Nahrung für die Verstorbenen symbolisierte.

Ich stand da und sah ihr zu, ohne sie zu streicheln, weil ich sie nicht beim Essen stören wollte. Für den Inhaber der Kapelle hatte ich keine Opfergaben. Beim Licht des Mondes konnte ich die Hieroglyphen der Opferformel entziffern. Sie begann wie gewöhnlich mit den Worten *hetep di nesw,* »eine Gabe, die der König Osiris darbringt«, dann folgte die übliche Aufzählung von Nahrungsmitteln.

Als ich den Blick an den Rändern der Platte nach unten richtete, entdeckte ich das Bild eines Mannes, der vor dem Opfertisch saß. Ich suchte auf der Stele nach dem Titel und Namen des Verstorbenen und las: »Löser der Rätsel«. Und dann: »Rahotep«.

Die Katze hörte auf zu fressen und blickte mich an, als wollte sie sagen: Was hattest du sonst erwartet? Du bist hier. Dies ist der Moment der Abrechnung. Sie leckte sich die Lippen, dann schlüpfte sie geschwind hinter eine Stele und war verschwunden.

Von der Not und meiner Leichtgläubigkeit getrieben, war

ich in eine offensichtliche Falle getappt. Wie hatte ich nur so dumm sein können? Mahu hatte mich mit einer Geschichte, wie man sie Weibern, Kindern und Priestern erzählt, zum Narren gehalten.

Ich musste hier raus. Meine Zunge war ganz dick und trocken. Panische Angst stieg in mir auf und hinterließ einen gallebitteren Geschmack in meinem Mund. Die Bilder meiner Töchter gingen mir durch den Sinn, dann ein Gefühl von Leere und Verlust, als fiele wieder dieser Schnee auf mich, kalt und ewig und lautlos.

26

Ich rannte durch die Räume hinaus in die Wüste, wo ich keuchend stehen blieb, damit mein Herz sich beruhigen konnte. Doch dann hielt ich inne. Wenn die Katze einen Weg gefunden hatte, dann sollte ich ihr womöglich folgen. Wenn ich jetzt von diesem finsteren Ort floh, würde ich die Wahrheit nie ergründen. Ich hämmerte mit den Fäusten gegen die Außenwände der Kapelle, bis ich wieder in der Realität angekommen war und klar genug denken konnte, um eine Entscheidung zu treffen. Mir war, als hörte ich im Geiste Taneferts eindringliche Stimme: »Lass dich nicht von deiner Furcht besiegen. Benutze deine Furcht. Denk nach.«

Ich nahm meinen ganzen Mut zusammen – das war ja ein schöner Medjaioffizier und Ermittler, der sich plötzlich vor der Dunkelheit fürchtete! – und ging zurück in den Altarraum. Dort tastete ich die Rückseite der Stele ab. Nichts als Steinstaub. So viel zu dem Material, das für die Ewigkeit gedacht war. Ich tastete an der Wand entlang, dann leckte ich meinen Finger an und hielt ihn dicht vor die Wand. Bildete ich es mir nur ein, oder war da wirklich ein kaum wahrnehmbarer kühler Lufthauch, wo es eigentlich keinen geben durfte?

Mit Mühe zwängte ich mich in den engen Raum hinter der Stele und stieß auf einen schmalen Spalt, kaum breit genug für mich, der zu einem staubigen, düsteren Hohlraum führte, in dem eine einsame Öllampe brannte. Im funzeligen Licht erblickte ich die Katze, die wartend dasaß, den Schwanz elegant geschwungen wie der Finger einer Tempeltänzerin. Sie drehte sich zu mir um, dann sprang sie einige Steinstufen hinunter und war nicht mehr zu sehen. Ich nahm die Lampe. Sie war wunderschön gefertigt und erinnerte mich an andere schöne, luxuriöse Dinge, die ich in der Stadt gesehen hatte. Ich schob den Gedanken daran beiseite und hob die Lampe, um meinen Weg zu erkennen. Bei ihrem flackernden Licht stieg ich die Treppe hinunter in den tiefen Schatten.

Als ich nach etwa zwanzig Stufen unten ankam, wartete die Katze auf mich. Ich begrüßte sie, doch sie flitzte durch einen Tunnel davon in noch schwärzere Finsternis. Bald war das leise Klingeln ihres Glöckchens nicht mehr zu hören. Ich hielt die Lampe hoch. Die Flamme flackerte in dem heißen Lufthauch, der gesättigt war vom Geruch nach Sand und feuchter Schwärze aus den Gefilden der Geister. Ich fürchtete mich. Aber welche Wahl hatte ich jetzt noch? *Steige hinunter in die Unterwelt, wie es geschrieben steht in den Kapiteln über das ›Heraustreten ans Tageslicht‹*. Also ging ich weiter.

Der Weg verlief nicht gerade, sondern gewunden wie eine Schlange. Manchmal in Kurven, dann wieder im Zickzack, bis ich die Orientierung verlor. Es heißt, in den schrecklichen Höhlen und unheimlichen Gängen der Unterwelt hausten Ungeheuer mit grässlichen Köpfen. Im Totenbuch sind wirkmächtige Gebete und Zaubersprüche gegen diese monströsen Wächter verzeichnet, die man nur bannen kann, indem man ihren geheimen Namen nennt. Doch fiel mir jetzt irgendeines dieser Gebete ein? Nicht ein einziges. Schaudernd hoffte ich, dass kein Ungeheuer aus der Finsternis sich mir in den Weg stellte und nach dem fatalen Schutzwort fragte.

Eine lange Zeit war ich schon im Lichtkreis der Lampe gegangen, als sie schließlich immer schwächer und schwächer brannte. Auch wenn ich in etwa die Zahl meiner Schritte abschätzte, hatte ich keine Vorstellung davon, wo ich mich befand.

Plötzlich flackerte das Licht, flammte noch ein letztes Mal auf und verlosch. Unversehens fand ich mich in einer Finsternis, die undurchdringlicher war, als ich es jemals erlebt hatte. Selbst wenn ich mich früher im hintersten Winkel eines Gässchens oder im innersten Raum eines verlassenen Hauses befunden hatte, stets war ein wenig Licht aus der Außenwelt zu mir gedrungen. Hier jedoch nicht. Vor meinen Augen waberten Spukgestalten, seltsame, vage Ausgeburten der Fantasie. Ich ließ die nutzlose Lampe los, worauf sie mit lautem Scheppern zu Boden fiel. Wie böse Geister hallte das Echo durch den Gang, laut genug, um die Toten aufzuwecken.

Ich streckte die Arme zu beiden Seiten aus, doch da ich sie nicht sehen konnte, fühlte ich sie auch nicht. Auf einmal berührte ich die Wand des Tunnels, und wie ein Blinder, der die Welt durch die Spitze seines Stocks und nicht durch die Hand, die den Stock hält, erfühlt, tastete ich mich vorwärts in den Schlund der Finsternis. Ich versuchte, meine Schritte zu zählen, da das die einzige Möglichkeit war, meine Bewegungen in Zeit und Raum abzuschätzen. Doch bald verschwammen die Zahlen in meinem Kopf, und das langsame Zählen verwirrte mich nur.

Wie ein von seinem Geist verlassener Verstorbener wanderte ich dahin, stieß und schrammte mich an unsichtbaren Ecken und rannte gegen die Wände, wo der Gang unvermittelt eine Biegung machte.

Was mir zuvor ein wenig Trost verschafft hatte – die brennende Lampe, die Gegenwart der nun verschwundenen Katze, die geheimnisvolle Botschaft –, all das bedeutete mir nichts mehr und gab mir keine Hoffnung.

Plötzlich, als ich in die endlose Schwärze vor mir starrte, glaubte ich, tief unten in der Dunkelheit einen Stern zu erkennen. Die Hände noch immer tastend zu den Seiten ausgestreckt, ging ich weiter, ohne den Lichtpunkt aus den Augen zu lassen. Je mehr ich es mir wünschte, desto größer wurde er. War es vielleicht nur Einbildung? Oder kam jetzt der Tod, das strahlend helle Licht, von dem diejenigen berichten, die von der Schwelle zum Jenseits zurückgekehrt sind? Der Stern nahm Gestalt an – umgeben von Licht wartete er, wie es mir in meiner Verwirrung schien, auf mich. Ich geriet in Panik vor lauter Angst, die helle Öffnung könnte sich schließen, bevor ich dort war. Verzweifelt lief ich weiter. Meine Fingerknöchel schrammten schmerzhaft an der Wand entlang. Als ich das Blut ableckte, brachte mich sein salziger Geschmack wieder zur Besinnung.

Und plötzlich rannte ich los, mit keuchendem Atem und pochendem Herzen, durch die Dunkelheit zu dem sich wandelnden, größer werdenden Stern. Ich streckte die Hände nach der Frau aus, die dort wartete. Tanefert? Ich hörte mich selbst ihren Namen rufen: *»Tanefert! Tanefert!«*

Dann taumelte ich durch die Tür ins Licht.

27

Alles wurde dunkel. In meinem Kopf wirbelten Wörter im Kreis, wie in einem kleinen, unsinnigen Traum: »Oh, mein Herz, das ich von meiner Mutter hatte. Oh, mein Herz meiner wechselnden Alter ...« Dann kam ich wieder zu mir, öffnete die Augen und setzte mich langsam auf. Die Katze schnupperte vorsichtig an meiner Hand.

Ich rappelte mich mühsam auf und blickte mich um. Ich befand mich in einer langen gemauerten Kammer, die mit Hunderten von Lampen erleuchtet war. Wände und Decke waren mit Hieroglyphenfeldern verziert, auf denen Aton mit vielen kleinen Händen seinen priesterlichen und königlichen Anbetern die Gabe des *Anch* reicht. Überall an den Wänden waren Nischen, in denen Einzelfiguren und Statuetten mit Kronen und Masken standen. Ich kannte sie: Es waren die zweiundvierzig Götter mit den Insignien des Gerichts. Und ich wusste auch, dass all das, die alte Religion, von Echnaton abgeschafft worden war.

In der Mitte des Raumes befand sich eine große, übermannshohe Waage aus Gold und Ebenholz, die von dem gemeißelten Standbild einer sitzenden Frau überragt wurde – die Göttin *Maat,* die den Lauf der Jahreszeiten und der Gestirne lenkt und für die irdische und göttliche Gerechtigkeit zuständig ist. Wie oft schon hatte ich ihr Bildnis auf den goldenen Ketten der allzu menschlichen Richter gesehen, deren hagere, schlaffe Gesichter von Grausamkeit und einem langen Leben im Überfluss zeugten? Die Schalen der Waage waren im Gleichgewicht. Alles war still. Dann plötzlich eine Bewegung. Die Katze blickte mit ihren blanken grünen Augen auf, dann rannte sie in die Dunkelheit davon.

Neben der Waage erschien eine hochgewachsene, schwarzhäutige Gestalt mit einem goldenen Gürtel und der großen schwarzen und silbernen Maske eines Schakals. Anubis. Die Gestalt starrte mich an und wartete. Da sie nichts sagte, sprach ich.

»Wo bin ich?«

»Dies ist die Halle der beiden Wahrheiten.«

Die Stimme ertönte nicht hinter der Maske, sondern aus einem tief verschatteten Bereich der Kammer. Es war die Stimme einer Frau, selbstsicher, geradeheraus, schön. Ich wusste sofort, dass ich sie gefunden hatte.

»Ich dachte immer, es gibt nur eine Wahrheit«, sagte ich.

»Es gibt viele Wahrheiten. Selbst hier. Es gibt deine Wahrheit und meine Wahrheit.«

»Und dann gibt es noch die letzte Wahrheit.«

Mir war, als könnte ich ihr Lächeln sehen, obwohl sie noch immer im Schatten verborgen blieb.

»Wie klug du bist«, sagte sie. »Du und alle anderen, die von Dingen wie der Wahrheit reden. Ich würde gern wissen, was du über mich in dein kleines Tagebuch geschrieben hast. Welche Wahrheiten hast du dort verzeichnet?«

Sie wusste bereits alles. Ich versuchte, mit ihr Schritt zu halten.

»Natürlich keine Wahrheiten. Geschichten.«

»Geschichten, so, so. Und was nützen uns die?«

»Es sind unterschiedliche Versionen der Dinge. Mögliche Varianten. Von dir.«

»Wie viele Versionen von dieser Geschichte gibt es wohl? Viele, würde ich sagen. Vielleicht sogar unendlich viele.«

Hatte sie damit recht?

»Mag sein.«

»Also hat jede Geschichte unzählige Seiten. Möglicherweise bilden sie ja einen Kreis. Verläuft jede Geschichte im Kreis?«

»Jede wahre Geschichte vielleicht.«

»Vielleicht gelangen wir ans Ende, nur um festzustellen, dass es ein Anfang ist. Doch jetzt können wir dessen zum ersten Mal sicher sein.«

Eine Weile sprach keiner von uns beiden. Unsere Klugheit machte mich ein wenig benommen. Es ging alles so schnell, diese Vertrautheit, als würden sich unsere Gedanken ergänzen, weil wir das Gleiche dachten. Plötzlich wollte ich unbedingt diese verloren geglaubte, Unruhe stiftende, rätselhafte Frau sehen.

»Willst du dich nicht zeigen?«

Sie schwieg einen Augenblick, dann stieß sie einen Laut aus, wie ein Seufzer und ein kleines Lachen zugleich. »Vielleicht. Aber zuerst musst du mir ein paar Fragen beantworten. Du stehst vor Gericht. Deine Wahrheit steht vor Gericht. Deine Sünden stehen vor Gericht. Dein Herz. Ich hoffe, es ist gut. Und wahrhaftig.«

Der schakalköpfige Gott winkte mich heran. »In Gegenwart des Gottes darf dein Herz nicht lügen«, sagte er. Seine Stimme war fest und wohltönend und hatte einen Akzent, der mir verriet, dass er nicht aus den beiden Ländern stammte, sondern von jenseits der Katarakte aus Nubien kam.

Ich nickte. Das hier war ein Spiel, ein Schauspiel mit Masken und Szenen. Ich verstand. Zugleich war es tödlicher Ernst. Wir spielten die Gebete und Zaubersprüche aus dem Totenbuch nach. Jede unserer Handlungen war vorgeschrieben, und ich wusste, dass meine Antworten unerbittlich über mein Schicksal entscheiden würden.

»Ich werde nicht lügen«, antwortete ich.

»Wir werden mit dem Negativen Sündenbekenntnis anfangen.« Er begann zu rezitieren. »Ihr Götter aus dem Seelenhaus, die über Erde und Himmel richten … Betet zu Re in der Sonnenbarke …« Es folgten Gesänge über die Feuerschlange und die Kinder der Ohnmacht und den immerwährenden Anblick der Sonnen- und der Mondscheibe: »Möge meine Seele fortschreiten und reisen, wohin sie immer begehrt, möge mein Name ausgerufen werden, möge mir ein Platz gewährt werden in der Sonnenbarke, wenn der Gott den Taghimmel durchsegelt, und möge ich willkommen geheißen werden vor dem Angesicht des Osiris im Land der Wahrheit.«

Als er den Namen des großen Osiris aussprach, bekam ich Angst, dass mein gesamtes Leben an diesem einen Augenblick hing, wie ein Wassertropfen, der sich sammelt und immer voller wird, bis er schließlich fällt. In der einen Waagschale lagen die Dinge meines Lebens: meine Kindheit, meine Frau, meine Töchter, meine Liebe zu unserer kostbaren kleinen Welt, all die Dinge – ob gut, schlecht oder unbestimmt –, die ich gedacht, gefühlt und getan hatte; alles, was ich gewesen war. Auf der anderen Seite lag die Zukunft, nicht greifbar und ungewiss wie dieser seltsame Schnee in der Kiste.

Die schakalköpfige Gestalt forderte mich auf, mich neben die Waage zu stellen. Ich blickte mich um. Die weiter entfernten Bereiche der Kammer lagen im Schatten, doch nun sah ich, dass links und rechts von mir zwei Statuen standen: Meschenet und Renenutet, Göttinnen der Vorsehung und des Schicksals, die für die Toten sprechen. Und ihnen gegenüber lauerte ein Ungeheuer mit dem Körper eines Löwen und dem langen, mit furchtbaren Zähnen bewehrten Fang eines Krokodils – die Verschlingerin, bereit, mich und meine kleinen Lügen zu vertilgen. Sie sah aus, als wäre sie aus Stein, aber ich war mir nicht sicher.

Der Vollkommene sprach: »Wie ist dein Name?«

»Rahotep.«

»Warum bist du hier?«

»Ich suche die Antwort auf ein Rätsel.«

»Worum handelt es sich bei diesem Rätsel?«

»Ich suche jemanden, der verschwunden ist.«

Stille. Dann trat der Schakal vor und forderte mich auf, meine Antworten in eine der goldenen Waagschalen zu sprechen. Seine Fragen kamen rasch, Schlag auf Schlag, sodass ich mir die Antworten nicht überlegen konnte und sie wie eine Litanei heruntersagte: »Nein, ich habe nicht gelogen; nein, ich habe keinen Ehebruch begangen; ja, ich habe getötet; nein, ich habe nicht gestohlen«, und so fort, bis ich merkte, dass ich die Liste meiner guten und bösen Taten wie in eine Fluchschale strömen ließ. Dann ließ der Schakal eine weiße Straußenfeder fallen. Im Zickzack segelte sie durch die Luft und landete in der anderen Waagschale. Die Schalen schienen ganz genau austariert zu sein, denn die eine von ihnen erbebte leicht unter der Berührung der Feder, als müssten die Zweifel angesichts solcher Leichtigkeit schwer wiegen und mein Schicksal besiegeln. Endlich jedoch beruhigten sich die Schalen wieder und verharrten in völliger Reglosigkeit. Es schien, als hätte selbst die Luft um mich herum den Atem angehalten. Jetzt regte sie sich wieder.

Schließlich ergriff die Frau erneut das Wort: »Du sprichst die Wahrheit. Willkommen. Schließ die Augen. Tritt vor.«

Ich machte die Augen zu und trat wie ein Blinder in den Schatten. Sie nahm mich bei der Hand, führte mich und bedeutete mir, mich zu setzen. Ich spürte, wie sie um mich herumging.

»Jetzt musst du nur noch zu dir selbst zurückkehren. Denn wärest du wirklich tot, würde deine Seele als Vogel zwischen den Welten herumflattern. Flattert deine Seele?«

Ich konnte nicht antworten.

»Dem Wahrhaftigen fehlen die Worte?«

»Nicht alles lässt sich in Worten ausdrücken.«

»Wie wahr. Nun aber wird es Zeit, dir deine fünf Sinne wiederzugeben. Zu den anderen, wie den Sinn für Humor, Ehre und so weiter, kann ich nichts sagen.«

Sie führte mich zu einer Bank, und ich ließ mich darauf nieder.

»Wenn man den Ritus genau nimmt, müsstest du eigentlich in einem Sarg liegen, aber das wäre wohl zu theatralisch. Weißt du, was das ist?«

Ich betastete das Ding, das sie mir hinhielt, und erkannte es an der fischschwanzförmigen Klinge aus Feuerstein. »Es ist ein *Peseh-kef*-Messer.«

»Es heißt, der Priester deutet mit dem rechten Bein eines frisch geschlachteten Ochsen auf dich, damit etwas von der Kraft des Tieres in deinen wiedererweckten Körper übergeht. Ich werde nicht das Bein eines Ochsen verwenden.«

Sie legte das Messer an meinen Mund. Ich spürte den kalten Kuss der Klinge auf meinen Lippen. Ich roch den warmen Duft ihres Körpers. Plötzlich erfüllte mich Wärme, die Möglichkeit zu leben. Ich begann wieder zu glauben, dass ich die mir gestellte Aufgabe erfüllen und in mein Leben zurückkehren konnte. Diese Gefühle kamen mir, während sie die Klinge eine Weile an meinen Mund presste. Dann nahm sie sie langsam fort und legte sie auf meine Augen, erst das rechte, dann das linke, danach auf meine Ohren. Wieder die kühle Berührung der Klinge. Ich spürte, dass ich wie ein Verliebter errötete.

»Nun darfst du wieder sprechen und essen, hören und sehen. Du bist wieder lebendig.«

Also öffnete ich die Augen.

28

Wie ein Vorhang, der beiseitegezogen wird, verschwanden die Schatten, und ich sah sie. Ich saß in einem Vorzimmer. Es sah aus, als seien Wände und Boden aus Silber, doch das war vielleicht nur eine Wirkung der zahllosen Lampen. Und außerdem war ich wie verzaubert und derartig verwirrt, dass ich alles für möglich gehalten hätte.

In der Kammer gab es nichts als eine Treppe, die ins Dunkel führte, dazu eine niedrige Bank, ein Tischchen mit Speisen und Getränken und zwei Stühle. Auf einem davon saß sie. Sie trug die blaue Krone, die die klaren Linien und Konturen ihres Halses und der Schultern zur Geltung brachte und die offene Schönheit ihres Gesichts unterstrich.

Sie hatte die Hände im Schoß gefaltet und blickte mich forschend an. Dabei weidete sie sich, wie ich glaube, an dem Wechselspiel der Gedanken und Gefühle, das mein Gesicht zweifellos verriet. Ich hätte ihr nichts verraten, und das wusste sie offenbar auch, denn als mir der Gedanke kam, lächelte sie kurz. Das flüchtige Lächeln durchdrang mich wie eine Woge des Entzückens, der Wärme, der … Welche Worte gibt es für Augenblicke wie diesen, wenn wir uns ganz und gar lebendig fühlen? Wenn wir uns der Gegenwart eines anderen, seines geheimnisvollen Geistes, so vollkommen bewusst sind, dass es die Grenzen unseres körperlichen Seins berührt und darüber hinausgeht, bis wir das Gefühl haben, nicht mehr durch Haut und Knochen begrenzt, sondern Teil eines Ganzen zu sein. Ich bin nur ein Medjaioffizier, ein Ermittler, nichts als ein Statist im Spiel des Lebens. Doch für einen Moment, unter ihrem aufmerksamen Blick, fühlte ich mich beinahe wie ein Gott, losgelöst von der Zeit und allem Irdischen. Dann erlosch ihr

Lächeln. Ich wusste, ich wollte es wiederhaben, und hätte ganz sicher alles getan, um es erneut auf dieses bemerkenswerte, würdevolle, offene Antlitz zu zaubern.

»Wie spät ist es?«, fragte ich schließlich und kam mir augenblicklich wie ein Dummkopf vor, weil ich eine so simple und banale Frage gestellt hatte.

»Es ist die Stunde Achets.« Ihre Stimme war ruhig und klar.

»Sag mir bitte noch einmal, was das bedeutet.« Neben ihr kam ich mir ungehobelt vor.

»Es ist die Stunde vor der Morgendämmerung. Die Zeit, um tatkräftig zu werden, wie es in den Büchern steht. Man kann es auch so sehen: Als *Ach* bezeichnen wir die Wiedervereinigung eines Menschen mit seiner Seele nach dem Tod. Manche glauben, diese Einheit hätte für alle Ewigkeit Bestand.«

»Das ist lange.«

Sie reagierte mit einem prüfenden Blick auf meine nervöse Ironie. Das erinnerte mich daran, dass ich hier nicht den Medjai zu spielen brauchte. Ich hatte eine viel schwierigere Aufgabe: Ich musste ich selbst sein.

»Es gibt noch einen anderen Aspekt: In der heiligen Sprache ist *Ach* das Zeichen für den heiligen Ibis, den Vogel der Weisheit. Betrachte es als den Morgengesang deines neuen Lebens.«

Wir blickten uns einen Augenblick lang an. Was geschah mit mir?

»Ist dies mein neues Leben?«, fragte ich. »Bin ich gestorben? Wurde ich wiedergeboren?«

»Vielleicht, wenn du es recht und in Wahrheit betrachtest.« Mit geneigtem Kopf schaute sie mich nachdenklich an.

»Es ist mir eine Ehre, dich kennenzulernen«, sagte ich.

»Ach, bitte, lass das mit der Ehre. Von Ehren habe ich genug. Es tut mir leid, dass ich es dir so schwer gemacht habe. So dramatisch. All diese Aufgaben und Prüfungen. Bestimmt bist du dir vorgekommen wie der Mann im Märchen. Aber ich musste wissen, ob ich dir vertrauen kann. Ob du wirklich der Richtige bist. Hast du Hunger? Oder Durst?«

Sie deutete auf den Tisch und schenkte mir einen Becher Wasser ein.

Bis ich es gierig trank, hatte ich gar nicht gemerkt, wie trocken mein Mund und wie warm es in dem Raum war. Vielleicht redete ich deshalb so einen Schwachsinn. Sie füllte den Becher erneut an einem kleinen in die Wand eingelassenen Brunnen und stellte ihn vor mich hin. Jede ihrer Gesten und Bewegungen war perfekt. Eine Frau von vollkommener Selbstbeherrschung. Selbst das Nachfüllen des Bechers schien ihre ganze Aufmerksamkeit und Hingabe zu erfordern. Sie tat alles mit wachem Bewusstsein.

»Es gibt hier Trinkwasser?«

»Ja, unter dem Gebäude befindet sich eine Quelle. Das ist auch ein Grund, warum ich diesen Ort gewählt habe.«

»Wofür?«

»Als Zuflucht.«

»Zuflucht wovor?«

Sie zögerte. »Ich darf nicht vergessen, dass du jemand bist, der die größten Rätsel löst, indem er einfache Fragen stellt.« Sie schenkte mir noch einmal nach, dann ging sie langsam weiter in die Kammer hinein. »Hast du mich auf diese Weise gefunden? Indem du Fragen gestellt hast?« Ihre Augen funkelten. Belustigung. Neugier. Interesse. »Wie bist du an dein Wissen gekommen?«

In diesem Augenblick fiel mir darauf keine Antwort ein. Ich hatte das Gefühl, als seien die Arbeit meines Lebens, meine Handlungen und Gedanken, meine Träume und Ideale zu Staub zerfallen, den sie in ihrer Hand hielt und verstreute, dass er im Lampenlicht glitzernd zu Boden rieselte. Es war ein angenehmes Gefühl.

»Unser Herr …«

»Nenn ihn bei seinem Namen. Namen haben Macht. Nenn ihn Echnaton.«

In ihrem Mund klang sein Name wie eine komplizierte Melodie. Zuneigung lag darin, aber auch Misstöne und widerstreitende Gefühle. Immer weiter schritt sie in den Schatten hinein.

»Echnaton hat mich, und nicht die Obersten der hiesigen Medjai, gerufen, damit ich dich suche.«

»Nicht er hat dich gerufen, sondern ich. Und seit deiner Ankunft habe ich dich nicht aus den Augen gelassen.«

Es war, als hätte sich plötzlich wie aus dem Nichts eine Tür aufgetan.

Sie wandte sich zu mir um, sodass erneut Licht auf ihr herrliches Gesicht fiel. Ruhig, mit kühl taxierendem Blick wartete sie auf meine Reaktion.

Einen Augenblick lang mühte ich mich damit, ihre Worte mit allem, was ich bereits erfahren hatte, in Einklang zu bringen – in Wahrheit zwangen mich diese wenigen schlichten Worte, das ganze Rätsel aus einem anderen Blickwinkel zu betrachten.

Plötzlich wurde mir ganz schwindlig. Seschat, das tote Mädchen! Was war mit Tjenri und Merira? Und was sollte dieses ganze aufwendige, schreckliche Theater?

Die Katze kam herbei und rieb ihren gestreckten Körper an meinem Bein, worauf ein elektrisierender Schauer durch unser beider Körper floss. Ich streichelte sie. Nofretete setzte sich mir gegenüber und lächelte, und dieses Mal war ihr Lächeln offener.

»Sie mag dich.«

»Ich mag sie auch.«

»Aber du kannst Katzen doch nicht leiden.«

»Die Dinge ändern sich. Woher wusstest du, dass sie mich finden und zu dir führen würde?«

Die Katze lief zu ihrer Herrin, sprang auf ihren Schoß und blickte mich mit leicht gesenktem Kopf an, den Schwanz zierlich um die Hinterfüße geschlungen.

»Ich wusste es nicht, aber ich habe daran geglaubt.«

Wieder war mir, als bewegte ich mich auf unbekanntem Gelände, wo nichts so ist, wie es scheint. Wo es viele Wahrheiten gibt. Wo der Glaube Dinge bewirken kann. Wo ich nicht wusste, was ich wusste.

»Ich war sicher, dass sie zu mir zurückkommen würde. Und ich glaubte daran, dass du ihr folgen würdest.«

»Ich habe das merkwürdige Gefühl, ich bin nur eine Figur in einem Buch, das du schreibst.«

»Wir befinden uns alle in derselben Geschichte. Ich musste dich zu mir rufen, weil ich nicht weiß, wie diese Geschichte ausgeht. Du hast die Sache in Gang gesetzt, doch jetzt befinden wir uns auf der schwierigen mittleren Wegstrecke, und wie es ausgeht, werden wir nur erfahren, wenn wir bis zum Ende weitergehen. Was ich mir für mein Ende wünsche, weiß ich. Ob es auch so kommt, bleibt so lange ungewiss, bis es durchlebt, vollzogen, verwirklicht wurde. Das Buch der Lebenden, wenn du so willst. Und dafür benötige ich deine Hilfe.«

Ihre Klugheit war erregend. Während sie redete, genoss ich den Anblick ihres wechselnden Mienenspiels – die Ebbe und Flut von Gefühlen, Intelligenz und Witz. Flüchtig ging mir der Gedanke durch den Kopf, dass ich einer großen Schauspielerin zusah, die bei aller Selbstbeherrschung ganz und gar in ihrer Rolle aufging.

Und noch etwas wurde mir allmählich klar: In ihr schlummerte ein tiefes, dunkles Bedürfnis. Sie hatte den innigen Wunsch, sich mitzuteilen, ihre Geschichte, ihre Gründe und vielleicht sogar ihre Ängste. Sie brauchte jemanden, mit dem sie reden konnte. Ich erkannte plötzlich, dass sie einsam in einem kleinen Boot auf einem Ozean von Sorgen trieb. Und dass sie mich um Hilfe bat.

Worten gegenüber bin ich skeptisch. Ich habe gelernt, ihnen zu misstrauen, denn häufig führen sie uns in die Irre, und hinter scheinbar simplen Tatsachen verbergen sich dunklere, wenig angenehme Widersprüche und Wahrheiten. Worte haben etwas schwer Greifbares, Unzuverlässiges. Dennoch besitzen sie Macht und zuweilen eine unbezwingliche Schönheit. Und ist es nicht so, dass sie sich gelegentlich in etwas anderes verwandeln – in Geschichten, die von der Welt handeln oder von uns selbst, oder in halb erinnerte Träume oder in die Stille, die hinter den Worten liegt?

Ich musste ihre Geschichte hören. Schließlich war ich ja jetzt selbst ein Teil davon.

»Sag mir, was ich tun soll«, sagte ich. »Und, bitte, nenn mir auch den Grund.«

»Das ist eine lange Geschichte.«

»Komme ich darin vor?«

»Ja.«

29

Ich muss ganz bis an den Anfang zurückgehen«, sagte Nofretete. »Die meisten Geschichten beginnen schließlich mit der Geburt und der Kindheit, nicht wahr? Ich wurde an einem gewissen Ort, zu einer gewissen Zeit, in einer gewissen Jahreszeit geboren. Die Sterne, die Zeuge meiner Geburt wurden und in denen mein Schicksal beschlossen lag, waren günstig oder ungünstig. Doch all das ist schon so lange her, dass ich mich nicht mehr daran erinnern kann. Ich hatte das Glück, muss ich wohl sagen, dass ich in einer Familie aufwuchs, die Macht, Einfluss, Reichtum und Stolz besaß. Welch ein Überfluss! Wir vergaßen, wie zerbrechlich das Glück ist.«

Ich lauschte. Sie suchte sich in ihre Geschichte hineinzufinden.

»Abgesehen von bruchstückhaften Erinnerungen, die auch Träume sein könnten – wie ich in einem grünen Garten durch Sonnenlicht und Schatten renne; die abendlichen Geräusche des großen Flusses von einem Boot aus; ein nächtlicher Heimweg in einem Tragstuhl, als ich, den Kopf in den Schoß meiner Mutter gelegt, zu den Sternen aufschaue –, ist meine erste wirkliche Erinnerung der Tag, als mein Vater mich während des Opet-Festes zur Prozession durch die neue Säulenkolonnade von Luxor mitnahm. Ich hielt seine Hand fest, denn ich fürchtete mich vor der Straße der Sphinxen, die mir wie Ungeheuer mit heiteren Gesichtern vorkamen. Ich konnte nicht begreifen, warum es so viele waren. Während wir gingen, erzählte mein Vater mir Sagen und Märchen: von Thutmosis, der nach einem Traum die große Sphinx vom Wüstensand befreite und dafür den Thron des Großen Reiches erhielt; vom verwegenen Amenhotep, der Pferde über alles liebte, die Leichen seiner besiegten Feinde auf den Stadtmauern zur Schau stellte und mit seinem Lieblingsbogen begraben wurde; und von seinem Enkel Amenhotep dem Schönen, unserem König, der damals gerade den unverhofften Tod seines ersten Sohnes beklagte. Ich weiß noch, wie mein Vater mir erzählte, dass der Prinz mit seiner Lieblingskatze, die er Puss nannte, beigesetzt wurde. Puss begleitete ihn in die Unterwelt. Mir gefiel die Vorstellung, dass Puss im Bug der großen Sonnenbarke saß und seine grünen Augen die Geheimnisse der Unterwelt und das grüne Antlitz von Osiris selbst erblickten.

Als ich nach Art eines Kindes, das Freude an Geschichten über große, mächtige Männer und Frauen hat, meinen Vater fragte, was dann geschah, sagte er: ›Das wirst du schon sehen.‹ Und das tat ich auch eines Tages. An jenem Tag rief mich mein Vater zu sich und sagte: ›Ich möchte, dass du sehr tapfer bist. Willst du das für mich tun?‹ Sein Gesicht war immer so ernst. Ich blickte ihn an und fragte: ›Darf ich mir jetzt die Haare wachsen lassen?‹ Lächelnd antwortete er: ›Jetzt wäre eine gute Zeit dafür.‹ Ich klatschte in die Hände und dachte: Jetzt endlich werde ich eine Frau! Also schickte er mich zu den Frauen seiner Familie, die mich in ihre Geheimnisse einweihten: ihre Schalen und Löffel und Kämme, ihr kleines Lachen, ihre Lügen, ihr Geschwätz. Doch ich erinnere mich auch daran, dass meine Mutter mich anblickte wie aus weiter Ferne und wir stumme Worte miteinander wechselten. Als wollte sie mir etwas mitteilen, wusste aber nicht, wie sie es ausdrücken sollte.«

Sie schob die Katze von ihrem Schoß, erhob sich und ging, in Erinnerungen versunken, einige Schritte. Gehen und Erinnern schien zusammenzugehören.

»Am nächsten Morgen kamen alle Frauen gemeinsam zu uns und brachten viele Gewänder und Schmuck mit. Sie sprachen kein Wort. Irgendetwas ging vor. Sie kleideten mich in Lagen aus goldenen und weißen Gewändern. Ich wurde verpackt wie ein Geschenk. Zusammen mit meinem Vater kam ein Hoher Priester, der mir Anweisungen erteilte, nachdem die Frauen das Zimmer verlassen hatten. Was ich sagen sollte und was nicht, wann ich zu reden und wann ich zu schweigen hatte. Ich blickte meinen Vater an, der sagte: ›Dies ist ein großer Tag für dich und für unsere gesamte Familie. Ich bin sehr stolz.‹ Dann hob er mich hoch, meine Mutter gab mir einen Abschiedskuss, und er trug mich aus meinem Heim.

Ich erinnere mich an die Sonne und den Lärm der Menge. Alle Sänften und Tragstühle hatte man von der Straße verbannt, sodass mein Vater und ich als Einzige in einem Wagen dahinfuhren. Ich hörte die Vögel singen, über die Rufe all der Menschen hinweg, die offensichtlich mich feierten. Mich! Fest hielt ich die Hand meines Vaters umklammert. Man brachte uns zum Palast. Doch je weiter wir mein Zuhause hinter uns ließen, desto mehr kam ich mir wie ein Möbelstück vor, das verfrachtet wird, und nicht mehr wie eine Prinzessin aus dem Märchen.

Am Palast angekommen, wurde ich durch einen Hof nach dem anderen, von Zimmer zu Zimmer getragen, und überall drängten sich Würdenträger und Beamte, die sich verneigten, als wir vorüberkamen. Meine Welt entfernte sich immer mehr, bis sie schließlich verschwunden war. Ich weiß noch, dass man mich neben einem Vorhang absetzte. Mein Vater sagte zu mir: ›Du stehst an der Schwelle zu einer großen Zukunft. Ich übergebe dich jetzt deinem neuen Leben.‹ Ich glaube, ich wollte die Arme um seinen Hals schlingen und mich an ihn klammern, doch er löste sanft meinen Griff, hielt meine Hände fest und sagte: ›Denk an dein Versprechen. Sei tapfer. Und vergiss nie, dass ich dich liebe.‹ Ich glaube, er hatte Tränen im Gesicht. Nie zuvor hatte ich meinen Vater weinen sehen.«

Nofretete verstummte. Die Erinnerung schien sie zu überwältigen.

»Ich hätte am liebsten laut geschrien, doch dann sah ich etwas Seltsames: Durch den Korridor kam die Gestalt eines jungen Mannes, ebenso in Unmengen von Kleidern eingewickelt wie ich. Er hob den Kopf und blickte mich an. Seine Augen waren nachdenklich. Was geschah in diesem Augenblick? Verständnis, Erkennen, Komplizenschaft? Ich wusste, dass wir einander kannten und dass unsere Leben zutiefst miteinander verknüpft waren. Dann zog man mir eine Binde über die Augen, und die Welt verschwand.

Plötzlich verstummten die Geräusche im Raum hinter dem Vorhang. Ich hörte ein Klingeln und einen Singsang, das Rasseln eines Sistrums, eine Stimme, die etwas ankündigte, dann schoben mich die Hände meines Vaters sanft durch den Vorhang in das dahinterliegende Zimmer. Ich blinzelte unter der Binde hervor auf den Boden und sah, dass ich über gemalte Lotusblumen und Fische im Wasser hinwegschritt. Am Ende des langen Weges streckten sich mir Hände entgegen und drehten mich um. Man hob meinen Kopf an, entfernte die Binde, und mein verschwommener Blick fiel auf Hunderte von Menschen, die mich allesamt anstarrten, als wollten sie sich jede Einzelheit an mir einprägen. Ich war so dick eingepackt, dass ich nicht einmal die Hand an die Augen heben konnte, und doch kam ich mir nackt vor, entblößt bis auf die Haut. Ich wagte einen raschen Blick zur Seite. Für einen kurzen Augenblick wandte mir der Junge sein Gesicht, ein langes, ernstes Gesicht, zu – ein Gefährte in dieser fremden Umgebung. Ich empfand eine winzige Freude in meinem Herzen, das vor Angst ganz angespannt war, und meine Lebensgeister erwachten wieder ein wenig.«

Sie hörte auf, hin und her zu wandern. In ihrem traurigen Lächeln lag der ganze Verlust und die Fremdheit, die das Mädchen, das jetzt in dieser Frau wohnte, während sie sprach, erlitten hatte. Ich wollte alles wiedergutmachen. Ich wollte sie trösten.

»Bedauere mich nicht«, sagte sie plötzlich. »Ich brauche weder dein Mitleid noch dein Bedauern.«

Erneut begann sie, auf und ab zu gehen, als trüge jeder bedachtsame Schritt sie zurück in ihre Geschichte.

»An viel mehr erinnere ich mich nicht. Ich nehme an, die Zeremonie verlief zufriedenstellend, und die Zuschauer verliefen sich, um zu speisen, zu klatschen und zu kritteln. Ich folgte meinem frischgebackenen Gemahl durch einen anderen Korridor als den, durch den ich gekommen war, in einen anderen Teil des Palastes. Ich weiß noch, wie ich ihn beobachtete, während er einige Schritte vor mir an seiner Krücke dahinhumpelte. Es gefiel mir, mit welcher Eleganz er die Schwierigkeiten und Anstrengungen gemeistert hatte, und ich stellte mir vor, dass er mir verstohlen zulächelte. Ich weiß noch, dass ich ihn, in aller Freundlichkeit, für schwach hielt, für das eine Schaf in der Herde, das sich der Löwe auf der Jagd herauspicken und schlagen würde. Du siehst, wie sehr ich mich irrte.«

An dieser Stelle hakte ich nicht nach. Noch nicht.

»Vor ihm, an der Spitze der Prozession, ging sein Vater, Amenhotep der Große. Ich hatte ihn mir als großen Helden vorgestellt, als Erbauer von Monumenten und vertrauten Freund der Götter. Doch wer war dieser alte Mann, der unter der Last seiner Leibesfülle keuchte und ächzte, über seine schrecklichen Zahnschmerzen jammerte und die Hitze verfluchte?

Wir gelangten zu einem Privatgemach, wo ich von meiner neuen Familie umringt wurde. Amenhotep wandte sich zu mir um, umfasste mein Kinn und drehte mein Gesicht so, dass er es wie eine Vase begutachten konnte. ›Weißt du eigentlich, mein Kind, wie viel Gerede, Kampf und Streit es gab, bis du zu uns gekommen bist?‹, fragte er. Ich blickte ihn unverwandt an. All die Eindrücke und Gedanken wirbelten mir wie ein Sturmwind durch den Kopf. Ich fühlte mich wie ein Blatt, das der mächtige Strom der Geschichte mit sich davonreißt. ›Bald wirst du alles verstehen. Hast du gehört, wie die Dichter dich preisen?‹ Ich schüttelte den Kopf. ›Erweise dich dieser Ehre würdig.‹ Er war streng. Sein Atem roch schlecht. Noch immer sehe ich sein trauriges Gesicht vor mir, den kahlen Kopf, die

Zahnstümpfe. Dennoch mochte ich ihn. Seine Frau Teje, meine neue Schwiegermutter, sagte nichts. Ihr Gesicht wirkte wie versteinert.«

Nofretete setzte sich und trank einen Schluck Wasser aus dem Becher, den ich ihr reichte. Dann fuhr sie mit ihrer Geschichte fort.

»Als an jenem Tag, an dem alles anders wurde, die Sonne tief über dem Horizont stand, führte man mich in eine Kapelle, wie ich sie nie zuvor gesehen hatte. Im Gegensatz zu den finsteren Tempeln war dies ein offener Hof, in den das Licht der untergehenden Sonne fiel. In einem bestimmten Augenblick fielen die letzten Strahlen in genau berechnetem Winkel auf eine in die Wand eingelassene Goldscheibe und ließen sie erstrahlen. Wir alle folgten dem Beispiel Amenhoteps und erhoben unsere Hände zu diesem plötzlichen Leuchten, das kurz darauf schwächer wurde und erlosch, während der Himmel sich dunkelrot, dann dunkelblau verfärbte und schließlich schwarz wurde. Der alte Mann sagte zu mir: ›Nun hast auch du die große Gabe des einen Gottes empfangen.‹ Damit humpelte er davon. Für mich war es die letzte der vielen unbegreiflichen Enthüllungen an jenem Tag.

In der Nacht führte man mich in die Kammer meines Gemahls. Ich wusste nicht, was auf mich zukam, und ich glaube, er wusste es genauso wenig. Wir blickten einander ängstlich und unsicher an, und selbst nachdem der letzte Ratgeber und Gesandte und die letzte Kammermagd gegangen waren, sprachen wir noch immer kein Wort. Dann sah ich auf einem Tisch eine Papyrusrolle liegen. Er bemerkte mein Interesse, und wir kamen ins Gespräch. In der ersten Nacht meines neuen Lebens unterhielten wir uns. Und mein neuer Gemahl erzählte mir eine Geschichte, die anders war als alle, die ich bis dahin gehört hatte. Er erzählte mir von den Priestern des Amun, ihren großen Reichtümern, ihren Gärten und Feldern, den riesigen Landgütern, auf denen Tausende von Beamten und ein ganzes Heer von Sklaven und Dienern beschäftigt waren. Ich stellte mir das Ganze schön wie im Märchen vor, doch er sagte, damit hätte ich unrecht. Das Land mochte ja, den Göttern sei Dank, fruchtbar sein, doch ungeachtet ihrer schönen Worte und Gebete seien auch die Priester wie alle anderen Menschen nur auf Macht und Reichtum aus. Selbst wenn sie sie stehlen mussten. ›Das lässt mein Vater nicht zu‹, fuhr er fort. ›Er hat mir erklärt, dass es unsere heilige Pflicht ist, die Ordnung im Großen Reich zu bewahren und dafür zu sorgen, dass durch die Macht der Amunpriester kein gefährliches Ungleichgewicht entsteht.‹«

Sie lächelte. »Ich war noch sehr jung und dachte, alles wäre entweder gut oder schlecht. Heute kann ich die Welt natürlich nur als ein Spiel gegenseitiger Kontrolle zwischen der Priesterschaft und dem Volk, der Armee und dem Schatzamt betrachten, bei dem unter Androhung von Gewalt und Tod Verhandlungen geführt und Kompromisse geschlossen werden. Damals jedoch dachte ich, es ginge lediglich um richtig oder falsch.«

Ich wagte einen Einwurf. »Ich erinnere mich. Amenhotep zwang die beiden verfeindeten Gruppen der Priesterschaft, sich zu versöhnen und ein Abkommen zu schließen. Das war ein gerissener Schachzug. Und nachdem das Gleichgewicht der Kräfte hergestellt war, widmete er sich den großen Bauvorhaben von Theben. Das war unsere Kindheit.«

»Ja, unsere Kindheit.«

»Warum wurde dann alles anders? Wozu die Großen Veränderungen?«

Sie sah mich an. »Was glaubst du?«

»Ich weiß nur, was ich gehört habe. Dass die Amunpriester immer noch reicher wurden und ihre Speicher mehr Korn enthielten als die des Königs. Dass schlechte Ernten und Zuwanderung allmählich Probleme verursachten.«

»Und noch etwas. Etwas fehlte noch. Und als die Idee dann entstand, ging sie weit über diese Aussöhnung hinaus, denn sie war kühner, ja, radikaler. Was haben alle Völker, gleichgültig in welchem Teil des Reiches sie leben, gemeinsam? Was steht allen Lebewesen Tag für Tag vor Augen?«

Aton. Das Licht, dessen strahlender Glanz alle anderen Götter überschattet. Wir waren an einem Wendepunkt angelangt. Ich wartete, was sie als Nächstes sagen würde.

»Du fragst dich: Warum sind wir hierhergekommen? Aus welchem Grund haben wir die Stadt hier errichtet, weit entfernt von Theben und Memphis? Weshalb haben wir uns zu Göttern erklärt? Und warum haben wir für diese Veränderungen alles aufs Spiel gesetzt?«

Ich nickte. »Ja.«

Nofretete schwieg für eine Weile, und ich bemerkte, dass ein schwacher Lichtschein in die Kammer drang, obgleich viele Lampen allmählich erloschen.

»Damit wären wir wieder bei den Geschichten«, sagte sie schließlich.

»Welche soll ich dir erzählen? Die von dem Traum von einer besseren, wahrhaftigeren Welt? Soll ich dir von dem Tag berichten, als wir zum ersten Mal die Freunde herbeizitierten, die führenden Mitglieder des Hofes, die Hauptleute der Wache, die Aufseher der Bauarbeiten, die Beamten, die Unterbeamten mitsamt ihren Söhnen, auf dass sie vor uns im Staub knien und uns anbeten sollten, so wie wir das Licht anbeten? Soll ich dir von der Freude bei der Geburt unserer Töchter und der allgemeinen Trauer um unseren Sohn berichten? Soll ich dir erzählen, wie einige unserer Freunde zu Feinden wurden und sich gegen uns stellten. Männer der Vergangenheit, denen wir mithilfe der loyalen jüngeren Männer entgegentraten? Und soll ich dir beschreiben, wie köstlich sie sich *anfühlte,* unsere neue Freiheit von alten Zwängen, alten Lügen, alten Göttern? Wie es war, die herrliche Kraft des gegenwärtigen Augenblicks zu erleben, die grandiosen Möglichkeiten der Zukunft? Mithilfe von Menschenkraft haben wir diesen Traum aus Schlamm, Stein und Holz erbaut, aber ebenso aus unseren Ideen, unserer Fantasie. Wie ein Buch des

Lichts und nicht der Schatten, das dem, der darin zu lesen versteht, eine neue Ewigkeit zeigt.«

Ich starrte sie an.

»Hältst du mich für verrückt?«

Sie stellte die Frage eindringlich, in vollem Ernst. Daher konnte ich ehrlich antworten.

»Nein, nicht verrückt«, sagte ich.

»Die meisten anderen schon, insgeheim. Wir wussten, was auf der Straße geredet wurde, bei den Leuten zu Hause am Tisch, in den Büros. Doch wir erstrebten nichts weniger als *Anchemmaat,* ein Leben in Wahrhaftigkeit. Kennst du noch das Gedicht?

Unendliche Möglichkeiten erschaffst du aus dir
selbst:
Städte, groß und klein, Felder, die Reise des Großen
Flusses.
Jedes Auge sieht dich mit allem verknüpft,
Denn du bist Aton, das Licht der Welt,
Und wenn du scheidest, bleibt nichts …«

Ich musste an meine Vorahnungen denken, als ich den großen Tempel zum ersten Mal erblickte. All die braven, loyalen Untertanen, wie sie ihre Hände und ihre kleinen Kinder dem Licht der Sonne entgegenreckten, die alten, würdevollen Männer, die während der Zeremonie für Merira schwitzten, und das arme tote Mädchen, dem man das Gesicht zerschmettert hatte. Was hatte all das mit einem Leben in Wahrhaftigkeit zu tun?

Sie stand auf und wanderte am Rand des letzten Schattens entlang, der noch auf dem Boden lag.

»Doch jetzt weiß ich, dass es ein schrecklicher Fehler ist, die menschliche Natur, insbesondere die eigene, über jedes vernünftige Maß hinaus zu erhöhen«, fuhr sie fort. »Hinter der leidenschaftlichen Hingabe an die Vorstellung von einer besseren Welt kann sich leidenschaftlicher Hass verbergen. Ein Glaube, der sich anmaßt, Menschen verändern zu wollen, wird sie am Ende erniedrigen, entwürdigen und versklaven. Das glaube ich. Ich bete, dass es noch nicht zu spät ist.«

Sie schlang die Arme um sich. Der geheimnisvolle Schein der Lampen war dem blauen Morgenlicht gewichen, das von der Treppe hereinfiel. In diesem Licht wirkte sie weniger großartig und außergewöhnlich und dafür normaler, menschlicher. Anspannung und Müdigkeit hatten zarte Linien in ihr Gesicht gezeichnet. Sie legte sich einen feinen, wärmenden Schal um die Schultern und setzte sich nahe zu mir.

»Jetzt wird mir klar, welchen Schrecken wir losgelassen haben. Er ist wie ein reißendes Untier. Die Straßen sind voller Soldaten, Häuser werden aufgebrochen, die Furcht hält die Stadt besetzt wie ein feindliches Heer. Ich habe gehört, dass eine Bande von Medjai ein Dorf in Brand gesteckt hat. Sie haben die Bilder im Tempel zerstört und die heiligen Tiere getötet, gebraten und gegessen. Danach jagten sie die Menschen nackt in die Wildnis hinaus. Ist das die Zukunft, die ich mir erträumt habe? Nein. Das ist Barbarei und Finsternis und nicht Gerechtigkeit und Erleuchtung. Selbst kleine Dinge, wie Salbentiegel und Krüge mit Weihrauch, sind verboten, wenn sie die Symbole der alten Götter tragen. Das ist doch verrückt.«

Ich erwiderte nichts. In allem, was sie sagte, war ich ihrer Meinung. Doch ich wartete gespannt darauf, wie es weiterging.

»Doch Echnaton sieht das nicht so. Mein Gemahl, der Herr der Beiden Länder, ist blind für das, was sich da tut. Er ist besessen von seiner Vision. Und indem er sich vormacht, alles wäre gut, spielt er seinen zahlreichen Feinden in die Hände. Er verlangt größere Zustimmung, striktere Maßnahmen und dass ein immer grelleres Licht das Leben der Menschen bis in den letzten Winkel ausleuchtet. Natürlich beginnen die Leute, ihn zu hassen. Er hat die Amunpriester härter verfolgen lassen, als es notwendig und erträglich war, und er hat angeordnet, dass die Namen und Bilder ihrer Götter von den Wänden der Tempel, der örtlichen Schreine, ja sogar der Grabstätten getilgt werden. Er ließ die Priester auf die Straße werfen, wo sie nun nach Rache schreien. Und außerdem ignoriert er die wachsende Unruhe in anderen Teilen des Reiches. Er ignoriert die Hilferufe unserer nördlichen Verbündeten. Die Territorien geraten ins Wanken, Karawanen werden überfallen, und das Werk von Generationen, die sich bemüht haben, unsere Macht über die Vasallenstaaten auszudehnen und zu festigen, zerfällt innerhalb eines Jahres. Die örtlich begrenzten Kriege werden ständig erbitterter, die Bevölkerung kann nicht mehr in Sicherheit Waren produzieren, Handelsrouten werden zu gefährlich, Felder liegen brach und bringen nichts als Unkraut hervor, die Steuern werden nicht eingezogen. Und diejenigen, die uns treu ergeben sind, verlieren ihre Städte und ihr Leben durch Banditen, für die nichts zählt als der schnelle Gewinn und die nichts kennen außer Mord und Totschlag. Und vor allem ignoriert er die Tatsache, dass es überaus mächtige Männer gibt, die diesen Albtraum, dieses Chaos für ihre eigenen Zwecke nutzen wollen. Unholde an unseren Grenzen und Nachtmahre vor unseren Toren kommen ihnen gerade gelegen. Verstehst du jetzt allmählich, warum ich gehen musste?«

Sie sah mich an, und ihr verzweifelter Blick flehte um Verständnis. Wieder empfand ich dieses Schwindelgefühl, als stünde ich am Rand eines schrecklichen Abgrunds, und die einzige Brücke, die hinüberführte, waren Worte.

»Es ist das Hauptthema in der Stadt«, antwortete ich. »Überall, wohin ich kam, flüsterten die Leute darüber. Doch es ist noch nicht wirklich geschehen.«

»Nein, noch nicht. Und *das* ist die Geschichte, die wir verkörpern müssen. Alles steht auf dem Spiel. Nicht nur mein Leben und das meiner Töchter und das Weiterbestehen unserer Familie oder dein Leben und das deiner Kinder. Nicht nur das Schicksal dieser Stadt und ihrer großen Wahrheit. Sondern die Zukunft der beiden Länder. Alles, was die Zeit aus dem

Nichts geschaffen hat, all die grüne und goldene Herrlichkeit, wird in Chaos und Leid untergehen und zu einer Wildnis werden wie das Rote Land, wenn jetzt keiner dem Einhalt gebietet.«

Ich baute die einzige Brücke, die ich ihr bauen konnte. »Ich werde alles tun, was Ihr von mir verlangt. Nicht nur aus diesen Gründen, sondern auch, weil ich mein altes Leben wiederhaben will. Mein Heim und meine Familie. Wenn ich nicht vorwärtsgehe, werde ich niemals zu ihnen zurückkehren können.«

Sie berührte sacht meine Hand. »Du hast große Angst um ihr Wohlergehen. Es tut mir leid, dass ich dich dahin gebracht habe, aber vielleicht verstehst du ja jetzt, warum.«

Schweigend saßen wir da, während das Licht wechselte – vom tiefsten Indigoblau zu langen, niedrigen roten Strahlen und schließlich zu einem blassen Gold, das den Raum, die eingemeißelten Zeichen und Bilder an den Wänden und ihr Gesicht erhellte. Wie ein Skarabäus war der neue Tag voller Kraft und Verheißung.

»Es gibt viele Kräfte, die gegen mich arbeiten«, sagte sie schließlich. »Zu viele Bedrohungen. Einige innerhalb der Familie, andere bei den Medjai, im Militär und natürlich in der Priesterschaft, die den neuen Gott stürzen und in den beiden Ländern unverzüglich die alten einträglichen Methoden wieder einführen würde. Viele von den neuen mächtigen Männern hätten sich ohne lange zu überlegen gegen mich gestellt, denn ihr Leben und ihr Reichtum hängen von dem neuen Regime ab. Weißt du, wie es ist, wenn man keinem trauen kann, nicht einmal seinen eigenen Kindern? Aus diesem Grund musste ich fliehen, statt zu kämpfen. Um uns alle zu retten, musste ich mein Leben und meine Persönlichkeit zurücklassen und spurlos verschwinden. Ich kann einfach nicht so tun, als billigte ich die Großen Veränderungen, indem ich an der Seite meines Gemahls auf dem Fest erscheine.«

»Und das Mädchen? Seschat?«

»Ich habe davon gehört.«

»Man hat ihr das Gesicht zerschlagen.« Traurig wandte sie sich ab. »Ich weiß.«

Ich starrte sie an. Als sie sich wieder zu mir umdrehte, lagen Schmerz und Zorn in ihrem Blick.

»Glaubst du etwa, ich hätte ihren Tod befohlen, um meine Flucht zu vertuschen?«

»Der Gedanke ist mir gekommen.«

»Du glaubst, ich würde ein unschuldiges Mädchen töten lassen, um mich selbst zu retten?«

Vor Wut schäumend ging sie davon. Ich musste zugeben, dass eine solche Schuld nicht zu der Frau passte, die ich gefunden hatte. Fast wünschte ich, ich hätte nichts gesagt. Ich hatte sie verletzt. Dennoch fühlte ich mich gezwungen, hinzuzufügen: »Habt Ihr auch vom Tod des jungen Medjaioffiziers Tjenri und des Hohen Priesters Merira gehört?«

Sie nickte, kehrte zu der Liege zurück und nahm kopfschüttelnd darauf Platz. Keiner von uns beiden sprach, doch ich konnte sehen, dass sie dasselbe dachte wie ich: Wer konnte derart abscheuliche Verbrechen begehen und warum?

»Wieso ich?«, fragte ich unvermittelt.

»Was meinst du?«

»Ich meine, warum habt Ihr von allen verfügbaren Leuten ausgerechnet mich kommen lassen?«

Sie schüttelte traurig lächelnd den Kopf, dann sah sie mir gerade in die Augen. »Ich hatte schon viel von dir gehört. Du bist ein ziemlich bekannter junger Mann. In den Geheimakten habe ich von deinen Leistungen gelesen. Ich war fasziniert von deinen neuen Methoden, die mir ziemlich klug und in gewisser Weise auch schön vorkamen. Ich weiß, dass es unter den Medjai Männer gibt, die an den alten Methoden hängen und dich nicht mögen. Als ich mehr über dich las, spürte ich, dass dich das nicht kümmerte. Dass du zwar Angst haben mochtest, dich bei deinem Vorgehen aber nicht von dieser Angst leiten lassen würdest. All das war für mich ein Grund, dir zu vertrauen. Warum vertrauen wir jemandem?«

Die Frage, auf die es keine Antwort gab, hing im Raum. Doch ich hatte noch etwas anderes zu sagen.

»Wenn wir jemandem mitteilen, dass wir ihm vertrauen, fühlt er sich manchmal verpflichtet, dieses Vertrauen auch zu verdienen.«

Ihre belustigte Miene verriet, dass sie genau wusste, welche Last sie mir aufbürdete.

»Ja, sicher. Und, wirst du es tun?«

»Was bleibt mir anderes übrig?«

Sie schien enttäuscht von meiner Antwort. Ihre Miene wirkte nicht länger lebhaft und neugierig. Es war, als hätte ich beim *Senet* einen falschen Zug gemacht.

»Du hast stets die Wahl«, erwiderte sie. »Aber das ist es nicht, worum ich dich bitte. Und das weißt du auch.«

Jetzt war es an mir, eine kleine Geschichte zu erzählen. Ich wollte ihr alles genau erklären, damit es keine Missverständnisse gab.

»Echnaton hat gedroht, meine Familie – auch meine drei Töchter – hinrichten zu lassen, wenn ich dich nicht bis zum Fest finde. Es gab bereits mehrere Anschläge auf mein Leben. Mahu, der Leiter der Medjai, hat mir gesagt, er würde zuerst meine Familie vernichten und mich dann foltern und erdrosseln lassen, falls ich ihm oder Eurer schönen und schrecklichen Stadt Schwierigkeiten mache. Ich musste in der heißen Mittagssonne stehen. Ich wurde von einer schwarzen Katze durch einen närrischen Tunnel geführt und sollte glauben, ich wäre vor Angst gestorben, nur um meine Loyalität gegenüber einer Frau zu prüfen, deren Verschwinden der Grund für all das war. Ist es da so verwunderlich, dass die Vorstellung, das nächstbeste Schiff nach Hause zu nehmen, einen gewissen Reiz für mich hat? Die letzten fünf Tage waren äußerst ereignisreich, und ich muss sagen, Herrin, mir scheint, Ihr habt mir noch nicht alles gesagt.«

Für einen Augenblick schien sie überrascht, dass ich so zu ihr sprach. Doch dann lachte sie, ein tiefes, fröhliches Lachen, bei dem sich ihre angespannten Gesichtszüge lösten. Ich muss sagen, es fiel mir selbst schwer, mir das Lächeln zu verkneifen. Allmählich wurde sie wieder ernst.

»Ich habe lange darauf gewartet, dass jemand so mit mir redet«, sagte sie. »Jetzt weiß ich, dass du der Mann bist, für den ich dich gehalten habe.«

Ich spürte eine neue erfreuliche Offenheit zwischen uns.

»Vielleicht gibt es ein paar Dinge, die ich dir nicht erzählt habe«, fuhr sie fort. »Aber ich werde dir alles sagen, was ich weiß.« Ihr Gesicht wurde hart, als wäre sie plötzlich zu Stein geworden. »Ich habe einen Plan, doch dabei brauche ich deine Hilfe. Ich kann dir nur versprechen, dass ich rechtzeitig zurückkehren werde, um deine Familie vor der Todesstrafe zu bewahren.«

»Wann?«, fragte ich.

»Zum Fest.«

Ich nickte. Auf einmal war es, als träfen wir eine Vereinbarung. Die Politikerin in ihr hatte die Oberhand gewonnen.

»Ich muss wissen, ob du damit einverstanden bist. Andernfalls kannst du natürlich tun, was dir beliebt – nach Hause zu deiner Familie fahren. Aber ich sage dir eines: Wenn du das tust, wird die Zukunft einen bestimmten Verlauf nehmen, und dann, so versichere ich dir, stehen uns finstere Zeiten bevor. Wenn du jedoch bleibst, kannst du mir helfen, uns alle zu retten und damit an einer großen Geschichte mitzuwirken. Dann kannst du etwas ganz Besonderes und Wahres in dein kleines Tagebuch schreiben. Wie entscheidest du dich?«

Ich erschrak vor ihrer plötzlichen Kälte. Dabei überlegte ich, welche Möglichkeiten ich hatte. Mir blieb noch fast eine Woche, bis Echnaton die Todesstrafe über meine Familie verhängen würde, doch Mahu konnte durchaus gegen mich vorgehen, solange ich nicht da war. Vielleicht konnte ich Tanefert eine Warnung zukommen lassen. Vielleicht würde er nicht offen etwas gegen mich unternehmen, solange nicht feststand, dass ich versagt hatte. Und was war mit Eje, dessen Namen ich so leichtfertig ins Spiel gebracht hatte? Ich hatte keinen Zweifel daran, dass ich meine Familie nur retten konnte, indem ich das hier bis zum Ende durchhielt. Anderenfalls würden wir ständig in Furcht leben und in jedem Schatten eine Gefahr sehen.

»Was soll ich tun?«, fragte ich sie.

Sie wirkte ehrlich erleichtert, als hätte meine Antwort auch anders ausfallen können.

»Du sollst mich beschützen, wenn ich zurückkehre«, antwortete sie. »Und dafür musst du herausfinden, wer es auf mein Leben abgesehen hat.«

»Kann ich Euch ein paar Fragen stellen?«

Sie seufzte. »Immer diese Fragen.«

»Fangen wir mit Mahu an.«

»Ich halte es für unklug, dich mit meinen eigenen Ansichten über verschiedene Personen zu beeinflussen.«

»Sagt es mir trotzdem.«

»Er ist treu wie ein Hund. Er hat uns gute Dienste geleistet. Ich würde ihm mein Leben anvertrauen.«

Ich traute meinen Ohren nicht. Bestimmt irrte sie sich.

»Er hasst mich zutiefst und will meinen Tod.«

»Das liegt daran, dass sein ausgeprägter Stolz durch deine Anwesenheit verletzt wurde. Aber das heißt nicht, dass er mich nicht aus den richtigen Gründen wiederfinden will.«

»Ich traue ihm nicht.«

Sie erwiderte nichts.

»Wer noch?«, fragte ich. »Ramose? Parennefer?«

»Sie sind die Schlüsselfiguren und haben alle ihre Beweggründe. Ramose ist ein kluger Ratgeber. Ich habe nie erlebt, dass er sich von Bosheit, Rachsucht oder persönlichem Ehrgeiz leiten ließ. So etwas ist selten. Er kommt mir vor wie eine Festung – stark, schroff, gut geschützt. Doch er liebt Schönheit und Äußerlichkeiten. Hast du bemerkt, wie gut er gekleidet ist? Früher einmal war er Aufseher der Garderobe.« Sie lächelte über mein überraschtes Gesicht.

»Und Parennefer?«

»Parennefer liebt die Ordnung und verabscheut Durcheinander. Sein Bedürfnis nach Genauigkeit liegt tief in seinem Wesen begründet und ist sehr stark ausgeprägt.«

Ich spielte meinen Trumpf aus. »Und Eje?«

Sie konnte nicht verhindern, dass ein Ausdruck von Furcht über ihr Gesicht huschte wie ein gejagtes Tier. Woran hatte ich da gerührt?

Ein Name mit großer Wirkung. Ich hatte ihn gegen Mahu eingesetzt.

»Er ist der Onkel meines Gemahls.«

»Und?«

»Er wird auch am Fest teilnehmen.«

Sie wirkte wie in die Enge getrieben.

»Habt Ihr Angst vor ihm?«

»Schon wieder deine simplen Fragen.« Sie schüttelte besorgt den Kopf und fuhr fort: »Er wird in Kürze in der Stadt eintreffen. Und mit ihm alle Mitspieler in diesem Drama. Die Heerführer, alle Stammesfürsten von Norden und Süden, die städtischen Würdenträger aus allen Teilen des Landes, all diejenigen, die Tribut entrichten, deren Kinder in der königlichen Kinderstube festgehalten werden, deren Töchter als Nebenfrauen im Harem untergebracht sind. Kurz gesagt, jeder Mann und jede Frau von Einfluss und guter Familie wird innerhalb der nächsten Tage in der Stadt eintreffen. Ich muss gegen meine Feinde ebenso entschlossen handeln wie gegen meine Freunde. Dazu muss ich wissen, wer sie sind und was sie in Bezug auf mich vorhaben.«

»Und wann und wie werdet Ihr zurückkehren.«

»Das werde ich dir sagen, wenn es so weit ist.«

Das machte mich wütend. Wie konnte sie mich so im Unklaren lassen?

»Die vergangenen Tage habe ich damit verbracht, Euch mithilfe der Worte mächtiger Männer aufzuspüren«, entgegnete ich. »Und jetzt verlangt Ihr von mir, dass ich alles aufs Spiel setzen soll, indem ich wieder auftauche und noch tiefer in dieses Schlangennest eindringe? Aber Ihr wollt mir nicht sagen, was Ihr vorhabt.«

Sie zuckte nicht mit der Wimper. »Überleg doch mal. Was ist, wenn sie dich fangen? Echnaton würde alles tun, um mich wiederzubekommen. Ich bin alles, was zwischen ihm und der Katastrophe steht. Was ist, wenn Mahu dich foltert oder deiner Familie etwas antut? Würdest du sie dann nicht retten wollen? Da bin ich mir ganz sicher. Was du nicht weißt, kannst du auch nicht ausplaudern.«

»Sie würden mich und meine Familie trotzdem foltern.«

Sie dachte darüber nach. »Ich weiß. Was kann ich sonst noch tun? Vertrau mir. Ich kann dir Ratschläge und Informationen geben. Ich kann dafür sorgen, dass dir ein oder zwei getreue Anhänger helfen. Und ich kann dir versprechen, dass ich dir alles erzählen werde, sobald ich kann.«

Da stand ich wieder einmal und musste mich entscheiden zwischen der verlockenden Aussicht, einfach wegzulaufen, und der Notwendigkeit, bis zum Ende durchzuhalten.

»Der einzige getreue Anhänger, den ich bisher getroffen habe, kann guten Wein nicht von Brunnenwasser unterscheiden. Und selbst seine Loyalität steht nicht außer Frage.«

»Ich verstehe.«

Sie ging zu einer Tür, die mir bisher gar nicht aufgefallen war, und klopfte leise daran. Die Tür ging auf, und herein trat eine wohlbekannte Gestalt. Der Mann versuchte, seine Erheiterung hinter einer respektvollen Miene zu verbergen.

»Morgen, Herr.«

»Keti!«

Er verneigte sich vor der Königin. »Seit deiner Ankunft stand Keti unter meinem Befehl. Ich würde ihm mein Leben anvertrauen. Deines habe ich ihm anvertraut, auch wenn er es selbst nicht wusste. Er wird dich zu einem Haus in der Stadt bringen, wo du sicher bist, und dir über alles Notwendige Bericht erstatten.«

Ich wusste nicht, ob ich ihm einen Fausthieb versetzen oder

ihn umarmen sollte. Er hatte die Rolle des jungen Dummkopfs wirklich sehr überzeugend gespielt. Auch ich verneigte mich vor der Königin.

»Wir reden später weiter«, sagte sie. »Doch bevor wir gemeinsam unseren Weg fortsetzen, musst du dich erst ausruhen.«

Wir folgten dem Morgenlicht die Treppe hinauf und gelangten in einen ummauerten Garten voller Pflanzen. In seiner Mitte sprudelte Wasser in ein steinernes Becken. Vögel stimmten zögernd ihre trillernden Rufe an.

Wir trennten uns, um uns zur Ruhe zu begeben.

Also sitze ich hier und schreibe, im Sonnenlicht dieses warmen neuen Tages. Ich weiß, was ich zu tun habe und warum. Ich weiß, dass Nofretete am Leben ist und weshalb sie mir eine Rolle zugewiesen hat, die größer ist, als ich dachte. Allmählich komme ich mir nicht mehr ganz so töricht vor, sondern verspüre eine neue Entschlossenheit und, wie ich gestehen muss, den unwiderstehlichen Wunsch, noch einmal dieses Lächeln auf ihr Gesicht zu zaubern. Würde ich meiner Aufgabe gewachsen sein? Sie, Keti und ich stehen beinahe allein gegen die großen feindlichen Kräfte, die Wissen, Sicherheit, Reichtum und Macht auf ihrer Seite haben. Doch einen Vorteil besitzen wir: Wir sind unsichtbar. Niemand weiß, wo wir uns aufhalten, im Jenseits oder in den Schatten dieser Welt.

30

Keti wirkte noch immer übermäßig selbstzufrieden. »Ach ja, der große Rätsellöser …« Immer wieder stieß er mich an und zwinkerte wie ein Narr auf der Bühne, als wären wir nun Verbündete und als hätten wir außerdem die gleichen Leistungen vollbracht. Als er zum dritten Mal fragte: »Hast du wirklich nichts gemerkt?«, musste ich schließlich etwas erwidern.

»Keti, du hast die Rolle des Dummkopfs so gut gespielt, dass ich dachte, du hättest keinen Funken Verstand. Vielleicht lag es daran, dass du nicht nur geschauspielert hast. Vielleicht war ja etwas davon wahr.«

Für einen Moment wirkte er verletzt. »Na ja, ich habe dir einige Dinge über mich erzählt, die voll und ganz stimmten. Ich mag übrigens wirklich gern Wein, und ich liebe Mandeln.«

Vielleicht wollte ich mir nur nicht anmerken lassen, wie dumm ich mir selbst vorkam. Ich lasse mich nicht gern überrumpeln. Ein paar Minuten lang schmollten wir beide wie kleine Kinder.

Wir saßen im Hof im Schatten der überhängenden Dachtraufe und eines Sonnenschutzes aus Stoffbahnen.

»Ist dir klar, in was für einer ernsten Lage wir uns befinden?«

Keti nickte. Er wusste wieder einmal alles.

»Du kennst doch den Rat des Ptahhotep: ›Übernimm keine Sache, auf deren Ausgang du keinen Einfluss hast‹, oder? Und doch ist es genau das, was wir jetzt notgedrungen tun müssen. Du musst mir alles berichten, was du über die Angelegenheit weißt. Ich verstehe immer noch nicht, warum du es mir nicht früher erzählt hast, wo du doch wusstest, was auf dem Spiel stand.« Er wollte mich unterbrechen, doch ich gebot ihm mit einer Handbewegung Einhalt. »Ja, sicher, du hast absolutes

Stillschweigen gelobt. Zweifellos ging es um noch wichtigere Dinge. Aber jetzt brauche ich einen sicheren Unterschlupf und muss alles über die Sicherheitsvorkehrungen für das Fest wissen. Und vor allem muss ich mich um Mahu kümmern.«

»Wie kann ich dir helfen?«

»Ich möchte mich im Archiv der Medjai umsehen. Kannst du mir dabei behilflich sein?«

»Ja, aber wozu?«

»Dort haben sie Informationen über jeden. Über dich und mich, über Eje und sogar über Mahu. Wir müssen mehr über die Hintergründe dessen, was hier vorgeht, erfahren, und deshalb brauchen wir alle geheimen Informationen über die Intriganten und Verschwörer.«

Keti ließ es sich durch den Kopf gehen. »Ich habe da einen Kontaktmann, einen Schreiber. Er könnte uns Zugang verschaffen und uns bei der Suche nach den entscheidenden Unterlagen helfen.«

»Können wir ihm trauen?«

Keti verzog das Gesicht. »Er ist mein Bruder.«

»Heutzutage kann man niemandem mehr trauen, nicht einmal dem eigenen Bruder.«

»Er ist mein jüngerer Bruder.«

»Noch schlimmer. Jüngere Brüder verraten und ermorden oft ihre älteren Geschwister. Aus Eifersucht.«

Keti lachte nur. »Er liebt Musik und Literatur. Politik interessiert ihn nicht. Er verbringt seine Zeit lieber in der Bibliothek. Glaub mir.«

Nofretete trat zu uns. Ich muss gestehen, ich konnte die Augen nicht von ihr wenden. Sie hatte etwas Strahlendes.

»Hier ist es für euch beide nicht sicher genug«, sagte sie. »Aber Keti kennt ein Haus in der Vorstadt der Arbeiter – einen geheimen Unterschlupf. Ich fürchte, es ist nicht besonders komfortabel, aber dort wird euch zumindest niemand suchen. Und ihr findet bestimmt einen Weg, euch unerkannt unter die Neuankömmlinge zu mischen.«

Das war ein vernünftiger Vorschlag. Für die Reichen sind die Armen unsichtbar.

»Wir werden, wie es so schön heißt, Arme im Hause der Reichen sein«, sagte ich.

Das Gebäude, in dem wir uns befanden, besaß weder Fenster noch Türen, die nach draußen führten. Um hinauszugelangen, musste man wieder durch das Labyrinth gehen. Nach einem kurzen Abschied stiegen wir also die gewundene Steintreppe hinab. Dieses Mal war der Weg von zahlreichen Lampen und Binsenfackeln erleuchtet, und ich bemerkte an den Wänden wunderschöne Darstellungen von Vögeln, Tieren und Gärten, über denen Mond und Sonne standen.

»Wo sind wir, Keti?«

»Erinnerst du dich noch an deinen Besuch im Haus der Königin? Als du in ihrem Stuhl gesessen und auf den Fluss geblickt hast?«

Die niedrige Festung am anderen Ufer. Da hatte er schon alles gewusst.

»Wenn du noch einmal so selbstzufrieden grinst, Keti, werfe ich dich die Treppe hinunter.«

Sein Lachen hallte durch mehrere Korridore, die sich in der Dunkelheit verloren. Auf den Fleck, an dem wir standen, fiel noch ein letzter Rest Tageslicht.

»Na ja, wie der Abenteurer sagte: ›Jeder Weg hat ein Ziel‹«, erwiderte er.

»Sehr weise. Aber wenn ich mich recht an die Geschichte erinnere, kehrte der Abenteurer nie zurück. Welcher von diesen Korridoren ist nun der richtige?«

»Diese Gänge sind als Falle für Eindringlinge gedacht. Glücklicherweise kenne ich sie in- und auswendig.«

Mit einem Nicken deutete er auf einen davon. Wir nahmen jeder eine Fackel und machten uns auf den Weg, begleitet von unseren Schatten und dem Klang unserer Schritte. Bald kamen wir zu einer Weggabelung. Keti zögerte.

»Was ist?«

»Ich versuche nur, mich an den Weg zu erinnern.« Entschlossenen Schrittes marschierte er los, doch dann blieb er plötzlich stehen, sodass ich gegen ihn stieß.

»Was denn nun wieder?«

»Tut mir leid, das war falsch.«

»Und ausgerechnet du willst mir helfen, die Welt zu retten.«

Ich wusste, dass wir uns unter dem Fluss befanden. Kleine heiße Windstöße, unterirdische Böen, ließen unsere Fackeln flackern, ohne sie jedoch zu löschen. Mit flüchtigem Blick sah ich weitere Szenen an den Wänden, in denen die Geister der Verstorbenen die Freuden des Jenseits genossen. Wir erzählen einander Geschichten von Glück und Freiheit jenseits des Grabes, doch zugleich ängstigen wir uns mit Märchen von Ungeheuern und geheimen Namen. Beim tröstlichen Licht der Fackeln und in Ketis aufmunternder Gesellschaft konnten mich die Gänge, die mir in der vergangenen Nacht so entsetzlich erschienen waren, nicht mehr schrecken.

Nachdem wir einige Zeit schweigend gegangen waren, kamen wir zu einer langen Treppe, die nach oben zu einer Falltür führte. Wie lange Messerklingen drangen silbrige Lichtstrahlen durch die Holzplanken. Wir lauschten, hörten jedoch nichts als ein scharrendes, schnüffelndes Geräusch, fast wie von langsamen, unbeholfenen Tanzschritten. Mit äußerster Vorsicht hob Keti die Falltür an. Nach der langen Zeit im Dunkeln waren wir von der Helligkeit geblendet. Er warf einen prüfenden Blick hinaus, dann klappte er die Tür ganz auf, und wir zogen uns hinauf ins Freie.

Als Erstes traf mich der Geruch. Schweine. Der faulige Gestank nach altem Schlamm, vergammeltem Gemüse und Schweinemist. Sie sahen aus wie eine Versammlung korrupter Würdenträger, wie sie uns mit gleichgültig mahlenden Schwabbelbacken anstarrten und nur einen Gedanken zu haben schienen: Waren wir fressbar? Der Stall war so niedrig, dass wir gebückt hindurchkriechen mussten. Dabei hielten wir uns die Nase zu und versuchten vergeblich, nicht in den Dreck zu treten. Wir gelangten zu einem schmutzigen, schmalen Gässchen, dessen stinkende Abzugsrinnen mit Abfällen, menschlichen und tierischen Exkrementen verstopft waren. Ein Stück weiter, wo das Gässchen in eine größere Straße mündete, gingen Scharen von Arbeitern vorüber, und Alltagslärm aus einer besseren Welt drang an unser Ohr. Dem Stall direkt gegenüber befand sich eine Tür mit einem zerlumpten Vorhang, und wir überquerten rasch die Gasse und schlüpften hinein. Wir befanden uns in einem heißen, staubigen Abstellraum, vollgestopft mit Müll, alten Krügen, Töpfen und kaputtem Krimskrams. Eine Tür führte zu einem weiteren Raum mit zwei einfachen Strohmatratzen, einem Steinkrug mit Wasser und einer Kiste, die ein wenig Verpflegung enthielt. Eine wackelige Leiter, der einige Sprossen fehlten, führte zu einer Luke, von der aus man aufs Dach gelangte. Keti verriegelte die Haustür von innen.

»Was für ein gemütliches Heim«, sagte ich.

In einer anderen Kiste fanden wir Arbeitskleidung, Bahnen von grobem Stoff und billige Schnürsandalen neben etwas anspruchsvolleren, doch unauffälligen Kleidern, um unser Aussehen den Umständen anpassen zu können. Zuerst jedoch wollte ich zur Orientierung aufs Dach klettern. Rasch legte ich mir ein einigermaßen sauberes Stück Stoff um Kopf und Schultern und stieg über die Leiter nach oben. Ich drückte die Luke auf und spähte vorsichtig hinaus. So hatte ich die Stadt noch nie gesehen. Mit dem engen Gewirr der Dächer wirkte das Viertel wie ein kleiner, wild gewachsener Slum. Hier wohnten zweifellos die vielen Armen, die im Verborgenen dafür sorgten, dass es in der Stadt sauber war und alles funktionierte. Die Luft flirrte vor Hitze, nichts regte sich. Jetzt, am frühen Nachmittag, war alles wie ausgestorben, doch darüber hinaus wirkte es auch leblos ohne die bunten Farben der zum Trocknen ausgelegten Früchte und Gemüse, die Hühner, die in ihren Pferchen scharrten, und die frisch gewaschene Wäsche, die auf den Dächern an der Leine hing – in Theben ein gewohntes Bild. Hier jedoch tobten keine Kinder umher, nur vereinzelt gingen ein paar alte Frauen ihrer nie enden wollenden Arbeit nach. Mit gesenktem Kopf wendeten sie die zerschlissenen Wäschestücke, die auf Brettern oder an Leinen in der glühenden Nachmittagssonne bleichten. Niemand nahm Notiz von mir.

Den besten Blick hatte man auf den Fluss, insbesondere das lang gestreckte Hafenbecken, von wo aus ich erst vor wenigen Tagen zu der Jagdpartie aufgebrochen war. Jetzt jedoch waren dort weder Vergnügungsboote noch singende junge Frauen zu sehen. Im gesamten Hafen lagen die Flussschiffe dicht an dicht, und draußen auf dem Wasser drängten sich weitere Boote mit Waren, die darauf warteten, entladen zu werden. Es war, als blickte man aus der Perspektive einer Fliege auf ein gemächliches, verworrenes Schlachtengetümmel.

Einige der Schiffe brachten Holz, Steine, Früchte und Getreide. Inmitten eines ohrenbetäubenden Konzerts aus Rufen, Schreien und Pfeifen wurden von einem anderen Schiff an Seilen heulende Affen an Land geführt, schnatternd und kreischend vor Verwirrung und Aufregung, gefolgt von Käfigen mit bunten, schreienden Vögeln. Jagdfalken saßen auf Lederhandschuhen, und aus einer stabilen Kiste starrte ein großer Pavian mit würdevoller Verachtung auf diese rohe, lärmende Welt. Zitternde Gazellen, Antilopen und Zebras rutschten auf ihren kleinen Hufen aus, von groben Händen über die Laufplanken gezerrt. Einem anderen Schiff entstiegen mit flinken Bewegungen Pygmäen aus Punt. Sie gingen auf den Händen und warfen einander zur Belustigung der Umstehenden in die Luft.

Und alles für das Fest. Aus dem gesamten Reich und von jenseits der Grenzen trafen Geschenke und Tribute, Speisen, Getränke und Belustigungen ein, um die Bedürfnisse einer einzigartigen Ansammlung von Reichen und Mächtigen zu befriedigen. Es war ein Ereignis, auf das sich niemand freute. Dennoch wäre jeder zutiefst beleidigt gewesen, wenn man ihn nicht eingeladen hätte. Sich hier, in großem Staat, unter den hochgestellten Persönlichkeiten sehen zu lassen war ein Zeichen hohen Ansehens. Und jeder König brachte seine Familie und seinen Hofstaat mit, seine Gesandten und Beamten und die wiederum ihre Unterbeamten, Sekretäre, Gehilfen, die Gehilfen der Gehilfen und zuletzt, wiederum nach Rangordnung abgestuft, die Dienerschaft. Die Stadt schien noch immer nicht bereit für diesen Ansturm zu sein, und ich stellte mir vor, dass all diese Horden von Menschen in der Wüste nächtigen müssten, in den Gräbern oberhalb der Stadt oder auf freiem Feld wie eine Heuschreckenplage. Ich vernahm ein Geräusch hinter mir, als Ketis Kopf in der Dachluke erschien. Er stellte sich neben mich an die Brüstung.

»Ist doch verrückt, jetzt ein Jubiläum zu feiern, nicht?«, sagte er. »Ich meine, der König regiert noch nicht einmal dreißig Jahre.«

»Echnaton muss dringend seine Stellung festigen und die Existenz seiner neuen Hauptstadt rechtfertigen«, erwiderte ich. »Und er weiß, dass man im Falle einer Krise entweder ein Fest feiern oder einen Krieg beginnen sollte. Auch wenn er selbst es vielleicht nicht wahrhaben will, wissen seine obersten Berater doch genau, dass innerhalb und jenseits unserer Grenzen alles zusammenzubrechen droht. Im In- und Ausland gibt es Probleme, und die Ernte im letzten Jahr war auch schlecht. Die Arbeiter werden nicht regelmäßig entlohnt. Sie murren, und wenn er nicht aufpasst, werden sie zornig. Er braucht diese öffentliche Huldigung, vor allem auch von seinen hiesigen Feinden und ausländischen Verbündeten, und muss seine Herrschaftsansprüche auf die Territorien des Reiches erneuern. Doch wenn die Königin nicht da ist, verfehlt das ganze Spektakel seinen Zweck. Kein Wunder, dass er so verzweifelt ist.«

Bei dem Gedanken an die bevorstehende Feier kam mir eine Erinnerung. »Beim letzten Jubiläumsfest unter Amenhotep war ich noch klein. Die Leute sagten, es wäre anders gewesen als alle anderen Feste zuvor. Amenhotep ließ in der Nähe des

Palastes den künstlichen See Birket Habu anlegen, damit er dort mit der königlichen Familie und den Göttern Schiffsprozessionen abhalten konnte. Kannst du dir einen künstlichen See von dieser Größe vorstellen, Keti? Die jahrelange Arbeit, all die Leben, die für einen einzigen Festtag geopfert wurden. Mein Vater trug mich auf den Schultern, sodass ich über die Menge hinwegschauen konnte. Der See war weit entfernt, aber ich erinnere mich noch an ein riesiges Krokodil, das durch das Wasser glitt. Sein Schwanz bewegte sich langsam hin und her, es rollte mit den Augen, die wie Glasscherben glitzerten, und sein Maul mit den großen weißen Zähnen klappte auf und zu. Natürlich war es nur ein kunstvoller Mechanismus aus Holz und Elfenbein, den man auf ein Boot montiert hatte. Aber für mich war es Sobek-Re, der Krokodilgott. Ich hatte schreckliche Angst! Und dann erschien Amenhotep, auf einer großen goldenen Barke, die von einer großen Anzahl Sklaven gerudert wurde. Er saß auf einem hohen Thron und trug die Doppelkrone auf dem Haupt. Und verborgen in ihren Kabinen fuhren die Götter auf ihren goldenen Booten von Osten nach Westen. Ich wagte kaum zu atmen. Seltsam, welche Dinge uns faszinieren. Wenn ich mir heute eine solche Darbietung anschauen würde, sähe ich Illusionen, Tricks, ein Schauspiel. Ich würde die groben Vorrichtungen erkennen, den Aufwand und die Arbeitskraft, die hinter dem ganzen Spektakel stecken. Ist das nun ein Fortschritt, oder war es besser, als ich noch daran glaubte?«

Auf diese Frage gab es keine sinnvolle Antwort, und außerdem mussten wir uns mit anderen Dingen befassen. Wir blickten auf das bunte Treiben hinunter. Unter den Schiffen, die gerade anlegten, fiel mir eines durch seine schnittige Form, die kostbaren schimmernden Hölzer und Einlegearbeiten und die prächtigen Segel auf – ein besonders prunkvolles Kriegsschiff, das bestimmt eine wichtige Persönlichkeit beförderte. Hafenarbeiter fingen die Leinen auf, die ihnen von den Seeleuten zugeworfen wurden, und manövrierten das Schiff geschickt an seinen Liegeplatz. Zwischen den arbeitenden Matrosen in ihren Uniformen erschien eine stattliche Gestalt, die von Beamten umringt wurde. Ich konnte den Mann auf die Entfernung nicht genau erkennen, sah jedoch, dass er mit allen militärischen Ehren empfangen wurde: Eine offizielle Wache stand zum Empfang bereit und wartete unter einem Sonnenschirm in der glühenden Hitze darauf, dass das langwierige Anlegemanöver ein Ende nahm. Leise, doch deutlich vernehmbar tönte ein Fanfarenstoß durch dicke, heiße Luft, als der geheimnisvolle Mann zu der wartenden Menge trat.

Keti beschattete die Augen: »Horemheb.«

Ich spähte zu der Gestalt hinüber, deren Bedeutung mir plötzlich klar wurde. Mit großem Zeremoniell wurde der Ankömmling von einem Empfangskomitee begrüßt, bevor er, gefolgt von seinen Dienern, mit energischen, entschlossenen Schritten die Laufplanke überquerte und in der Menge verschwand. Mit Stöcken und Knüppeln prügelte seine bewaffnete Eskorte auf jeden ein, der so leichtsinnig war, sich nicht unverzüglich zu verneigen und aus dem Weg zu gehen.

Keti, der in der Menge nicht so sehr auffiel wie ich, machte sich auf den Weg, um mit seinem Bruder zu sprechen und herauszufinden, wie wir Zugang zu den Archiven bekommen konnten. Nachdem er gegangen war, blieb ich auf dem Dach und sah zu, wie ein langer Zug von Waren und Menschen in die unfertige Stadt strömte, die bald bis zum Bersten überfüllt sein würde. Über uns kreisten zahlreiche Vögel, und weiter hinten lag der ewige Gegenspieler, die lebensfeindliche Wüste. Ich dachte an meine Töchter und an Tanefert. Was taten sie wohl jetzt gerade? Ob meine Mädchen nach ihrem Vater fragten? Und dachte sich ihre Mutter mit ihrer lebhaften Fantasie eine Geschichte aus? Oder rannten die Kinder einfach umher oder lasen oder übten immer wieder irgendwelche akrobatischen Übungen, so lange, bis sie etwas umstießen?

Als ich so dasaß und über die Unwägbarkeiten meines Lebens nachsann, erschien auf einem der nahe gelegenen Dächer eine zierliche Frau. Sie beschattete die Augen mit der Hand und blickte sich um, und als sie mich bemerkte, machte sie eine höfliche, zurückhaltende Verbeugung. Ich nickte zurück. Es konnte nicht schaden, dachte ich, ein wenig mehr über dieses Stadtviertel zu erfahren, zumal es Geheimnisse und Neuigkeiten nicht nur in Palästen, sondern auch im tristesten Slum gibt. Also stieg ich über die Brüstung und ging mit vorsichtigen Schritten über die baufälligen Dächer – an manchen Stellen war das Material aus gebündelten oder geflochtenen Schilfhalmen schon stark beschädigt – bis zur Brüstung ihres Daches.

Ihre Haut war dunkler als meine, ihre Gesichtszüge waren die einer Nomadin, die Kleider sauber, aber ärmlich, und sie trug einige billige, traditionelle Schmuckstücke. Sie mochte nicht viel älter als zwanzig sein, doch harte Arbeit hatte sie vorzeitig altern lassen. Wie stets sprachen auch hier die schwieligen Hände mit ihrer ledrigen Haut, den knotigen Gelenken und den brüchigen Nägeln eine beredte Sprache. Doch ihr Lächeln wirkte lebhaft und mitfühlend. Wir begrüßten einander.

»Ich bin aus Mut«, begann sie das Gespräch.

Ich kannte den Ort – eine Wüstensiedlung im Südwesten, nahe der Oase Dachla.

»Ich war noch nie dort, aber den Wein trinke ich gern«, sagte ich.

Sie nickte wortlos.

»Warum bist du in die Stadt gekommen?«, fragte ich sie.

»Ach, die Stadt.« Wieder beschattete sie ihre Augen und schüttelte langsam den Kopf. »Mein Mann hörte zufällig auf dem Markt, wie jemand eine wundervolle Geschichte erzählte, von der neuen Hauptstadt, und dass dort Arbeiter gesucht würden. Er kam nach Hause und erzählte mir davon. ›Wir können hier weg und uns hocharbeiten‹, sagte er. Ich hatte Angst, alles, was mir lieb und vertraut war, zurückzulassen und auf eine so gefährliche Reise zu gehen. Wir hatten auch andere

Geschichten gehört über Räuberbanden und dass sogar die Soldaten der Amunpriester Reisende bei Nacht ausraubten. Aber er wollte unbedingt gehen, und dort, wo wir waren, gab es für uns keine Möglichkeiten. Also gaben wir alles, was wir besaßen, einem Führer, damit er uns sicher ans Ziel bringen sollte. Er erzählte uns von einer grünen Stadt, wo es Türme, Gärten und Arbeit für alle gab. Selbst ich ließ mich von seinen Worten täuschen. Mit unseren beiden kleinen Kindern brachen wir auf und ließen alle – Eltern, Großeltern, Brüder und Schwestern – zurück, in dem Wissen, dass wir sie wohl niemals wiedersehen würden. Wir waren fünf Familien, die sich an jenem Abend auf den Weg machten.«

Sie verstummte, und bei der Erinnerung an den Abschied stiegen ihr die Tränen in die Augen.

»Wir gingen endlose Tage lang. Dann, eines Abends, wurden wir plötzlich von einer Gruppe Medjaiwachen umzingelt. Sie zwangen uns, immer weiter zu marschieren, während sie unterwegs weitere Gruppen verzweifelter Menschen aus dem gesamten Roten Land zusammentrieben. Wir waren nichts als Vieh. *Vieh.*«

In einer hilflosen Geste streckte sie ihre abgearbeiteten Hände aus.

»Endlich kamen wir an den Großen Fluss. Doch alles süße Wasser, das dort vor meinen Augen vorüberfloss, hätte mein Verlangen, nach Hause an meinen eigenen Herd zurückzukehren, nicht stillen können. Mit dem Schiff wurden wir flussabwärts in die Stadt gebracht, wo wir arbeiten mussten. Wir waren keine Sklaven, doch auch nicht frei. Jeden Morgen mussten Männer und Frauen gemeinsam darauf warten, dass der Aufseher und seine Gehilfen ihre Wahl trafen: Wer arbeiten und essen durfte, und wer nicht arbeiten durfte und hungern musste. Es waren immer die Gesündesten und Stärksten, die Arbeit bekamen, und während diese Glücklichen versuchten, die anderen heimlich mit Nahrung zu versorgen, starben die Zurückgelassenen einer nach dem anderen in den elenden Hütten, wo man sie sich selbst überlassen hatte. Ich arbeitete als Hilfsarbeiterin. Meine Kinder sind jetzt damit beschäftigt, den Lehm für die luftgetrockneten Ziegel anzumischen, aus denen, Stück für Stück, die Stadt entsteht. Mein Mann ist Vorarbeiter eines Bautrupps. Aber seine Seele ist vergiftet. Er trinkt. Wir streiten uns. Und jetzt …«

Sie wies auf ihren Fuß, der verbunden war.

»Ist er gebrochen?«

Langsam wickelte sie die schmutzigen Binden ab und zeigte mir die Wunde: Ein Steinblock hatte den Fuß zu einer formlosen Masse zerquetscht. Das Fleisch war fleckig, blaurot und von einem fauligen Dottergelb, die Zehen verkrümmt. Mir schien es, als seien die Knochen zerschmettert und der Fuß im Begriff abzufaulen.

»Jetzt bin ich so nutzlos wie eine einbeinige Tänzerin.«

Ich war versucht, ihr Gesicht als ein Sinnbild für Weisheit und mit Würde ertragenes Leid zu sehen, doch in Wahrheit entdeckte ich dort nichts als Hoffnungslosigkeit.

»Ich wünschte, wir wären nicht hergekommen«, fuhr sie fort. »Aber was blieb uns anderes übrig? Wir hatten nichts zu verkaufen als uns selbst. Und wenn du in dieser Welt nichts zu bieten hast, musst du sterben.«

Was konnte ich für diese Frau tun? Unsere Welt in Grün und Gold, unser Leben mitsamt unseren Häusern und Stoffen und edlen Weinen ist auf der unsichtbaren, unentrinnbaren Mühe und Plage der Massen erbaut. Ein Gedanke, der mir natürlich nicht zum ersten Mal kam. Oft genug bin ich in meinem Leben mit der unerfreulichen Realität konfrontiert worden. Bei meiner Arbeit habe ich Tag für Tag die Folgen dieser Armut gesehen, insbesondere die im Alkoholrausch begangenen Verbrechen aus Verzweiflung, der Wahnsinn des Deliriums, die apathische Gleichgültigkeit, die traurigen Lieder von Unglück und Leid, die unvermittelt in Wut und Gewalt umschlagen konnten.

Eine Weile saßen wir da und lauschten dem unbeschwerten

Gesang der Vögel. Fast schien es, als wollten sie die Frau mit ihrer süßen Lieblichkeit verhöhnen, doch die schloss die Augen und genoss die Lieder, als wären sie Wein. Ich bot ihr das Einzige an, was ich erübrigen konnte: einen Schluck Wasser aus dem Krug. Sie nippte ein wenig daran, mehr aus Dankbarkeit als aus echtem Bedürfnis. Dann verabschiedeten wir uns voneinander, sie drehte sich um und verschwand humpelnd in ihrem Haus.

Bald darauf kam Keti zurück und berichtete, dass wir an diesem Abend versuchen sollten, in das Archiv zu gelangen. Keti zerbrach sich über alles Mögliche den Kopf: Wie wir an den Wachen vorbeikommen und in dieser Unmenge von Papyri die notwendigen Informationen finden sollten, und was mit seinem Bruder und seiner Familie geschehen würde, wenn man uns schnappte. Ich jedoch neige in einer derartigen Situation eher zur Unbekümmertheit.

»Vergeude meine Zeit nicht mit deinen Bedenken«, sagte ich. »Konzentrier dich nicht auf Probleme, sondern auf Lösungen.«

Das hörte er nicht gern.

»Weißt du, Keti, in unserem Metier kommt es auf zwei Dinge an: zum einen Wissen, und dazu zählt für mich auch Planung, und zum anderen Improvisation. Und dazu gehören auch Irrtümer, Fehler, Scheitern und das allgemeine Chaos, das besonders in unserem Beruf oft unvermeidlich ist. Und das gilt ebenfalls für die Planung. Also lass uns einen Plan machen, und wenn er dann schiefgeht und wir in der Klemme stecken, müssen wir eben improvisieren.«

31

Als Hofschreiber und sein Gehilfe verkleidet verließen wir unseren Zufluchtsort. Ich hatte mir eine Geschichte ausgedacht, wonach wir an einer offiziellen Darstellung der Herrschaft Echnatons arbeiteten, die ihm durch das Kultusamt zum Anlass seines Jubiläums überreicht werden sollte. Da es eine Überraschung werden sollte, musste es geheim bleiben. Wir hatten Genehmigungen von Echnatons Medjaibüro dabei, die Keti gefälscht und mit irgendeinem undeutlichen Stempel aus seinem Büro versehen hatte. Darüber hinaus hatte ich meine echte Vollmacht dabei, die uns in dieser Verkleidung allerdings nichts nützte.

»Hast du Mahu gesehen?«, fragte ich Keti.

»Ich habe meinen Besuch so gelegt, dass er gerade unterwegs war. Aber er hat nach mir gefragt.«

»Das kann ich mir vorstellen. Was glaubt er wohl, was du jetzt machst, nachdem er uns nach dem Mord an Merira verhaften ließ?«

»Er hat gar keine Zeit, darüber nachzudenken. Dieser Mord hat seinem Ruf schwer geschadet, und er versucht wie ein Wilder, jemanden zu finden, dem er das Verbrechen in die Schuhe schieben kann. Wahrscheinlich ist er wütend, weil du wieder verschwunden bist. Deswegen wollte er mich wohl auch sprechen.«

Für einen Augenblick genoss ich die Genugtuung, die Ketis Worte mir bereitet hatten. Jetzt, da das Fest unmittelbar bevorstand und die Sicherheitsvorkehrungen nach dem Mord an Merira noch strenger wurden, war Mahu sicher viel zu beschäftigt, um seine Drohungen gegen meine Familie wahrzumachen.

Es war ein eigenartiges Gefühl, wieder durch die Straßen der Stadt zu gehen. Die sture Zielstrebigkeit, die ich während meiner ersten Tage hier an den Einwohnern bemerkt hatte, war gewichen. Stattdessen zeigten die Menschen eine gewisse Unsicherheit, beinahe Angst, als fürchteten sie sich vor den kommenden Ereignissen und den vielen fremden Besuchern. Doch das war für uns ein Vorteil, denn so konnten wir uns auf der Straße viel unauffälliger bewegen. Trotzdem verhüllten wir unsere Köpfe ungefähr in der Art mancher religiöser Vorschriften. Niemand beachtete uns.

Wir verließen die Slums und gingen auf der Königlichen Straße nach Norden, wohin mich der Bildhauer Thutmosis in seinem Wagen gebracht hatte. Inmitten des abendlichen Menschengewühls schlugen wir den Weg zum Stadtzentrum ein, vorüber am kleinen Atontempel, der von Gläubigen belagert wurde, die sich durch das erste Tor drängten. Ich warf einen kurzen Blick auf den offenen Sonnenhof, in dem die Menschen dicht an dicht standen, die Arme zu den vielen Statuen des Königs und der Königin und zu den Strahlen der Abendsonne erhoben. Wir bogen nach rechts ab, und folgten der lang gestreckten nördlichen Mauer des Tempels. Gegen den Strom der Menge passierten wir das Haus des Lebens, bis wir schließlich zum Gebäudekomplex kamen, in dem das Archiv untergebracht war. Jetzt wurde es riskanter, da wir hier Gefahr liefen, erkannt zu werden, zumal die Kaserne der Medjai mit Mahus Büro nur wenige Häuserblocks entfernt östlich von hier lag.

Selbstbewusst schritt Keti durch ein schmaleres Gässchen zwischen hohen Mauern, vorüber an Büros, in denen Beamte ihren jeweiligen Tätigkeiten nachgingen. Wir traten durch ein Portal, das mit einem Abbild der Sonnenscheibe Atons verziert war, und gelangten in einen kleinen Hof. Hier trafen wir auf die ersten Wachtposten. Keti wedelte ihnen kurz mit unseren Papieren vor dem Gesicht herum, während ich versuchte, ein hochmütiges Gesicht zu machen. Die Wachen blickten uns misstrauisch an, nickten jedoch. Wir wollten gerade den Hof überqueren, als uns eine Stimme befahl, stehen zu bleiben. Keti blickte mich an. Eine weitere Wache trat zu uns.

»Dieses Amt ist nicht öffentlich zugänglich.« Er überprüfte unsere Papiere. »Wer hat das hier ausgestellt?«

Ich wollte mir gerade etwas einfallen lassen, um uns aus dieser gefährlichen Lage zu retten, als eine hohe, klare Stimme rief: »Ich!« Der dünne junge Mann, dem die Stimme gehörte, hatte das ernste, blasse Gesicht eines Menschen, der die Sonne meidet. Er stand auf der Schwelle zu einem der Büros. »Sie sind mit mir verabredet. Ich soll ihnen behilflich sein. Das ist eine große Ehre. Weißt du nicht, dass das hier einer der berühmtesten Schriftsteller unserer Zeit ist?«, setzte er mit einem respektvollen Kopfnicken in meine Richtung hinzu. Zum Dank für das Kompliment machte ich eine fast unmerkliche Verneigung. Dabei imitierte ich einen Dichter, der für seinen brillanten Witz sehr bewundert wurde. Ich war ihm bei einer öffentlichen Lesung begegnet, die wir auf Taneferts Drängen hin besucht hatten. Ich hatte mir die endlos lange Zeit damit vertrieben, über sein aufgeblasenes Gehabe, seine affektierte Redeweise und seine teure, aber schlechte Kleidung zu staunen. Jetzt winkte der junge Mann mir höflich zu, und als wir außer Hörweite der Wachen waren, flüsterte er mir mit vor Angst zitternder Stimme zu: »Nur gut, dass keiner von denen lesen kann.«

Mit diesen Worten betraten wir das Gebäude und waren der unmittelbaren Gefahr entronnen.

Ketis jüngerer Bruder war ihm so unähnlich wie nur möglich, so als hätte er sich nur im absoluten Gegensatz zu dem Älteren als eigenständige Persönlichkeit entwickeln können.

»Eines kann ich euch gleich sagen: So etwas würde ich lieber in einer schlechten Geschichte lesen, anstatt euch tatsächlich an den Wachen vorbeizuschmuggeln. Ist euch eigentlich klar, in welche Gefahr ihr uns alle bringt? Und das ausgerechnet jetzt.« Die letzte Bemerkung war an Keti gerichtet.

Der sah mich an. »Tut mir leid, Herr. Er hat ein sehr behütetes Leben geführt.«

Wir verstummten, als eine Gruppe Medjaioffiziere im Korridor an uns vorüberging. Ich war mir sicher, dass ich einen von ihnen von der Jagdpartie kannte. Als er neugierig meinen Blick erwiderte, wandte ich die Augen ab und ging rasch weiter. Ich wagte nicht zurückzublicken. Die Schritte verhielten kurz – würde er mich ansprechen? –, setzten dann jedoch wieder ein und verklangen schließlich. Wir gingen weiter.

Während er schwungvoll eine Tür aufstieß, stellte sich Ketis Bruder als Intef vor. »Diesen Namen teile ich mit dem Großen Herold der Stadt, der allerdings, im Gegensatz zu mir, auch die Beinamen ›Groß in der Liebe‹, ›Herr aller Oasengebiete‹ und ›Fürst von Thinis‹ trägt, was, wie ihr sicher wisst, mit Abydos identisch ist.«

Wir folgten ihm in einen großen Raum mit hohen Holzregalen an den Wänden und zahlreichen Schreibtischen, an denen Männer saßen und beim späten Licht, das durch die Oberlichte fiel, Schriftrollen und Papyri studierten. Nur wenige blickten von ihrer Arbeit auf, andere packten ihre Utensilien, Notizen und Schriftstücke zusammen, um zu gehen. Viele Gänge und Korridore gingen von diesem zentralen Lesesaal ab. Ich war froh, dass keine Wachen zu sehen waren.

»Das hier ist die Hauptbibliothek«, erklärte Intef. »Hier bewahren wir alle Dokumente und Veröffentlichungen über die gegenwärtigen Bauarbeiten in der Stadt auf. Darüber hinaus gibt es weitere Abteilungen für äußere Angelegenheiten und Korrespondenz, Informationen zur Innenpolitik, Kriminalakten und Urteile, kulturelle Schriften, einschließlich Lyrik und Sagen, heilige Schriften, ob ketzerisch oder orthodox, öffentliche und nicht öffentliche historische Aufzeichnungen und so fort. Manchmal ist es schwer zu entscheiden, in welche Rubrik manche Texte gehören.«

»Und was macht ihr dann?«, fragte ich.

»Wir lassen sie bestimmen. Und falls das nicht möglich ist, kommen sie in einen Raum in der Bibliothek, den wir unter uns als ›Vermischtes, Verzwicktes, Vermisstes‹ bezeichnen. Manchmal benötigen wir ein bestimmtes Dokument, schriftliche Unterlagen, die sich jedoch aus irgendeinem Grund nicht in der Bibliothek finden. Die vermerken wir dann als nicht vorhanden und schicken die Notiz an den Raum für ›Vermisstes‹. In manchen Fällen muss jeder Hinweis auf den Inhalt der vermissten Schriftstücke wie eine geheime Information behandelt werden – dann dürfen wir sozusagen nicht wissen, was wir wissen.« Er lächelte.

»Ich glaube, ich kann dir folgen. Das muss ganz schön umständlich sein. Gibt es in dem ›Vermisst‹-Raum auch Hinweise auf vermisste Personen?«

Er blickte erst mich, dann seinen Bruder argwöhnisch an. »Wonach sucht ihr eigentlich genau?«

»Nicht wonach, sondern nach wem. Ich glaube kaum, dass wir in diesem Raum die gesuchten Informationen finden werden.«

Intef warf einen Blick auf die Männer, die sich soeben anschickten, den Hauptsaal zu verlassen. Auf sein kurzes, banges Nicken hin folgten wir ihm hinaus. Wir eilten durch einen der Gänge wie durch ein Labyrinth von Papyrus. Die Korridore waren vom Fußboden bis zur Decke mit Regalen gesäumt, auf denen eine unüberschaubare Menge staubiger Dokumente und Schriften lagerte: ungebundene Papyrusblätter, gebundene Sammelwerke, einige davon mit Ledereinbänden, Schriftrollen, Holzkisten, gefüllt mit unzähligen Tontäfelchen, die mit unterschiedlichen Schriftzeichen bedeckt waren.

»Was für eine Sprache ist das?«, fragte ich und nahm eines in die Hand, das mit einem komplizierten Muster aus schrägen Strichen bedeckt war.

»Das ist Babylonisch, die Sprache der internationalen Diplomatie«, erklärte Intef. Dann schnalzte er tadelnd mit der Zunge, nahm es mir ab und legte es behutsam wieder an seinen Platz.

»Kein Wunder, dass alles so konfus ist. Wie viele Leute können das lesen?«

»Alle, die es lesen müssen«, erwiderte er in ehrfürchtigem Ton.

Dann, nach einem prüfenden Blick nach links und rechts, zog er uns in eine kleine düstere Kammer voller Regale. Wie ein schlechter Schauspieler wandte er sich in übertrieben lautem Verschwörerton an mich: »Es ist mir wirklich eine große Ehre, dir bei deinem Vorhaben behilflich zu sein. Was kann ich für dich tun?« Bei diesen Worten wies er mit dem Daumen auf die Wände und zwinkerte mir immer wieder zu.

Ich spielte mit. »Wir wollen die glorreichen Taten unseres Herrn erforschen …«

Weiter so, gab er mir mit einer Handbewegung zu verstehen.

»… und möchten dich bitten, uns freundlicherweise Zugang zu den Archiven mit den Aufzeichnungen seiner frühen Jahre zu gewähren.«

Gleichzeitig reichte ihm Keti eine kleine Papyrusrolle mit den Namen derjenigen, über die wir tatsächlich etwas in Erfahrung bringen wollten. Intef verbarg die Rolle in seinem Gewand.

»Folgt mir, bitte!«, trompetete er so laut, dass es schon komisch wirkte. »Ich bin sicher, wir besitzen viele kostbare Aufzeichnungen über die großen Taten unseres Herrn.«

Wir eilten jetzt noch schneller durch die Gänge, und Intef flüsterte leise und eindringlich: »Ich darf mich nicht in Schwierigkeiten bringen. Ich tue das nur, weil mein Bruder darauf bestanden hat. Ich hätte wissen müssen …«

»Ich habe Keti gebeten, dich zu fragen. Warum liest du die Liste der Namen nicht?«

Er tat es, und sein Gesicht wurde noch bleicher. Er hielt den Papyrus, als wäre er vergiftet.

»Habt ihr eigentlich eine Ahnung, in was für eine Gefahr ihr mich und euch selbst bringt? … In Lebensgefahr!«, zischte er.

»Ja«, antwortete ich.

Er war sprachlos. Dann schlug er ein altes Segenszeichen über sich und führte uns zu einer langen, schmalen, dunklen Kammer, die weiter im Inneren des Gebäudes lag. Er blickte sich sorgfältig nach möglichen Wachen um, bevor er eine Treppe zu einem großen, niedrigen und verstaubten Raum hinaufschlich. In diesem schwach erleuchteten, grabähnlichen Gemach, so erklärte er, befand sich die Sammlung von Geheimunterlagen.

»Hier patrouillieren Tag und Nacht Wachen«, warnte er uns.

Reihe um Reihe zogen sich die Regale bis in die finsteren Winkel am anderen Ende des Raumes. Jedes von ihnen war vorn mit einer anderen Hieroglyphe gekennzeichnet. So viele Worte und Zeichen, Informationen und Geschichten waren hier versammelt. Eine Fackel, die zufällig ein Regal streifte, eine vergessene Kerze, die auf einen Stapel Papyri kippte, ein kleiner Funke, der von einem Luftzug erfasst und wie ein Glühwürmchen auf die vergilbte Ecke eines alten Buches geweht wurde, und innerhalb von Sekunden stünde diese geheime Bibliothek in Flammen. Es war verführerisch.

Zuerst suchten wir nach Mahus Akte. Die Unterlagen waren mit bürokratischer Genauigkeit geordnet. Es gab bereits Tausende von Akten über Einwohner, deren Name mit M begann. Ich blätterte einige davon durch: Maanachtef, der Minister für Landwirtschaft unter Echnatons Großvater; Maaty, Beamter im Schatzamt; Madja, »Herrin des Hauses«. Ich überflog ihre Akte und las »Informantin in der Arbeiterstadt … Liebesdienerin«. Mein flüchtiger Blick fiel auf die Namen und Geheimnisse zahlloser weiterer Menschen. Endlich hatte ich es: ein einzelner Papyrusstreifen in einem ordentlichen Ledereinband. Dieser Minimalismus passte zu ihm und seinem Amt. Doch der Inhalt des Papyrus war enttäuschend, denn er lieferte lediglich die grundlegenden Informationen: Ort und Tag der Geburt (Memphis), familiäre Herkunft (gewöhnlich), lange Listen von Auszeichnungen, erfolgreiche Gefangennahmen Flüchtiger, Erfolgsstatistiken, Verhaftung von bewaffneten Räubern, Anzahl der Hinrichtungen … und dann die Worte: UNTERLAGEN X GEHEIM. Das musste er selbst geschrieben haben. Im Grunde genommen hatte ich nichts anderes erwartet. Welcher Polizeichef würde Akten mit seinen bestgehüteten Geheimnissen in seinem eigenen Archiv herumliegen lassen?

Als Nächstes war Merira an der Reihe. Ich blätterte rasch und las: Merer, Gärtner; Merery, leitender Priester der Hathor am Denderatempel im sechsten Gau, ebenfalls Vorsteher des Viehs. Dann kam Merira. Eltern: Vater Nebpehitre, erster Priester des Min in Koptos; Mutter Hunai, oberste Kinderfrau des Herrn der Beiden Länder. Interessant, wie einige wenige Familien ihr enges Verhältnis zur königlichen Familie dauerhaft dazu genutzt hatten, um ihren Einfluss zu wahren. Koptos war eine reiche Stadt mit ihren Goldminen, Steinbrüchen und ihrer Lage an der Handelsstraße zu den Meeren im Osten – eine ungeheure Einnahmequelle für den Vater. Ich wusste, dass der Gott Min im Zusammenhang mit Amun und den thebanischen Kulten stand und darüber hinaus als Beschützer der östlichen Wüste galt. Er spielte eine zentrale Rolle bei Zeremonien und Feierlichkeiten anlässlich der Krönung. Es war ein Gott der Kraft, der die Macht des Königs gewährleisten sollte. Dadurch, dass sie ihre Loyalität den jeweiligen Erfordernissen angepasst hatte, war es Meriras Familie gelungen, sowohl in der Amunhierarchie als auch im Hohen Haus wichtige Ämter zu besetzen. Merira jedoch hatte – vielleicht gezwungenermaßen – die Gelegenheit ergriffen und sich ganz und gar Echnaton und dem Atonkult verschrieben.

Ich überflog seinen Lebenslauf, der keine Besonderheiten aufwies. Er hatte die üblichen Schulen besucht und verschiedene erbliche und weitere Ämter innegehabt, bevor er sich bald nach Amenhoteps Tod unverbrüchlich an Echnaton band. Er war als einer der Ersten in die neue Stadt gekommen und Echnatons oberster Berater für innere Angelegenheiten geworden. Auf diese Weise hätte er vermutlich das Vermögen seiner Familie im Land sichern und mehren können. Nun ja, das war vorbei. Er war tot. Doch fand sich hier eine Erklärung dafür, warum es ausgerechnet ihn getroffen hatte? Selbstverständlich war die Ermordung des neu ernannten Hohen Priesters Atons ein heftiger und wohlgezielter Schlag gegen die Fassade von Echnatons Macht. Und der Zeitpunkt war perfekt gewählt. Wer hatte einen Nutzen davon? Ich nahm an, dass Meriras Besitztümer weitgehend dem Staatsschatz zufallen würden. Auch Ramose hatte ein Motiv: Der Mord befreite ihn von seinem bedeutendsten Gegenspieler. Doch die Art und Weise, wie Merira getötet worden war, passte nicht dazu. Ramose wäre subtiler und heimlicher vorgegangen und hätte dafür gesorgt, dass der Verdacht nicht sofort auf ihn fiel. Außerdem hatte Nofretete gesagt, dass er niemals aus Rache handelte. Nein, der Vorfall sollte auf eine möglichst wirkungsvolle und spektakuläre Weise die Destabilisierung der Herrschaft vorantreiben.

Immer ängstlicher lauschte Intef auf die Schritte der Wachen, die ihre Runde drehten. Ohne auf ihn zu achten, begann ich, nach Horemhebs Akte zu suchen. Hermose, Musiker, Spielmann des Senenmut, Priester, PS: beigesetzt mit Flöte; Hat, Offizier der Kavallerie, Informant. Ich überblätterte Hednacht, Hekanefer, Henhenet, Schreiber, königliche Gefährtinnen, Kämmerer, Sänger, Trompeter, Priester, Steuereinnehmer, Weihrauchmahler und Bürokraten, eine lange Liste von hohen und niederen Titeln und Ämtern, von Werken und Verrat, bis ich ihn fand.

Die biografischen Angaben waren an sich schon interessant. Er stammte aus einer angesehenen Familie aus dem Delta und war noch unter einem anderen Namen bekannt – Paatenemheb, ein Aton-Name. Ebenso interessant war, dass er auch seinen alten Namen, der nichts mit Aton zu tun hatte, beibehalten hatte und damit seine Verbindung sowohl zur Vergangenheit als auch zur Gegenwart demonstrierte. Ausbildung an der Militärschule von Memphis. Hervorragende Leistungen. Jahrgangsbester. Im Schnelldurchgang durch die mittleren Ränge, Kompanieführer und so weiter, und dann, mit fünfundzwanzig, stellvertretender Befehlshaber der Nordarmee. Gefechte in Nubien, Mittani, Assyrien. Verheiratet mit Mutnedjmet, Nofretetes Schwester. Diese politische Verbindung, ein überaus geschickter Schachzug, hatte ihn mitten ins Zentrum der Macht katapultiert. Seine letzte Beförderung lag noch nicht lange zurück: General der Armee der beiden Länder. Das war eine sehr bedeutende Stellung. Jetzt unterstand er nur noch Ramose oder vielleicht auch nur Echnaton selbst.

Ich blätterte weiter, doch die nächste Seite war leer. Der Archivar schien zu wissen, dass dort noch eine lange Zukunft zu verzeichnen wäre.

Ich blätterte weiter bis zu Eje, dessen Akte ich hinter der eines Bildhauers – homosexuell … beauftragt mit der Darstellung der Prinzessin Baketaten – fand. Die Eintragungen über Eje waren interessant, denn sie enthielten Daten zu seiner Abstammung – Sohn zweier höchst einflussreicher Höflinge Amenhoteps III. und Bruder der Teje – sowie zu seiner Heirat mit Tiji, »Amme der Königin Nofretete«. Als Letztes kam ein Blatt aus feinem Papyrus, auf dem lediglich diese Worte standen:

Fächerträger zur Rechten des Königs
Oberster Vorsteher der königlichen Pferde
Gottesvater
Recht Handelnder

Die ersten beiden waren zwar bedeutende, aber nicht sonderlich einflussreiche Stellungen. Es waren Ämter mit hohem Prestige. Doch was bedeutete das dritte und vierte?

Ich zerbrach mir den Kopf über diese rätselhaften Titel und achtete nicht auf Intefs wachsende Unruhe, als mir das Aktenbündel plötzlich aus der Hand rutschte. Ich wollte die Blätter noch fassen, doch sie fielen geräuschvoll zu Boden. Wir erstarrten. Die Schritte der Wache verstummten. Keti, der am Eingang stand, winkte aufgeregt.

Da sah ich es plötzlich: Eine einzelne Feder war aus dem Einband von Ejes Akte gerutscht. Es war die große Feder eines Greifvogels – vielleicht eines Adlers oder Falken –, zierlich in Gold gearbeitet. Ich hob sie auf und drehte sie im Licht der Lampe hin und her.

Auf einmal setzten die Schritte der Wache wieder ein und kamen näher. Ich steckte die Feder in meine Tasche, dann rafften wir eilig die heruntergefallenen Papyri zusammen, löschten das winzige Flämmchen unserer Lampe aus und drückten uns in den Schatten zwischen den Regalen. Doch es war kein gutes Versteck, da die Regalreihen an der Wand endeten. Wir verharrten reglos. Zwei Wachen tauchten an der Tür auf und hielten ihre Lampen hoch, um in den dunklen Raum zu leuchten, wo wir kauerten. Der Lichtschein reichte nicht ganz bis zu uns. Glücklicherweise hatten die Erbauer der Bibliothek noch ziemlich viel Platz für weitere Akten gelassen. Wir zwängten uns so weit wie möglich in dic langen, leeren Zwischenräume, als wären wir selbst längliche Schriftrollen.

Als ich zwischen den Regalen hindurchspähte, erblickte ich plötzlich zu meinem Schrecken, dass noch ein Papyrusblatt auf dem Fußboden lag – unmittelbar außerhalb des Lichtkreises. Meine Haut kribbelte. Wenn sie es entdeckten, wussten sie, dass jemand hier gewesen war. Ich hörte, wie ihre Schritte näher kamen. Das Licht ihrer Lampen wurde heller. Jetzt war das Blatt deutlich zu erkennen. Einen Augenblick lang überlegte ich, wessen Leben wohl auf diesem Blatt verzeichnet war, dann trat ein Fuß darauf. Es herrschte völlige Stille. Ich wagte nicht zu atmen. Dann ertönte in der Ferne ein Ruf. Der eine Wächter gab dem anderen ein Zeichen, worauf dieser prüfend die Lampe hob. Die Wand am Endes des Raumes war jetzt hell erleuchtet. Noch zwei Schritte, und sie würden uns entdecken. Doch stattdessen drehten sie sich um und gingen. Ihre Schritte verklangen, und es kehrte wieder Ruhe ein.

Intef sah aus, als sei ihm übel. Er zitterte. »Es ist Wachwechsel«, flüsterte er. »Uns bleibt nur ein kurzer Augenblick, um von hier zu verschwinden.«

Ich hob das Blatt vom Boden auf und sortierte es wieder ein (an der falschen Stelle, wie ich zu meiner Zufriedenheit feststellte). Dann gingen wir vorsichtig an den Regalen entlang in Richtung Ausgang.

Plötzlich fiel mir etwas ein: Ich wollte meine eigene Akte einsehen. Ich winkte Keti, mir zu folgen.

»Komm schon, wir haben doch, was wir wollten«, drängte er.

Doch ich achtete nicht auf ihn. Schließlich fand ich die Reihe, die mit meinen Hieroglyphen gekennzeichnet war. Ramses, Militäroffizier, siehe unter Horemheb; Rahotep, königlicher Schreiber; Raia, Musikant; Ramose, Wesir, Oberster Minister, geboren in Athribis, Mutter Ipuia … Wo war meine Akte? Ich überprüfte noch einmal die Reihen der Dokumente. Sie fehlte. Warum? Plötzlich hatte ich das Gefühl, als wäre ich gar nicht vorhanden. Wer hatte bloß meine Akte entfernt und warum? Nofretete hatte gesagt, sie habe sie gelesen. Vielleicht hatte sie sie noch immer, oder die Akte lag irgendwo in Mahus Büro. Es musste eine einfache Erklärung dafür geben …

Den Finger an die Lippen gepresst, zog Keti mich mit sich fort. Leise schlichen wir die Treppe hinab, als wir plötzlich erneut Schritte hörten. Sie kamen durch den Korridor, durch den wir zuvor gekommen waren, auf uns zu. In heller Aufregung drängte Intef uns in eine kleine Abstellkammer und schloss die Tür. Keti und ich starrten einander an und versuchten, nicht zu atmen. Intef hatte die Augen fest zugekniffen.

Nachdem die neue Wache vorübergegangen war, schlüpften wir hinaus und liefen rasch durch das Gebäude und die nun stille und menschenleere Bibliothek, bis wir endlich in den Hof gelangten. Wir verbeugten uns vor Intef, der aussah, als hätte ihn das Abenteuer völlig erledigt, dann zogen Keti und ich unsere Leintücher über den Kopf und traten an den Wachen vorbei in das laute Straßengewimmel.

»Was hat uns das nun gebracht?«, wollte Keti wissen.

Verstohlen zeigte ich ihm die Goldfeder. »Die habe ich in Ejes Akte gefunden, wo sie versteckt war. Ich weiß nicht, was sie zu bedeuten hat.«

Im letzten Abendlicht drehte ich das schöne, seltsame Ding in den Fingern.

32

Nach Einbruch der Dunkelheit wirkten die Straßen durch die zahlreichen Neuankömmlinge völlig verändert. Mir gefiel die Stadt auf einmal viel besser. Auf den Straßen fanden improvisierte Zaubervorstellungen statt. Tänzer, Musikanten und Jongleure zeigten ihre Künste. An jedem freien Platz unter den billigen, bunten Stoffbahnen hatte man Speiselokale und Essstände errichtet. Anderswo gab es einen nächtlichen Markt mit Händlern, die Affen und Vögel, Kleider und Schmuck feilboten, Früchte und Gewürze waren aufgehäuft wie die Hügel eines farbenfrohen Landes. Die Stimmung war lebhaft und ausgelassen. Männer und Frauen aus dem gesamten Reich drängten sich, um etwas zu erstehen oder die Vorstellungen anzuschauen. Würdenträger und vornehme, festlich gekleidete Familien schritten auf ihrem Weg zu einem Festmahl, einem Empfang oder einer Versammlung vorüber. Mit starr geradeaus gerichtetem Blick trugen sie ihren Stolz und ihre Vornehmheit zur Schau.

In den freien Bereichen rund um die innere Stadt waren Zeltstädte aus dem Boden geschossen, die sich bis hinunter zum Wasser zogen. Der dunkle Fluss war voller Boote. Die geschäftige Menge und die herrlich kühle Nachtbrise aus dem Norden zogen mich im Schutz der Dunkelheit ans Wasser. Keti und ich betrachteten die Hunderte von kleinen Barken, die von einem geschäftstüchtigen Mann im Hafen vermietet wurden und auf dem schwarzen Wasser dümpelten. Durch ihre Papierlaternen wirkten die Boote mit den Liebespaaren darin wie kleine schwimmende Inseln aus Licht. Unter ihnen floss der ewige Strom dahin – die flüchtige Helligkeit der Gegenwart zu Besuch in der finsteren Welt der Götter. Die meisten der Paläste und Tempel, der Büros und Bibliotheken in unserem Rücken wirkten düster wie Gefängnisse. Ich fragte mich, wie viel von all dem, was hier in so kurzer Zeit erbaut worden war, wohl Bestand haben würde. Oder würde alles vergehen und von der Wüste verschluckt werden?

Indem wir uns auf der dunklen Seite der Straße hielten, kehrten wir in unseren Unterschlupf zurück, vorbei an Leuten, die sich stritten oder etwas zu trinken bestellten, und an alten Frauen, die an den öffentlichen Brunnen mit viel Geschepper die letzten Kochtöpfe wuschen. Schweigend tasteten wir uns zu unseren Strohsäcken und legten uns schlafen. Keti wollte mit mir über die wenigen Anhaltspunkte reden, die wir gefunden hatten, doch ich hatte keine Lust dazu. Die Informationen waren einfach zu rätselhaft und vage. Und die Zeit lief ab. Ich zwirbelte die Goldfeder vor meinen Augen und ließ mir noch einmal alles durch den Kopf gehen. Echnaton und seine Probleme. Mahu, der mich verabscheute, und die Zweifel der Königin. Und Horemheb, dieser merkwürdige, ehrgeizige junge Offizier, der bis ins Herz der Familie vorgedrungen war, indem er ein Mädchen heiratete, das ein ganzes Jahr lang geweint hatte. Ich betete darum, dass ich im Traum eine Spur erkennen könnte, die mir im Wachen verborgen blieb.

33

Beim Erwachen kam mir sogleich der Name Horemheb wieder in den Sinn. Ich blickte zu dem schadhaften Schilfdach empor. In den bereits kräftigen Sonnenstrahlen, die durch die Lücken drangen, tanzten Stäubchen. Ketis Strohsack war leer. Ich hörte jemanden im vorderen Zimmer und langte nach meinem Dolch. Scharrend öffnete sich die Tür, und Keti trat ein, einen Korb in der Hand. Wieso hatte ich ihn nicht weggehen hören? Ich ließ anscheinend nach.

»Frühstück.«

Wir aßen Obst und Zuckerbrot und teilten uns einen Krug Bier und eine Handvoll Oliven.

»Ich möchte Horemheb einen Besuch abstatten. Aber wie?«, sagte ich. Schließlich durfte ich nicht öffentlich in Erscheinung treten.

Wir kauten unsere Oliven und dachten nach.

»Und wenn er gar nicht weiß, dass du verschwunden bist?«, bemerkte Keti nach einer Weile. »Von wem sollte er das erfahren haben? Du könntest doch einfach um eine Audienz bitten. Du erklärst, wer du bist, dass Echnaton dich mit der Lösung eines bedeutenden Rätsels betraut hat, und sagst, dass du Horemheb sprechen musst.«

Das klang bestechend einfach. Echnatons Name würde mir die Türen öffnen. Ich brauchte mich nicht als jemand anderer auszugeben und konnte mich während des Gesprächs behutsam vortasten, um herauszufinden, auf wessen Seite Horemheb stand. Ich konnte ihm mitteilen, dass Nofretete verschwunden war, und seine Reaktion beobachten. Vielleicht konnte ich sein Verhältnis zu Mahu erkunden, ohne meine Familie noch mehr zu gefährden. Andererseits war es auch denkbar, dass er mich gefangen nehmen ließ. Aber das musste ich riskieren.

Keti fand heraus, dass man Horemheb eine Unterkunft in der nördlichen Vorstadt zugewiesen hatte – und nicht in der südlichen, wie ich aufgrund seines Ranges vermutet hätte. Vielleicht war der Grund dafür, dass er dort näher an den nördlichen Palästen, den königlichen Privatresidenzen, wohnte. Wir beschlossen, trotz der Tarnung durch das Menschengewimmel die Straßen zu meiden, und da wir nicht am Flussufer entlanggehen konnten – die königlichen Gärten erstreckten sich bis ans Wasser –, mieteten wir eine kleine Barke. Wir umgingen die Anlegeplätze, wo bereits zu dieser frühen Stunde lebhaftes Treiben herrschte. Im Laufe der Nacht hatten noch weitere Boote aller Art festgemacht. Wie eine schwimmende Barackensiedlung dümpelten sie auf dem Wasser und stießen dabei gegeneinander.

Langsam segelten wir den Fluss hinab. Das erste Licht, das über die Berge im Osten drang, brachte die Farben des Roten Landes zum Leuchten und beschien den träge dahinfließenden Strom, auf dem hier und dort einzelne Sonnenstrahlen spielten, die durch die Bäume am Ostufer fielen. Die Hänge der Hügel mit ihren Felsengräbern und den Bautrupps lagen noch im graugelben und schwarzen Schatten. Unter den Bäumen arbeiteten unablässig die Schadufs, diese einfallsreichen neuen Vorrichtungen, und förderten Wasser für die Grünanlagen der Stadt. Und auf den grünen und gelben Feldern am Westufer verrichteten Arbeiter und Sklaven aus Ägypten und Nubien gebückt ihr Tagewerk. Wenn sie den nie versiegenden, gewaltigen Hunger der Stadt stillen wollten, durften sie sich keine Pause gönnen.

Wir lenkten die Barke an einen kleinen Anlegesteg und vertäuten sie an einem Pfosten. Hier herrschte weniger Betrieb, obwohl soeben Lebensmittel und andere Waren von einem Frachtkahn entladen wurden und mehrere kleinere Fährboote Landarbeiter und Feldfrüchte über den Fluss hin- und hertransportierten. Wir gingen die Königliche Straße entlang. Weit entfernt im Süden konnten wir den großen Atontempel sehen, der die innere Stadt nach Norden hin begrenzt und alle anderen Bauwerke überragt. Seine Wimpel flatterten in der leichten Morgenbrise. Im Norden waren zu beiden Seiten der Straße von hohen Lehmziegelmauern umgebene Villen entstanden. Zwischen den niedrigen Häusern ragten einige größere Gebäudekomplexe auf. Keti kannte sie und erklärte mir, dass sich in der Nordstadt der Uferpalast befand, ein eckiger Turm am Fluss, unmittelbar an der Stelle, wo sich die nördlichen Hügel in einem Bogen bis an den Fluss erstreckten. Im Süden befand sich ein weiterer Palast.

»Wer residiert dort?«

»Ich weiß nicht. Er steht leer. Es heißt, er wäre ganz mit herrlichen Bildern von Tieren und Vögeln ausgemalt.«

Im Osten, gegen die aufgehende Sonne, standen die Wüstenaltäre, und Keti zeigte mir weitere große Grabstätten, die in die Felswände darüber gehauen waren.

»Wem gehören sie?«

Kopfschüttelnd zuckte Keti mit den Schultern. »Den Reichen und Mächtigen.«

Ansonsten gab es in der Gegend noch eine Vielzahl aufs Geratewohl gebauter niedriger Häuser. In den lichtlosen Werkstätten arbeiteten Tischler, Kunstschmiede hämmerten, und der scharfe Geruch nach Holzspänen, Feuerstellen und geschmiedetem Metall wehte durch die Straße. Abfall aller Art – Essensreste, Baumaterial, zerbrochene Töpfe, zerrissene Sandalen, kaputtes Spielzeug, Stofffetzen – häufte sich auf jedem freien Fleckchen, wie kleine Mülltempel, ein Ort der Andacht für die streunenden Katzen und hungrigen Vögeln.

Wie viele andere auch lag Horemhebs Villa innerhalb einer im Rechteck angelegten und mit Zinnen versehenen Lehmziegelmauer, die keine Fensteröffnungen und nur einen Eingang besaß. Der Türsturz trug keine Inschrift. Das Haus, so schien es, hatte noch keinen Besitzer. Doch irgendjemand musste das kostspielige Anwesen bezahlt haben, das so neu war, dass es vor Makellosigkeit förmlich glänzte.

Am Eingang nannte ich meinen Namen und wies meine Vollmacht vor. Der Wächter trug eine Uniform, und ich fragte ihn, zu welcher Einheit er gehörte. Er musterte mich von oben bis unten, als sei ich zu dick und verweichlicht, und erwiderte dann in dem Ton feindseliger Höflichkeit, der so vielen Militärs zu eigen ist: »Division Achet-Aton, Herr.«

Man geleitete uns über einen Pfad zum Haus, vorüber an einer kleinen Hauskapelle mit kleinen Statuen von Echnaton und Nofretete. Ich blieb stehen und vollzog eine übertrieben ehrerbietige Geste.

»Betet ihr viel?«, fragte ich.

Die Wache war irritiert. »Wir beten, wenn man es uns befiehlt.« Sein Ton fügte unausgesprochen hinzu: Aber nicht besonders gern.

Wir wandten uns nach rechts und gingen durch den Garten, wo die Hitze des Tages brütete, bis wir zu einem angenehm schattigen kleinen Hof mit hohen Mauern kamen. Hier übergab unser Begleiter uns einer anderen Wache, salutierte so nachlässig wie möglich und ging davon. Der zweite Wächter führte uns einige Stufen hinauf ins Hauptgebäude.

Durch einen großen kühlen und luftigen Laubengang gelangten wir zu weiteren noch geräumigeren und ebenso luftigen, von Säulen getragenen Gemächern. Sie waren um einen zentralen Raum gruppiert, der sein Tageslicht durch hohe Fenster erhielt. Es roch nach frischer Farbe und Sägemehl. Der Fußboden war spiegelblank und noch ohne jeden Kratzer, und die Möbel sahen aus, als hätte man sie erst an diesem Morgen aufgestellt. Die Uniformierten, die hier ihren Geschäften nachgingen, machten einen tatkräftigen und entschlossenen Eindruck. Das hier waren Berufssoldaten und keine Rekruten oder Söldner. Ihre leisen Gespräche waren begleitet von einem knappen Nicken, aufmerksam geneigten Köpfen, ironischem Lächeln, erkennbar vernünftigen Bemerkungen. Flinke Blicke huschten hin und her. In der Loggia am anderen Ende des Hauptraumes waren einige hochrangige nubische Offiziere in ein ernsthaftes Gespräch vertieft.

Ein Sekretär an einem Schreibtisch wurde auf uns aufmerksam. Als Keti ihn mit leiser Stimme ansprach, schüttelte er den Kopf. Keti begann mit ihm zu debattieren und zeigte ihm unsere von Echnaton ausgestellte Vollmacht. Daraufhin nickte der Sekretär und ging raschen Schrittes durch den Korridor davon. Wir ließen uns auf zwei eleganten Stühlen nieder, deren verschnörkelte Armlehnen in vergoldeten Sphinxköpfen ausliefen.

Während wir warteten, betrachtete ich die anwesenden Männer, den gebieterischen Ausdruck auf ihren jungen Gesichtern, ihr selbstbewusstes Gehabe, ihre gut sitzenden, dezent kostspieligen Gewänder und Uniformen, ihre Zugehörigkeit zu unterschiedlichen Rassen und Klassen und vor allem den Geheimcode ihrer sparsamen Gesten, der sie miteinander verband.

Und ich begann zu verstehen, dass das hier die Zukunft war. Nicht in der närrischen Anbetung der Sonne oder in neuen Städten, die man mit viel Geld und Plackerei aus dem Boden und dem Licht der Wüste gestampft hatte – nein, beim Militär lag die Zukunft. Das hier war die neue Generation von Anführern aus den ersten Familien Ägyptens. Viele von ihnen waren schon früh aus ihren Heimatländern hierhergebracht, im Hohen Haus als kindliche Geiseln aufgezogen worden und waren zu ehrgeizigen, gut ausgebildeten jungen Männern mit wachem Verstand herangewachsen, denen der Weg zu einem schnellen Aufstieg offenstand. Wer konnte sagen, wo ihre Loyalitäten lagen, welchen Groll und welche Ambitionen sie hegten? Diese jungen Militärs wirkten wie Männer, die einen Plan hatten, die genau wussten, was ihnen zustand, und darauf warteten, dass ihre Zeit kam. Sie wirkten wie Männer, die keine Furcht kannten.

Der Sekretär kam zurück und flüsterte mir zu, dass man

mich jetzt empfangen würde. Ich ließ Keti zurück und folgte dem Mann durch mehrere Korridore zu einem Privatgemach. Er klopfte an die ganz gewöhnlich aussehende Tür, und ich betrat ein ganz gewöhnliches Zimmer, das man mithilfe eines Schreibtisches und zweier Stühle in ein Büro umgewandelt hatte.

Absolut nichts verriet den Rang und die Strebsamkeit des Mannes, so als hätte er ganz bewusst auf alle äußeren Zeichen der Macht verzichtet.

Der Mann am Schreibtisch sah fast bestürzend gut aus. Er wirkte nicht besonders stämmig oder robust – und alles andere als riesig –, und sein Kopf, der auf zierlichen, aber kräftigen Schultern saß, trug keine außergewöhnlich edlen Züge, doch sein Körper war ausnehmend muskulös, ohne ein einziges *Deben* Fett daran, und seine Miene verriet vollkommene Konzentration.

Sie wirkte nicht raubtierhaft gierig wie bei Mahu, sondern wach und vollkommen unsentimental. Ich konnte mir absolut nicht vorstellen, dass er zum Vergnügen töten würde, doch wenn es seinen Zwecken diente, würde er es ohne zu zögern tun. Vermutlich war sein Herz für ihn nichts weiter als ein gut funktionierender Muskel, der sein kühles Blut durch die Adern pumpte.

Er kam hinter dem Schreibtisch hervor, schüttelte mir kurz und fest die Hand, wobei er mir direkt in die Augen sah. In seinem Blick lag nicht eine Spur von Unsicherheit. Einen Augenblick lang sprach keiner von uns beiden. Dann bedeutete er mir mit einer Geste, Platz zu nehmen, und bot mir Erfrischungen an, die ich jedoch ablehnte. Er ließ sich auf seinem Stuhl nieder – das Gegenstück zu meinem auf der anderen Seite des Schreibtisches – und saß da, gespannt wie ein Reiher an einem Fischteich.

»Was kann ich für dich tun?«

Damit meinte er: Sag, was du zu sagen hast. Ich nannte ihm meinen Rang und schilderte ihm meine Rolle bei der Aufklärung des großen Rätsels. Die ganze Zeit über hielt er den Blick auf mich gerichtet und studierte mein Gesicht, während er meinen Worten lauschte.

Als ich fertig war, blickte er zu dem kleinen Fenster hoch oben an der Wand. Er streckte die Beine aus und verschränkte die Hände hinter dem Kopf. Seine außergewöhnliche Attraktivität verwirrte mich noch immer, denn sie ließ sich an nichts Speziellem festmachen, sondern schien die Summe einzelner Züge zu sein, von denen jeder für sich genommen nichts Besonderes war.

Ich musste an die Worte eines von Taneferts Dichtern denken, dass die meisten Menschen mehr als ein Gesicht besaßen. Für diesen Mann hier galt das nicht. Er hatte nur ein einziges Gesicht.

Er fixierte mich erneut. »Eine interessante Geschichte hast du mir da erzählt, überaus spannend und voller gefährlicher Möglichkeiten, aber eines verstehe ich dabei nicht. Wieso bist du hier? Warum willst du mit mir sprechen?« Er richtete sich auf und beugte sich vor.

»Weil Ihr mit der Königin verwandt seid und die Königin verschwunden ist.«

»Du glaubst, ich hätte etwas mit ihrem Verschwinden zu tun?« Seine Miene war kalt und herausfordernd.

»Im Rahmen meiner Ermittlungen muss ich mit jedem sprechen, der die Königin kennt.«

»Warum?«

»Ich versuche, mir ein Bild von den Umständen ihres Verschwindens zu machen. Nicht nur von den technischen Details, sondern auch von den emotionalen und politischen Hintergründen.«

»Und auf diese Weise willst du den Schuldigen ermitteln.« Es war keine Frage.

Ich nickte.

»Deine Methode ist unzulänglich.«

»Ach ja? Wieso?«

»Weil sie dich nicht zum Kern der Sache führt. Mit Reden geht das nie. Das wird allgemein überschätzt. Und außerdem läuft dir die Zeit davon. Wenn die Königin bis zum Fest nicht wieder da ist, hast du versagt.«

»Etwas Zeit bleibt noch.«

Er schwieg einen Augenblick, dann sagte er: »Du bist ein Medjai, ich gehöre der Armee an. Warum sollte ich mit dir reden?«

»Weil ich eine Vollmacht von Echnaton persönlich besitze, und das hebt die Rangunterschiede zwischen uns auf.«

»Dann stell mir also eine Frage.«

»Wie ist Euer Verhältnis zur Königin?«

»Sie ist meine Schwägerin. Das weißt du doch bereits.«

»Ich kenne die Fakten. Aber was ich meine, ist, steht Ihr Euch nahe?«

Er lehnte sich zurück und starrte mich an. »Nein.«

»Befürwortet Ihr die Großen Veränderungen?«

»Ja.«

»Uneingeschränkt?«

»Selbstverständlich. Du hast nicht das Recht, mir so eine Frage zu stellen. Es hat mit der vorliegenden Angelegenheit nichts zu tun.«

»Bei allem Respekt …«

»Deine Frage ist nicht respektvoll. Du unterstellst mir damit Verrat.«

»Keineswegs, und außerdem ist die Frage wichtig. Wer immer die Königin entführt hat, tat es aus politischen Motiven.«

»Ich unterstütze uneingeschränkt das Vorgehen gegen Korruption und Inkompetenz.«

Das war nicht ganz dasselbe, und wir beide wussten es auch. Schon waren wir an einem toten Punkt angelangt.

»Unterstellst du mir nun, dass ich etwas mit dem Verschwinden der Königin zu tun habe, oder nicht?« Er blickte mich mit zusammengekniffenen Augen an.

»Ich unterstelle Euch gar nichts. Ich versuche, die Wahrheit herauszufinden.«

»Das wird dir nicht gelingen. Bisher waren deine Fähigkeiten als Ermittler nicht überzeugend. Ich habe Angst um die Königin. Ihr Schicksal liegt in unfähigen Händen. Ich wünschte, ich könnte mehr zu ihrer Auffindung beitragen, aber jetzt muss ich weiterarbeiten. Für das Fest müssen noch Vorkehrungen getroffen werden.«

»Und die wären?«

»Das geht dich nichts an.«

Er entließ mich, indem er sich erhob und die Tür öffnete.

Jetzt war ich am Zug.

Ich holte die Goldfeder heraus und legte sie auf seinen Schreibtisch. Plötzlich wirkte er sehr interessiert und machte leise die Tür wieder zu.

»Wo hast du die her?«

»Könnt Ihr mir etwas darüber erzählen?«

Er nahm sie in die Hand und zwirbelte sie hin und her. »Sie öffnet Türen.«

»Wie kann eine Feder Türen öffnen?«

»Du nimmst alles so wörtlich. Sie öffnet die Tür zu nicht vorhandenen Räumen und zu unausgesprochenen Worten.«

Interessant, Horemheb besaß offensichtlich keine solche Feder. Doch aus der Art und Weise, wie er sie hielt und ins Licht drehte, konnte ich schließen, dass sie ihm sehr begehrenswert erschien.

»Wer könnte so etwas besitzen?«

Er legte sie widerstrebend aus der Hand, so als hätte er sie zu gern behalten.

»Ich glaube, es gibt sieben von diesen Federn«, sagte er.

»Wem gehören sie?«

»Na endlich. Die richtige Frage.«

Ich wartete.

»Ich werde nicht die ganze Arbeit für dich erledigen«, fuhr er fort.

»Dann lasst es mich so ausdrücken: Nehmen wir an, es gibt äußerst einflussreiche Männer, die gegen die Veränderungen sind.«

»Es handelt sich um eine Revolution. Sagen wir doch, wie es ist.«

»Es sind Männer, die Gefahr laufen, viel von ihrem Reichtum und ihrer Macht einzubüßen. Männer, die die Welt von einer Generation auf die andere weitervererben.«

»Weiter.«

»Familien im engeren Umkreis von Echnaton, die aus welchen Gründen auch immer keinen Nutzen aus den Großen Veränderungen ziehen.«

»Weiter.«

»Sie werden von einem Einzelnen angeführt.«

Er warf mir einen rätselhaften Blick zu. Ich entschloss mich, meinen Trumpf auszuspielen.

»Eje.«

Ich ließ den Namen wirken wie zuvor die Feder. Horemheb lächelte verschwörerisch.

Mir war, als hätte ich eine Runde *Senet* gegen Thoth, den weisen Pavian, persönlich gewonnen. Doch der Triumph währte nur einen Augenblick.

»Deine Worte sind unvorsichtig«, sagte er leise und öffnete erneut die Tür. »Er wäre sehr verärgert, wenn er dich so reden hörte. Er steht dem König so nahe wie nur möglich. Die beiden sind unzertrennlich.«

Ich wollte schon aufstehen, überzeugt, dass das Gespräch beendet war, als er wieder zu sprechen begann.

»Lass mich dir ein Stichwort geben, bevor du gehst. Die Gesellschaft der Asche.«

Seine Stimme war eindringlich mit einem boshaften Unterton. Er gab mir Informationen, um mich, ohne dass ich es merkte, für seine Zwecke einzuspannen.

»Die Gesellschaft der Asche? Was ist das?«

»Ein Geheimnis.«

Er nahm die Feder, drehte sie hintergründig im Licht und gab sie mir dann zurück. Ich nahm sie und ging zur Tür. Er lächelte wie ein Mensch, der nicht weiß, was ein Lächeln ist.

Als ich an ihm vorüberkam, fragte ich unvermittelt: »Wie geht es Eurer Frau?«

Zum ersten Mal während unserer Unterredung wirkte er überrumpelt. Seine Miene zeigte Abscheu und so etwas wie Schmerz, doch schon hatte er sich wieder in der Gewalt.

»Meine Frau geht dich nichts an.«

Er machte die Tür zu, kaum dass ich draußen war.

34

Während wir über die Straße gingen, fragte Keti mich, was geschehen war. Es fiel mir schwer, ihm eine präzise Antwort zu geben, denn die Wahrheit hinter unserem Gespräch – die Dinge, über die wir nicht reden konnten – war schwer in Worte zu fassen. Ich fragte ihn nach der Gesellschaft der Asche. Er hatte noch nie davon gehört. »Das klingt nach so einer Sache des Adels, irgendeine geschlossene Gesellschaft mit einem besonderen Händedruck als Erkennungszeichen.«

»Es hat etwas mit der Goldfeder zu tun.«

»Woher weißt du das?«

»Ich habe Horemheb die Feder gezeigt, und sofort erwähnte er die Gesellschaft. Ich habe so ein Kribbeln im Hinterkopf, aber ich … komme einfach nicht recht dahinter.«

Die Hitze war jetzt überwältigend und wurde von keiner kühlen Brise aus dem Norden gemildert. Langsam und in Gedanken versunken gingen wir im Schatten der Häuser die Königliche Straße entlang. Mit Rufen und Fluchen kämpften die Lenker der Fuhrwerke und Wagen um ein Durchkommen. Jetzt, kurz vor dem Fest, hatte der Verkehr erheblich zugenommen, und in der Luft lag eine nervöse Spannung, die beinahe mit Händen zu greifen war. Es war ein Gemisch aus Metallgeruch und Staub und noch etwas – Angst. Ich musste daran denken, wie aufgeregt ich anfangs wegen dieses Auftrags gewesen war, an meine unverzeihliche Begeisterung darüber, dass ich in solch hohen Kreisen ermitteln durfte. Was für ein Narr war ich doch gewesen. Ich hatte ja keine Ahnung gehabt.

Wir ließen die Vorstadt hinter uns. Nicht weit entfernt erhob sich der sonderbare Palast, eckig und gedrungen und finster wie eine zugesperrte Kiste. Neugierig ging ich darauf zu, während Keti mir zögernd folgte. Das Gebäude wirkte verlassen. Die großen Türen hingen ein wenig schief in den Angeln. Aus dem Inneren drangen seltsame Schreie, wie von Kindern, nur wilder. Dann der suchende, trillernde Ruf einer Flöte … und wieder dieser Schrei.

Vorsichtig drückte ich gegen die Tür. Sie schwang schwerfällig auf. Es war niemand zu sehen. Wir stiegen einige Marmorstufen hinauf bis zu einem weiten, nach oben offenen Hof. In der Mitte befand sich ein ausgetrockneter Springbrunnen, der mit, wie es schien, jahrhundertealten Schichten von grauweißem Vogeldreck verschmutzt war. Vier flache Rinnen, in denen grünes Wasser stand, gingen von dem Brunnen aus. Über den offenen Hof hatte man ein Netz gespannt, über das hier und da Stoffbahnen als Sonnenschutz gebreitet waren, die einst grellbunt, nun jedoch ausgeblichen waren. In den Bogengängen rund um den Hof hingen zahlreiche Käfige. Einige waren leer, in anderen saßen kleine Vögel. Plötzlich segelte ein Papagei mit leuchtenden Flügeln laut krächzend durch den Hof. Als hätte er die anderen Vögel aufgeweckt, hallte die Luft auf einmal von Geschrei wider.

In dem ganzen Durcheinander rief eine Stimme: »Wer ist da?« Ein alter Mann erhob sich langsam von einer Bank im Schatten und kam auf uns zugeschlurft.

»Wir hörten die Schreie … Die Tür war offen«, sagte ich.

»Also dachtest du, du könntest einfach hereinkommen und deine Neugierde stillen.«

»Wer wohnt hier?«

»Niemand. Schon seit einem Jahr. Jemand muss sich um die Vögel kümmern. Sonst tut es ja keiner.«

Auf sein Rufen kam der Papagei herbeigeflattert, landete in einem Gestöber aus Grün und Gold auf der Schulter des Alten und knabberte zutraulich an seinem haarigen Ohr. Dann blickte uns der Vogel an und stieß ein markerschütterndes Geschrei aus, als wollte er einen geübten Sänger nachäffen, der hier vielleicht einmal aufgetreten war.

»Wer hat denn hier gelebt?«, fragte ich weiter. – »Eine Königin. Na ja, beinahe eine Königin, jedenfalls eine Zeit lang. Ich weiß nicht, ob noch jemand ihren Namen kennt, jetzt, wo sie nicht mehr die Favoritin ist.«

»Wie ist denn ihr Name?«

»Kija.«

Der Vogel wiederholte den Namen im klagenden Tonfall eines enttäuschten Liebhabers. Ich hatte noch nie von ihr gehört.

»Was ist mit ihr geschehen?«, fragte ich.

Der alte Mann zuckte die Achseln. »Sie ist in Ungnade gefallen. Macht ist wie Feuer. Es verzehrt alles. Und wenn es vorüber ist, bleibt nichts als Asche zurück.«

Er sagte das, als könnte es jederzeit jedem von uns zustoßen, dass wir zu Asche und Schatten wurden. Ich blickte mich in diesem Palast mit seiner verblichenen, schäbig gewordenen Pracht um. Wie rasch wird die Gegenwart zur Vergangenheit.

Wir überließen den Alten seinen Vögeln und ihren verhallenden Rufen, kehrten zu unserer Barke zurück und fuhren auf dem Fluss zurück in die innere Stadt. Keine nördliche Brise trieb unser Boot mit dem einzelnen Segel an. Die Sonne, verstärkt durch das Wasser, brannte uns auf Gesicht und Kopf. Wir beschatteten die Augen, so gut es ging, und hielten uns dicht am Ostufer, wo überhängende Bäume hin und wieder ein wenig Schatten spendeten. Doch als wir uns dem Hafen näherten, sahen wir, dass eine Reihe von Papyrusbooten, die mit uniformierten und bewaffneten Soldaten bemannt waren, den Hafen abriegelten. In dem Bereich um den Hauptanlegeplatz lag kein Boot bis auf eine imposante Staatsbarke.

Das Schiff war gewaltig, mindestens einhundert Ellen lang, mit zwei Aufbauten und Ställen für die Wagenpferde an Deck. Von dort aus gelangte man über eine Treppe – Treppen auf einem Schiff! – zu luxuriösen Unterkünften und einem Wandelgang mit schlanken Säulen. Ein schwimmender Palast. Der lange, elegant geschwungene Rumpf lief in einer goldenen

Lotosknospe aus, auf der die Atonsonnenscheibe saß. Der Bug war zum Schutz mit einem großen Horusauge bemalt. Bug und Heck waren mit Reihen von Wimpeln geschmückt. Auf jeder Seite saßen mindestens dreißig Ruderer, deren schweißüberströmte Köpfe gerade eben über die Reling ragten. Das große blaue Segel mit einem Muster aus goldenen Sternen hing an einem Mast, der fast so hoch wie das Schiff lang war und zwei lange Rahen besaß. Oben auf der Mastspitze saß ein goldener Falke. Priester mit Amtsstäben und Fächern standen in einer Reihe an Deck. Irgendwo musste ein Orchester verborgen sein, denn über das Wasser drang Musik an unser Ohr.

Es gab nur wenige derartige Schiffe in der Flotte. In Theben hatte ich ähnliche gesehen und einmal sogar die *Geliebte der beiden Länder* besichtigt, als sie am Kai lag. Doch das hier war etwas anderes. Nur eine eminent wichtige Persönlichkeit konnte auf einem solchen Schiff reisen. Eje. Er musste es sein.

Umgeben von einer Flottille kleinerer Boote glitt das Schiff langsam an den Kai und legte fast ohne einen Ruck an. Ich wollte unbedingt wissen, wie dieser geheimnisvolle Mann aussah, der so viel Furcht verbreitete. Das Deck des Schiffes wimmelte jetzt von Menschen, nicht nur von Priestern und Seeleuten, sondern auch von Würdenträgern und hohen Beamten, die, kaum dass das Schiff angelegt hatte, über die Laufplanke an Bord gegangen waren. Ich versuchte, zwischen ihnen denjenigen ausfindig zu machen, vor dem sich alle verneigten, doch ich konnte nichts erkennen. Es würde lange dauern, bis sich der Stau der Flussboote aufgelöst hätte.

Ich steuerte unser Boot in Richtung Ufer, darauf bedacht, nicht die Aufmerksamkeit der Soldaten auf dem Fluss zu erregen, die das Spektakel ebenfalls gebannt verfolgten. Das Ufer war nur noch etwa zwanzig Ellen entfernt, und ich hoffte, wir könnten so tun, als würden wir uns einfach von der Menge der Schaulustigen forttreiben lassen. Es gelang uns, die Barke am Stamm einer Palme zu vertäuen, und wir stiegen in das warme flache Wasser.

»Ich finde es scheußlich, wenn meine Füße nass werden«, sagte Keti.

»Dann hättest du dir eine Stellung im Büro suchen sollen.«

Wir folgten einem Pfad neben einem kleinen Wasserlauf. Hier zwischen den Bäumen war plötzlich alles still und ruhig.

»Wo sind wir?«, fragte ich.

»Direkt unterhalb der Hauptgärten des großen Palastes.«

»Na wunderbar. Überall Wachen. Wie sollen wir ungesehen bis zur Straße kommen?«

»So.« Mit einem raschen Satz schwang sich Keti über eine Mauer. Nicht zum ersten Mal dachte ich: Die Sicherheitsvorkehrungen hier sind zum Fürchten. Ich folgte ihm, wenn auch weniger elegant, wie ich zugeben muss.

Gleich darauf bereute ich es, denn während ich mir noch den Staub von den Kleidern klopfte, blickte ich auf und sah mich zwei bewaffneten Wächtern gegenüber. Der schmale Weg war menschenleer, bis auf ein Ball spielendes Kind. Keti und ich blickten einander an, und dann, als hätten wir es schon jahrelang geübt, stürzten wir uns gleichzeitig auf die beiden Männer. Die Wucht meines ersten Hiebs brachte meinen Gegner aus dem Gleichgewicht und ließ ihn rückwärts gegen die Mauer taumeln. Sofort legte ich mit ein paar harten Faustschlägen in den Bauch und ins Gesicht nach. Den zweiten konnte er abwehren, und ich spürte einen Schlag seitlich am Kopf: Er hatte mich mit seinem Holzknüppel getroffen. Doch ich empfand keinen Schmerz, und bevor ich wusste, was ich tat, hatte ich den Knüppel, der ihm aus der Hand gefallen war, aufgehoben und prügelte damit auf Kopf und Körper des Mannes ein. Er rollte sich zu einer Kugel zusammen und versuchte zitternd, die Treffer abzuwehren, und ich hörte seine Fingerknochen unter meinen Hieben krachen. Plötzlich spritzte leuchtend rotes Blut gegen die Wand und in den Staub, und sein Schreien und Stöhnen verstummte. Da bemerkte ich, dass Keti meinen Arm festhielt. »Das reicht jetzt, lass uns verschwinden«, sagte er.

Wir überließen die beiden reglosen Körper den Fliegen und

der Sonne und rannten bis zum Ende des schmalen Weges. Schon jetzt wusste ich, dass es unklug war, die beiden dort zu lassen, aber was sollten wir machen? Das Kind mit dem Ball war verschwunden.

Über einen Durchgang gelangten wir zu einem der Zuwege, die zur Königlichen Straße führten. Abermals zogen wir uns ein Stück Stoff über den Kopf und bogen in die belebte Durchgangsstraße ein. Alle schienen in die gleiche Richtung unterwegs zu sein, begierig darauf, die Ankunft Ejes mitzuerleben. Zwischen dem Erscheinungsfenster und dem großen Atontempel erreichten wir die Königliche Straße. Die Straße selbst war eigentümlich leer, als habe man sie für eine Zeremonie geräumt. Doch an den Straßenrändern, auf den Balkonen und Hausdächern und an den Fenstern drängten sich die Menschen. Es müssen Tausende gewesen sein. Dennoch war es so still, dass man die Vögel zwitschern hörte.

Da entstand rechts von uns plötzlich Unruhe. Mehrere Wagen näherten sich, die Hufe der Pferde klapperten im Takt auf dem Pflaster. Trompeten erschallten. Es war, als bliesen sie zur Schlacht zwischen den Gruppen der Schaulustigen auf beiden Seiten der Straße, die sich wie zwei feindliche Armeen gegenüberstanden. Um besser sehen zu können, drängelten sich Keti und ich durch die Menge. In diesem Augenblick verlangsamte sich der Zug, und wir erblickten im mittleren Wagen einen hochgewachsenen, stolzen Mann in einer weißen Tunika, der nur wenige Schmuckstücke aus Gold und Juwelen trug.

Er hatte ein knochiges Gesicht und wirkte wie die Herablassung persönlich. Alles an ihm zeigte seine Verachtung für die Welt, der er sich notgedrungen zeigen musste. Der Wagenzug kam zum Stehen. In der heißen Luft wirbelte Staub auf. Langsam drehte sich Eje um und warf einen hasserfüllten Blick auf das Erscheinungsfenster, das bezeichnenderweise leer geblieben war. Mit kaum verhohlenem Widerwillen zwang er einen gespielt respektvollen Ausdruck auf sein düsteres, verkniffenes

Gesicht, dann hob er gemächlich die Arme zu dem leeren Fenster empor und wartete. Wir blieben, wo wir waren, und beobachteten den Mann im Mittelpunkt des Geschehens.

Plötzlich erschien Echnaton am Fenster, begleitet von seinen Töchtern. Meritaton nahm den Platz ihrer Mutter ein. Die Zuschauer bemerkten sofort, dass die Königin fehlte. Neben mir flüsterte ein Mann seiner Frau zu: »Siehst du, sie ist immer noch nicht wieder da. Das Kind hat ihre Stelle eingenommen.« Mit einer Geste bedeutete ihm die Frau zu schweigen, als wäre schon die Bemerkung Hochverrat.

Echnaton und Eje blickten sich einige Augenblicke lang an, und es schien, als träfen sie eine vielschichtige, umfassende Übereinkunft. Mindestens eine Minute lang schien der König die respektvoll erhobenen Arme nicht zu bemerken. »Die beiden sind unzertrennlich«, hatte Horemheb gesagt. Doch auf den ersten Blick sah es nicht so aus. Mit nunmehr gesenktem Kopf blieb Eje unbeweglich stehen. So standen sich die beiden Männer gegenüber, und ich dachte, was für ein seltsames Machtgleichgewicht zwischen dem großen Echnaton und dem älteren anspruchsvollen Höfling doch bestand. Dann nahm Echnaton einen herrlichen Kragen aus Gold und Lapislazuli von einem Kissen und legte ihn dem wartenden Eje mit großer Geste um den dünnen Hals. Ein Fanfarenstoß erklang, und Ramose persönlich trat vor, um die rituellen Worte zu sprechen.

Während ich ihnen lauschte, bemerkte ich, dass ich Blutflecken auf den Sandalen hatte. In diesem Augenblick stieß Keti mich an und nickte mit dem Kopf. In einiger Entfernung kam ein Trupp Wachen durch die schweigende Menge auf uns zu. Sie wurden von einem Mann begleitet, der einen kleinen Jungen – vermutlich seinen Sohn – auf den Schultern trug. Es war das Kind mit dem Ball. Der Junge blickte sich suchend um, und als ich den Kopf wandte, zeigte er auf mich.

In diesem Augenblick war das Ritual beendet, und mit Trompetenschall und Hufgeklapper setzte sich der Zug in

Richtung auf den großen Atontempel in Bewegung. Die Zuschauer erhoben allesamt die Arme zur Sonnenscheibe und brachen gehorsam in Jubel aus. Unter dem Schutz der zahllosen Arme drängten wir uns durch die Menge. Als ich mich noch einmal umwandte, sah ich, dass der Junge etwas rief, doch seine Stimme ging im allgemeinen Lärm unter. Wir versuchten, möglichst unauffällig zu bleiben, dennoch blickten uns die Leute erstaunt an. Doch niemand hielt uns auf, und endlich erreichten wir eine Seitenstraße und eilten davon.

»Wohin sollen wir gehen?«

»Zum Unterschlupf?«

Ich drehte mich noch einmal um, gerade als der Junge und die Wachen am Anfang der Straße angelangt waren. Das Kind zeigte auf uns, und sein Geschrei hallte durch die enge Gasse. Wir rannten los. Zwar kannte sich Keti in den Seitenstraßen aus, doch es war ein Nachteil für uns, dass die Stadt so regelmäßig angelegt worden war. Jetzt hätte ich das Gewirr der krummen Gässchen von Theben gebrauchen könnnen! Als wir vorbeirannten, drehten sich die Leute nach uns um, und einmal mussten wir kehrtmachen, weil uns ein Trupp Soldaten entgegenkam. Als Medjai war ich immer der Jäger und nie der Gejagte gewesen, doch jetzt rannte ich um mein Leben.

Wir erreichten das Armenviertel mit seinen halb fertigen finsteren Behausungen, und es schien, als wären wir unseren Verfolgern entkommen. Das kleine Gässchen, in dem sich unser Unterschlupf befand, lag verlassen. Mit einem raschen Blick nach rechts und links schlüpften wir durch den zerschlissenen Vorhang und verriegelten die schwere Holztür von innen. Dann lagen wir da und versuchten, das atemlose Keuchen unserer schmerzenden Lungen zu unterdrücken. In der Stille war es einfach zu laut.

»Was machen wir jetzt?«

Zum ersten Mal, seit ich ihn kannte, wirkte Keti tatsächlich verängstigt.

»Ich weiß nicht.«

Wir blickten einander an und beteten zu den guten alten Göttern um Glück oder eine Eingebung. Doch es kam nichts. Wir waren auf uns selbst gestellt.

»Wir könnten zu meiner Familie gehen«, sagte Keti ängstlich, aber tapfer. Ich war ihm dankbar für das gut gemeinte Angebot, doch es war viel zu gefährlich für seine Familie, uns zu verstecken. Wenn man uns entdeckte, bedeutete das Folter und Hinrichtung für die Männer, Verstümmelung und Sklaverei für die Frauen. Einem so schrecklichen Schicksal wollte ich sie nicht aussetzen, auch wenn mittlerweile viel auf dem Spiel stand.

Mir war, als bemerkte ich eine undeutliche Bewegung, aber vielleicht bildete ich es mir nur ein. Jedenfalls durchschlug plötzlich eine Bronzeaxt das mittlere Brett der Haustür und blieb darin stecken. Ich hörte einen Mann fluchen, als er versuchte, seine Waffe wieder frei zu bekommen, und den barschen Befehl seines vorgesetzten Offiziers. Wir rannten die Leiter zum Dach hinauf, während hinter uns ein weiterer Hieb die Tür traf. Oben angekommen, hörte ich die Alarmrufe von der Straße. Ich spähte über die Dachkante und sah, dass es auf der Straße von Soldaten nur so wimmelte. Ich entdeckte die Frau mit dem zerschmetterten Fuß. Lebhaft gestikulierend redete sie auf die Wachen ein und deutete auf das Dach, auf dem wir uns unterhalten hatten. Ich konnte es ihr nicht verdenken. Schließlich wollte sie überleben. Dann blitzte die Axtklinge in der Sonne auf und krachte erneut gegen die Tür, die ächzend nachgab.

Wir rannten über die Dächer, sprangen über Zwischenmauern und rissen Wäscheleinen herunter. Einige alte Frauen blickten uns nach, ohne sich zu rühren. Ich folgte Keti, der wie immer den besseren Orientierungssinn besaß. Mit einem Blick zurück stellte ich fest, dass bereits zahlreiche Soldaten das Dach erklommen hatten und uns verfolgten.

»Aufteilen!«, brüllte ich Keti zu. »Wo treffen wir uns?« Er blieb stehen.

»Du weißt schon, wo!« Er wies zum Fluss. »Wenn es dunkel ist!« Er zeigte mir, wohin ich laufen sollte. Dann grinste er, als wäre das alles ein großes Abenteuer, und rannte in die andere Richtung davon.

Ich lief. Gleich darauf, beim Sprung über den Spalt zwischen zwei Schuppen, trat ich daneben und bekam gerade noch den Rand der einen Mauer zu fassen. Beim Hinaufhangeln schürfte ich mir Hände und Knie ab. Die Soldaten hatten sich ebenfalls in zwei Gruppen aufgeteilt, von denen die eine mir dicht auf den Fersen war. Keti war nirgendwo zu sehen, was ein gutes Zeichen war, denn dann hatte er es vielleicht bis auf die Straße geschafft und war entkommen. Ich rannte weiter, riss dabei alles um, was ich zu fassen bekam – Töpfe, Kisten, Brennholz –, und warf es meinen Verfolgern in den Weg. Ich wollte auf die Straße hinuntergelangen, wo ich mich wieder unter die Menge mischen konnte. Doch in diesem Augenblick tauchte vor mir auf dem nächsten Dach ein Trupp bewaffneter Medjai auf, gefolgt von einer vertrauten Gestalt mit kurz geschorenem eisengrauem Haar, die alle anderen überragte. Seine Löwenaugen fixierten mich, und ein kleines erwartungsvolles Lächeln erschien auf seinen kalten Zügen.

Ich hielt inne und erwiderte seinen Blick. Wenn das hier eine Partie *Senet* war, dann stand er wie Osiris auf dem letzten Feld, nur dass Mahu mir den Übergang in die nächste Welt auf die denkbar schlimmste Art bereiten würde. Würden sie mich wohl hinunterschleppen oder gleich an Ort und Stelle erledigen? Doch noch war nicht alles verloren. Neben dem Dach, auf dem ich stand, war eine Hütte. Ich konnte allen Mut zusammennehmen und ins Ungewisse springen. Mahu hatte ich kaum etwas entgegenzusetzen. Wenn er mich wieder zu fassen bekam, würde ich es nicht überleben.

Noch bevor ich den Gedanken zu Ende gedacht hatte, rannte ich bis an die Dachkante und sprang.

35

Langsam ging ich die Straße hinunter zu meinem Haus, die Tasche in der Hand, darin mein Tagebuch. Das Herz in meiner Brust jubilierte wie ein Vogel. Endlich kehrte ich nach Hause zurück. Ich war älter geworden. Wie viele Jahre waren vergangen? Ich wusste es nicht, und es spielte auch keine Rolle mehr. Die Zeit war ein langer, gemächlicher Strom. Die frühe Abendsonne malte Schatten in die klare Luft. Die Leute drehten sich zu mir um und winkten mir zu, als wäre ich lange fort gewesen.

Ich trat durch das Tor und öffnete die Tür zum Hof. Überall auf den Fliesen lag Spielzeug verstreut. Ich ging hinein und rief: »Tanefert? Sechmet? Mädchen?« Keine Antwort. Ich durchquerte den Wohnraum. In der Küche lag faulendes Gemüse in einer Schüssel, und auf den Tellern hatte sich der Staub vieler Tage gesammelt.

Das Zimmer der Kinder, wo ich sie zuletzt gesehen und zum Abschied geküsst hatte, war leer, die Betten ungemacht. Eine von Sechmets Geschichten – sie hat Hunderte geschrieben – lag in einzelnen Blättern auf dem Boden verstreut. Ich bückte mich, um sie aufzuheben, und sah zu meinem Entsetzen auf dem Papyrus den Abdruck eines dreckigen Lederstiefels. Meine Hände begannen zu zittern.

Ich rannte durch die Räume, rief ihre Namen, stieß Stühle beiseite, riss Türen auf, durchwühlte Vorratskisten, um zu sehen, ob sie sich darin versteckt hatten. Doch ich wusste nun, dass sie fort waren und ich sie für immer verloren hatte. In diesem Augenblick vernahm ich ein Heulen wie von einem leidenden Tier, das sich weit fort in einem finsteren, toten Wald verirrt hatte.

Von diesem sonderbaren Geheul wurde ich wach. Ich selbst hatte diese bitteren Schreie ausgestoßen. Schmähliche Tränen rannen mir übers Gesicht. Verzweifelt versuchte ich, wieder zu mir zu kommen, aus diesem schrecklichen, verwirrenden Traum zu erwachen. Ich hätte gern so tief geschlafen, dass ich nichts mehr wusste und fühlte, doch irgendjemand warnte mich davor. Ich musste wach bleiben. Plötzlich bekam ich Angst davor, was geschehen würde, wenn ich wieder einschlief.

Kein Lichtstrahl drang in den Raum, in dem ich mich befand. Was also den Sonnengott anging, der hatte mich verlassen. Ich konnte nichts sehen. Mein Körper war weit fort, und mir kam der Gedanke, dass ich ihn zurückholen musste. Ich erinnerte mich daran, dass ich Muskeln besaß. Ich konzentrierte mich auf das Wort »Hand«, und irgendetwas regte sich, wenn auch kalt und schwer und weit entfernt. Ich dachte »Finger«, und dieses Mal konnte ich deutlicher spüren, wie sie sich bewegten. Aber was war das Raue, Harte dort? Um meine Handgelenke, die nass waren, lag eine grobe Fessel. Langsam führte ich meine Hände zusammen und stellte fest, dass sie mit einem Strick zusammengebunden waren. Mühsam hob ich sie an den Mund, denn mein Geschmackssinn war der einzige, auf den ich mich noch verlassen konnte. Ich schmeckte etwas Vertrautes und seltsam Tröstliches. Mit einem Schlag fiel es mir wieder ein: Eine Messerklinge, die man mir an die Lippen hielt. Dann war die Erinnerung wieder weg, und ich empfand stattdessen eine unendliche Traurigkeit. Ich wehrte mich dagegen. Nein! *Hör nicht auf zu denken!* Die Fesseln hatten mir Haut und Fleisch abgescheuert. Wahrscheinlich hatte ich im Traum versucht, mich zu befreien.

Ich tastete mit den Fingern über mein Gesicht: Augen, Nase, Mund. Kinn. Hals. Schultern. *Weitermachen.* Brust. Brustwarzen. Arme, zwei – Schürfwunden, die bei der Berührung schmerzten. Blutergüsse? Wunden? *Weiter. Du musst dich wiederfinden.* Bauch, Schenkel – und wieder eine plötzliche Erinnerung: Ich sah Stiefel, die mir wieder und wieder in die

Lenden traten, und spürte wieder den schrecklichen Schmerz, die Wut, das Erbrechen. Jetzt nahm ich den Geschmack in meinem Mund wahr: säuerlich, trocken, widerlich. Auf einmal wollte ich nur noch trinken. Wasser!

Wie aufgescheuchte Ratten huschten meine gefesselten Hände über den unsichtbaren Boden. Ein Krug. Ich hob ihn an die Lippen, der Inhalt schwappte über mich und brannte in meinen Wunden. Ich schleuderte den Krug in die Dunkelheit. Kalte Pisse. Meine Handgelenke pochten, wo die kurzen Seile an ihnen zerrten. Mein Magen hob sich, doch es kam nichts als ein wenig bittere Galle, die mir in der Kehle brannte.

Dann fiel es mir wieder ein. Mahu. Das Dach. Der Augenblick, bevor ich sprang. Das hier war sein Werk. Er war daran schuld. Wieder schnitten sich die Fesseln in mein Fleisch, als ich wie ein rasendes Tier gegen meine Gefangenschaft zu wüten begann.

Plötzlich Kommandos, Rufe. Die Tür wurde aufgestoßen, und jemand kippte mir einen Krug kaltes Wasser über den Kopf. Erschrocken über das Licht, den Wasserschwall und aus Angst vor weiteren Bestrafungen verkroch ich mich in einem Winkel meiner Zelle, deren dreckige Mauern ich jetzt teilweise erkennen konnte. Seltsame Zeichen waren in diese Mauer eingeritzt, verzweifelte Botschaften der Verurteilten, die auf ihrem Weg in den Tod und das Vergessen hier Station gemacht hatten. Jetzt war ich einer von ihnen.

Zwei Medjaiwachen rissen mich unsanft auf die Füße. Ich spürte, wie sich auch in meine Fußknöchel schmerzhaft Fesseln einschnitten. Nackt stand ich im Lichtschein. Die Wachen achteten nicht weiter darauf und gaben mir nichts zum Anziehen. Ich versuchte zu sprechen, brachte jedoch lediglich ein Krächzen heraus. Die Männer lachten, doch einer von ihnen reichte mir einen Krug. Zitternd hob ich ihn, und ein wenig kühles Wasser rann mir in den Mund. Mir stiegen die Tränen in die Augen. Dann riss mir die Wache den Krug wieder aus der Hand.

Ich weiß nicht, wie lange wir dort standen. Ich war so müde, doch sie stießen mich mit ihren Knüppeln, sobald ich zu schwanken begann wie ein Betrunkener, der nicht mehr weiß, wer und wo er ist.

Da tauchte ein großer Schatten auf. Langsam und zielstrebig, Schritt für Schritt, näherte er sich der Tür, als stiege er hinab in ein Grab. Beim Eintreten musste er sich bücken. Mahu. Er warf einen beiläufigen Blick auf mich. Die Wachen nahmen Haltung an. Unvermittelt um mich schlagend und tretend, versuchte ich, mich loszureißen, um mit meinen bloßen Fäusten, mit Füßen und allem, was ich greifen konnte, auf seine selbstgefällige Visage einzuprügeln. Doch die Seile, die mich hielten, waren so kurz wie bei einem tollen Hund, und zuckend und strampelnd fiel ich ihm vor die Füße. In diesem Augenblick hasste ich ihn und seinen dicken hechelnden Hund. Mit Zähnen und Klauen hätte ich Mahu die breite Gurgel zerfetzen, ihm die Rippen zerschmettern und mich an seinen Eingeweiden und seinem verfetteten Herzen laben können.

Er lächelte. Ich schwieg und versuchte, meinen keuchenden Atem und den rasenden Hass in mir unter Kontrolle zu bringen. Er zuckte die Schultern und wartete, geduldig wie ein Folterknecht. Dann beugte er sich zu mir herab, sodass ich seinen faden Geruch wahrnehmen konnte.

»Niemand weiß, dass du hier bist«, sagte er.

Ich erwiderte seinen Blick.

»Ich habe dich gewarnt, Rahotep. Du trägst allein die Schuld. Wenn du jetzt leidest, ist es nur recht. Und wenn du mich wegen deines Leidens hasst, dann ist auch das gut. Es ist wie ein Fieber, das in dir brennt und deine Seele zerfrisst.«

»Ich bringe dich um.«

Er stieß ein kurzes, verächtliches Lachen aus, drehte den Kopf auf seinem massiven Hals und nickte. Die Wachen hielten meine Arme fest, worauf er mich mit seinen fleischigen Händen an den Haaren am Hinterkopf zog und mich so zwang, ihn anzusehen. Sein heißer, fauliger Atem streifte mein Gesicht. Seine Zähne hätten dringend gesäubert werden müssen. Ich bemerkte winzige unterbrochene rote Linien unter der fettigen Haut an seiner Nase. Als er sprach, spritzte mir sein Speichel ins Gesicht.

»Hass ist wie eine Säure, und ich sehe gerade, wie sie dich durchdringt und deinen Geist zersetzt.« Dann drückte er langsam und wie beiläufig mit zwei Fingern gegen meine Augen, bis ich vor Schmerz Sterne sah, die an dem roten Himmel in meinem Kopf zerplatzten. Ich dachte, er würde mir mit den Händen den Schädel zermalmen. Ich zerrte an meinen Fesseln, spuckte ihn an, schlug hilflos um mich. »Bevor du ohnmächtig wirst, will ich eine Antwort. Wo ist die Königin?«

Ich weigerte mich, zu antworten. Er drückte fester zu. Weißglühender Schmerz zuckte durch meinen Kopf.

»Wo ist die Königin?«

Noch immer sagte ich nichts. Ob er mir jetzt die Augen zerquetschen würde? Plötzlich ließ der Druck nach. Ich blinzelte, konnte jedoch nichts erkennen als seltsam wirbelnde Formen und Farben. Ich schüttelte den Kopf, um wieder klar zu sehen. Da traf mich sein Tritt im Gesicht und erschütterte meinen ganzen Kopf. Bittere Galle stieg mir in den Mund. Eklig süßes Blut tropfte von meiner gespaltenen Lippe. Ich spürte die Kante meiner Zähne an meinem anschwellenden Mund.

Durch das Dröhnen in meinem Schädel hörte ich wieder seine unbewegte Stimme: »Wo ist die Königin?«

»Wie es in den Kapiteln über das ›Heraustreten ans Tageslicht‹ geschrieben steht.«

»Was?«

»Wie es in den Kapiteln über das ›Heraustreten ans Tageslicht‹ geschrieben steht.«

»Ich kann Rätsel nicht leiden.«

»Ihr Zeichen ist Leben.« Diesmal lächelte ich.

Er schlug mir das Lächeln aus dem Gesicht.

»Ich breche dir jeden Finger einzeln, wenn es sein muss. Wie willst du dann in dein kleines Tagebuch schreiben? Dann kannst du nicht mal mehr deinen Schwanz beim Pissen festhalten.«

Ich wartete einen Augenblick, dann sagte ich so nachdrücklich, wie ich konnte: »Steige hinunter in die Unterwelt.«

Seine Miene verriet seinen Zorn. Gut so. Dann seufzte er, als hätte er ein widerspenstiges Kind vor sich, ergriff lässig meine linke Hand und bog mit einer raschen Bewegung den kleinen Finger nach hinten. Das leise Knacken hallte durch die Zelle. Ich schrie auf.

Er blickte mir eindringlich in die Augen, als wollte er sich aus nächster Nähe an meiner Qual weiden. Ich sah die schwarzen Pünktchen seiner Pupillen und mein eigenes verzerrtes Spiegelbild in seinen Augen.

»Diesmal wird dich keiner retten, Rahotep. Es ist zu spät. Nicht einmal Echnaton selbst weiß, dass du hier bist. Du hast dich in Luft aufgelöst. Du bist ein Niemand. Ein Nichts.«

Der Schmerz in meiner Hand ließ noch immer nicht nach, und ich hatte Angst, ich müsste mich wieder übergeben.

»Du hast nur noch sehr wenig Zeit, die Königin zu finden«, krächzte ich. »Und wenn du es nicht schaffst, wird das Fest zu einer Katastrophe für Echnaton und für dich und die Stadt. Nur ich kann dir weiterhelfen. Du kannst es dir nicht leisten, mich zu töten.«

»Ich brauche dich nicht zu töten. Darum werden sich andere kümmern. Aber ich glaube, ich werde dir sehr wehtun müssen. Wir können noch eine ganze Weile weitermachen.«

»Egal, was du mir antust, das eine sage ich dir: Ich werde dir nicht verraten, was ich weiß. Lieber sterbe ich.«

»Nicht du wirst sterben. Verstehst du mich?«

Ich blickte ihm in die Augen und verstand, was er mit seiner Drohung meinte. Hathor, Herrin des Westens, vergib mir jetzt. Ich tat das einzig Mögliche.

»Wie es in den Kapiteln über das ›Heraustreten ans Tageslicht‹ geschrieben steht.«

Seine Augen wurden kälter, als wäre alles Licht plötzlich aus ihnen gewichen. Wieder griff er nach meiner Hand. Ich wappnete mich, indem ich ein stummes Gebet sprach. Mein ganzer Körper schlotterte jetzt. Er wartete, genoss meine Qual, ließ sich Zeit.

»Sag mir, wo sie ist.«

Mit dem letzten Rest Widerstand, der mir noch geblieben war, blickte ich ihm in die Augen. »Nein.«

Er packte den nächsten Finger, um das Knöchelchen zu brechen.

36

In der plötzlich eingetretenen Stille ertönte eine leise, aber gebieterische Stimme: »Was geht hier vor?«

Er war unbemerkt eingetreten. Vielleicht waren Mahu und ich so sehr in unsere Feindseligkeit und das blutige Geschehen vertieft gewesen, doch es schien, als besäße er keinen Schatten. Lautlos, wie aus der leeren Luft, war er aufgetaucht. Eje. Selbst sein Name war gewichtslos. »Leere Luft«, das passte sehr gut zu ihm. Doch wie konnte leere Luft bewirken, dass ein Verbrecher wie Mahu erschrocken aufsprang und Entschuldigungen zu stammeln begann?

»Bindet diesen Mann los.« Eje flüsterte beinahe, damit wir alle angestrengt lauschen mussten.

Hasserfüllt und unsicher nickte Mahu, worauf die Wachen dem Befehl gehorchten. Ich umfasste meine verletzte Hand und die blutigen Handgelenke.

»Dieser Mann ist ja nackt«, fügte Eje wie mit gelinder Verwunderung hinzu. Er blickte fragend auf Mahu, der, statt zu antworten, nur eine vage Handbewegung machte. Ejes Gesicht nahm einen Ausdruck an, den man bei einem anderen ein Lächeln hätte nennen können. Seine Lippen zogen sich zurück und entblößten schöne gleichmäßige weiße Zähne, die Zähne eines Mannes, der niemals etwas zu sich nimmt, was sie schädigen oder verderben könnte. Doch seine grauen Augen lächelten keineswegs. »Vielleicht solltest du ihm deine eigenen Kleider anbieten«, sagte er sanft.

Mahu blickte so verdutzt, dass ich beinahe aufgelacht hätte, und es sah fast aus, als wollte er Anstalten machen, diesem absurden Befehl zu gehorchen. Doch Eje bedeutete mit einem herablassenden Nicken, dass man mir meine Kleider bringen sollte – was auch unverzüglich geschah. Trotz des heftigen Schmerzes in meinem gebrochenen Finger kleidete ich mich, so rasch ich konnte, an, worauf ich mich sofort stärker, ebenbürtiger fühlte. Wir drei standen schweigend, und ich fragte mich, was wohl als Nächstes geschehen würde. Eje ließ Mahu zappeln; der wünschte, er wäre aus Stein.

»Hat dieser Mann dir nicht eindeutig klargemacht, dass er unter meinem Schutz steht?«, wollte Eje von Mahu wissen.

Falls das überhaupt möglich gewesen wäre, war ich einen Augenblick lang noch verblüffter als Mahu, der mir jetzt einen Blick zuwarf.

»Und was muss ich sehen? Der Leiter der Polizei führt höchstpersönlich diese kleine Befragung durch. Ich bin äußerst erstaunt.«

»Ich hatte den Auftrag und die Erlaubnis von Echnaton persönlich, ihn festzunehmen«, entgegnete Mahu.

»Ich verstehe. Der König weiß also, dass du diesen Mann zum Verhör hierhergebracht hast?«

Darauf wusste Mahu nichts zu erwidern.

»Ich glaube kaum, dass der König es gutheißen würde, wie du einen Kollegen behandelst, dem er selbst in seiner unendlichen Weisheit einen Auftrag erteilt hat.«

Dann drehte er sich zu mir um, und zum ersten Mal blickte ich geradewegs in seine frostigen grauen Augen – die, wie mir plötzlich aufging, voller Schnee waren.

»Komm mit.«

Meine Rache an Mahu würde ich mir für später aufheben, um sie dann umso mehr zu genießen. Ich musste meine ganze Willenskraft aufbieten, um ihm nicht mit meiner gesunden Hand einen kräftigen Faustschlag ins Gesicht zu versetzen, als ich an ihm vorüberging. Das wusste er auch. Stattdessen starrte ich ihn nur an, bevor ich, so gut ich konnte, weiterging und Ejes Schritten die Treppe hinauffolgte, von wo ein schwacher Schimmer Tageslicht auf diese elenden Mauern fiel.

Kurz darauf befanden wir uns in einem weiten, mit Ziegeln

ausgekleideten und etwa einhundert Ellen tiefen Schacht, der aussah wie ein dauerhaft ausgetrockneter Brunnen. An den Seiten verlief eine Treppe nach oben, und auf jedem Absatz gähnten in allen Richtungen pechschwarze Öffnungen wie in einer Katakombe. Die Eingänge zu diesen Nischen waren vergittert. Doch trotz der Finsternis bemerkte ich im Vorübergehen die noch lebenden Leichname. Wie kleine Bündel aus Haut und Knochen hockten sie in winzigen Käfigen, die nicht einmal für einen Hund getaugt hätten. Einige von ihnen hatten die Augen so weit aufgerissen, dass man das Weiße sah. In einem anderen Gelass erblickte ich Männer, die bis an die Nase in große sandgefüllte Tonvasen eingegraben waren. Wahnsinn und Verzweiflung flackerten in ihren Augen. Diese Männer hatte man hier vergessen, und sie konnten nichts mehr sagen, um sich zu verteidigen oder zu verraten. Es war kaum ein Laut zu hören.

Eje nahm all das Entsetzliche gar nicht zur Kenntnis. Mühelos, Schritt für Schritt, stieg er langsam und bedächtig die Treppe hinauf. Ich folgte ihm, fassungslos wegen der Geschehnisse und des Anblicks, der sich mir bot, bis ich endlich außer Atem aus dieser Grube voller Leid und Elend ans ganz gewöhnliche Tageslicht stieg. Plötzlich war die Welt wieder da: Hitze und strahlende Helligkeit und Wächter, die müßig im Schatten einer Schilfhütte saßen. Als sie Eje erblickten, sprangen sie auf und nahmen respektvoll Haltung an.

Eje bestieg eine Sänfte, die mitsamt ihren uniformierten Trägern bereits wartete, und bedeutete mir, neben ihm Platz zu nehmen. Als ich die Augen mit der Hand gegen das grelle Tageslicht abschirmte, erkannte ich auf einmal, wo wir uns befanden: im Roten Land hinter der Stadt, südlich der Wüstenaltäre. Es musste spät am Morgen sein, denn die Schatten waren verschwunden, und die Luft flimmerte vor Hitze und überwältigender Helligkeit. Ich fühlte mich sehr schwach und müde. Eje reichte mir einen kleinen Wasserkrug, und ich trank langsam, während sich die Sänfte auf einem der Medjaipfade in Bewegung setzte. Diener liefen mit Sonnenschirmen neben uns her. Ich glaube, Eje empfand eine tiefe Abneigung gegen die Sonne.

Wir saßen schweigend. Ich konnte kaum einen klaren Gedanken fassen und spürte noch immer dem eigenartigen Nebeneinander der beiden Welten nach, eine tief unter der Erde, die andere hingegen offen vor Re im hellen Tageslicht. Und ich war zwischen beiden gewandelt, glücklicherweise in die richtige Richtung.

»Wie lange war ich eingesperrt?«, fragte ich Eje.

»Heute ist der Tag vor dem Fest«, erwiderte er ruhig.

Zwei Tage. Durch Mahus Schuld blieb mir jetzt nur noch ein einziger Tag. Wie sollte ich in so kurzer Zeit das Rätsel lösen und damit meine Familie retten? Mein Hass auf ihn loderte auf wie eine helle Flamme.

»Und was ist mit meinem Gehilfen Keti?«

»Von dem weiß ich nichts«, erwiderte Eje wegwerfend.

Endlich einmal eine gute Nachricht. Vielleicht war er ja entkommen.

Die Sänfte brachte uns nach Achet-Aton, und bald bewegten wir uns durch die Straßen der inneren Stadt, inmitten von Menschen, die ihren täglichen Verrichtungen nachgingen und keine Ahnung hatten, welche Gräueltaten ganz in der Nähe an ihren Mitmenschen begangen wurden. In dieser so sonnigen Stadt erblickte ich überall Schatten. Parennefer hatte von einem Zauber gesprochen, doch mir erschien es jetzt wie ein Trugbild, eine schreckliche Täuschung. Eje schaute auf das Gewimmel draußen und warf hin und wieder einen Blick an Häusern hinauf, die sich noch im Bau befanden. Auf den hohen Mauern waren zahlreiche Trupps von Handwerkern und Arbeitern eifrig bemüht, der Stadt bis zum Fest zumindest den Anschein der Vollendung zu geben. Eje wirkte skeptisch. Er bemerkte, dass ich ihn ansah.

»Glaubst du, sie werden rechtzeitig zu den Feierlichkeiten fertig?«, fragte ich ihn.

Mit seiner leisen Stimme antwortete er: »Das hier ist alles eine große Illusion, aus Lehm und Stroh gemacht, und bald wird es wieder zu dem Stoff zerfallen, aus dem es erbaut wurde.«

Wir passierten den kleinen Atontempel und den großen Palast und folgten der Königlichen Straße bis zum Hafen. Unablässig hatte ich mir meine Lage durch den Kopf gehen lassen. Hier saß ich nun, zusammen mit diesem unglaublich mächtigen Mann, der mich vor der freundlichen Aufmerksamkeit Mahus und seiner Bande gerettet hatte. Doch was bedeutete dieser neue Gefährte für mich? Was wollte Eje von mir? Er hatte mich aus einer Falle befreit, doch war ich vielleicht im Begriff, in die nächste zu tappen? Wir wurden nicht von Wachen begleitet, also hätte ich einfach aus der Sänfte steigen und davongehen können. Aber was dann? Ich hatte das Gefühl, er hätte mich überall aufspüren können.

Er winkte mich auf ein Schilfboot. Draußen auf dem Wasser lag sein prächtiges Schiff vor Anker. Das war also unser Ziel: sein schwimmender Palast, ein bewegliches Reich. Wie er es erwartet hatte, stieg ich in das Boot.

37

Stattlich und in sich ruhend, wie getragen von seinen ureigenen unwandelbaren Gesetzen, lag das Schiff im Wasser. Die Wimpel hatte man abgenommen, die Priester und Musikanten waren fort, und auf mich, der ich auf dem Hauptdeck stand, machte es vor allem den Eindruck von Macht, Klarheit und Eleganz. Eje trat eilig in den Schatten des Säulengangs und winkte mir, ihm zu folgen. »Der Arzt wird deine Wunden untersuchen, und dann werden wir speisen«, sagte er.

Im Handumdrehen erschienen Diener und führten mich in einen Raum mit einer niedrigen Liege, die mit einem frischen Leintuch bedeckt war. Sie bedeuteten mir, mich zu entkleiden, damit sie mich waschen konnten, doch ich weigerte mich. Ich wollte meine Wunden selbst reinigen, obgleich mein Finger fürchterlich pochte. Ich schaffte es, mich aus meinen alten Kleidern zu schälen. Dann säuberte ich langsam die Schnitte und die Abschürfungen an Hand- und Fußgelenken und wusch mir den Schweiß und Schmutz von Gesicht und Hals. Mahu und seine Wachen hatten mich mit Messern traktiert: Blutergüsse und zickzackförmige Schnittwunden bedeckten die Innenseiten meiner Schenkel und die Stellen unter den Armen.

Später, als ich mich abtrocknete, klopfte es an die Tür, und ein Mann mittleren Alters in einer dezenten, aber teuren Tunika trat ein. Er hatte ein merkwürdig leeres Gesicht. Seine Lippen waren dünn. Er erinnerte mich an ein verlassenes Haus. »Ich bin der Oberste Arzt des Gottesvaters«, sagte er mit nahezu farbloser Stimme. »Ich werde dich jetzt untersuchen müssen.« Ich empfand Widerwillen dagegen, mich von ihm berühren zu lassen. Das bemerkte er. »Es geht nicht anders.« Ich nickte.

Er legte die Hände auf verschiedene Stellen meines Körpers, dann betasteten seine Finger flink die Schnitte und Wunden und drückten die Haut zusammen, um sie auf Infektionen oder üble Säfte zu untersuchen.

Als er meine Hand nahm und den gebrochenen Finger untersuchte, indem er ihn hin- und herbewegte, zuckte ich vor Schmerz zusammen. Er schien es nicht zu bemerken. Er nickte nur, als sei es der Beweis dafür, dass der Finger wirklich gebrochen war.

Dann öffnete er eine kleine Truhe, die Behälter mit Mineralien, Kräutern, Honig, Fett und Galle enthielt. Daneben gab es noch Gefäße, in denen Essenzen und Öle gemischt und aufbewahrt wurden, sowie eine Reihe chirurgischer Instrumente: Spitze Haken, lange Sonden, Schröpfköpfe und übel aussehende Zangen hingen an ihren Haken. Wie ähnlich diese Instrumente denen sahen, die man bei der Einbalsamierung und Mumifizierung verwendete, dachte ich. Ich erinnerte mich an die Kammer der Reinigung. An Tjenri und seine Glasaugen. An den Kanopenkrug und seinen widerlichen Inhalt. Ich bemerkte eine Statue Thoths, des Gottes des Wissens und der Schrift, der in seiner Erscheinungsform als Pavian von einer Nische auf uns herabblickte. Der Beschützer der Verstorbenen in der Unterwelt.

»Ich sehe, dass du dich für Alchemie interessierst«, sagte ich.

Er klappte die Truhe zu und drehte sich um. »Es ist ein Wissensgebiet«, erwiderte er. »Umwandlung. Die Läuterung von Grundsubstanzen zu ewiger Wahrheit.«

»Und wodurch?«

»Durch Feuer.« Er blickte mich mit seinen trostlosen Augen an. »Dreh dich bitte mit dem Gesicht zur Wand.« Er reichte mir eine Schüssel.

»Wofür ist die?«, fragte ich.

Er antwortete nicht. Ich drehte mich um und spürte, wie er meine Finger auf ein Brett legte, den gebrochenen, der empfindlich und gekrümmt war, spreizte er ab.

»Ich habe von einer Substanz gehört, die nur Alchemisten kennen. Ein Wasser, das nicht nass macht, doch alles verbrennt.«

Plötzlich fuhr ein entsetzlicher Schmerz durch meinen kleinen Finger bis hinauf in den Arm. Ich übergab mich in die Schüssel, die er mir gereicht hatte.

Als ich wieder zur Besinnung kam, war er schon dabei, meinen Finger zu schienen. Der Schmerz war einem dumpfen Pochen gewichen.

»Dein Finger ist wieder eingerichtet. Es wird eine Zeit dauern, bis er geheilt ist.«

Er machte sich daran, den Raum wieder so makellos ordentlich herzurichten, wie er gewesen war.

»Als Oberster Arzt hast du doch bestimmt Zugang zu den Büchern des Thoth, nicht wahr?«, sagte ich.

Nach kurzem Schweigen sagte er: »Davon kannst du doch gar nichts wissen.«

»Es heißt, diese Bücher enthielten eine Sammlung von Geheimnissen und verborgenen Kräften.«

»Verborgene Kräfte liegen in allem«, erwiderte er. »In diesem Wissen liegt große Macht. Aber auch große Gefahr für jemanden, der nicht ordnungsgemäß in seine Geheimnisse und Verpflichtungen eingeführt wurde.«

Wir starrten einander an. Er wartete ab, ob ich noch einen Versuch unternehmen würde. Dann nickte er zurückhaltend und ging, wobei er die Tür leise hinter sich zuzog.

Man brachte mich in das Prunkzimmer mit seinen goldenen Stühlen, langen Bänken und den hethitischen Wandbehängen und ließ mich allein. Auf Gestellen standen zwei Tabletts – gestärktes Leinen, kostbare Metallschüsseln, Pokale aus Alabaster, die in dem glänzenden Licht, das durch die Kabinenfenster fiel, nahezu durchsichtig wirkten. Ich war am Verhungern, und bei der Aussicht auf ein köstliches Mahl, selbst in dieser angespannten Situation, begann mein Magen zu knurren.

Ich betrachtete gerade nachdenklich die prachtvollen Gegenstände um mich herum, als ich einen Luftzug spürte. Eje war da. Wir nahmen neben den beiden Tabletts Platz. Ein schweigender Diener, der seine Arbeit vollendet erledigte und es gleichzeitig fertigbrachte, so zu tun, als sei er gar nicht anwesend, wartete uns auf. Er servierte zahlreiche Gerichte, darunter einen Fisch, der zusammen mit Weißwein, Kräutern und Nüssen in einem Päckchen aus Papyrus gegart worden war – etwas, was ich mir nie hätte träumen lassen.

»Fisch gilt als Armeleuteessen«, sagte Eje, »aber richtig zubereitet ist er eine Delikatesse und eine viel feinere Speise als Fleisch. Immerhin kommt er aus dem Herzen des Großen Flusses, der uns allen Leben spendet.«

»Und unseren Abfall und die toten Hunde mit sich fortträgt.«

»Siehst du es so?« Er dachte darüber nach, dann schüttelte er ablehnend den Kopf. »Der Fisch ist ein beeindruckendes Geschöpf. Er lebt in einem anderen Element und ist stumm und rein. Er hat seine Geheimnisse, kann sie aber nicht ausplaudern.«

Sorgfältig löste er Schwanz, Mittelgräte und Kopf und legte sie auf einen anderen Teller. Ich tat es ihm, weniger geschickt, nach. Die beiden fettigen Köpfe lagen auf der Seite, als lauschten sie gebannt unserem Gespräch. Eje aß ein paar Bissen des köstlichen Fleisches.

»Ich habe dich hierhergebracht, weil ich weiß, dass du die Königin gefunden hast«, sagte er. »Anderenfalls hätte ich dich der liebevollen Pflege Mahus überlassen, der dich hasst.«

Ich antwortete nicht, zumal ich den Mund voll hatte.

»Lass es mich anders ausdrücken. Sie ist eine kluge Frau und hätte dich nicht zu sich geführt, wenn sie nicht gefunden werden wollte. Stimmt's?«

Wieder gab ich keine Antwort. Ich wollte erst abwarten, worauf er hinauswollte. Ich musste an den Ausdruck animalischer Furcht auf dem hübschen Gesicht denken, als Ejes Name fiel.

»Also hat sie einen Plan, der in gewissem Grade von deiner Mitwirkung abhängt. Und dieser Plan beinhaltet natürlich, dass sie während des Festes in Erscheinung tritt. Warum hätte sie sich sonst verbergen sollen?«

Auf diese Frage erwartete er keine Antwort.

»Ich habe sie nicht gefunden und weiß nicht, wo sie ist«, sagte ich.

Er hörte auf zu essen und starrte mich mit seinen Schneeaugen an.

»Ich weiß, dass du sie gefunden hast. Ich weiß, dass sie nicht tot ist und dass sie zurückkehren wird. Die einzige Frage ist also, was geschieht als Nächstes? Das kann sie nicht wissen, also interessiert mich dieser Punkt besonders.«

Auf ein Nicken von Eje hin räumte der Diener die Speisen ab und brachte neue.

»Und was habe ich mit alldem zu tun?«

»Du bist ihr Mittelsmann. Und daher wünsche ich, dass du ihr eine Botschaft von mir überbringst.«

»Ich bin kein Botenjunge«, erwiderte ich und erhob mich.

»Setz dich.«

»Ich bleibe stehen.«

»Die Botschaft ist folgende: Bitte sie, zu mir zu kommen, dann werde ich die Ordnung wiederherstellen. Dieses ganze Theater ist überflüssig. Für uns alle gibt es vernünftige Lösungen, wenn wir nur die richtigen Entscheidungen treffen. Um die Stabilität in den beiden Ländern wiederherzustellen, braucht sie nicht gegen uns alle zu kämpfen.«

Ich wartete, doch er sagte nichts mehr.

»Ist das alles?«

»Das ist es, was ich sie wissen lassen möchte.«

»Ein besonders gutes Angebot ist es ja gerade nicht«, sagte ich.

Plötzlich wurde er zornig. »Maße dir kein Urteil über Dinge an, die dich nichts angehen. Sei froh, dass du noch am Leben bist.«

Ich beobachtete ihn, das plötzliche Aufbrausen, die kurze Demonstration seiner Macht.

»Sag mir eines. Was ist die Gesellschaft der Asche?« Eje starrte mich lange an. »Und sagen dir Goldfedern etwas? Und Wasser, das nicht nass macht, sondern verbrennt?«

Seine Miene verriet nicht das Geringste, aber diesmal stand er auf und ging ohne ein Wort des Abschieds hinaus.

Ich setzte mich wieder und aß weiter. Nach allem, was ich durchgemacht hatte, hatte ich mir zumindest ein gutes Mahl verdient.

38

Man brachte mich zurück ans Ufer. Mein Bauch war voll, mein Kopf vom Wein benebelt, und in meinem Finger klopfte es noch immer. Ich drehte mich um und blickte zurück auf das große Schiff. Eje kam mir vor wie eine Fata Morgana: Deutlich zu erkennen, doch wenn man ihn aus dem falschen Blickwinkel betrachtete, war er plötzlich verschwunden. Handelte es sich bei ihm wirklich um einen Mann mit uneingeschränkter Macht oder bloß um einen Gauklertrick mit Rauch und Spiegeln?

Es war jetzt mitten am Nachmittag, und die Sonne, die erbarmungslos auf den siedenden Kessel der Stadt niederbrannte, machte meinen Kopf nicht klarer. Ebenso wenig wie die aufgeheizte und erregte Menge, die den Hafen und die Straßen verstopfte. Alles wirkte irgendwie verschwommen. Nach den Stunden, die ich an Bord des Schiffes auf dem fließenden Wasser verbracht hatte, und der verlorenen Zeit im Kerker fühlte ich mich schwer und müde, als würde das feste Land mich hinunterziehen. Ich wollte mich nur noch waschen und im Dunkeln schlafen.

Doch ich musste Nofretete sehen. Nicht, um ihr Ejes Botschaft zu überbringen – auch wenn es interessant gewesen wäre zu sehen, welche Wirkung seine Worte auf die Königin hätten –, sondern weil ich herausfinden wollte, ob Keti es bis zur Festung der Königin geschafft hatte. Und außerdem hatte ich ihr einiges mitzuteilen. Ich musste ihr etwas erzählen. Bruchstücke einer Geschichte, die sie, wenn es ihr beliebte, besser zusammenfügen konnte als ich.

Ich machte mich auf den Weg zur Totenstadt. Von der Katze war nichts zu sehen. Zum zweiten Mal ging ich zu der Kapelle, nachdem ich mich vergewissert hatte, dass mich niemand beobachtete, und betrat den kleinen schattigen, aus Stein gebauten Vorhof. Im schattenlosen, grellen Licht des Nachmittags erschien er mir weniger geheimnisvoll, nicht mehr so überzeugend. Im Heiligtum selbst hatte jemand die Opfergefäße beiseitegetreten, die Hieroglyphen unleserlich gemacht, meinen Namen getilgt. Also wusste jetzt jemand von diesem Ort.

Ich untersuchte den engen Spalt, durch den ich in jener Nacht in die Unterwelt hinabgestiegen war. Doch er war versiegelt. Es gab keinen Zugang mehr. Wie sollte ich dann zu ihr gelangen? Und warum hatte man diesen Ort verwüstet? Es war offensichtlich mit Bedacht geschehen. Wollte sie nicht, dass ich noch einmal zu ihr kam? Ich war wütend. Was wollte sie überhaupt von mir?

Als Nächstes ging ich zum Schweinestall und suchte wie verrückt nach der Falltür, während die Schweine mich beschnüffelten. Doch die Tür ließ sich nicht öffnen. Plötzlich fühlte ich mich beobachtet. Ich blickte das Gässchen hinauf und hinunter – niemand. Allerdings war es eigenartig still. Jemand hätte mir folgen und sich dann in einen dunklen Hauseingang drücken können. Also blieb mir keine andere Wahl: Beinahe im Laufschritt eilte ich zum Großen Fluss. Im Zickzack lief ich durch Straßen und Sträßchen, drängte mich durch das Gewühl, schlüpfte dann in ein Seitengässchen und kehrte wieder um. Dabei blickte ich unverwandt über die Schulter. Im tiefsten Inneren spürte ich, dass ich recht hatte, obwohl ich keinen Verfolger entdecken konnte. Ich ließ meinen Blick über die Menschenmenge schweifen, doch alle schienen mit ihren eigenen Angelegenheiten beschäftigt zu sein. Vielleicht übte diese unwirkliche Stadt ja allmählich ihre Wirkung auf meinen Verstand aus. Andererseits gab es mehrere Leute, die ein Interesse daran haben konnten, mir zu folgen, und ich durfte kein Risiko eingehen, wo so viel auf dem Spiel stand.

Ich tat so, als wollte ich in nördliche Richtung zu den Atontempeln gehen, und mischte mich auf der Königlichen Straße unter die Menge. Kurz darauf bog ich nach Osten ab und ging dann – dem Gittermuster der Straßen nach – rechts und wieder rechts, bis ich mich erneut an meinem Ausgangspunkt befand. An jeder Ecke vergewisserte ich mich, dass mir niemand folgte, dann schlängelte ich mich wieder durch das Gewimmel auf der Königlichen Straße und schlug den Weg nach Westen ein, durch das Straßengewirr zu den Kais. Dort mietete ich das schäbigste und unauffälligste Boot, nachdem ich den alten Bootsmann mit einem Fußtritt aus seinem Nachmittagsschläfchen gerissen hatte. Er rieb sich die Augen und ruderte los. Ich blickte zurück auf die belebte Anlegestelle, wo viele Leute aufs Wasser hinausblickten und zahlreiche andere Boote ablegten. Niemand schien mir zu folgen.

Wir setzten schweigend über. Der Mann warf mir einen neugierigen Blick zu und tat dann so, als konzentriere er sich auf den Fluss. Es herrschte reger Verkehr, und wir mussten immer wieder größeren Schiffen ausweichen, langsamen Fährbooten, Flottillen von Vergnügungsbooten und einer Herde Wasserbüffel, die, die Köpfe aus dem Wasser gereckt, ans andere Ufer schwammen.

Auf der anderen Seite setzte er mich ab. Plötzlich war die Welt um mich herum wieder still: einige Vögel, ein paar Kinder, die am Ufer spielten, hin und wieder ein Ruf von den Frauen, die auf den Feldern arbeiteten. Hier legten keine anderen Boote an oder ab. Ich folgte der Sonne, die sich langsam den Bergen im Westen zuneigte, in Richtung auf die Festung.

Ich schritt zwischen Feldern mit Emmer und Gerste dahin. Wie makellos sie waren, seit undenklichen Zeiten bis zur Vollkommenheit gepflegt, als wären die Felder selbst verehrte Götter. An einer Stelle kam mir eine Gruppe Männer auf Eseln entgegen, doch wir nickten uns nur zu und setzten unbeirrt unseren Weg fort. Der Trampelpfad zwischen den Feldern verbreiterte sich zu einem Weg, dem ich am Fluss entlang nach Norden folgte. Ich kam durch eine winzige Ansiedlung, wo die Menschen mit ihren Tieren noch immer in den gleichen niedrigen und finsteren Lehmhütten hausten wie seit Anbeginn der Zeiten. Alle, die Babys und die alten Männer, die auf niedrigen Bänken hockten, eingeschlossen, hielten inne und blickten mir nach. Ich fühlte mich, als wäre ich vom Himmel gefallen. Das hier waren die armen Landarbeiter, die vermutlich, wahrscheinlich sogar, noch nie in der Stadt auf der anderen Seite des Großen Flusses gewesen waren. Für diese Leute war sie wie ein Märchen.

Dann schritt ich wieder zwischen Feldern und Dattelpalmen dahin, umgeben von den Geräuschen des frühen Abends. Wo war es nur? Schwitzend und niedergeschlagen stand ich schließlich an der Grenze zwischen dem Schwarzen und dem Roten Land. Hinter mir lag das lebhafte Grün und Gelb der kultivierten Welt, einen Schritt vor mir begann der steinige allgegenwärtige Verfall. Eine flache, trostlose Ebene erstreckte sich bis zu den roten Felsen, die wie eine unregelmäßige Linie in der Ferne flimmerten. Hinter ihnen ging das Rote Land noch weiter, ewig, unbekannt, heilig, bis ans Ende der Welt.

Und dort, zu meiner Rechten, erhob sich das Bauwerk, dessen gedrungene Mauern nichts von dem Leben in seinem Inneren verrieten. Natürlich gab es weder Türen noch Fenster, doch ich war davon ausgegangen, dass ich rufen oder mir anderweitig Zugang verschaffen konnte. Ich stand im Schatten der östlichen Mauer und kam mir wie ein wütender Narr vor, als ich laut rief. Es kam keine Antwort. Ich rief noch einmal, doch nur ein Vogel in den Bäumen ein Stück hinter mir wiederholte spöttisch meinen Ruf.

Was sollte ich jetzt tun? Ich ging um das Gebäude herum, doch nirgendwo war ein Eingang. Die Lehmziegel zerbröselten mir unter den Fingern, als ich versuchte, mich an der Mauer hinaufzuziehen. Ich trat gegen die nutzlosen Steine zu meinen

Füßen. Verdammt sollte sie sein! Jetzt reichte es. Es wurde Zeit, es zu wagen, die ganze Farce zu vergessen und nach Hause zu gehen. Ich wollte mir ein Boot mieten und die Stadt so schnell wie möglich verlassen. Ich hatte genug.

Ich machte kehrt, doch kaum hatte ich den Weg erreicht, auf dem ich gekommen war, hörte ich etwas. Selbst die Vögel in den Bäumen waren verstummt. Ein kurzer Windstoß raschelte in den trockenen Ähren der Gerste. Mir stellten sich die Nackenhaare auf. Rasch duckte ich mich und kroch in das Gerstenfeld. Gleich darauf vernahm ich das Geräusch marschierender Schritte und rumpelnder Wagenräder. Ein Trupp Soldaten tauchte auf und ging dicht an mir vorüber, gefolgt von einem Wagen, der auf dem unebenen Weg gefährlich schwankte. Darin saßen zwei Medjaioffiziere. Offensichtlich waren sie auf dem Weg zu der eckigen Festung.

Gebückt schlich ich durch das Gerstenfeld in entgegengesetzter Richtung davon, wobei ich einen Bogen um die Siedlung machte. Jetzt, im Abendlicht, wirkte das Dorf wie ausgestorben. Vermutlich versteckten sich alle in ihren Hütten. Als ich an den Fluss kam, entdeckte ich ein wenig entfernt am Ufer eine Militärfähre, die an einem Baum vertäut lag und von mehreren Männern bewacht wurde. Kraftvoll wie immer strömte der Große Fluss dahin. Die Gebäude der Stadt schimmerten golden, und in der Ferne im Osten leuchteten die Felsen in strahlendem Rot. Wie sollte ich hinüberkommen? Und wenn ich drüben war, wo sollte ich als Erstes nach Nofretete suchen?

Da bemerkte ich ein weiteres Ruderboot. Es rührte sich nicht von der Stelle und war in den wechselnden Schatten am Ufer kaum zu erkennen. Der Mann, der darin saß, spähte am Ufer entlang. Ich zog mich zwischen die Bäume zurück. Etwas an der Gestalt im Boot kam mir bekannt vor. Ich blickte genauer hin, doch der Mann geriet mir immer wieder außer Sicht. Wenn es ein Feind war, warum bemühte er sich dann, nicht gesehen zu werden, und warum war er überhaupt hier?

Ich hob einen Kieselstein auf und warf ihn behutsam in Richtung auf das Boot. Einen Augenblick lang war alles still, selbst die Stimmen der Wachen verstummten. Dann ein leises Platschen. Der Mann im Boot drehte sich schnell zu dem Geräusch um und spähte zum dunklen Ufersaum, wo ich mich versteckt hielt. Er paddelte näher heran, aber nicht nahe genug. Ich warf noch ein Steinchen. Es fiel näher am Ufer ins Wasser. Sofort folgte er dem Geräusch. Da wir uns am Westufer befanden, warfen die Bäume lange Schatten, während die Stadt noch im Sonnenlicht lag. Mittlerweile kam mir die Kopfform des Mannes im Boot bekannt vor.

Ich wartete, bis die Wachen ihre Unterhaltung wieder aufnahmen. Als ich ihre murmelnden Stimmen hörte, rannte ich gebückt über den schmalen Uferstreifen zu dem Boot hinüber. Ich hatte recht: Es war Keti. So geräuschlos wie möglich sprang ich hinter ihm ins Boot. Er lächelte nicht, sondern legte nur einen Finger an die Lippen und ließ den Kahn mit der Strömung treiben, fort von den Soldaten.

Als wir weit genug entfernt waren, sahen wir einander an. Der Kopf schwirrte uns von tausend Fragen. Eine erschien mir besonders dringlich.

»Wo ist sie?«

»Ich bringe dich zu ihr. Aber zuerst muss ich wissen, was bei Eje geschehen ist.«

»Wieso weißt du davon?«

»Man hat dich aufs Schiff gebracht. Hast du geredet?«

Niemals zuvor hatte Keti in so nachdrücklichem Ton mit mir gesprochen.

»Ich werde ihr erzählen, was geschehen ist.«

»Du musst es erst mir erzählen. Sonst kann ich dich nicht zu ihr bringen.«

Seine Miene wirkte entschlossen. Das war nicht mehr der naiv-optimistische junge Mann, den ich erst vor wenigen Tagen kennengelernt hatte. Er hatte eine neue Autorität gewonnen.

»Vertraut sie mir nicht mehr?« Er schüttelte den Kopf – offen und ehrlich.

»Du weißt, dass ich gefangen genommen wurde? Von Mahu.«

»Ja, und wir dachten, jetzt wäre alles zu Ende. Aber dann erfuhren wir, dass du befreit wurdest. Von Eje. Das konnte nur bedeuten, dass ...«

»Was? Dass ich sie verraten habe? Dass ich die ganze Zeit über in Ejes Diensten stand? Ist es das, was du glaubst? Nach allem, was wir zusammen durchgemacht haben?« Es ist schwer, in einem kleinen Boot auf dem Wasser wütend zu werden. »Bring mich zu ihr. Sofort.«

Er schaute mich an, dann traf er seine Entscheidung und nickte. Geschickt wendete er das Boot und steuerte es durch die starke Strömung. Der Abendwind ging stoßweise, böig, heiß – es war nicht die kühle Brise aus dem Norden, sondern etwas, das aus dem Süden mit seinen entlegenen Wüsten kam. Über der Stadt stand jetzt ein nahezu voller Mond, über dessen Antlitz zarte, lang gestreckte Wolken wie schmutzige Schleier zogen. Hier und dort leuchteten zwischen den dunklen Bäumen die weißen Fassaden der Stadt.

Wir durchquerten das dunkle, kabbelige Wasser, wobei unser Boot eine unregelmäßige Spur hinterließ, und hielten geradewegs auf einen neuen steinernen Kai zu, an dem die blauschwarzen Wellen eifrig wie mit lauter kleinen Zungen leckten. Die Stufen führten zu einem Ort, den ich bereits kannte. Eine breite Steinterrasse unter einem herrlichen Weinstock – ein geheimer Platz, still und geschützt vor dem auffrischenden Wind. Und ein schöner Sessel ganz nahe am Wasser, in dem man sitzen und nachsinnen konnte. Ich erinnerte mich daran, wie ich in seinen Formen und Umrissen die Gestalt der vermissten Frau gespürt hatte. Und dort saß nun Nofretete leibhaftig und strich gedankenverloren über die Tatzen des geschnitzten Löwen, mit dem die Armlehnen des Sessels verziert waren. Sie wirkte so kühl wie ein Kelch mit Wasser.

Ich stieg aus dem Boot. Die Katze sprang lässig von ihrem Schoß, streckte sich anmutig, kam zu mir und strich mir um die Beine.

»Sie mag dich noch immer.« Eine Spur von Anspannung lag in ihrer Stimme.

»Sie hat Vertrauen. Sie glaubt an mich.«

»Das ist ihre Natur.«

Ich sagte nichts. Keti, der kurz fort gewesen war, brachte einen weiteren Sessel und verschwand dann, vielleicht um Wache zu halten. Ich setzte mich ihr gegenüber, die schnurrende Katze auf dem Schoß.

»Womit sollen wir anfangen?«, fragte ich.

»Mit der Wahrheit?«

»Ihr glaubt, ich bin hier, um Euch etwas vorzulügen?«

»Warum erzählst du mir nicht deine Geschichte? Dann werde ich sehen, ob ich sie dir glaube oder nicht.«

»Noch mehr Geschichten.«

Sie erwiderte nichts.

»Ich war auf der Suche nach Komplotten und Verschwörungen. Ich bin auf Männer gestoßen, die Grund hatten, sich zu wünschen, dass Ihr für immer verschwindet. Und einige von ihnen hatten Grund, Euch wiederhaben zu wollen. Ich habe etwas über die goldenen Federn der Gesellschaft der Asche herausgefunden. Sagt Euch das etwas?«

Sie zuckte die Achseln. »Solch einen Namen geben Männer einer Sache, die sie zu ernst nehmen.«

»Euer Schwager hat mir gesagt, dass die goldene Feder unsichtbare Türen öffnet. Er schien fasziniert davon.«

»Siehst du? Männer lieben ihre Rätsel und Geheimcodes und merkwürdige Siegel. Dann kommen sie sich klug und wichtig vor.«

»So etwas Ähnliches hat auch Eure Schwiegermutter gesagt. Und Eje.«

Ich beobachtete sie genau. Etwas zuckte in ihren Augen bei dem Namen – und das nicht zum ersten Mal.

Sie wechselte das Thema: »Mahu hat dich erwischt.« Es war keine Frage. Ich hielt den geschienten Finger hoch. Es sah albern aus.

»Ich habe nicht geredet«, erwiderte ich. »Jedenfalls nicht viel. Ich erzählte ihm von der Unterwelt und so weiter, aber komischerweise schien er mir nicht zu glauben.«

»Er hat keine Fantasie.«

»Er scheint wirklich alles wörtlich zu nehmen.«

»Aber eines verwirrt mich. Wie bist du entkommen?«, kam sie wieder auf denselben Punkt zurück, unruhig wie eine im falschen Zimmer eingesperrte Katze.

»Euer Freund Eje kam und hat mit ihm geredet. Letztlich ließ sich Mahu dazu überreden, mich laufen zu lassen, nachdem er mir einen kleinen Denkzettel verpasst hatte. Dann lud Eje mich zum Essen ein, was ich natürlich nicht ausschlagen konnte. Es war sehr interessant.« Mit dieser Bemerkung wollte ich sie ködern. Sie sollte Fragen stellen.

»Ich nehme an, Mahu hat versucht, dein Herz und deine Seele zu verletzen. Ich nehme an, er hat deine Familie ebenso bedroht wie deinen kleinen Finger.« Sie machte sich nicht die Mühe, eine mitleidige Miene aufzusetzen.

»Meiner Familie etwas anzutun, hat er mir schon früher angedroht. Das wisst Ihr ja. Im Übrigen hatte ich einen bösen Traum, als ich im Kerker war. Das war beinahe schlimmer als alles, was er mir antun konnte.«

»Traume«, sagte sie leise. »Erzähle mir deinen Traum.«

Ich blickte weg, über den Fluss. Warum sollte ich ihr überhaupt etwas erzählen? Aber selbstverständlich wollte ich ihr alles erzählen.

»Ich träumte, ich käme nach langer Zeit endlich wieder nach Hause. Ich war froh. Doch sie waren alle fort. Es war zu spät.«

In der nun eintretenden Stille, streichelte ich unablässig die Katze, als könnte ich meinen Kummer auf sie übertragen, ohne ihr zu schaden. Sie blickte mit ihren ruhigen grünen Augen zu mir auf. Ich brachte es kaum fertig, aufzusehen und dem ebenso direkten Blick ihrer Herrin standzuhalten.

»Es war nur ein Angsttraum«, sagte sie.

»Ja, bloß ein Traum.«

»Furcht ist eine große Illusion.«

»Einige von uns lässt sie menschlich werden.«

Ich war plötzlich wütend. Was fiel dieser Frau ein, mir etwas über Furcht zu erzählen? Aber auch sie war zornig.

»Glaubst du vielleicht, ich hätte niemals Angst? Hältst du mich nicht für menschlich?«

»Ich sehe die Furcht in Euren Augen, wenn ich Eje erwähne.«

»Was hat er zu dir gesagt?« Wieder einmal ließ sie nicht locker, sie verbiss sich in die Frage wie eine Katze in einen toten Vogel.

»Er war sehr vernünftig. Er bat mich, Euch eine Botschaft zu übermitteln.«

Das ließ sie verstummen. Jetzt war sie auf etwas gestoßen. Ich spürte, dass es sie danach verlangte, mehr zu erfahren.

»Sag mir die Botschaft«, erwiderte sie allzu leise.

»Er sagte, er wüsste, dass Ihr am Leben seid. Er weiß, dass Ihr zurückkommen werdet. Seine Frage ist, was dann wird. Seine Botschaft ist: Trefft Euch mit ihm. Er will mit Euch zusammenarbeiten, um die Ordnung wiederherzustellen.«

Sie schüttelte ungläubig und irgendwie enttäuscht den Kopf. Der Laut, der aus ihrer Kehle drang, war eine Mischung aus einem Schluchzen und einem winzigen freudlosen Lachen.

»Und du hieltest es für richtig, mir diese Botschaft zu überbringen?«

»Ich bin kein Botenjunge. Ich berichte Euch nur, was er gesagt hat. Es klang vernünftig.«

»Du bist so naiv.«

Ich unterdrückte meinen aufsteigenden Zorn und versuchte auf andere Art und Weise, etwas herauszubekommen.

»Welche Macht hat Eje über Euch?«

»Über mich hat niemand Macht«, sagte sie. – »Ich glaube, das stimmt nicht. Für jeden gibt es jemanden, der ihm Angst macht. Der Vorgesetzte oder die Mutter, ein erbitterter Feind oder das Ungeheuer unter dem Bett. Ich glaube, Ihr fürchtet Euch vor ihm. Doch seltsamerweise habe ich den Eindruck, dass auch er sich vor Euch fürchtet.«

»Du denkst zu viel nach«, entgegnete sie rasch.

»Die Menschen denken nicht genug. Das ist das ganze Problem.«

Sie schwieg. Ich wusste, dass ich einen empfindlichen Nerv getroffen hatte, der Wahrheit auf die Spur gekommen war. Sie teilten irgendein Geheimnis, da war ich ganz sicher. Doch erneut wechselte sie das Thema, um mich von meinen Fragen abzulenken.

»Du hast also nichts über das Komplott gegen mich in Erfahrung gebracht. Stattdessen bringst du mir eine alberne Botschaft und führst sie wie ein Lockvogel auf meine Spur. Nur gut, dass ich mit diesen Problemen gerechnet habe.«

Ich ließ mich nicht vom Thema abbringen. »Es ist doch klar, was vor sich geht. Morgen findet das Fest statt. Echnaton wird von Schwierigkeiten im In- und Ausland bedrängt. Und durch das Ereignis, mit dem er die Probleme lösen wollte, werden sie nur noch größer. Und warum? Weil Eure Abwesenheit die Illusion zerstört, die er aufrechterhalten muss. Eure Rückkehr wird umfassende Veränderungen bewirken. Mehrere Leute, darunter Eje und Haremheb, rechnen damit und sind gespannt darauf, was passiert, wenn Ihr wirklich wieder auftaucht. Ich könnte mir vorstellen, dass sie aus jeder Verschiebung im Machtgefüge den größtmöglichen Nutzen ziehen wollen. Und Ihr schickt mich zuerst in die Höhle des Löwen zurück, und wenn ich dann mit den wenigen Informationen, die ich durch einige persönliche Opfer gewinnen konnte, zurückkomme, werft Ihr mir Verrat vor. Und das Interessante ist, Eje hat recht. Ich glaube wirklich, Ihr habt keine Ahnung, was als Nächstes geschieht.«

Als ich mit meiner Tirade fertig war, stellte ich fest, dass ich auf der Terrasse hin und her wanderte. Keti, der an der Tür stand, schaute beunruhigt. Die Wogen des Großen Flusses schienen gespannt auf Nofretetes Erwiderung zu lauschen. Schließlich kam ihre ruhige Antwort, die nicht das Geringste verriet.

»Du hast recht«, sagte die Königin. »Ich habe keine Ahnung, was als Nächstes geschieht. Ich werde darum beten, dass am Ende wieder Frieden und Stabilität für uns alle steht.« Sie blickte über die dunkle Wasserfläche und fügte hinzu: »Eine Bitte habe ich noch.« Ihr Blick suchte den meinen. Ich muss gestehen, dass es mir fast den Atem nahm. »Wirst du mich morgen bei meiner Rückkehr begleiten? Willst du das für mich tun, trotz allem?«

Darüber brauchte ich nicht nachzudenken. »Ja«, sagte ich. Ich wollte dabei sein.

Als ich das kleine Wörtchen sprach, wurde mir klar, dass ich gemeinsam mit ihr der ungewissen Zukunft mit ihren Ängsten und Träumen entgegentreten wollte, ganz gleich, wohin sie uns führte. Plötzlich war mir, als strömte das weite, dunkle Wasser unter meinen Füßen dahin, als trieben diese Terrasse und die ganze seltsame Stadt, diese kleine Welt aus schwachen Funzeln und Herzen wie flackernde Laternen auf der Schwärze, auf den ruhigen und turbulenten Strömungen, dem langen tiefen Traum des Flusses.

39

Trotz der Strapazen der vergangenen Tage hätte ich selbst für alles Gold der Wüsten Nubiens nicht schlafen können. Mein Finger pochte schmerzhaft im Rhythmus meines Herzschlages, als wollte er mich absichtlich wach halten – und damit den Rest meines Körpers dafür bestrafen, dass es ihm gut ging. Vielleicht wollte er mich aber auch an meine schlimmsten Befürchtungen erinnern. Das Schicksal Taneferts und der Mädchen peinigte mich, und ich wälzte mich von einer Seite auf die andere. Zudem war das Wetter schwül und unbehaglich. Wütende Böen trieben immer wieder Sand und Staub gegen die Mauern des Hauses. Ich hörte, wie eine offene Tür im Wind schlug, als wollte sie mich warnen. Kurz darauf war offenbar jemand hinausgegangen und hatte sie zugemacht, doch die nun eintretende Stille war noch schlimmer. Wenn der kommende Tag erst einmal vorüber und die bevorstehenden Veränderungen – ob nun zum Guten oder Schlechten – eingetreten waren, wollte ich das erste Schiff nehmen, das nach Süden fuhr, nach Hause. Wenn es sein musste, würde ich sogar den ganzen Weg in einem kleinen Boot aus Papyrusschilf gegen den Strom rudern. Die Unsicherheit und die weite Entfernung zwischen uns machten mich ganz krank, und ich schwor mir, meine Familie nie wieder so im Stich zu lassen.

Diese Gedanken gingen mir durch den Kopf, während ich mich unruhig hin- und herwarf. Da hörte ich plötzlich Schritte vor meiner Tür. Man hatte mir ein Nebengelass als Schlafkammer angewiesen, und als wir einige Stunden zuvor schweigend und fast ohne uns Gute Nacht zu sagen durch das Haus gegangen waren, hatte ich den Eindruck gehabt, es sei niemand sonst da. Die Zimmer waren verschlossen, die Möbel abgedeckt. Wir hüteten uns, Lampen anzuzünden oder unsere Anwesenheit anderweitig zu verraten. Nofretete hatte uns versichert, dass niemand auf die Idee käme, sie hier, in ihrem eigenen Palast, zu suchen. Doch da waren diese Schritte. Sie machten vor meiner Tür halt. Ich lag ganz still und hielt den Atem an. Da gingen sie leise weiter und verklangen rasch.

Ich zog mich eilig an und öffnete so geräuschlos wie möglich die Tür. Es war niemand zu sehen. Der Korridor lag im Dunkeln. Nur von draußen, von der Terrasse, drang ein silbriges Licht. Alle Räume schienen still und verlassen. Ich ging bis ans Endes des Gangs und blickte auf die Terrasse hinaus. Im Licht des Mondes warfen die Weinblätter ein Gewirr schwarzer Schatten auf die Steinfliesen, und dort, zwischen den scharfen Silhouetten von Ranken und Blattwerk, stand eine vertraute Gestalt. Sie verschmolz geradezu mit ihrer Umgebung, als wäre sie ein Teil des komplizierten Musters aus Hell und Dunkel.

Ich ging zu Nofretete hinüber, hinein in das dunkle Muster. Schweigend blickten wir eine Weile auf den mondbeschienenen Fluss hinaus, ohne einander anzusehen.

»Kannst du nicht schlafen?«, fragte sie schließlich.

»Nein. Ich hörte jemanden herumgehen.«

»Vielleicht könnten wir ja eine Partie *Senet* spielen?«

»Im Dunkeln?«

»Beim Mondschein.«

Ich wusste, dass sie lächelte. Das war doch immerhin etwas.

Wir setzten uns gegenüber an das Spielbrett mit seinen dreißig Feldern in drei Reihen zu je zehn, die in Form eines Ƨ, der Schlange des Lebens, angeordnet waren.

»Grün oder rot?«, fragte sie.

»Lass uns darum werfen.«

Sie warf die vier flachen Stäbchen, die allesamt mit der hellen Seite nach oben landeten – ein vielversprechender Anfang. Dann warf ich und bekam zwei weiße und zwei schwarze.

Sie wählte Grün. »Ich mag die kleinen Pyramiden«, sagte sie. Ich nahm die roten spulenförmigen Figuren, und wir platzierten unsere vierzehn Spielsteine auf dem Brett.

Sie warf und zog ihren ersten Stein vom mittleren Feld, dem Haus der Wiedergeburt, auf das erste Spielfeld. Eine Zeit lang spielten wir schweigend, warfen die Stäbchen, zogen unsere Spielsteine, warfen einander ab und zu hinaus, sodass wir den Stein wieder auf den Anfang stellen und einen glücklichen Wurf abwarten mussten, um wieder von vorn zu beginnen. Manchmal machte sich der heiße Wind nachdrücklich bemerkbar und unterbrach unser Schweigen. Ich sah, wie sie nachdachte und sich ihre Züge überlegte. Sie war schön und unergründlich, und ich stellte mit einiger Belustigung fest, dass ich im Grunde gegen einen Geist aus der Unterwelt um das Schicksal meiner unsterblichen Seele spielte.

Bald waren wir an den letzten vier, den entscheidenden, Spielfeldern angelangt. Sie warf und landete auf dem Haus des Glücks. Sie lächelte ein wenig kläglich. »Wenn ich abergläubisch wäre, könnte ich glauben, die Götter hätten Sinn für Ironie.«

Dann warf ich, und mein erster Spielstein landete auf dem nächsten Feld, dem Haus des Wassers. »Wenn ich abergläubisch wäre, würde ich dir zustimmen«, erwiderte ich, nahm meinen Stein und setzte ihn zurück auf das Haus der Wiedergeburt. »Hier treffen zwei Kräfte aufeinander: Strategie und Zufall. Ich fühle mich wie der Zufall, und ich glaube, Ihr seid die Strategie.«

Sie lächelte nicht. »Du hast auch deine Strategien.«

»Ja, aber sie scheinen meistens nicht zu funktionieren. Ich setze sie gegen das Chaos der Welt, aber manchmal scheint beides ein und dasselbe zu sein.«

Sie warf und tat einen Zug.

»Du hältst also die Welt für ein Chaos?«, fragte sie, als sei die Frage ein weiterer Zug in dem Spiel.

»Ihr etwa nicht?«

Sie dachte eine Weile nach. »Ich vermute, es kommt darauf an, wie man das Leben empfindet.«

Sie warf die drei weißen Stäbchen, die sie für das Feld »Haus der Drei Wahrheiten« brauchte, und nahm ihre erste Pyramide vom Brett. Es schien sie zu freuen, dass sie im Begriff war zu gewinnen. Ich wollte, dass sie gewann.

»Das klingt langsam wie die Unterhaltung eines Liebespaares, das sich soeben spätnachts in einem Trinklokal getroffen hat«, sagte ich, bevor ich warf und einen weiteren Stein verlor.

»An solch einem Ort bin ich nie gewesen.«

Aber ich konnte sie mir dort vorstellen. Die geheimnisvolle Frau, die vergeblich auf jemanden wartete und dabei nach Art einsamer Menschen langsam an ihrem Getränk nippte, damit es länger reichte.

»Da habt Ihr nicht viel versäumt«, erwiderte ich.

»Doch.«

Erneut warf sie die Stäbchen und nahm einen weiteren Spielstein vom Brett. Sie würde mich haushoch schlagen.

Der Wind legte sich, und die Stille unter dem Sternenhimmel war seltsam und angenehm. Der Mond war am funkelnden Firmament weitergezogen.

»Es gibt etwas, das ich Euch gern fragen würde«, sagte ich. Ich konnte ihre Augen im Dunkeln erkennen.

»Immer diese Fragen. Warum stellst du so viele Fragen?«

»Das ist mein Beruf.«

»Nein, das bist du selbst. Du fragst so viel, weil du Angst vor dem Nichtwissen hast. Deshalb brauchst du Antworten.«

»Was ist falsch an Antworten?«

»Manchmal hörst du dich an wie ein Fünfjähriger – ständig fragst du: ›Warum? Warum? Warum?‹«

Wieder warf sie und zog einen weiteren Stein auf das Haus des Atum-Re, das vorletzte Feld. Ich warf ebenfalls. Eine Sechs brachte meinen ersten Stein bis auf das letzte Feld.

»Wo wir gerade von Antworten reden, was ist zwischen Euch und Eje?«

Sie lehnte sich seufzend zurück. »Warum fragst du dauernd nach ihm?«

»Er wartet auf Euch.«

»Ich weiß. Vielleicht habe ich Angst vor ihm. Denk daran, was mit Kija geschehen ist.«

»Diesen Namen habe ich schon einmal gehört«, antwortete ich. »Sie war eine Königin, nicht wahr?«

»Sie war eine Königliche Gemahlin.« Nofretete wandte den Blick ab.

»Und sie gebar dem König Kinder?«, fragte ich.

Sie nickte.

»Was geschah mit ihr?«

Sie starrte mich an. »Hier habe ich mal eine interessante Antwort für dich. Sie verschwand eines Tages.«

»Das kommt mir bekannt vor.«

Ich dachte darüber nach. Eine Königliche Gemahlin und Mutter von Königskindern und demnach Nofretetes Rivalin innerhalb der königlichen Familie. Warum verschwand sie? Welche Bedrohung ging von ihr aus? Wurde sie auf jemandes Befehl hin beseitigt? Auf Ejes vielleicht? War er mächtig genug, einen Meuchelmord zu planen und ausführen zu lassen? Oder – nahezu undenkbar – war etwa Nofretete selbst einer derartigen Gräueltat fähig?

Sie beobachtete mich aufmerksam.

»Für Euch ist diese Geschichte gut ausgegangen«, bemerkte ich.

»Mag sein. Aber was hat dir deine Frage eingebracht? Die Wahrheit? Ein tieferes Verständnis? Nein. Nur noch mehr Fragen. Du hast dich hoffnungslos in dem Labyrinth in deinem Kopf verirrt. Dieses Labyrinth musst du hinter dir lassen.«

»Aber was liegt jenseits dieses Labyrinths?«

Mit einer Geste umfasste sie, was uns umgab – die Spielfelder und die Steine, die Strategien, die Geheimnisse und die Sinnlosigkeit des unterbrochenen Spiels.

»Das Leben, Rahotep, das Leben«, sagte sie.

Noch nie zuvor hatte sie meinen Namen genannt. Ich mochte, wie sie ihn aussprach. Ihr Gesicht lag zur Hälfte im Mondlicht und zur Hälfte im dunklen Schatten. Ich würde sie niemals wirklich kennen.

Sie erhob sich leise. »Danke, dass du mich hast gewinnen lassen.«

»Ihr habt ganz allein gewonnen«, erwiderte ich.

Wir blickten uns lange an. *Die Augen, die Augen.* Es gab nichts mehr zu sagen.

Dann gingen wir auseinander und ließen die Steine auf dem Brett stehen, als würden wir am Morgen weiterspielen. An der Tür wünschte sie mir eine gute Nacht – oder was noch davon übrig war. Ich wusste, dass sie sich fürchtete. Sie ließ ihre Tür angelehnt, aber diese Schwelle konnte ich nicht überschreiten. Ich nahm mir einen Schemel und setzte mich für den Rest der Nacht darauf, wie ein Spielstein auf dem letzten Feld des großen *Senet*-Spiels. Auf einem Brett, so groß wie diese ganze sonderbare Stadt mit guten und schlechten Feldern, Zufällen und Winkelzügen, saß ich da und wartete auf den Schicksalswurf.

40

Ich wurde von Keti geweckt, der mich vor der Kammer der Königin fand, an der Wand zusammengesunken wie ein Dorftrottel. Sein Gesicht zeigte wieder diesen belustigten Ausdruck.

»Das Grinsen kannst du dir sparen«, sagte ich.

Ich fühlte mich so müde und nervös, als hätte ich überhaupt nicht geschlafen. Ich stand auf und klopfte an die Doppeltür. Einen Augenblick war alles ruhig, dann ging die Tür auf, und dort stand Nofretetes Magd Senet in all ihrer Ruhe und Ehrlichkeit. Sie lächelte, schien aber nicht erfreut, mich zu sehen. Sie wirkte so untadelig wie immer, auch wenn sie heute keine Handschuhe trug.

»Guten Morgen«, sagte sie. »Die Königin ist bereit.«

»Ich muss dir noch kurz eine Frage stellen.«

Sie warf einen Blick in das Zimmer hinter sich. »Wir haben keine Zeit. Die Königin ist fertig.«

»Es ist eine ganz einfache Frage.«

Sie machte einen Schritt aus dem Zimmer und zog die Tür leise hinter sich zu. Dann blickte sie mich erwartungsvoll an.

»Wahrscheinlich hat es damit gar nichts auf sich«, sagte ich.

Sie nickte.

»Du bist zum Haremspalast gegangen, um einer der Frauen dort Anweisungen von der Königin zu überbringen.«

Ihre Reaktion war schwer einzuschätzen.

»Ja.«

»Wie du weißt, starb die Frau in der gleichen Nacht eines gewaltsamen Todes.«

»Das hast du mir erzählt.«

»Bitte, sag mir, für welche der Frauen die Anweisungen der Königin gedacht waren.«

Sie blickte unsicher. »Ich habe die Anweisungen nicht gelesen. Sie waren ohnehin versiegelt.«

»Ich verstehe.«

Wir warteten beide ab.

»Ich kann dir ruhig den Namen der Frau, die gestorben ist, verraten«, fuhr ich fort.

»Den brauche ich nicht zu wissen.«

»Es war ein Mädchen namens Seschat.«

Sie starrte mich mit offenem Mund an. Es war, als bestünde sie aus Glas und ich hätte sie zerbrochen. Sie wollte sich in das Zimmer zurückziehen, doch ich hielt sie am Arm fest.

»Hast du sie gekannt?«

»Ich fürchte, ich habe noch nie etwas von dieser unglückseligen Frau gehört«, sagte sie gelassen. Doch die Tränen in ihren Augen verrieten sie. Dann riss sie sich los und schlüpfte rasch hinein.

Gleich darauf öffneten sich die Türen erneut, und dort, in der breiten Tür wie in einem Rahmen, stand eine goldene Gestalt. Nofretete sah aus wie eine Statue, eine der *Ka*-Figuren in einem Grab. Das Licht, das durch die Fenster in den Raum fiel, ließ ihre Umrisse leuchten und funkeln. Niemand sprach. Ihre Sandalen waren mit kostbaren Steinen besetzt, ihr Leinengewand war golden, um die schlanke Taille trug sie eine Schärpe in Königsrot und um den Hals einen goldenen Reif mit dem *Anch*-Symbol. Um ihre Schultern lag ein merkwürdiger, wunderbarer Umhang. Er bestand aus zahllosen kleinen Atonscheiben, die zusammen ein glänzendes Firmament ergaben. Darunter trug sie ein Schultertuch, das aussah, als bestünde es aus den Goldfedern des Horus, und auf dem Kopf die Doppelkrone mit dem erhöhten hinteren Teil und der sich aufbäumenden Kobra. Selbst ihre Nägel und Lippen waren golden geschminkt. Nur die mit *Khol,* der Farbe des fruchtbaren Bodens und der verheißenen Wiedergeburt, gezogenen langen schwarzen Linien um ihre Augen stachen von der goldglänzenden Pracht ab.

Ich dachte daran, wie Tanefert mich fragt, ob sie mir gefällt, bevor wir abends ausgehen. Manchmal, wenn sie zum ersten Mal ein neues Kleid anzieht, wirkt sie ein wenig verlegen, als sei sie sich ihrer eigenen Schönheit nicht sicher. Und die Mädchen zeigen vor dem Spiegel genau das gleiche Verhalten. Mir gefiel sie immer am besten, wenn sie möglichst natürlich wirkte, dann war sie mehr sie selbst. Eine Spur Nachlässigkeit ist mehr nach meinem Geschmack als die moderne Künstlichkeit. Ich sehe lieber eine herabhängende Locke, die darauf zu warten scheint, dass man sie hinters Ohr streicht, als diese ganze strenge, unberührbare Perfektion.

Doch die Frau, mit der ich noch bis zum frühen Morgen geredet hatte und die sich nun in ein übermenschliches Wesen verwandelt hatte, war zu dem geworden, was sie sein musste: eine Göttin, die Vollkommene. Zwischen uns bestand eine neue Distanz. Ich hatte das Gefühl, ich müsste den Kopf neigen oder mich vor ihr zu Boden werfen, tat diesen Impuls jedoch sogleich als Albernheit ab. Ihre schönen Augen funkelten noch immer amüsiert, doch durch so manches war nun alles komplizierter geworden: durch Notwendigkeit. Macht. Obgleich der Ausgang ungewiss war, sah ich die Erregung in ihren Augen.

Wahrscheinlich begann soeben das Fest mit Gebeten und Opferhandlungen am großen Atontempel. Mit fliegenden roten Schärpen rasten Echnaton und seine Töchter in ihren Wagen die Königliche Straße entlang, vorüber an der versammelten Menge, die einen kurzen Blick auf dieses historische Ereignis erhaschen wollte, vorüber an den ehrfurchtsvoll hingestreckten Königen, Wesiren, Adligen, Befehlshabern, Diplomaten, Stammesfürsten, den Statthaltern von Provinzen, Gauen und Stadtstaaten … Doch die Königin war nicht da, wie sie alle bald feststellen würden. Ich konnte mir Echnaton vorstellen – entschlossen, resolut, wütend, weil er das, was er am meisten brauchte, nicht zurückbekommen hatte. Und ich konnte mir die knappen, wissenden und bedeutungsvollen Bemerkungen vorstellen, die die mächtigsten Männer der

Welt einander zuraunten: Sie wurde vermisst, und Echnaton hatte den Schaden davon. *Sie ist tot. Wer hat sie umgebracht? Warum?*

»Es wird Zeit«, sagte sie, und ich wusste, von nun an würde sie kein Wort mehr sprechen, bis alles gelungen oder gescheitert war.

In seiner strahlenden Sonnenbarke war Re weiter den blauen Himmel hinaufgesegelt. Auch wir bestiegen ein goldenes Schiff, auf dem sich einer uralten Zeremonie folgend zwanzig ebenfalls in Gold gekleidete Dienerinnen sowie der große Nubier, der den Anubis gespielt hatte, befanden. Langsam segelten wir auf den blauen, glitzernden Wogen des Großen Flusses dahin. Unbeweglich saß Nofretete hoch oben auf dem kleinen zeremoniellen Abbild der göttlichen Barke der beiden Länder, die, mit Tragstangen versehen, an Deck stand. Die Königin hielt Krummstab und Wedel in den Händen und hatte sich den falschen goldenen Bart als Königsinsignie umgebunden. Das Gold des Schiffes und ihrer Kleidung leuchtete so stark im gleißenden Mittagslicht, dass man kaum hinschauen konnte.

Während wir langsam dahinruderten, versammelten sich die Menschen am Ufer, zuerst nur ein paar, doch dann immer mehr. Sie standen unmittelbar am Wasser oder zwischen den Bäumen, beschatteten die Augen mit der Hand und deuteten mit dem Finger. Die meisten von ihnen warfen sich eilig vor der Vollkommenen nieder, die da so unerwartet erschienen war. Auf unserer Fahrt gegen den Strom konnte ich von meinem Platz auf der nach Osten gewandten Seite des Schiffes aus das unablässige Klatschen der Wellen gegen den goldverzierten Schiffsrumpf hören und das Knattern der rot-grünen Segel in der steifen Brise, die noch immer von Süden wehte.

Wir müssen einen verblüffenden Anblick geboten haben. Doch ich sah das Schiff, wie es wirklich war: die Taue, die vom Alter schon ein wenig ausgefranst waren, die schwitzenden Ruderer mit den verbundenen Augen, die sich zu den Taktschlägen der zwei Trommler und den lauten Befehlen des Kapitäns abplagten, die hölzerne Bordwand, die, außen makellos vergoldet, an der Innenseite aus rohem Holz bestand.

Immer mehr Menschen strömten zusammen, als wir uns dem Hafen näherten, und der allgemeine Lärm schwoll an zu einem aufgeregten Gebrüll – ob vor Staunen, Wut oder Begeisterung ließ sich nicht feststellen. Das Schiff legte an, und sofort trat eine in Gold gekleidete Gruppe von Männern aus dem Frachtraum und hob die Zeremonienbarke mit der Königin darauf hoch auf ihre breiten Schultern. Ganz kurz hielt sich Nofretete am Rand ihres kleinen Schiffes fest – ein Augenblick menschlicher Schwäche –, bis es wieder im Gleichgewicht war.

Nun befanden wir uns nicht mehr allein auf dem stillen Fluss, sondern an Land inmitten eines chaotischen Gewühls. Die gewaltige Menschenmenge bildete eine schmale Gasse, und wir zogen langsam und feierlich die Königliche Straße entlang und näherten uns unaufhaltsam, Schritt für Schritt, dem großen Atontempel. Unter lauten Gebeten und Jubelrufen strömten aus den Seitenstraßen immer noch mehr Menschen herbei, bis die Masse sich zwischen den Häusern drängte und wogte wie ein über die Ufer getretener Fluss. Die zwanzig Dienerinnen schritten uns voran und streuten gelbe und weiße Blumen auf den Weg der Königin, doch sie schien weder etwas zu sehen noch zu hören, sondern schwebte hoch und reglos wie eine Statue über dem Chaos. Vor uns, nicht mehr weit entfernt, lag der Tempel mit seinen frisch getünchten, nun jedoch staubbedeckten Mauern und den Wimpeln, die in den gelegentlichen heftigen Windstößen flatterten, die Sand und feinen Kies aus dem Roten Land mit sich trugen. Das seltsame Wetter beunruhigte mich mittlerweile ebenso sehr wie die unbekannten Gefahren, die uns allen in diesem Augenblick drohten.

Überall entlang des Weges warfen sich die Menschen bäuchlings in den Staub, doch die Medjaieinheiten hielten ihre Waffen einsatzbereit. Eine Vielzahl von Gerüchen lag in der

Luft: frisch gebackenes Brot, gebratenes Fleisch, Weihrauch und Blumen. Viele der jüngeren Männer in der Menge waren bereits betrunken. Es entstand eine Art kollektive Raserei, Gefahr und Erregung und Umsturz lagen in der Luft, als könnte jederzeit alles Mögliche geschehen. Gerade jetzt, in diesem Moment, nahm die Zukunft Gestalt an, und wir waren dabei.

Als wir uns dem Tempel näherten, verhielten wir den Schritt und grüßten die Menge, bevor wir durch das Tor schritten. Für einen Augenblick sah es so aus, als wollten die Wachen uns den Weg versperren. Offensichtlich waren sie untereinander uneinig, doch angesichts der lebenden Statue der Königin traten sie schließlich zurück, senkten ehrfurchtsvoll den Kopf und öffneten weit die Tore des ersten Pylonen.

Die Barke der Königin wurde durch den Schatten der großen Tortürme in den riesigen Innenhof des Tempels getragen. Nofretete starrte unbeweglich geradeaus. Aus gewaltigen Bronzepfannen stiegen duftende Wolken von brennendem Weihrauch auf und machten die drückende, wabernde Luft noch stickiger. Die Altäre quollen über von allen erdenklichen Gaben der Erde: riesige Gebinde aus Lilien und Lotosblumen, Diesteln und Mohn, rote Pyramiden aus Granatäpfeln, Garben von gelben Kornähren und Vasen mit Öl und Salben. Hunderte von Abordnungen aus aller Herren Länder warteten, nach ihrer Rangordnung gestaffelt, darauf, dem mächtigsten Mann der Welt die Ehre zu erweisen. Sie hatten Gastgeschenke mitgebracht, um sie dem gottgleichen Echnaton zu Füßen zu legen: Schilde und Bogen, Tierfelle und alle Arten von herrlichem Federschmuck, Gewürze und Parfums, ganze Berge von Goldringen und andere Kinkerlitzchen aus Gold – kleine Bäume, Tiere, Götterbilder – und dazu lebende Tiere: Affen, verängstigte Gazellen, knurrende Leoparden, sogar einen furchtsamen, scheuen Löwen mit dicht an den Kopf gelegten Ohren.

In weiter Ferne, über die hingestreckten Gestalten und die Köpfe der Menge hinweg, erblickte ich Echnaton und seine Töchter, kleine goldene Figuren, die am oberen Ende der Opferrampe unter einem großen, mit vielen bunten Bändern geschmückten Baldachin thronten. Wie es sich gehörte, hatte sich die Menge ihnen zugewandt. Doch als die Königin erschien, war es, als hätte sich die Welt auf einmal umgekehrt. Alle Köpfe drehten sich zu ihr um.

Stille trat ein, nur unterbrochen von einzelnen überraschten und erstaunten Ausrufen. Viele Leute warfen sich unverzüglich nieder, andere erhoben die Arme, wieder andere blickten zwischen dem König und der Königin hin und her, unschlüssig, was sie tun sollten. War das nun eine Statue, geschaffen aus irdischem Stoff, oder ein menschliches Wesen, das aus dem Jenseits zurückgekehrt war? Schließlich wandte sich auch Echnaton von den rituellen Handlungen ab, um zu sehen, was es gab. Über den weiten Platz hinweg blickten die beiden goldenen Gestalten einander an. Niemand rührte sich. Als ich mich umsah, entdeckte ich auf den Umfassungsmauern Bogenschützen, die, schussbereit, nur auf Echnatons Befehl warteten.

Und dann geschah etwas Außerordentliches. Nofretete machte den ersten Zug, indem sie zum Leben erwachte. Ein verblüfftes Raunen ging durch die Menge, als sie unvermittelt die Hände mit Krummstab und Wedel erhob, um die Götter auf sich aufmerksam zu machen. Und dann begann sie zu singen. Kräftig und klar drangen die lang gezogenen Töne an das Ohr des staunenden Publikums. Als hätten sie plötzlich die Weise erkannt, stimmten die Trompeter des Tempels mit ein, ihre in der Sonne blitzenden Instrumente erhoben. Auf dieses Zeichen hin wagten auch die Tempelsänger, händeklatschend und singend mit einzufallen. Schließlich kamen auch die übrigen Instrumente – Lyren, Lauten, Trommeln und die großen Doppelharfen – mit ihrem vielfältigen Klang und ihren kraftvollen Rhythmen hinzu, bis Nofretetes Stimme auf einem Meer von Klang schwebte. Die Musik veränderte die Gesichter der Menschen, als brächten ihre Harmonien eine neue Macht und Ordnung hervor.

Unter dem Klang der Musik wurde die Zeremonienbarke weitergetragen. Es war, als segelte Nofretete, die Arme zu Aton erhoben, durch ein Meer von Gesichtern, das sich teilte, um sie durchzulassen. Das Licht der Sonne wurde noch verstärkt durch das Gold des Bootes und ihrer Kleidung, als bestünde sie nicht aus Fleisch und Blut, sondern aus einem unglaublichen körperlosen Strahlen. Sie, die tot gewesen war, kehrte in aller Herrlichkeit als lebende Göttin zurück, womit sie ihren klugen Gemahl übertölpelte und über ihre Feinde triumphierte. Denn wer würde es nun noch wagen, sich gegen eine derartige Erscheinung zu stellen? Zu Tausenden standen die einflussreichsten Menschen der Welt da und betrachteten schweigend das Wunder. Doch sie waren nicht dumm. Sie wussten genau, worum es bei diesem Spektakel ging, und warteten ab, was als Nächstes geschehen würde.

Die Musik verklang, und wieder trat Totenstille ein. Statt sich zum König auf der Rampe zu gesellen, ließ sich Nofretete zu dem heiligen Stein in der Mitte des Hofes tragen. Langsam erhob sie sich, streckte die Hand aus und berührte die hohe, oben abgerundete Säule, die auf einem Sockel stand. Plötzlich ein Rascheln und Schwirren, das aus dem Körper der Frau selbst zu kommen schien: Ein Reiher, der Vogel mit dem Schopf und Symbol der Auferstehung, schlug mit seinen langen, anmutigen grauen Flügeln, und als stiege er unmittelbar aus dem Stein auf, schwang er sich in die Lüfte und flog hoch über das Haupt der Königin hinweg zu den Bergen im Osten.

Ein reiner, heiliger Vogel. Goldfedern. Wiedergeburt. Die Göttin, die aus dem Totenreich zurückkehrt. Das Zeichen der aufgehenden Sonne. Es war einfach perfekt.

Nofretete blieb einen Augenblick stehen inmitten Tausender Menschen, die, sonst so zynisch, nun wie die Kinder mit offenem Mund staunten. Ich ging bis an das Vorderteil der Trage und erblickte unmittelbar neben Echnaton einige vertraute Gestalten. Eje, mit undurchdringlicher Miene, ließ sich nicht die kleinste Überraschung anmerken. Ramose, prächtig gekleidet, wirkte erstaunt angesichts der unvermutet aufgetauchten Königin und des Vogels. Der berechnende Horemheb blickte von der Lichtgestalt zu Echnaton und wieder zurück. Parennefer, der in der zweiten Reihe stand, zog die Augenbrauen hoch, als wollte er sagen: Hast du es also doch getan. Und Nacht, der ehrenhafte Adlige, nickte mir einen knappen Gruß zu. Ich rechnete damit, in einem finsteren Winkel Mahu zu sehen, doch obwohl seine Gegenwart mir ein Kribbeln im Nacken verursachte, konnte ich ihn nirgendwo entdecken. Die Gesellschaft der Asche. Wer von ihnen besaß eine der sieben Goldfedern? Und wer hätte liebend gern eine besessen?

Ich blickte an der Dachlinie des Tempels entlang, wo noch immer Hunderte von Bogenschützen schussbereit ausharrten. An der inneren Umfassungsmauer hatten bewaffnete Medjai Aufstellung genommen. Waren wir in eine gigantische Falle geraten? Ich hätte es Echnaton – oder vielleicht auch Eje oder Horemheb – durchaus zugetraut, mit einem Kopfnicken einen tödlichen Regen von Pfeilen auf uns herniederprasseln zu lassen. In diesem Augenblick schien alles in der Waage zu schweben.

Ich blickte zu Echnaton hinüber, der unverwandt auf Nofretete starrte. Räumlich befanden sie sich auf gleicher Höhe, über den Köpfen der Menge, doch in jeder anderen Hinsicht hatte sie ihn überflügelt. Er schien innerlich vor Zorn und widerstreitenden Gefühlen zu beben, während er nach außen hin eine fast vollkommene Ruhe bewahrte. Die Prinzessinnen bemühten sich, ruhig zu bleiben, dennoch stiegen ihnen die Tränen in die Augen. Sie waren hin- und hergerissen zwischen der Pflicht gegenüber ihrem Vater an seinem größten Tag und dem verzweifelten Wunsch, zu ihrer vermissten Mutter zu laufen.

Nofretete dagegen zeigte keine Spur von mütterlicher Zuneigung, sondern erwiderte unbeirrt den durchdringenden Blick ihres Gemahls. Ich musste an zwei aufgerichtete Schlangen denken, die einander leicht schwankend und ohne zu blinzeln kalten Blickes belauerten. Dann plötzlich streckte er ihr die Hand entgegen. Auf Nofretetes Kommando hin setzte sich die Barke in Bewegung. Die Menge stieß einen Seufzer aus. Es klang wie das Zischen der Wellen am Ufer, wenn sie über die Steine zurückfluten. Nofretete betrat die Opferrampe und nahm langsam neben Echnaton auf dem Thron Platz. Was für ein Bild bot sich der Welt: die königliche Familie wiedervereint vor den Augen des Reiches. Jedoch mit einem Unterschied: Wie noch nie jemand vor ihr war die Königin aus der Unterwelt zurückgekehrt. Sie hob ihre Arme, als wären es die goldenen Schwingen des Horus, und das Sonnenlicht glitzerte auf den zahllosen Goldscheibchen ihres Umhangs und warf seinen Schein auf die Mauern des Tempels und die Gesichter der vor Begeisterung brüllenden Menge. Ein Triumph.

Ich schaute mir diese Gesichter genauer an. Was würden sie jetzt tun? Und dann, nachdem Eje es ihnen vorgemacht hatte, sanken die Tausende, die sich im Hof des Tempels versammelt hatten, wie ein Mann auf die Knie und warfen sich ehrerbietig siebenmal nieder. Nofretete und ihre Töchter wandten sich um und hoben ihre Hände den Strahlen der Sonne entgegen. Die Menschenmenge tat es ihnen nach. In diesem Augenblick setzte die Musik wieder ein, die Trompeten bliesen einen Tusch.

Ich blickte zu der Frau auf, mit der ich geredet, *Senet* gespielt und gestritten hatte. Jetzt war sie sehr weit weg, in einer anderen Welt. Sie hatte *Maat,* Stabilität und Ordnung, in der Welt wiederhergestellt und gleichzeitig ihre Macht ausgebaut. Und mir wurde bewusst, dass meine Arbeit beendet war, wenn auch auf eine Art und Weise, wie ich es nie erwartet hätte. Zumindest hatte ich die Königin ihrer Familie und den beiden Ländern zurückgegeben. Ich tröstete mich damit, dass ich nun diesem Labyrinth der Macht, dieser Stadt der Schatten den Rücken kehren und nach Hause fahren konnte.

Doch plötzlich regte sich der Wind, der wie ein unsichtbares Ungeheuer bezaubert und gezähmt zu Füßen der Königin geruht hatte. Er zerrte an den Zeremoniengewändern und den fein bestickten Kleidern der Würdenträger und blies ungestüm die Weihrauchschwaden auseinander. Frauen hielten sich Kleider und Frisur fest, Männer schirmten ihre Augen ab, und alles blickte zum Himmel auf, über dessen immerwährendes Blau sich jetzt eine dicke rot-graue Wolke schob, als hätte Seth, der Gott des Sturmes und der Wüstengebiete, seine Armee donnernd in Marsch gesetzt. Winzige wirbelnde Sandkörnchen brannten uns im Gesicht und in den Augen. Plötzlich fuhr ein heftiger Windstoß durch den Hof und ließ einen hohen Berg Granatäpfel auf einem der Opfertische rumpelnd zusammenbrechen. Die Früchte rollten über den Boden. Die Menschen hielten sich schützend ihre Kleider vor das Gesicht, wichen zögernd zurück und drängten sich Schutz suchend zusammen, als die Windböen immer heftiger wurden und Wolken von scharfem Sand und erstickendem Staub gegen die Mauern des Tempels und die hohen Tortürme schleuderten. Die Wimpel am Tempel zuckten und flatterten, als wollten sie die Angriffe des Windes abwehren. Und der glorreiche Aton, dem das Fest und die ganze Stadt gewidmet waren, verblasste zu einer schwachen roten Scheibe mit weißen Rändern. Ausgerechnet beim großen Fest des Lichts, im Augenblick des Triumphes, musste sich seine Macht vor der finsteren Gewalt des Chaos beugen.

Ich wusste, was kommen würde. Ich hatte schon häufig einen Sandsturm erlebt und hätte die Anzeichen ernster nehmen sollen. Es blieb uns nur noch wenig Zeit, uns in Sicherheit zu bringen. Nofretete, die Mädchen und Echnaton standen noch immer auf der Rampe. Er wirkte verblüfft, doch ihre Miene war erschrocken und ängstlich. Sie begriff, in welcher Gefahr wir schwebten, packte die Mädchen bei den Händen und kam zu mir heruntergelaufen. Die Menge um uns herum zerstreute sich und rannte in wilder Hast zu dem einzigen schmalen Ausgang zwischen den beiden Pylonen. Die verstreuten Granatäpfel wurden zu einem roten Brei zertreten, auf dem einige Leute ausrutschten und hinfielen.

Doch es war hoffnungslos: Die Tore waren viel zu schmal für eine so große Menschenmenge, die sich rasch staute. Vor panischer Angst beinahe außer sich drängten und stießen sich die Menschen. Brüllend versuchten die Wachen, für Ordnung zu sorgen, doch ihre Anstrengungen waren vergeblich, und bald versuchten sie selbst verzweifelt, sich in Sicherheit zu bringen. Rufe und Hilfeschreie mischten sich mit dem Heulen des Windes, und ich sah, wie einige Schwache unter den trampelnden Füßen verschwanden.

Suchend blickte ich mich nach einem anderen Weg nach draußen oder zumindest einem geschützten Platz um. Da sah ich, wie Horemheb wild mit den Armen fuchtelnd die Soldaten, die am Rand standen, zur königlichen Familie winkte – ob zum Schutz oder zum Angriff, konnte ich nicht feststellen. Und ich wollte es auch nicht abwarten. Ich bemerkte den Ausdruck auf seinem glatten Gesicht – den Ausdruck eines Mannes, der eine gute Gelegenheit beim Schopf ergriff. Es gefiel mir ganz und gar nicht.

»Gibt es noch einen anderen Weg nach draußen?«, rief ich der Königin über den Lärm hinweg zu.

Sie nickte, und wir stemmten uns gegen den Strom der Menschen. Der Sand lag jetzt noch dicker in der Luft, und wir versuchten, die Mädchen mit unseren Körpern zu schützen. Ich warf einen Blick zurück zu Horemheb und seinen Soldaten. Sie hatten sich um ihn geschart, und er deutete auf uns. Und dann entdeckte ich zu allem Überfluss zwischen all den vom Sturm getriebenen Menschen eine einsame Gestalt. Sie stand reglos wie eine Statue, als könne ihr das Chaos ringsum nichts anhaben, und beobachtete uns. Eje. Ein fast unmerkliches Lächeln lag auf seinem Gesicht, als wollte er sagen: So also geht es weiter. Dann verlor ich ihn aus den Augen.

Ich hatte jetzt keine Zeit, mich mit ihm zu befassen. Meine erste Pflicht war es, die königliche Familie irgendwo, außer Reichweite von Horemheb, in Sicherheit zu bringen. Dann musste ich mir den nächsten Schritt überlegen. Ich warf einen

Blick auf Senet, die das Baby Setepenre trug. Sie wirkte bestürzt und blickte in die Richtung, wo gerade noch Eje gestanden hatte. Was bedeutete er ihr? Da tauchte Keti neben mir auf und hob Neferneferure hoch. Ich fasste Anchesenpaaton und Neferneferuaton bei der Hand, zog Senet mit mir, und gemeinsam rannten wir gegen den Wind und den wirbelnden Sand zum weiter entfernten Pylon. Nofretete folgte uns mit Meritaton und Maketaton und zerrte Echnaton an der Hand hinter sich her. Nur mit knapper Not hielt er seine Krone auf dem Kopf fest, während er gegen den Sturm dahinhumpelte, der ihn und seine neue Welt besiegt hatte.

Wir erreichten die windabgewandte Seite des östlichen Pylons. Alle anderen hatte der Sturm zur Westseite des Tempels getrieben. Auch die Soldaten hatten ihre Posten verlassen und waren geflohen. Doch durch den grauen Staubschleier erspähten Keti und ich vage Umrisse – einige bewaffnete Gestalten kamen auf uns zu. Dabei stießen sie einige arme Seelen beiseite, die zu alt oder verwirrt waren und, vom schmutzigen Wind geblendet, verzweifelt umherirrten. Ich wagte einen Blick um die Ecke und erkannte zu meinem Entsetzen, dass uns das Schlimmste noch bevorstand: Das Zentrum des Sturms hing über der Stadt. Wir saßen in der Falle.

»Wie kommen wir hier raus?«, brüllte ich über das Heulen des Windes hinweg.

»Durch das Heiligtum!«, schrie Nofretete zurück.

Noch einmal blickte ich zurück und sah eine wohlbekannte massige Gestalt mit einem Schädel voller dichter, kurz geschorener Locken, die durch den Sturm auf uns zugerannt kam und dabei jeden aus dem Weg stieß. Mahu. Gleich würde er bei uns sein.

Wir rannten in das verbotene Innere des Heiligtums. An einer Stelle, die mit ihrem Bildnis bemalt war, drückte Nofretete eine niedrige Tür auf, die ich selbst nie entdeckt hätte. Ich sah, dass Mahu soeben das Heiligtum betrat. Er rief etwas, doch ich konnte ihn nicht verstehen, und ich hatte nicht vor nachzufragen. Ich scheuchte alle hinein, zog die Doppeltür hinter mir zu und legte den schweren hölzernen Riegel vor. Plötzlich klang der Höllenlärm des Sturms gedämpft. Die prächtigen goldenen Gewänder der Königsfamilie wirkten auf einmal unecht und schäbig, wie aus einer alten Kostümkiste. Echnaton hatte sich in einen verdatterten alten Mann verwandelt, der keinem in die Augen schauen konnte. Die Mädchen waren verängstigt und klammerten sich hustend an ihre Mutter, die ihnen übers Haar strich und sie auf die staubbedeckten Augenlider küsste. Draußen brüllten der Wind und Mahu um die Wette, rüttelten und hämmerten an die Tür. Keti und ich erlaubten uns ein kurzes Grinsen bei dem Gedanken an den Polizeiobersten, der da wie wild gegen die Tür schlug.

Es war fast vollkommen dunkel, und vor meinen Augen tanzten wirre Lichtpünktchen. Dann holte jemand einen Feuerstein heraus und schlug einen Funken. Zögernd flackerte das Flämmchen auf und wurde größer. Wir scharten uns um das Licht. Echnaton funkelte Nofretete zornig an und wollte etwas sagen, doch sie legte den Finger an die Lippen. Selbst hier hatte sie das Sagen.

Nachdem eine Lampe entzündet worden war, erkannten wir die Treppe, die ins Dunkel hinunterführte. Nofretete, die Frau der Unterwelt und der geheimen Gänge, schritt voran, und wir anderen folgten, froh, dass es weiterging und wir eine Richtung hatten. Niemand sagte ein Wort, und als eines der Mädchen vor Erschöpfung zu weinen begann, tröstete Nofretete es. An einer Gabelung wählte sie zielsicher den richtigen Weg. Nach einer langen Zeit, wie es uns schien, gelangten wir zu einer weiteren Treppe, halb vom Sand verweht, die zu einer hölzernen Falltür hinaufführte. Ich drückte gegen die Luke, doch sie gab kaum nach. Ich versuchte noch einmal, das unerwartet schwere Gewicht hochzudrücken. Es musste der Sand sein, der auf uns lastete: Nach einem solchen Sturm konnte sich über Nacht die Landschaft bis zur Unkenntlichkeit verändern. Es war durchaus möglich, dass wir aus dieser Unterwelt nicht wieder hinauskamen. Ich blickte auf die Lampe, deren Flamme immer schwächer wurde. Keti trat neben mich, und gemeinsam stemmten wir die Schultern gegen die Falltür und drückten kräftig. Das Ding bewegte sich vielleicht eine Elle, dann rieselte ein Schwall kalter Sand herein. Wir spuckten und husteten, während die Luke wieder herunterkrachte. Noch einmal drückten wir, grunzend und stöhnend wie Preisringer, dann gab die Falltür über uns allmählich quietschend nach, und noch mehr Sand fiel uns auf den Kopf.

Als wir hinauskletterten, blendete uns grelles Licht. Wir befanden uns östlich der eigentlichen Stadt in einer Wüstenebene, in der Nähe eines der Altäre. Glücklicherweise war niemand zu sehen. Ich beschattete die Augen und blickte auf die Stadt. Als wäre er nie gewesen, hatte sich der Sturm gelegt, nachdem er Dächer abgedeckt und Trümmer an den Hauptgebäuden aufgehäuft hatte. Doch die schlimmsten Zerstörungen hatte er vermutlich in den Straßen angerichtet, und ich konnte mir vorstellen, welches Chaos dort herrschen mochte. Und hier stand Echnaton, der große weltliche und religiöse Herrscher, blinzelnd und von einem Bein aufs andere tretend in der Wildnis. Sein großer Traum schien verweht.

In dieser Sonnenglut konnten wir nicht bleiben. Wir brauchten einen Unterschlupf, Wasser, Nahrung und einen Plan. Da hinten lag die Stadt, doch dort lauerten große Gefahren. Sämtliche Gegner des Königs würden sich beeilen, den Sturm als Zeichen der Götter auszuschlachten und von dem schweren Schlag, den Echnatons Herrschaft durch das so schrecklich gescheiterte Fest erlitten hatte, zu profitieren. Ich dachte an Horemhebs entschlossene Miene und konnte mir vorstellen, dass er sich die Situation sofort zunutze machen würde. In der anderen Richtung erstreckte sich die Wüste, wo es nichts gab als böse Geister und Tod. Uns blieb nichts anderes übrig, als in einem der Felsengräber – am besten in der Nähe des Flusses – Zuflucht zu suchen und dann auf dem Fluss zu fliehen. Aber wohin? Ich verwarf den Gedanken. Für derartige Überlegungen war jetzt keine Zeit. Das musste warten.

»Die Männer, die an den Gräbern arbeiten, haben sich vielleicht einen Vorrat an Wasser und Nahrung angelegt«, sagte ich. »Zumindest könnten wir uns dort ausruhen.«

Nofretete nickte.

Wir machten uns auf den Weg zu den Bergen im Norden, indem wir die Stadtgrenzen so weiträumig wie möglich umgingen. Keti, Senet und ich trugen abwechselnd eines der kleineren Kinder auf den Schultern, während die älteren Mädchen liefen. Nofretete sang ihnen jetzt wie eine Mutter etwas vor, doch ihr Vater schlurfte noch immer vor sich hin brummelnd hinter uns her. Mürrisch schritt Meritaton an seiner Seite. Das war die königliche Familie am Abend dieses merkwürdigen Tages.

Als wir die Gräber erreichten, ging die Sonne schon wieder hinter den fernen Bergen im Westen unter. Unsere länger werdenden Schatten schwankten neben uns her. Die Mädchen hatten schrecklichen Durst. Alle schwiegen sie, und die kleineren waren eingenickt. Wir standen am Fuß der Sandrampe, die zu den Eingängen der Gräber, etwa fünfzig Ellen über uns in den Felsen, führte. Bei einigen waren die Säulen und Eingänge schon beinahe vollendet, andere waren noch nichts weiter als eine von einem niedrigen Holztor versperrte Baustelle. Keti und ich ließen die schlafenden Kinder von unseren Schultern gleiten und liefen rasch und lautlos die Rampe hinauf, um nachzusehen, ob die Gräber wirklich verlassen waren. Wir gingen von einer Kammer zur anderen, doch es war niemand da. Nur Stapel von Werkzeugen und zum Glück Töpfe mit einigermaßen frischem Wasser.

»Sucht Euch ein Grab aus«, sagte ich zur Königin.

Sie lächelte nicht, sondern zeigte nur zu der am weitesten westlich gelegenen Grabkammer. Der Eingang war kniehoch von Sand und feinem Kies zugeweht. Unter einem Türsturz hindurch, der noch keine Inschrift trug, traten wir durch diese

Miniaturwüste in einen großen rechteckigen Raum von vielleicht zwanzig Ellen Höhe. Dafür also gaben die Reichen ihr Geld aus. Die Grabkammer war sehr weiträumig und schön proportioniert. Gewiss hatten zahlreiche Arbeiter mehrere Jahre gebraucht, um sie aus dem Fels zu hauen. Die Decke wurde von einem ganzen Wald dicker Säulen getragen. Sie waren völlig weiß, bis auf das Mittelteil, das eingemeißelte und bemalte Bilder zeigte. Die noch unvollendeten Malereien an den Wänden zeigten im Wesentlichen Darstellungen der königlichen Familie, wie sie Aton anbetete und ihrerseits von zwei knienden Figuren, einem Mann und einer Frau, angebetet wurde.

Ich schaute mir das Gesicht des reichen Mannes, der hier seine ewige Ruhe finden würde, genauer an. Es kam mir bekannt vor. Plötzlich wusste ich, in wessen Grab wir uns hier versteckten – Ejes. Ich sah Nofretete an. Sie hatte das Gesicht von den Wänden abgewandt und blickte in das schwindende goldene Abendlicht, das direkt durch den Haupteingang hereinfiel. Sie hatte diesen Ort bewusst gewählt. Sie wollte hierher kommen.

41

Das letzte Licht verblasste, und es wurde dunkel. Die Königin saß vor dem Eingang, die Arme um ihre halb schlafenden Töchter gelegt, und ihr goldenes Gewand war vom Sand und Staub stumpf und fleckig. In ihrer Nähe hockte Senet, trotz der Hitze des Abends wie festgefroren. Meritaton war wach. Sie hatte sich ein Stück entfernt niedergelassen und schaute sich nicht den Sonnenuntergang an, sondern starrte auf den Boden. Ihre Mutter blickte kurz zu ihr hinüber und beschloss anscheinend, sie fürs Erste in Ruhe zu lassen. Echnaton war in der Grabkammer geblieben und hatte sich in einer Ecke auf einem Strohsack zusammengekauert.

Keti und ich entdeckten Lampen und einige wenige gezwirbelte Dochte.

»Sie mischen Salz ins Öl.« Ohne ersichtlichen Grund flüsterte er. Vielleicht, weil wir uns in Gegenwart Echnatons befanden, vielleicht wollten wir aber auch unsere Stimmen nicht hören, die in der Kammer dumpf widerhallten.

»Warum?«

»Damit der Docht nicht qualmt und die Deckengemälde verschmutzt. Sieh mal.«

Er stieg auf eine Leiter, die an einer der unvollendeten Säulen lehnte, und hielt seine Lampe hoch. Im Lichtschein erkannte man eine herrliche Straße von goldenen Sternen – das Reich der Göttin Nut – vor einem Hintergrund aus nachtblauem Indigo.

Für einen Augenblick sah Keti aus wie ein staubiger junger Gott inmitten seiner Gestirne, der die Sonne in seiner Hand langsam hin- und herbewegt und mit staunendem Lächeln die Wunder betrachtet, die er erschaffen hat. Ich sah, dass auch

Echnaton sich umgedreht hatte und zu der alten Schöpfungsdarstellung an der Decke hinaufstarrte.

Nach einem Augenblick des Schweigens sagte ich zu Keti: »Komm jetzt runter.«

Der Lichtschein befand sich wieder auf Augenhöhe von uns Sterblichen, und Keti war wieder er selbst.

»Unsere Dochte reichen nur für ein paar Stunden«, sagte ich. »Es gibt Wasser und Brot, aber sonst konnte ich nichts finden.«

Keti nickte mit dem Kopf in Richtung auf Echnatons dunkle Gestalt, die sich wieder zur unbeleuchteten Wand gedreht hatte. »Was machen wir mit …?«

Ich zuckte mit den Schultern. Dieses Problem war zu groß für mich.

»Bringt mir etwas Wasser«, rief Echnaton aus dem Schatten.

Ich brachte ihm einen Becher und musste ihm wie einem Invaliden helfen, sich zum Trinken aufzusetzen. Irgendetwas in ihm war zerbrochen. Er war leicht und zart und trank mit kleinen, zögernden Schlucken.

»Wir müssen auf der Stelle in die Stadt zurück«, sagte er plötzlich, als wäre ihm der Gedanke soeben erst gekommen. Seine Augen im Dunkel blickten gequält, als wüsste er schon, dass es unmöglich war, und als machte das Wissen um seine Machtlosigkeit den Wunsch nur noch dringender. Mühsam erhob er sich, indem er sich auf seinen schönen Zeremonienstab stützte. »Ich bestehe darauf, dass wir *unverzüglich* zurückkehren.«

Auf einmal war Nofretete neben ihm, sprach leise, überredete ihn, sich wieder hinzulegen, machte es ihm bequem. Ich ging fort. Es lag etwas Vertrautes und zugleich Schreckliches in der Art und Weise, wie sie ihn beruhigte, und in seinen Augen schimmerte kurz so etwas wie Hass.

Die Mädchen hatten sich jetzt alle auf Strohsäcke gelegt. Meritaton starrte auf die Darstellung ihrer Eltern an der Wand neben ihr. Auf ihrem Gesicht lag ein seltsamer Ausdruck. »Das bin ich«, sagte sie und zeigte auf die größte der kleineren Figuren zu Füßen des Königspaares, das am Erscheinungsfenster stand, um das *Anch,* das Zeichen des Lebens, zu empfangen. Dann blickte sie hinüber auf die so gänzlich andere Szene, wo ihre Mutter sich bemühte, ihren Vater zu beschwichtigen und zurückzuhalten. Plötzlich wirkte das Mädchen älter und weiser, als hätte sie viel zu früh die zufällige, träge Grausamkeit dieser aus den Fugen geratenen Welt erkannt. Ich hoffte, dass meine Töchter nie so aussehen würden.

»Wir gehen nicht nach Hause, nicht wahr?«, fragte sie leise.

»Ich weiß es nicht.«

»Doch, du weißt es. Jetzt wird sich alles ändern.« Sie sprach mit der erbitterten Offenherzigkeit eines wütenden Kindes. Dann wandte sie sich hochmütig von mir ab.

Sie hat recht, dachte ich, als ich sie anblickte – ein Kind, auf dessen gebeugten Schultern die Last der ganzen Welt ruhte.

Ich stand auf. Im Licht der im Raum verteilten Lampen wirkte die Szene wie ein Bild aus einer Geschichte. Doch das hier war kein Bilderbuch. Wohin konnten wir tatsächlich gehen? Am besten wäre es, wenn wir versuchten auszuharren. Doch ich konnte unsere Chancen nicht mehr einschätzen. Ich ging nach draußen, um nachzudenken und Wache zu halten. Keti hatte in einer dunklen Felsnische Posten bezogen. Nofretete trat zu mir, und gemeinsam blickten wir über die Ebene, die sich nach Westen dehnte und nach Süden bis zur Stadt. In der klaren Nachtluft sahen wir Hunderte winziger Lichter – Wachtposten und Soldaten, die sich an den Straßensperren gesammelt hatten. Ketten von Lichtern näherten sich ihnen und versammelten sich um sie auf ihrem Weg hinaus aus der Stadt und in die umliegende Wüste.

»Ich weiß nicht, ob es besser wäre, in der Nacht oder bei Tag weiterzuziehen«, sagte ich.

Sie antwortete nicht. Hatte sie mich überhaupt gehört? Ich blickte sie an. In dem Schweigen schienen wir endlos weit voneinander entfernt, obgleich nur wenige Ellen zwischen uns lagen. Ich blickte zu den unvergänglichen Sternen auf.

Da begann sie zu sprechen:

»Todesgleich liegt das Land in Finsternis.
Sie schlafen in ihren Kammern, das Haupt
bedeckt.
Ein Auge sieht nicht das andere.
Selbst wenn sie all ihrer irdischen Habe beraubt
würden
– und läge sie auch unter ihrem Haupt –,
sie könnten nicht erwachen.
Alle Schlangen beißen.«

»Danke, das ist sehr ermutigend«, sagte ich.

Sie wandte lächelnd den Blick ab.

»Was für ein Gedicht ist das?«

»Es ist der Gesang des Aton«, erwiderte sie. »Er steht an den Wänden der Kammer geschrieben. Hast du es nicht gesehen?«

Wie konnte sie jetzt an Gedichte denken?

»Es klingt wie eine Warnung«, sagte ich.

»Aber eine weise.«

Wieder blickten wir zu den Sternen auf.

»Glaubst du, dass es unter dem Himmel noch viele andere Welten außer der unseren gibt?«, fragte sie unvermittelt.

»Ich könnte mir ein paar bessere vorstellen, besonders heute Nacht«, entgegnete ich.

»Ich stelle mir eine vor, in der das Rote Land zu einem einzigen großen Garten wird. Die Bäume sind aus Gold, es gibt viele Flüsse und schöne Städte auf den Hügeln.«

»Ihr seht immer himmlische Gefilde. Ich sehe das Gegenteil.«

»Wieso?«

»Vielleicht, weil wir in einem Land leben, in dem die Bosheit regiert und Furcht und Schande zu Hause sind. Ich sehe verpfuschte, verdorbene Leben, gescheiterte Hoffnungen, zerbrochene Träume, Mord und Verstümmelung. Das Unrecht der Hochgestellten. Ich sehe Menschen ohne Seele, die den Hilflosen unsagbar Schreckliches antun. Und wofür? Für nichts weiter als Reichtum und Macht. Darin liegt weder Ehre noch Würde. Doch da wir jetzt ein reiches, großes, starkes, hartes und stolzes Land sind, macht das alles nichts.«

Ich blickte zum Horizont im Süden, selbst überrascht über die Heftigkeit meiner Entgegnung.

»Bevor ich hierherkam, hatte ich einen Traum«, fuhr ich fort. Ich spürte plötzlich, dass ich ihr davon erzählen musste.

»Für einen so skeptischen Mann träumst du ziemlich viel«, sagte sie mit sanfter Stimme.

»Ich war an einem kalten Ort. Alles war weiß mit seltsamen finsteren Wäldern. Die Bäume wirkten schwarz, wie verbrannt. Es war völlig still. Ich hatte mich verirrt und suchte nach jemandem. Da fiel plötzlich etwas unglaublich Leichtes vom weißen Himmel. Schnee. Das ist alles, woran ich mich erinnere, doch die Trostlosigkeit hat mich nicht mehr losgelassen. Wie ein Verlust, der nie ersetzt werden kann.«

Sie nickte verständnisvoll.

»Von Schnee habe ich schon gehört.«

»Ich habe einmal die Geschichte von einem Mann gehört, der dem König eine Kiste voller Schnee brachte wie einen Schatz. Als man sie öffnete, war die Kiste leer.«

Das schien sie zu interessieren. »Wenn man mir so eine Kiste schenkte, würde ich sie nicht aufmachen.«

»Aber Ihr wolltet doch bestimmt wissen, was drin ist.«

»Eine Kiste mit Träumen darin sollte man niemals öffnen.«

Ich dachte einen Augenblick darüber nach. »Aber dann weiß man ja nie, ob die Kiste voll oder leer ist.«

»Nein, das weiß man nicht«, erwiderte sie. »Aber du hast immer noch die Wahl.«

Schließlich kehrten meine Gedanken in die Gegenwart zurück.

»Wir könnten zum Fluss gehen und uns ein Boot suchen«, schlug ich vor.

»Und wohin dann? Wir müssen in die Stadt zurück. All die finsteren Kreaturen schmieden gemeinsam ihre Pläne und hecken Verrat aus. Ich sehe förmlich, wie die Schlangen ihre Zähne wetzen und ihr Gift im Maul sammeln. Die Welt stellt ihre Forderungen an uns, da dürfen wir nicht Nein sagen.«

Sie hatte selbstverständlich recht. Der Sturm hatte in erster Linie das Ansehen der königlichen Familie beschädigt und sie verwundbar für Angriffe gemacht. Wenn sie überleben wollte, dann musste sie sich zeigen und ihre Macht wiederherstellen. Aber um welchen Preis?

»Lasst mich Euch eine Frage stellen: Wie wollt Ihr das machen? Man wird sagen, der Sturm wäre ein göttliches Zeichen gegen Euch beide gewesen.«

Sie lachte. »Es ist immer das Unerwartete, das dir all deine hochfliegenden Träume, Pläne und Visionen über dem Kopf zusammenstürzen lässt.«

In ihren Augen funkelte mehr als bloße Neugier und Belustigung. Alles, was sie angefangen hatte, schien jetzt sinnlos geworden zu sein. Alles, was sie aufgebaut hatte, war durch den Sturm vernichtet worden. Es war, als hätte er das Spielbrett leer gefegt und damit viele neue und unerwartete Entwicklungen möglich gemacht.

»Ihr könntet ja vielleicht einen Dichter damit beauftragen, die Geschichte des heutigen Tages umzuschreiben und es so darzustellen, als wäre der Sturm Teil Eures großen Plans gewesen. Das Gedicht ›Triumph über den Sturm‹. In aller Pracht und Herrlichkeit kehrt die Königin aus der Unterwelt zurück. Der Gott des Chaos versucht, sie zu besiegen, doch all seine Gewalt kann weder die Stadt Atons stürzen, noch die Königin in Angst und Schrecken versetzen.«

»Ich habe aber Angst.«

Sie blickte mich einen Augenblick lang an. Ich hätte sie so schrecklich gern in den Arm genommen, wie sie dort saß, die

Arme fest um die angewinkelten Beine geschlungen, um sich warm zu halten – oder um nicht zu zittern. Plötzlich pochte und flatterte mein Herz wie das eines verliebten Schuljungen. Sie war so nahe. Ich spürte die Wärme ihrer Haut durch die kühle Nachtluft, und in der Dunkelheit konnte ich ihre ausdrucksvollen Augen erkennen. Sie war so fern und traurig. Ich streckte die Hand aus und berührte die ihre. Ich hatte Angst, die Berge würden einstürzen und die Sterne vom Himmel fallen, doch nichts dergleichen geschah. Sie rührte sich nicht. Ich glaube sogar, sie hielt für einen Moment den Atem an. So saßen wir eine lange Weile, bis sie schließlich – widerstrebend, wie ich hoffe – ihre Hand unter meiner hervorzog.

In diesem Augenblick vernahm ich das leise Rieseln von Kies und kleinen Steinchen auf der Rampe unter uns. Es hätte ein Wüstenhase sein können, war es aber nicht. Als ich aufblickte, sah ich, dass Keti auf etwas deutete. Langsam erhob ich mich und ging so leise wie möglich rückwärts bis zum Eingang der Grabkammer, um die Königin vor dem zu beschützen, was dort in der Dunkelheit auf uns zukam. Wieder das feine Rieseln, dann, jetzt schon weiter oben, ein deutlich vernehmbarer Schritt wie von einem Halt suchenden Fuß. Doch der Unbekannte hielt sich im Schatten. Wir hatten mittlerweile den Eingang zur Grabkammer, unserem vorübergehenden Unterschlupf, erreicht, doch abgesehen von unseren Dolchen besaßen wir keine Waffen, um uns zu verteidigen. Ich schob die Königin in die dunkle Kammer und wartete.

Am Abhang tauchte eine schattenhafte Gestalt auf. Sie schien ein wenig außer Atem zu sein. Sofort erkannte ich die Umrisse des gedrungenen, kräftigen Körpers, den grobschlächtigen Schädel. Und ebenso das hechelnde, wuchtige Geschöpf, das seinem Herrn in dumpfer Treue ergeben folgte.

»Ein komischer Platz, um die Nacht zu verbringen.« Mahus Stimme war angespannt. Er versuchte, sich nicht anmerken zu lassen, dass er außer Atem war.

»Wir schauen uns nur die Sterne an«, erwiderte ich.

»Du kannst ihren Beistand gut gebrauchen. Wo sind sie? In Sicherheit?«

»Warum fragst du mich das?«

Da schlüpfte Nofretete an mir vorbei, eine Lampe in der Hand. Mahu wirkte erleichtert, ließ sich ohne zu zögern unbeholfen auf die Knie nieder und hockte da wie ein Monstrum vor einem Kind.

»Ich richte Dankgebete an Aton, dass die Königin wohlbehalten zurückgekehrt ist«, sagte er.

»Erstatte mir Bericht.«

»Darf ich auch unserem Herrn berichten?«

»Er ruht.«

Mahu blickte unglücklich. »Aber …«

»Es geht ihm gut«, fügte sie mit Nachdruck hinzu.

In ihrem Verhalten lag eine stählerne Härte. Mahu war überrumpelt. Für einen Augenblick herrschte gespanntes Schweigen zwischen ihnen, doch sie gab nichts weiter preis. Schließlich nickte er, doch er gab sich noch nicht geschlagen.

»Dieser Mann dort muss gehen. Jetzt übernehme ich die Verantwortung.« Damit zeigte er mit hasserfülltem Blick auf mich. Die Begegnung mit Eje nagte noch immer an ihm. Gut so.

»Warum? Er hat mich gerettet und beschützt, er hat die königliche Familie in Sicherheit gebracht, und er hat seine Sache gut gemacht. Was hast du dagegen geleistet? Was hast du uns zu sagen, das er nicht hören darf?«

Es fiel mir schwer, nicht zu lächeln. Aber ich gab mir auch nicht besonders viel Mühe.

Mahus Kopf ruckte nervös auf seinen wuchtigen Schultern. Er sah aus wie ein Pavian, der, in einem Käfig gefangen, verzweifelt nach einem Ausweg sucht. Er konnte mir immer noch gefährlich werden. Gleich würde er sich auf mich stürzen. Doch Nofretete blieb unerbittlich.

»Rede!«, befahl sie.

»In der Stadt herrscht Chaos«, berichtete er. »Der Große

Fluss ist voller Boote. Jeder, der kann, flieht. Die Zeltunterkünfte wurden davongeblasen. Gerüste sind eingestürzt und haben Menschen erschlagen und Straßen blockiert. Viele Lebensmittelläden wurden durch den Sand ruiniert. Nicht abgedeckte Brunnen sind verdorben. Die Wasserversorgung steht auf der Kippe. Bei der Panik gab es viele Tote.« Er zögerte. Das Schlimmste kam offensichtlich noch.

»Und was sonst?«

»Es gibt Unruhen.«

»Das heißt?«

»Die öffentliche Ordnung ist zusammengebrochen, und ich habe nicht genügend Truppen, um die Lage unter Kontrolle zu bringen. Die Tempelläden wurden geplündert, alle Vorräte an Korn, Wein und Früchten hat der Mob an sich gerissen. Wegen des Fleisches haben sie im Hof des Tempels sogar die Opfertiere geschlachtet. Über Nacht sind die Leute zu Barbaren geworden. In den Straßen haben Menschen aus verschiedenen Ländern um Essen und Obdach gekämpft. In dem Durcheinander wurde der Gesandte aus Mittani mitsamt seiner Familie ermordet. Wir haben hethitische Kräfte im Verdacht, konnten ihn jedoch nicht schützen. So viele der bedeutenden Familien und Herrscher wie möglich haben wir im großen Palast untergebracht und im kleinen Atontempel Notunterkünfte eingerichtet.«

»Warum ist es dir nicht gelungen, in unserem Namen die Kontrolle über die Stadt zu behalten?«

Seine Miene verfinsterte sich. »Horemheb hielt es für angebracht, den Befehl zu übernehmen, darunter auch über mich und die Medjai. Überall in der Stadt hat er seine Soldaten postiert und Verstärkung angefordert. Sie wird in ein oder zwei Tagen hier sein. Er übt die Militärherrschaft über das gesamte Gebiet aus, bis …« Wieder verstummte er, als könne er das Unsagbare nicht aussprechen.

»Sprich!«

»Bis Ihr Euch mit ihm trefft.«

Ihre Miene blieb gelassen, doch es war eine schlechte Nachricht.

»Hat er dich geschickt? Als seinen Laufburschen?«

Wütend starrte Mahu sie an. Sein Stolz hatte die Oberhand über seine Ehrerbietung gewonnen. »Ich bin und war niemals etwas anderes als ein treuer Diener. Ich bin kein Laufbursche, sondern gekommen, um Euch vor ihm zu warnen.«

Ihre Züge entspannten sich ein wenig. »Deine Treue ist für uns unschätzbarer als Gold.«

Es war seltsam mit anzusehen, welche Macht diese wenigen Lobesworte über einen solchen Mann hatten. Mahus Zorn verflog.

Sie sprach jetzt rasch, sich der Erfordernisse der neuen Situation bewusst. »Ich werde zurückkehren. Aber um zu herrschen und nicht um mit Horemhebs Armee zu verhandeln.«

Ihre Worte hatten nicht den erwarteten oder erwünschten Effekt auf Mahu. Irgendetwas verschwieg er uns. Einen Streit? Schlechte Nachrichten? Vielleicht sogar das Messer eines Meuchelmörders? Die Königin, die es ebenfalls bemerkt hatte, warf mir einen raschen Blick zu. Ich trat näher.

»Bleib mir vom Leibe!«, knurrte Mahu.

Nofretete nickte beinahe unmerklich, worauf ich mich wieder zurückzog.

»Du musst mir die Wahrheit sagen«, sagte sie. »Verschweige nichts, denn sonst weiß ich nicht über alles Bescheid, wenn ich in die Stadt zurückkehre.«

Ich warf einen Blick auf die Stelle, an der ich Keti zuletzt gesehen hatte, doch in der Dunkelheit konnte ich ihn nicht erkennen. Aber er hörte bestimmt zu.

Mahu überlegte kurz, dann begann er mit so zögernder Stimme, wie ich es nie von ihm erwartet hätte: »Da gibt es … noch etwas.« Er machte eine Kunstpause.

»Erwarte nicht von mir, dass ich dein Schweigen deute. Sprich.«

Da zischte es plötzlich in der Stille und Finsternis, dann

folgte ein dumpfer Laut. Nofretete und ich starrten ins Dunkel. Mahu bewegte sich nicht. Er wirkte auf einmal verwirrt, als wüsste er nicht mehr, was er hatte sagen wollen. Dann rann ihm ein wenig Blut aus dem Mundwinkel. Langsam berührte er es mit der Hand, erstaunt, weil seine Fingerspitzen rot waren. Schließlich schüttelte er den Kopf, kippte nach vorn wie ein zu schwer beladenes Lasttier und fiel aufs Gesicht.

Geduckt rannten wir zu ihm. Ein Pfeil war zwischen seinen Schulterblättern tief in sein Rückgrat gedrungen. Ich betrachtete den Pfeil aufmerksam. Er trug eine Hieroglyphe, die ich schon einmal gesehen hatte: die Kobra. Mir fiel der verkohlte Pfeil auf dem brennenden Boot wieder ein. Die Warnung an mich, bevor ich überhaupt eingetroffen war. Und hier war sie wieder. Genau dieselbe.

So behutsam wie möglich drehte ich Mahu auf die Seite. Er atmete noch in flachen, keuchenden Stößen, als befände er sich im falschen Element, als wäre die Luft zu Wasser geworden. Es schien ihm zu dämmern, welche Ironie darin lag, dass mein Gesicht das Letzte war, was er im Leben sehen sollte.

»Verdammt sollst du sein!« Er stieß die Worte, die wie ein Gurgeln aus seiner Kehle drangen, zwischen den blutbefleckten Zähnen hervor. »Du hattest recht.«

Die Königin sah mich an. Ich schüttelte den Kopf. Mahu hustete und spuckte, und ein Schauer roter Tropfen spritzte mir auf die Kleider. Darüber musste er lachen, und es kam noch mehr Blut, dicker und dunkler jetzt. Er sah es.

»Ich sterbe«, sagte er beinahe achselzuckend, als wäre die Vergänglichkeit gar nichts. Der Hund leckte ihm übers Gesicht. Ich schob ihn weg.

»Recht womit?«, fragte ich.

Da spürte ich, dass noch jemand neben uns stand. Es war Echnaton. Er sah aus wie ein alter Mann, der gerade aus tiefem Schlaf erwacht war. Er hielt eine Lampe, und in seinen weißen Gewändern bot er einem weiteren Pfeil ein dankbares Ziel. Ich zerrte ihn nach unten aus der Gefahrenzone, worauf er entrüstet aufschrie. Da hielt ich ihm den Mund zu. Zu dritt kauerten wir um Mahu, dessen Blick auf das traurige Bild seines ratlosen, derangierten Herrn fiel. Sah ich wirklich einen Ausdruck von Enttäuschung in seinen Augen, bevor die Hand des Todes sich auf sie legte und ihr topasgelbes Glitzern in trübe Bronze verwandelte?

Ich ergriff Echnaton beim Arm, und gemeinsam hasteten wir, geduckt wie Hunde, in die Grabkammer zurück. Bei dem Versuch, noch einen Blick zurück auf Mahus Leichnam zu werfen, neben dem verwirrt sein treuer Hund saß, stolperte Echnaton, und so musste ich den König der Beiden Länder hinter mir her durch den Staub schleifen. Wie aus dem Nichts tauchte Keti auf und half mir.

Wir versteckten uns in der Grabkammer, und unser Atem bildete kleine Wölkchen in der jetzt kühlen Wüstenluft. Die Lampen waren heruntergebrannt und warfen nur noch ein trübes, flackerndes Licht auf die gemalten Figuren und den Wald aus weißen Säulen. Die Mädchen waren aufgewacht und schmiegten sich an ihre Mutter, die ihnen flüsternd gebot, ganz still zu sein. Gespannt lauschend warteten wir. Ich wusste, dies waren vielleicht die letzten Minuten unseres Lebens. Wir hatten uns selbst eine Falle gestellt, aus der es kein Entkommen gab. In diese Kammer konnte jeder eindringen und uns beim Schein der sterbenden Flammen wie Vieh abschlachten. Wie ein böses Omen jaulte draußen Mahus Hund einmal scharf auf, dann war er still.

»Versteckt Euch bitte nicht meinetwegen.«

Die leisen Worten schienen von nirgendwoher zu kommen. Dann fiel ein langer Schatten auf die vom Mond versilberten Steine am Eingang und wanderte über die Wand bis ins Innere der Kammer. Dem Schatten folgte die schlanke, elegante Gestalt eines Mannes. Die Lampe, die er trug, beleuchtete sein knochiges Gesicht, das durch die zuckenden Schatten noch hagerer wirkte.

Eje wurde von Wachen begleitet, die am Eingang zurückblieben. Ihre Bogen schimmerten im Mondlicht. Ich bemerkte, dass die Spitzen ihrer Pfeile aus Silber zu bestehen schienen. Ich blickte zu Nofretete hinüber. Sie sah aus, als stünde sie endlich ihrer größten Angst Auge in Auge gegenüber.

Auf ein Nicken von Eje hin durchsuchten uns seine Bogenschützen auf Waffen und nahmen mir meinen Dolch ab. Zwei von ihnen kannte ich. Den einen hatte ich auf der Jagdpartie gesehen, der andere war der junge Architekt vom Schiff, derjenige, der die Tempellatrinen entwarf. Also hatte ich von Anfang an unter Beobachtung gestanden. Er blickte mir in die Augen, als wollte er sagen: So sieht man sich wieder. Dann schickte Eje sie nach draußen und kam langsam auf uns zu. Die Königin und ich trennten uns und traten in unterschiedliche Richtungen zwischen den Wald aus weißen Säulen.

»Wie seltsam und passend zugleich, dass Ihr ausgerechnet in meinem Grab Zuflucht gesucht habt«, sagte Eje. »Ich sehe mit Bedauern, mit welch unzulänglichen Umständen Ihr Euch begnügen müsst. Aber vielleicht könnt Ihr der Umgebung ja auch etwas Erheiterndes abgewinnen, das Euch für die Unannehmlichkeiten entschädigt.«

Er spielte mit uns und lächelte wie eine der Katzen aus der Totenstadt. »Wir alle sind sterblich. Bis auf diejenigen unter uns, die zu Göttern geworden sind. Zumindest ihrer eigenen Meinung nach. Seht, hier ist es, in Stein gemeißelt.« Er las die Hieroglyphen auf einer Säule: »›In Anbetung Atons, der für immer und ewig lebt, des lebendigen und großen Aton, Herr über alles, was er umfängt, Herr des Himmels, Herr der Erde. Herr des Hauses von Aton in Achet-Aton, der Stadt des Königs von Süd und Nord, der da lebt in Wahrhaftigkeit, Herr der Beiden Länder, Sohn der Sonne, Herr des Diadems, Echnaton, der Immerwährende, und seiner Großen Gemahlin Neferneferuaton-Nofretete, der Leben und Gesundheit und Jugend zu eigen sind für alle Zeit.‹ Und so weiter und so fort. Ach ja, hier kommt meine Stelle: ›Fächerträger zur Rechten des Königs,

Vorsteher aller Pferde seiner Majestät, der dem ganzen Land Zufriedenheit schenkt, Günstling des guten Gottes, Gottesvater, Recht Handelnder, Eje, der sagt: Dein Aufgang ist schön am Horizont des Himmels. Oh, lebendiger Aton, der Leben schenkt, wenn du dich am östlichen Horizont erhebst, erfüllst du jedes Land mit Schönheit.‹« Er schwieg einen Augenblick und kostete die Ironie des Ganzen aus. »Nun ja, wohl kaum. So wie die Dinge liegen …«

Da ließ sich eine merkwürdig zittrige Stimme aus dem Schatten vernehmen: »Denn du bist prächtig. Groß und strahlend erhebst du dich über alle Länder … Du bist die Sonne, fern und doch der Erde nah, und wenn du am westlichen Horizont untergehst, liegt die Erde in Finsternis, dem Tode gleich …« Während er deklamierte, wurde Echnatons Stimme kräftiger. Wie sein gemaltes Ebenbild an der Wand hatte er die dünnen Arme zu einer nicht vorhandenen Sonne erhoben. Doch dann brach er plötzlich ab, als wollte er die folgenden Worte nicht aussprechen.

Eje blickte ausdruckslos auf dieses Gespenst vergangener Macht. »Ja, dem Tode gleich«, sagte er. »Ich habe dieses Grab zu einem ansehnlichen Preis in Auftrag gegeben, doch bisher habe ich noch nie Zeit gefunden, es mir anzusehen und den Fortgang der Arbeiten zu überwachen. Sie sind ganz schön teuer geworden, diese Häuser des Todes. Doch solange wir leben, kommen wir nicht dazu, uns mit den wesentlichen Dingen zu beschaftigen. Wir sind in Eile, wir machen Fehler, versuchen, sie zu korrigieren, und denken nicht genug an die Vergangenheit und die Zukunft.«

Er schwieg. Ich hatte keine Ahnung, worauf er hinauswollte. Nofretete blieb merkwürdig still.

»Möchtet Ihr eine Geschichte über die Vergangenheit und die Zukunft hören?«

»Beschränken wir uns auf die Zukunft«, ertönte endlich Nofretetes Stimme aus der Dunkelheit am anderen Ende der Kammer.

Eje ging auf sie zu, doch sie zog sich weiter zurück, bis ich ihre Gestalt im Schatten nicht mehr ausmachen konnte.

»Sicher, ich werde Euch sagen, was ich sehe«, erwiderte er. »Ich sehe eine Zeit des Unheils. Ich sehe, wie diese Welt zerfällt und zusammenbricht. Ich sehe Priester beim Angriff auf die Atontempel, ich sehe den Staatsschatz geplündert, ich sehe Hass in den Augen der Menschen, ich sehe unsere Feinde, die unsere Städte erobern und unsere Götter stürzen. Ich sehe, wie unsere großartige grüne und goldene Welt verdorrt, weil der Große Fluss seine Gaben nicht mehr spendet. Das Land verödet, das Getreide verdorrt, und die Heuschrecken vernichten alles, was auf ihrem Weg liegt. Ich sehe unsere Kornspeicher, die voller Staub sind. Ich sehe den Wind der Zeit, wie er aus dem Roten Land herbeifegt, Feuer und Zerstörung bringt, unsere Städte dem Erdboden gleichmacht und alles, was wir besitzen, zu Asche verbrennt. Ich sehe Kinder als Lehrmeister ihrer Eltern in barbarischen Gräueltaten, und ich sehe, wie die Barbaren in unseren Tempeln ihre Feste abhalten. Ich sehe schnatternde Affen an der Stelle, wo die Statuen der Götter standen. Ich sehe Flüsse, die rückwärts fließen, und Re, der erkaltet. Ich sehe tote Kinder in namenlosen Gräbern.«

»Du solltest nicht so spät zu Abend essen«, erwiderte Nofretete bedächtig. »Es verdirbt die Fantasie.«

Er beachtete sie gar nicht und fuhr fort: »Ich sehe die Dinge, wie sie sind und wie sie sein werden. Es sei denn, wir handeln jetzt unverzüglich. Wir müssen dafür sorgen, dass alles wieder so wird, wie es war. Wir müssen zu den alten Traditionen zurückkehren. Wir müssen diese Stadt verlassen, ihren Gott Aton in eine Kiste packen und sie tief in der Wüste vergraben, so als hätte es ihn nie gegeben. Wir müssen uns mit der neuen Armee und den Amunpriestern einigen. Wir müssen der Priesterschaft von Theben wieder eine gewisse Verfügungsgewalt über ihre Besitztümer und Einkünfte geben und sie wieder in ihre Tempel lassen. Gleichzeitig müssen wir der Welt zeigen, dass wir, als Familie und Land, stärker denn je sind und die Götter auf unserer Seite haben. Und dafür brauchen wir eine machtvolle Persönlichkeit, die den Menschen und Göttern verkündet: ›Ich bin das Gestern und das Morgen, ich sehe alle Zeiten, mein Name folgt den Pfaden der Götter. Ich bin der Herrscher der Ewigkeit.‹«

»So eine Persönlichkeit gibt es nicht.«

»Ich glaube, doch«, entgegnete er schnell. »Und ich glaube, es ist Zeit, sie zu offenbaren.«

Er ließ die Worte im Raum stehen. Ein Angebot. Eine Möglichkeit. Aber wie kam Eje, so einflussreich er auch sein mochte, dazu, einen solchen Vorschlag zu machen? War er ein Königsmacher, ein Gottesschöpfer? Hatte er zu entscheiden, was geschah und was nicht?

Hier mischte sich Echnaton mit erbittertem Nachdruck ein. Es waren die sinnlosen Worte eines Verrückten: »Das ist Hochverrat. Ich werde dich einsperren und hinrichten lassen wie einen gewöhnlichen Dieb!«

Eje lachte ihm ins Gesicht – es war das erste Mal, dass ich einen derart menschlichen Laut von ihm hörte. »Und wer wird deine Befehle vernehmen und sie ausführen? Niemand. Du bist erledigt, ein gebrochener Mann. Scheitern und Verfall hängen über deinem Haupt. Deine Macht ist dahin. Du kannst froh sein, wenn du weiterleben darfst.« Seine Stimme war ruhig und todernst.

Eilig humpelte Echnaton zum Eingang, doch die Wachen versperrten ihm den Weg. »Lasst mich durch!«, befahl er. »Ich bin Echnaton!« Sie rührten sich nicht von der Stelle. Seine Machtlosigkeit war schrecklich mit anzusehen. Wie ein wütendes Kind trommelte er kraftlos mit den Fäusten gegen ihre Brust. Sie beachteten ihn nicht.

Außer sich vor Zorn wandte er sich an Eje. »Dem König widersetzt man sich nicht ungestraft! Du hast mir mein Reich geraubt. Du hast mein Vertrauen missbraucht. Ich verfluche dich, auf dass ich und der Gott an dir gerächt werden.«

»Nein, *du* hast das Vertrauen der beiden Länder missbraucht. Du hast *mich* verraten. Leichtfertig hast du das Erbe dieser Welt verspielt. Deine Flüche haben keine Macht. Kannst du dein Volk ernähren? Nein. Kannst du *Maat* wiederherstellen? Nein. Kannst du dich jemals wieder unter dem Zeichen Atons zeigen? Nein. Die Menschen hassen dich, die Soldaten verachten dich, und die Priester planen deinen Tod. Ich habe dir diese Welt gegeben mitsamt ihren Reichtümern und ihrer Macht, und was hast du damit angefangen? Aus Schlamm und Stroh hast du dieses närrische Spielzeug errichtet. Kann aus solchem Stoff etwas Großes entstehen? Nein. Es zerbröckelt, verrottet, zerfällt. Schon bald wird von dieser Stadt und ihrem wahnsinnigen König nichts mehr bleiben als Schatten, Gebeine und Staub. Der Geist deines Vaters wird vor Scham ein zweites Mal sterben. Du wirst die Krone hergeben. Auf die Knie!«

Echnaton starrte Eje an. »Vor dir? Niemals!« Er hatte verloren, doch er gab seinen Widerstand nicht auf.

Nofretete trat aus dem Schatten. Mein Herz zog sich zusammen, als ich ihr Gesicht sah.

»Du bist Gottesvater, doch König kannst du nicht sein«, sagte sie.

Etwas in Ejes Miene veränderte sich. Etwas Ähnliches hatte ich schon einmal bei einem leidenschaftlichen Spieler gesehen, bevor er seinen Einsatz verdoppelte.

»Du weißt nicht, wer ich bin«, erwiderte er.

Bei seinen Worten änderten die Strömungen in dem dunklen Raum ihren Lauf. Verblüfft blieb Nofretete stehen.

»Du bist Eje, oder etwa nicht?« Er schritt zwischen dem Hell und Dunkel der Säulen hindurch, verschwand und tauchte wieder auf – Zauberer und Zaubertrick zugleich.

»Kannst du dich nicht mehr erinnern?«

Sie wartete schweigend.

»Erinnerung ist etwas Seltsames. Was wären wir ohne sie? Niemand.«

Sie wartete noch immer.

Er lächelte. »Ich bin froh, dass du dich nicht erinnerst. Das war auch meine Absicht. Ich wollte, dass du frei bist von allen Herzensbindungen.«

»Das geht nicht. Das Herz ist alles.«

Er schüttelte bedächtig den Kopf. »Nein, das stimmt nicht. Ich habe gehofft, du würdest die größte aller Wahrheiten lernen. Es gibt nichts als Macht. Keine Liebe, keine Zuneigung. Nur Macht. Und die habe ich dir gegeben.«

»Du hast mir gar nichts gegeben.« Nun klang ihre Stimme doch ärgerlich.

Wieder lächelte er, als hätte er einen weiteren kleinen Triumph errungen, und dann versetzte er ihr sanft und leise den entscheidenden Schlag. »Ich habe dir das Leben gegeben.«

Er beobachtete ihr Gesicht, als sie versuchte, die Bedeutung seiner Worte zu erfassen. Er war ein Mörder, der zusieht, wie sein Opfer leidet, während er ihm geschickt das Messer im Herzen umdreht.

Dann sprach sie, mit erstaunlich ruhiger Stimme, so als wäre nun das Schlimmste geschehen und ihr könnte nichts mehr zustoßen. »Du bist mein Vater?«

»Ja. Erkennst du mich jetzt?«

»Ich sehe, was du bist. Ich sehe, dass da, wo dein Herz sein sollte, eine Wüste ist. Was ist mit deinem Herzen geschehen? Was ist mit deiner Liebe geschehen?«

»Das sind sanfte Worte, Tochter. Liebe, Gnade, Mitleid. Tilge sie aus deinem Herzen. Handeln ist alles.«

Obwohl sie offensichtlich litt, trat sie neugierig näher. »Wenn du mein Vater bist, wer ist dann meine Mutter?«

Er wedelte abwehrend mit der Hand.

»Wende dich nicht von mir ab. Sag mir, wer meine Mutter ist.«

»Sie war ein Niemand. Namenlos. Sie ist bei deiner Geburt gestorben.«

Diese Worte taten ihre lautlose und verheerende Wirkung. Nofretete krümmte sich unter dem schmerzlichen Verlust eines Menschen, den sie, außer in ihren Träumen, nie gekannt hatte. Mit geballten Händen drückte sie gegen ihre Brust, als umklammerte sie die Scherben ihres gebrochenen Herzens.

»Wie konntest du mir das antun?«

»Geh mir nicht mit diesen albernen Argumenten von Liebe und Fürsorge auf die Nerven. Du bist kein Kind mehr, also rede nicht wie ein Kind.«

»Ich war nie ein Kind. Auch das hast du mir genommen.«

Sie drehte sich um und verschwand im Dunkel. Gelassen schlenderte Eje zwischen den Säulen umher und wartete darauf, dass sie wiederkam. Als er nahe an mir vorüberging, zog ich rasch das Messer aus seinem Gürtel und drückte es ihm an die Kehle, sodass es beinahe die weiche, kühle Haut ritzte. Mit dem anderen Arm hielt ich ihm die Arme auf dem Rücken fest. Es war, als hielte ich gar nichts, so reglos stand er da. Die Wachen kamen gerannt, doch ich sagte leise zu ihnen: »Bleibt zurück, oder ich schneide ihm die Kehle durch.« Mit sicherem Griff nahm Keti ihnen die Waffen ab.

Nofretete trat wieder in den helleren Bereich der Kammer. Ich presste das Messer noch fester gegen die zart pochende Ader an Ejes Hals und freute mich, als er wenigstens leicht zitterte. »Ich kann ihn jetzt gleich umbringen, oder wir halten ihn fest und gehen in die Stadt zurück. Wir nehmen ihn gefangen und stellen ihn wegen Hochverrat und Mord vor Gericht.«

Sie blickte mich traurig an, dann schüttelte sie den Kopf. »Lass ihn laufen.«

Ich traute meinen Ohren nicht. »Wer, glaubt Ihr wohl, hat Tjenri foltern, verstümmeln und töten lassen? Vielleicht hat er es nicht selbst getan, dafür hatte er seinen Obersten Arzt. Aber er hat es geplant und befohlen. Und nach allem, was er Euch angetan hat? Dieser Mann hat nichts außer Leid und Zerstörung gebracht, und Ihr wollt, dass ich ihn laufen lasse? Warum?«

»Weil es nicht anders geht.«

Verächtlich schleuderte ich das Messer beiseite. Eje entschlüpfte meinem Griff und versetzte mir mit seinem roten Lederhandschuh einen heftigen Schlag ins Gesicht. »Das ist für die Unverschämtheit, mich anzufassen.« Dann schlug er mich noch einmal. »Und das ist für die haltlosen und durch nichts zu beweisenden Anschuldigungen.«

Reglos starrte ich ihn an.

»Meine Tochter ist eine intelligente Frau«, setzte er hinzu. »Sie versteht mich.«

Und dann lächelte er. Ein abscheuliches Lächeln.

»Du besitzt alles auf der Welt«, sagte ich. »Und doch lodert eine Wut in dir und höhlt dich vollkommen aus. Was auch immer es ist, es wird nie besänftigt werden.«

Meine Verachtung ließ Eje ungerührt. Er bückte sich und hob eine Handvoll Staub auf, den er beiläufig betrachtete. »Der Platz hier hat mir nie gefallen, und ich bezweifle jetzt, dass ich hier bestattet werde. Wozu brauchen wir all die hübschen Bilder eines schönen Lebens nach dem Tod? Da malen wir uns unsere verzweifelte Hoffnung auf ein Weiterleben, fruchtbare Felder und viele Sklaven, die sie bestellen, große Ehren und eine hohe Stellung, Reichtum und Besitz – das Beste, was die Welt uns zu bieten hat, oder was wir uns nehmen können. Und doch ist alles nur Farbe. Wir wissen doch beide, was geschieht, wenn wir sterben. Nichts. Wir werden zu Knochen und Staub. Es gibt weder ein ewiges Leben noch ein Jenseits und auch kein Gefilde der Binsen. Der liebliche Gesang der Vögel der Ewigkeit erklingt nur in unserem Kopf. All das sind Geschichten, mit denen wir uns vor der Wahrheit schützen wollen. Wenn ich wirklich alles hätte, dann könnte ich diesem Staub hier wieder Leben einhauchen. Dann würde ich mir Tage und Jahre erkaufen, als seien sie Korn, und würde ewig leben. Doch das geht nicht. Der Zeit können wir nicht standhalten. Ewig sind nur die Götter, und die gibt es nicht.«

Er ließ den Wüstensand aus der geöffneten Hand auf den Boden rieseln und wandte sich erneut an Nofretete. »Doch jetzt müssen wir uns zunächst mit praktischeren Dingen befassen. Ich mache dir folgenden Vorschlag: Du kehrst nach Theben zurück, und ich werde dafür mit den verschiedenen Gruppen verhandeln. Dann erklärst du dich einverstanden, die alten Traditionen wiedereinzuführen. Im Tempel von Karnak wirst du in Anwesenheit der Priesterschaft Amun öffentlich huldigen. Das ist eine unverzichtbare Vorbedingung. Als Gegenleistung dürfen deine Töchter am Leben bleiben. Dein Gemahl wird sein Leben und seine Krone behalten, jedoch keinerlei Macht mehr ausüben. Von mir aus kann der arme Irre in dieser lächerlichen Stadt bleiben und die Mittagssonne und den Staub anbeten. Das wird sowieso niemand erfahren. Man wird ihm genügend Bedienstete zur Verfügung stellen, die sich um ihn kümmern.«

»Und du?«

»Ich bin der Gottesvater. Der Recht Handelnde. Ich werde bleiben.«

»Ihr seid die Gesellschaft«, sagte ich. »Die Gesellschaft der Asche. Was für ein passender Name. Die Männer aus Asche.«

Wieder zeigte er dieses berechnende Lächeln. »Es ist einfach ein Schauspiel. Eine Zeremonie, wenn du so willst. Aber es funktioniert. Die Menschen lieben die Macht der Geheimnisse. Sieben goldene Federn vom Vogel der Wiedergeburt. Ich nehme an, du besitzt immer noch eine davon. Übergib sie jetzt bitte dem rechtmäßigen Besitzer.«

»Du hast sie dort versteckt, damit ich sie finde.«

Er nickte höflich, als hätte ich ihm ein Kompliment gemacht.

Ich fasste in meine Tasche, fand die Feder und gab sie Nofretete. Sie schaute sie an, als könnte sie nun in die Zukunft blicken. Als wüsste sie nun, wie die Geschichte ausgeht. Und was sie sah, schien ihr nicht zu gefallen.

»Gut«, sagte Eje. »Ich bereite mich jetzt für morgen vor. Die Leute lieben dich, Tochter. Wie du es geschafft hast, deine Feinde zu überlisten, war bewundernswert. Du bist aus der

Unterwelt zurückgekehrt. Das werden wir uns selbstverständlich zunutze machen. Du musst Mitregentin werden. Du bist ein Stern unter uns geringeren Sterblichen.«

»Und wenn ich ablehne?«

Er lachte leise. »Du bist mein Kind. Ich kenne dich zu gut. Lass uns keine Zeit verlieren. Ich bereite alles Notwendige vor und erwarte dich dann morgen im Palast zur öffentlichen Rückkehrzeremonie. Die beiden Wachen hier werden dich begleiten, falls du die richtige Entscheidung triffst. Falls nicht, werden sie meine entsprechenden Befehle ausführen. Du kannst dir schon denken, welche. Morgen ist ein neuer Tag.«

»Du würdest deine eigenen Enkelkinder töten?«

»Vergiss nicht: Es gibt keine Liebe, nur Macht. Deine Magd weiß das. Nicht wahr, Senet? Du solltest sie danach fragen. Und nach den Skarabäen. Ich hinterlasse gern mein Zeichen, musst du wissen.«

Er drehte sich um und ging. Niemand wagte zu sprechen. Senet zitterte.

»Er hat so viel Macht«, flüsterte sie mit hasserfüllter, verzweifelter Stimme.

»Lass mich deine Geschichte erzählen«, sagte ich so sanft wie möglich.

Sie nickte.

»Du hast Seschat umgebracht.« Sie blickte auf, widersprach jedoch nicht.

»Du hast sie getötet. Du hast ihr das Gesicht zerschmettert und den Skarabäus an ihrem Körper versteckt.«

Sie starrte mich noch immer an.

»Du hast Handschuhe getragen, um die Verletzungen an deinen Händen zu verbergen. Du hast mir gegenüber behauptet, dass etwas vom Schmuck der Königin fehlt. Ich sollte glauben, der Skarabäus gehörte der Königin. Doch in Wahrheit hast du ihn von Eje bekommen. Er hat dir befohlen, ihn am Leichnam zu verstecken. Es sei sein Zeichen, sagte er. Er hatte recht. Er stammt aus dem Mist. Der niedrigste Abschaum. Und doch schiebt er Könige und Königinnen wie die Sonnen ins Licht des neuen Tages.«

Senet warf einen Blick zur Königin, die sie beinahe mitleidig ansah.

»Du hast seine Anweisungen befolgt. Du bist mit dem verkleideten Mädchen den Fluss hinaufgefahren, und dann, im Dunkeln, als sie nicht darauf gefasst war, hast du sie niedergeschlagen. Wahrscheinlich war sie schon durch den ersten Hieb schwer verletzt, doch es erforderte sicherlich noch viel mehr Kraft von Geist und Körper, ihr das Gesicht zu zerschmettern.«

Die Magd blickte mich jetzt direkt an. »Es dauert lange, jemanden zu töten«, sagte sie. »Der erste Schlag war einfach. Aber sie wollte nicht sterben. Sie stieß immer weiter Laute aus, auch als sie keinen Mund mehr hatte. Ich schlug so lange zu, bis sie endlich ruhig war. Es dauerte lange.«

In der Kammer war es still. Ich fuhr mit der Geschichte fort.

»Sie trug die Kleider der Königin, die du ihr gebracht hattest. Wie verlangt, hatte sie sich ein Kopftuch umgebunden. Doch bis ich es dir sagte, wusstest du nicht, wen du da umgebracht hattest. Nur, dass es eine Frau war. Eje ist es gleichgültig, wer lebt und wer stirbt, dir jedoch nicht. Du hast eine unschuldige Frau ermordet und verstümmelt, die von ihrer Familie sehr geliebt wurde.«

»Und auch von mir«, sagte Senet stolz. »Ich habe sie von ganzem Herzen geliebt.«

Sie waren ein Liebespaar gewesen. Das war die schlichte Wahrheit.

»Zeig mir bitte dein Haar«, sagte ich.

Sie nickte und entblößte langsam ihr kurz geschorenes rotbraunes Haar. Mit plötzlichem Verständnis blickte Keti mich an.

Erneut sprach Senet, diesmal zur Königin: »Er wusste alles. Er konnte meine Gedanken und Träume lesen. Er sagte, er würde uns, Seschat und mich, bloßstellen. Nicht nur vor Euch,

Herrin, sondern vor der ganzen Welt. Das konnte ich nicht ertragen. Doch dann sagte er, er würde sie umbringen lassen, wenn ich ihm nicht gehorchte und ihm alles erzählte. Er sagte mir, was ich zu tun hätte. Er befahl mir, die versiegelten Anweisungen und die Kleider zum Harem zu bringen und so zu tun, als kämen sie von der Königin. Man würde eine Frau holen lassen. Und er sagte mir, was ich dann tun sollte. Er sagte, wir dürften kein Wort sprechen. Er sagte mir, wohin ich sie bringen und was ich mit ihr machen sollte. Was blieb mir denn anderes übrig? Was hättest du getan?«

Die letzte Frage war an mich gerichtet, doch ich hatte nur einen verständnisvollen Blick für sie. Plötzlich heulte sie vor Schmerz auf und schlug sich mit den Fäusten auf den Kopf. »Hathor, Herrscherin des Himmels, mächtige Herrin des Schicksals, vergib mir! Ich habe die Frau getötet, die ich liebte! Ich handelte aus Liebe und Furcht. Jetzt bleibt mir nur noch der Tod.«

Nofretete berührte sie sanft an der Schulter. »Wenn du mir die Wahrheit gesagt hättest, hätte ich dir helfen können.«

Die Magd hob langsam den Blick. »Er ist größer als wir alle. Er ist der Tod. Wusstet Ihr, dass er mich geküsst hat? Auf den Mund. Von da an war ich verloren.« Sie hob den Dolch auf, den ich fortgeworfen hatte, verließ die Grabkammer und verschwand in der Dunkelheit. Ich wusste, dass sie nicht zu retten war und dass wir sie nie finden würden. Ich hoffte nur, die Göttin Nut würde sich über sie breiten und ihr einen Platz inmitten der unvergänglichen Sterne bereiten.

Keti und ich gingen nach draußen, um frische Luft zu schnappen. Es war die dunkelste Zeit der Nacht, und der Mond segelte tief über dem Horizont. Wir saßen da wie zwei düstere Statuen.

»Ich dachte, ich würde Senet gut kennen«, sagte er. »Wie bist du darauf gekommen?«

»Ich wusste, dass sie in ihrer Geschichte etwas Wichtiges ausgelassen hatte. Aber es war ihre Trauer, die sie verriet.«

Er nickte. »Dieser Mann ist ein Ungeheuer.« – »Ich glaube nicht an Ungeheuer, Keti. Das macht es uns Übrigen zu leicht. Letzten Endes ist Eje einer von uns.«

»Umso schlimmer.«

Da musste ich ihm recht geben.

Nofretete kam aus der Kammer. Keti trat respektvoll beiseite und ließ uns allein. Ich hatte ihr einiges zu sagen.

»Das war ja vielleicht eine Geschichte, die Ihr mir bei unserer ersten Begegnung über Euren Vater und Eure Familie erzählt habt. Ihr habt mich schön in die Irre geführt.«

Sie blickte mich ruhig an. »Wenn du nie Eltern hattest, dann malst du dir ständig welche aus. Du stellst sie dir vollkommen vor. Für alles, was es nicht gibt, denkst du dir diese ganzen Geschichten aus und hältst sie für wahr. Bis eines Tages ...«

»Die Wahrheit ans Licht kommt.«

»Ja. Ich stellte mir meinen Vater als einen guten Menschen vor, einen wunderbaren, freundlichen Mann. Früher glaubte ich, er würde kommen und mich retten. Ich glaubte, er würde mich auf sein weißes Pferd heben, und wir würden davonreiten. Immer weiter und weiter. In Sicherheit.«

»Ich hätte ihn für Euch töten können.«

Sie überlegte einen Augenblick. »Nein. Du hättest ihn töten können, doch dann wäre er noch immer in mir, in meinem Kopf, für alle Zeiten. Das wäre vielleicht noch schlimmer gewesen. Vielleicht kann ich ihm einfach nur verzeihen. Für das, was er mir angetan hat. Und für das, was er anderen angetan hat. Wenn ich das fertigbringe, hat er keine Macht mehr über mich.«

Wieder einmal war ich erstaunt und entsetzt. »Ihm verzeihen? Er hat Euer Leben, das Leben seines eigenen Kindes, als Mittel zum Zweck benutzt, um an die Macht zu kommen. Und er hat gedroht, Euch und Eure Kinder zu töten. Er kennt keine Liebe.«

»Das heißt nicht, dass ich ihm nicht verzeihen sollte. Liebe erzeugt Liebe. Rache erzeugt Rache. Ich habe die Wahl.«

»Werdet Ihr also seine Forderungen annehmen? Werdet Ihr seine Feder behalten?«

»Das muss ich. Mir bleibt nichts anderes übrig. Jetzt wird alles zerstört, wofür wir gearbeitet haben. Der Traum von einer besseren Welt ist zu Ende. Aber ich habe dich gewarnt: Die Welt verlangt ihr Recht von uns, von mir, und dem kann ich mich nicht verweigern. Ich besitze genügend Macht, um diejenigen zu retten, die ich liebe, und den Lauf der Zukunft zu beeinflussen. Ich habe eine Verantwortung gegenüber der Zukunft.«

Plötzlich erkannte ich es mit absoluter Klarheit: »Ich werde Euch nicht wiedersehen.«

Sie nahm meine Hand. »Ich werde dich nicht vergessen.«

Eine lange Zeit saßen wir so beieinander.

42

Um nicht gesehen zu werden, stiegen wir lange vor Anbruch der Morgendämmerung aus der Grabkammer herab und gingen über die kühle, dunkle Ebene in Richtung auf die Stadt, einer unbekannten Zukunft entgegen. Ich blickte zu Nofretete, der Vollkommenen, hinüber, die jetzt neben mir schritt. Sie hielt den Blick nach vorn gerichtet und schaute unverwandt geradeaus. Vielleicht war es leichter, die Wahrheit zu kennen, so schrecklich sie auch sein mochte, als in Ungewissheit zu leben. Die älteren Mädchen stolperten schlaftrunken neben uns her, während Keti und ich die jüngeren auf den Schultern trugen, wo sie immer wieder in ihre süßen, sonderbaren Träume fielen. Echnaton schlurfte dahin, den Blick auf den dunklen ausgedörrten Boden gerichtet. Ejes Wachen folgten uns in einigem Abstand.

Nofretete beschloss, in den nördlichen Palast, den ländlichen Rückzugsort der Familie, zurückzukehren, der ein Stück entfernt von der Stadt und ihren Vorstädten lag. Er war ziemlich unsicher, da er nicht stark befestigt war und es dort auch keine Kasernen gab. Doch sie sagte, sie habe ihre Gründe, und außerdem hatte die Abgeschiedenheit auch Vorteile. Dann mischten sich Meritaton und Maketaton ein, die plötzlich hellwach waren. Auch sie wollten unbedingt zum nördlichen Palast und ihre zahmen Lieblingsgazellen besuchen.

Aus der Ferne war vom Palast nichts zu sehen als eine endlose hohe Mauer aus Lehmziegeln. Sie umfasste ein riesiges Gelände, das sich bis hinunter zum Großen Fluss zog. Die Mauer hatte keine Fenster, und die massiven Holztore waren fest verschlossen. Ich klopfte so laut, wie ich es wagte. In der Stille des frühen Morgens hallte das Geräusch unnatürlich laut und weit. Endlich vernahmen wir ein Rumpeln und ein Stöhnen, dann öffnete sich das kleine Fenster im Tor, und ein alter Mann blinzelte vorsichtig heraus. Als er mit erschrockenem Staunen begriff, wer die frühen Besucher waren, die dort in ihren staubigen königlichen Gewändern standen, begann er laut zu beten. Es lag mehr Angst als Ehrfurcht in seinen Augen. Ich verlor die Geduld und hämmerte an die schweren Türen, bis er schließlich öffnete. Noch immer betend, warf er sich zu Boden. Also stiegen wir über ihn hinweg und gingen in den Vorhof des Palastes.

Der Alte erhob sich und folgte uns. Dabei berichtete er, dass keiner mehr da sei und er allein heldenhaft die Stellung gehalten hätte. »Nur noch ich bin hier, die anderen sind alle geflohen. Aber ich wusste einfach, dass Ihr wiederkommen würdet, und so habe ich auf Euch gewartet.«

Er wirkte wie ein Kellner, der ein Trinkgeld erwartet. Nofretete dankte ihm mit leiser Stimme für seine treuen Dienste.

Im Hof lag der Sand in Haufen vor den Wänden, und alle Fenster und Türen, die ins Innere des Palastes führten, waren verrammelt. Die Königin ging voraus, öffnete Türen und schritt durch säulengeschmückte leere Empfangshallen, in denen das Echo widerhallte. Keti und ich waren auf der Hut, für den Fall, dass sich hier noch Feinde, vielleicht die Soldaten Horemhebs, aufhielten. Doch wir entdeckten niemanden.

Ejes Wachen waren am Tor zurückgeblieben, daher bezogen Keti und ich Posten im Haupthof, während Nofretete die Kinder in ihre Zimmer brachte, damit sie ausruhen und sich auf den kommenden Tag vorbereiten konnten. Wir sahen, wie die letzten Sterne zur Ruhe gingen, und bald leuchtete die Kuppel des Firmaments strahlend blau im ersten Morgenlicht. Langsam sank der Mond in die Unterwelt. Irgendwo draußen bellten Hunde, und in den Bäumen am Flussufer setzte das unablässige Zwitschern der Vögel ein. Das Leben gewann wieder die Oberhand.

Da erschien Echnaton in der Tür. Er blickte hinauf zu Aton,

seinem Gott, der soeben als schmaler roter Streifen hinter den Bergen im Osten erschien. Doch die Miene des Königs zeigte weder Jubel noch Feierlichkeit. In stiller Verehrung erhob er die Arme. Es wirkte sinnlos und närrisch. So diskret wie möglich wandten wir den Blick ab und hofften, dass wir es ihm nicht gleichtun mussten.

»Kommt, ich will euch etwas zeigen.«

Er drehte sich um und schlurfte zurück in den staubigen Korridor. Ich folgte ihm, und Keti blieb als Wache zurück. Wir gingen eine Weile, bis wir an eine kunstvoll geschnitzte Doppeltür kamen. Er stieß sie auf und bedeutete mir, als Erster einzutreten. Ich befand mich in einem hohen, quadratischen Raum, der nach oben und zu einer Seite hin offen war. An einer der drei Wände hatte ein Künstler seine Vorstellung von einem vollkommenen Leben verewigt. Dort gab es Bilder von Eisvögeln im Flug, deren schwarz-weiße Schwingen die stille Luft durchschnitten und die in das klare, sich kräuselnde Wasser tauchten oder sich – für immer festgehalten im flüchtigen Augenblick – auf den nickenden Wedeln der übermannshohen Papyrusstauden niederließen. Und dann geschah etwas Merkwürdiges: Mit einem kurzen, schrillen Schrei schoss etwas wie ein Blitz mit leuchtenden Flügeln in den Raum und verschwand ebenso schnell, wie es gekommen war, in der Wand. Was war das gewesen? Ich traute meinen Augen nicht.

Echnaton klatschte in die Hände und lachte vergnügt wie ein Kind über meine Verblüffung. »Nistkästen, verborgen in der Wand! Du siehst, selbst Vögel lassen sich von großer Kunst täuschen. Sie glauben, sie wären wirklich an einem Fluss!«

Er hatte Freude an dieser vorgetäuschten Welt, doch für mich war es der Beweis, dass seine vollkommene Stadt aus Farbe und Lehm und Licht und Schatten nichts weiter war als ein Trugbild. Ich hatte sie von der falschen Seite gesehen, hatte erkannt, wie sie funktionierte. Und vor allem hatte ich begriffen, dass ihr Zweck nicht Schönheit, ja, noch nicht einmal Macht war, sondern Furcht.

»Das ist noch nicht alles, es gibt noch mehr.« Echnaton fasste mich beim Arm. Seine Augen schwammen in Tränen wie bei einem einsamen alten Mann in einem Irrenhaus.

Hinter dem Raum öffnete sich eine geheime grüne Welt: ein Park voller Obstbäume, Pflanzen und Wasserläufe. Wie die Unterwelt schien auch sie weder Anfang noch Ende zu haben. Bei einigen Stallungen standen junge Gazellen wartend an langen ausgehöhlten Futtertrögen. Die Tröge waren leer. Niemand fütterte mehr die verlassenen Tiere. Ich entdeckte eine Vorratskammer mit Korn und füllte rasch die Tröge, ohne zu wissen, warum.

Bestimmt würden die Tiere hier den allgemeinen Zusammenbruch nicht lange überleben. Ich sah zu, wie Echnaton die fressenden Tiere hingebungsvoll streichelte und dabei leise zu ihnen sprach.

Wir drangen tiefer in die grüne Welt vor, und Echnaton wies mit seinem goldenen Stab auf alle Tiere und Vögel und nannte mir ihre Namen, als wäre er ihr Schöpfer. Plötzlich wurde er zornig. »Ich habe diese Welt erschaffen!«, schrie er. »Diese Stadt, diesen Garten! Und jetzt machen sie alles kaputt!«

Ich nickte. Da gab es nichts zu sagen.

Die Sonne zog in das Haus des Tages ein. Ich sagte ihm Lebewohl. Echnaton packte mich am Arm, blickte mir eindringlich in die Augen und sagte: »Mögest du den süßen Wind des Nordens atmen und in den Armen Atons, des Lebendigen Lichts, in den Himmel gelangen, dein Körper beschützt und dein Herz zufrieden, für immer und ewig.« Es war ein tief empfundener Segen, und er rührte mich stärker, als ich gedacht hätte. Dann gab er mir einen Wink zu gehen und verschwand langsam in seiner grünen Welt. Es war das letzte Mal, dass ich ihn sah.

43

Nofretete fuhr in ihrem goldenen Wagen voraus. Hinter ihr kamen die älteren Prinzessinnen in ihren eigenen kleineren Wagen. Ihre roten und goldenen Tücher wehten und flatterten in der sanften Morgenbrise wie seltene Vögel. Keti und ich folgten, noch immer flankiert von Ejes Wachen mit ihren silbernen Pfeilen. Seltsamerweise war es ein besonders schöner Tag, als hätte der Sturm die Welt aufpoliert und die Natur wieder in ihren ursprünglichen Zustand versetzt. Das Wasser funkelte, die Vögel sangen. Hier und dort zwischen den Bäumen glitzerte der Fluss. Doch als wir in die Stadt kamen, bot die Welt der Menschen ein gänzlich anderes Bild. Brände hatten Teile der Vorstädte vernichtet und nur verkohlte Ruinen zurückgelassen. In einem Viertel, in dem sich Lagerhäuser befanden, brannte es noch immer. Mit aschgrauen Gesichtern wanderten die Menschen ziellos umher. In den Durchgängen lagen unbeachtet Leichen. Ich sah, wie Soldaten die Toten ohne Sorgfalt und Ehrfurcht kreuz und quer auf Karren warfen.

Ein Trupp von Horemhebs Soldaten hatte am Eingang zur inneren Stadt bewachte Sperren aufgerichtet. Doch als sie die Königin und Ejes Männer erkannten, traten sie beiseite und ließen uns ungehindert passieren. Entlang der Königlichen Straße begannen sich kleine Gruppen von Menschen zu sammeln. Diejenigen, die Schutt auffegten oder kleine Feuer in Gang hielten, um die sie sich zum Schutz vor der Finsternis und den Schrecken der Nacht geschart hatten, unterbrachen ihre Arbeit und starrten ausdruckslos auf die Königin in ihrem Wagen. Als sie vorüberfuhr, erhoben sich manche und verneigten sich tief in Respekt und Verehrung, andere stießen verzweifelte Schreie aus und rangen bittend die Hände. Nofretete grüßte sie.

Als wir uns den Tempeln der inneren Stadt näherten, bemerkten wir Horemhebs uniformierte Truppen, die an allen Ecken Posten standen, während andere versprengte Grüppchen von Menschen – die letzten verunsicherten Gäste aus allen Teilen des Reiches – von einem Ort zum nächsten scheuchten. Praktisch über Nacht waren überall improvisierte Lager entstanden. Vor einem Brunnen, den man gereinigt hatte, stand eine lange Schlange mit Kannen und Krügen nach frischem Wasser an. An einigen Ständen wurde den ordentlich in einer Reihe wartenden Menschen Brot verkauft, zweifellos zu Wucherpreisen. Allenthalben wirkten die Menschen erschrocken und entsetzt, als könnten sie nicht begreifen, was mit ihrer Welt geschehen war, und als staunten sie noch immer, wie rasch sich das Schicksal wenden konnte. Sie stolperten durch die Gegend oder blieben unvermittelt stehen, als hätten sie Grund und Ziel ihres Weges vergessen.

Doch als Nofretete in ihrem Wagen vorüberfuhr, erhellten sich alle Mienen, als gebe es endlich etwas, an das man sich klammern konnte, etwas, das man verloren und nun wiedergefunden hatte. Sie fuhr langsamer und antwortete mit einem Gruß auf die immer lauter werdenden Hilfe- und Beifallsrufe. Da vergaßen die Menschen ihre Angst vor den Soldaten und stießen und drängten sich an den Rändern der Königlichen Straße. Das hier waren nicht die sorgfältig inszenierten, halbherzigen Respektsbekundungen, mit denen man Echnaton begrüßt hatte. Dieser Jubel kam von Herzen und schien die Königin zu beleben, als sie ihren Gruß erwiderte. Auch ich hielt es in diesem Augenblick für möglich, dass sie etwas von alldem retten könnte. Mir wurde ein wenig leichter ums Herz, und die Probleme, die auf uns zukamen, erschienen mir nicht mehr ganz so unüberwindlich.

Begleitet vom überwältigenden Beifall, den Gebeten in allen erdenklichen Sprachen und den Fanfarenstößen aus den Trompeten der Soldaten, fuhren wir durch das Tor in den weiten Hof des großen Palastes ein. Man hatte ihn gefegt und aufgeräumt. Die großen steinernen Statuen von Nofretete und Echnaton säumten den gewaltigen offenen Raum, in dem sich nun bis dicht an die Mauern die Würdenträger, Gesandten und Stammesführer mitsamt ihren Schreibern, Dienern, Fächer- und Sonnenschirmträgern drängten. Sie alle wandten sich uns zu und verfolgten die Ankunft der Königin. Es schien, als hätten sie schon ziemlich lange gewartet. Plötzlich wurde es ganz still. Man hörte nichts weiter als das Rascheln von Tausenden feinster Leinengewänder, als die versammelte Menge auf den nächsten Zug im Spiel der Macht wartete. Von Horemheb oder Eje war nichts zu sehen.

Nofretete, die mit ihrer Doppelkrone auf dem Haupt großartig wirkte, brachte ihren goldenen Wagen zum Stehen. Dann, die Zügel ihres Gespanns noch immer in den Händen, richtete sie das Wort an die Menge.

»Die Nacht war lang und finster«, sagte sie. »Doch nun ist eine neue Sonne über einem neuen Tag aufgegangen. Das zu erleben und zu feiern, sind wir hier zusammengekommen. Der große Palast spendet euch allen Schatten und Trost und gibt euch Sicherheit. Wir kehren in ihn zurück und laden euch ein, uns zu begleiten.«

Ohne es ausdrücklich zu sagen, ließ sie die Zuhörer wissen, dass es mit dem Atonkult vorbei war, dass Echnaton, im Gegensatz zu ihr, abwesend war und dass eine Machtverschiebung stattgefunden hatte. Sie selbst stand für diese politischen Veränderungen. Sie war die neue Sonne. Sie war der neue Tag.

Für einen langen Augenblick blieb alles still. Dann erhob sich hier und dort leises, beifälliges Gemurmel, das allmählich anschwoll. Die Leute nickten einander zu. Das war es, was sie hören wollten. Nach und nach, erst zögernd und dann immer lauter, erklangen Beifallsrufe und Lobpreisungen. So weit, so gut.

Nofretete stieg von ihrem Wagen und schritt, die Prinzessinnen um sich geschart, zum Hauptgebäude, als wollte sie damit zu verstehen geben: Wir sind ein Herrschergeschlecht starker Frauen, wir haben hier das Sagen. Die versammelte Menge folgte ihr. Auf dem Weg durch die überfüllten Korridore des Palastes versuchte ich, mit ihr Schritt zu halten. Ungeachtet des Lärms und der Unruhe, der Bitten und Gebete und Versuche, ihre Aufmerksamkeit zu erregen, entgingen ihr auf ihrem Weg durch die Korridore nicht die Ehrfurchtsbezeigungen der wartenden Schreiber, Verwalter, Palastbeamten und Aufseher, die – Väter und Söhne gemeinsam – erschienen waren, um Zeugen ihrer Rückkehr zu werden.

Endlich gelangten wir in eine große Halle in der Nähe des Flussufers. Noch nie zuvor hatte ich einen Raum mit so vielen schlanken Säulen gesehen. Es mussten Hunderte sein, und sie waren gekrönt von roten, blauen und weißen Sparren, auf denen die Decke wie ein Sternenhimmel ruhte. Ich sah jetzt die Ironie darin, dass das schmutzige Geschäft von Macht und Politik so schöne Räume brauchte.

Bald quoll die Halle von Würdenträgern über, und noch mehr Menschen drängten sich in den Vorzimmern und Korridoren. Begleitet von ihren Töchtern, betrat Nofretete das Erscheinungsfenster, drehte sich um und blickte auf die Menge herab.

»Ich bin zurückgekehrt«, sagte sie. »Ich stehe jetzt vor euch nicht als Göttin, sondern als Frau. Ich bin Herz, Geist und Leben. Hört, was ich zu sagen habe, und gebt es an eure Familien weiter. Ich bin gekommen, um der Wahrheit wieder zu ihrem Recht zu verhelfen. Eines sollt ihr wissen: Die Wahrheit wird siegen. Jeder, der durch Krieg, Bestechlichkeit oder Lügen unseren Frieden bricht oder entehrt, macht sich eines Verbrechens gegen die Wahrheit und gegen die beiden Länder schuldig. Das ist die Wahrheit der Götter, die Wahrheit *Maats* und die Wahrheit meines Hauses.«

Im Raum herrschte Totenstille. Alles lauschte auf die Zwischentöne und unausgesprochenen Andeutungen in ihrer Rede.

»Und nun wollen wir vor dem Angesicht der ganzen Welt diejenigen belohnen, die wir lieben und die uns ihre Liebe bezeugt haben.«

Zwischen den Säulen und den Köpfen der Umstehenden hindurch sah ich, wie Horemheb auf das Fenster zuschritt. Er trat auf die Plattform vor der Königin, neigte sein hochmütiges Haupt und nahm einen goldenen Kragen in Empfang, den Nofretete ihm um den Hals legte. Er trat zurück, verneigte sich, machte einen Kniefall und stieg wieder herunter. Er vollführte das Ganze mit präzisen, eleganten Bewegungen, schien sich jedoch im Grunde nichts daraus zu machen. Als Nächstes kam Ramose. Auch er erhielt einen Kragen, den er jedoch mit Stolz entgegennahm. Er wirkte gerührt und erleichtert. Weitere folgten, vom Herold beim Namen gerufen. Hochstehende Persönlichkeiten, deren Loyalität sie sich in aller Öffentlichkeit vergewissern musste, bevor sie in die härteren Verhandlungen eintreten konnte. Sie bündelte die Kräfte, die beinahe das Land gespalten hätten, und zwang sie dazu, ihre Autorität anzuerkennen und sich ihrer Herrschaft zu beugen.

Plötzlich hörte ich, wie mein Name aufgerufen wurde. Es wurde still im Raum. Das konnte doch nur ein Irrtum sein. Da vernahm ich es wieder: »Rahotep, Löser der Rätsel.« Ich war erschrocken. Mein Atem dröhnte mir auf einmal laut in den Ohren, und mein Herz raste. Wie im Traum sah ich, wie sich die Menge vor mir teilte und eine Gasse bildete. Ich schritt hindurch, vorbei an Reihen von neugierigen, verschwommenen Gesichtern, auf das Fenster zu. Ich trat auf die Plattform und blickte zu ihrem Gesicht auf, das von den Insignien der Macht eingerahmt wurde. Jede Einzelheit nahm ich ganz deutlich wahr: das helle Licht in ihren funkelnden Augen, das Rot, Gold und Blau im Fenster, die roten Bänder, die unter dem Fries mit den bedrohlichen und beschützenden Kobraköpfen über uns hingen, selbst das erwartungsvolle Raunen im Raum.

Ich wusste, dass ich sie gefunden hatte, und ich begriff, dass ich sie verloren hatte. Mir war immer klar gewesen, dass es so kommen würde. Dies war das Ende. Ist es albern zu sagen, dass ich das Gefühl hatte, als fiele so etwas wie Schnee um mich her, als hätten sich diese letzten Augenblicke mit ihr in körperlose, zarte und flüchtige Flocken verwandelt? Ein Ausdruck von Leichtigkeit lag auf ihrem Gesicht. Sie hatte ihre Macht zurückgewonnen. Traurigkeit stieg in meinem Herzen auf. Es war keine gute Traurigkeit, klar wie süßes Wasser, sondern dunkler und absonderlicher, wie ein wunderbar bitterer, schwerer, blutroter Wein. Für mich war sie die Kiste mit Schnee. Mein Schatz. Ich würde die Erinnerung an sie immer bei mir tragen und sie niemals öffnen.

Sie beugte sich zu mir herab und legte mir einen goldenen Kragen um. Ich holte tief Luft, um ihren Duft einzuatmen. Doch schon trieb sie davon, entfernte sich von mir. Sie flüsterte nur zwei Worte: *Leb wohl.* Dann trat ich zurück, das ungewohnte Gewicht von Gold und Ehre auf den Schultern – das Geschenk einer besseren Zukunft, das Einzige, was sie mir geben konnte. Sie hatte mich mit Gold und Anerkennung belohnt. Und das vor der ganzen Welt. Und sie hatte zu mir gesprochen.

Ich ging zurück auf meinen Platz, diesmal begleitet von den interessierten Blicken und einem gelegentlichen anerkennenden Nicken dieser einflussreichen Männer. Wieder einmal hatten sich die Zeiten geändert. Das Ansehen, dieser seltsame, launische Gott, hatte mir zugelächelt. Plötzlich stand ich neben Nacht. Mit einer Miene, als wollte er sagen: »Gut gemacht«, deutete er auf den Kragen. Ich blickte mich zum Erscheinungsfenster um, denn dort war jetzt Eje erschienen. Umgeben von der ihm eigenen Kälte, unheimlich und unirdisch, betrat er als Letzter die Plattform. Eine so tiefe Stille senkte sich auf die Menge, als wagten die Zuschauer während der Begegnung dieser beiden großen Persönlichkeiten nicht einmal zu atmen. Die beiden starrten einander kurz an, dann legte Nofretete ihrem Vater den Kragen um den Hals, als wäre es eine Fessel und keine Belohnung. Sie wollte ihn in das Joch ihrer eigenen Ziele spannen, und das schien ihr auch gelungen zu sein. Er machte eine leichte, respektvolle Verneigung und trat dann einen Schritt zurück. Doch dann hob er erneut den Kopf, und mit einem leisen Lächeln, das mich sofort misstrauisch machte, klatschte er in die Hände.

Aus einer Seitentür trat eine schlanke, eigentümliche Gestalt – der Junge, den ich schon einmal bei Echnaton gesehen hatte. Eine kunstvoll verzierte goldene Krücke unter den rechten Arm geklemmt, schlurfte er heran. Das Geräusch seiner Schritte hallte laut in der Stille. Sein Gesicht war hager und faszinierend, sein Körper eckig und mager. Er sah aus, als sei er schon viele Male unter den Sterblichen gewandelt. Mich überlief ein Schauer, und ich blickte auf Nofretetes Gesicht. Es wirkte so entsetzt, als sähe sie einen Geist.

Der Junge war am Fenster angelangt, und Eje bat ihn, sich neben ihn zu stellen. Es schien nicht Nofretetes eigene Entscheidung zu sein, dennoch ehrte sie auch den Jungen mit einem Kragen. Die drei standen beieinander, die Königin im Fenster, die auf den älteren Mann und den Jungen herabblickte. Hier schienen sich ungeahnte Konstellationen für die Zukunft zu formen.

»Wer ist dieser Junge?«, flüsterte ich Nacht zu.

»Sein Name ist Tutanchaton.«

»Wer ist er?«

»Ein Königssohn. Manche sagen, sein Vater sei Echnaton, andere sagen, er wäre es nicht.«

»Und wer ist seine Mutter?«

»Das weiß ich nicht. Aber es wäre wichtig, das herauszufinden, denn Eje hat für diesen Jungen eine Rolle im Buch der Zeiten vorgesehen. Wenn die Zeit Atons vorüber ist, wird man Amun wieder einsetzen. Und dann wird der Junge vielleicht einen neuen Namen bekommen. Tutanchamun.«

Nun stiegen die Königin und ihre Töchter auf die Aufforderung Ejes hin herab. Am anderen Ende der Halle öffnete sich eine große Tür. Im Raum dahinter sah man undeutlich die Umrisse vieler versammelter Menschen. Füßescharrend und raschelnd machte die Menge ihr Platz. Nofretete war sich bewusst, dass sie nun voller Stolz und Würde, an all den hohen Herren vorüber, die große Halle durchschreiten und in den dunklen Raum eintreten musste. Sie setzte sich in Bewegung, gefolgt von Eje, Horemheb, Ramose und dem hinkenden Jungen. Wieder musste ich an die Gesellschaft der Asche denken. Ich fragte mich, wer sonst noch eine Feder besaß. Wer wartete noch in diesem Raum voller Schatten?

Die Königin ging an mir vorüber, ihr Antlitz stolz und würdevoll unter der großen Krone. Ich musste an all die herrlichen steinernen Gesichter in Thutmosis' Werkstatt denken, und mir war, als wäre das schönste von ihnen in ihrer gelassenen Haltung und ihrer Schönheit zum Leben erwacht. Doch dann richtete sie für eine Sekunde ihre Augen auf mich, und ich sah in ihnen die goldenen Sprenkel des Schmerzes. Schon schloss sich die Tür hinter ihnen, und sie war fort.

Während in der Halle ein lautes Palaver aus Für und Wider ausbrach, tat mir das Herz so weh, dass es mir den Atem nahm. Nacht bemerkte es.

»Lass uns hinausgehen«, sagte er.

Auf dem Weg durch die Menschenmenge versuchte ich, wieder zu Atem zu kommen. Ich musste reden, weiterdenken, vorwärtsgehen in meine eigenen Zukunft, so wie sie es getan hatte. Ich musste den Schmerz dieses Augenblicks überwinden.

»Was macht dein Garten?«, hörte ich mich sagen, selbst erstaunt über meine banale Frage.

Nacht lächelte verständnisvoll. Ich hatte ganz vergessen, wie sehr ich ihn mochte.

»Ach, der kämpft mit der Wüste, wie immer«, erwiderte er. »Aber jetzt, wo alles anders wird, kehre ich nach Theben zurück. Warum kommst du nicht mit mir?«

44

Keti und ich standen auf dem Anlegesteg, während auf Nachts Boot die letzten Vorbereitungen getroffen wurden. Die Stadt leerte sich. Am Kai herrschte ein Gewirr von Booten und Ladungen, doch alles wirkte jetzt zielgerichteter. Die Menschen wussten wieder, woran sie glauben konnten. Was mich betraf, so konnte es mir gar nicht schnell genug gehen, diesen schrecklichen Ort der Täuschungen zu verlassen.

»Such deine Familie, Keti. Geh nach Hause und bleib bei ihnen. Ich bin sicher, dass wir beide uns einmal wiedersehen.«

Er nickte. »Und du geh zu deiner Familie. Das ist jetzt wichtig.«

»Danke. Und versucht weiter, ein Kind zu bekommen.«

»Machen wir.«

Er lächelte. Ich mochte ihn.

»Eines Tages werden wir bei einem guten Wein aus der Oase Dachla an all das zurückdenken.«

Wieder nickte er und umarmte mich. Wie seltsam so ein Abschied ist, wenn die Worte versagen.

So begab ich mich also auf den Großen Fluss, der uns alle unseren jeweiligen Bestimmungsorten und unserer Bestimmung entgegentrug. Während das Boot von diesem sonderbaren, unwirklichen Land ablegte, stand Keti am Ufer und winkte ab und zu. Dabei wurde er immer kleiner, und als wir schließlich um die große Flussbiegung fuhren, verschwanden er und die Stadt Achet-Aton. Für einen Augenblick überlegte ich, ob ich wohl jemals hierher zurückkehren und, wenn ja, was ich vorfinden würde. Dann blickte ich nach vorn, in Richtung Theben.

Von meiner Heimreise gibt es wenig zu berichten, außer

dass sie zu langsam vonstattenging, obwohl der Nordwind uns bei unserem stetigen Kampf gegen die Strömung zu Hilfe kam. Ich war ungeduldig und konnte nicht schlafen. Mein Herz schlug zu rasch. Ich sah die unwandelbare Welt vorübergleiten: das lang anhaltende, leuchtende Abendrot über den Sümpfen, die schattigen, wundervollen Papyrushaine, das Vieh, das am Ufer trank, die Frauen, die Töpfe und Kleider im Fluss wuschen, die Kinder, die für ihre Fantasiespiele kein Spielzeug benötigten und uns winkten und fröhlich etwas zuriefen, der Himmel in seinem immer gleichen tiefen Blau, die ewig grünen Felder, die jetzt golden schimmerten, das fließende Wasser mit seinen unendlich vielen Nuancen von Silber, Grün, Grau und Goldgelb und die finstere, unbekannte Tiefe unter dem Kiel unseres dahintreibenden Bootes.

Ich musste daran denken, wie ich vor langer Zeit in die entgegengesetzte Richtung gefahren war. Damals waren die Seiten dieses Tagebuchs noch fast leer gewesen, und ich hatte nicht gewusst, wie sich die Dinge entwickeln würden. Und nun, da ich hier in der Morgendämmerung sitze und wir uns der großen, prächtigen, chaotischen Stadt meines Lebens nähern, mit ihren vertrauten Geräuschen und Rufen, Straßen und Geheimnissen, Gerüchen und Düften, ihrer Schönheit und ihren Katastrophen, stelle ich fest, dass ich froh, aber auch ängstlich bin. Die Götter haben mir eine gesunde Rückkehr an meinen Ausgangsort gewährt. Doch kehren wir von derartigen Reisen wirklich jemals zurück? Ganz gewiss kommen wir verändert wieder. Wir sind nicht mehr dieselben. »Woher weißt du, was du weißt?«, hatte Nofretete mich gefragt. Darauf gibt es nur eine Antwort: »Weil das alles geschehen und sie jetzt für immer fort ist.« Das ist die Wahrheit, die in einer wahren Geschichte liegt. Man verliert etwas. Man findet etwas. Und wieder geht etwas verloren.

Ich verabschiedete mich von Nacht. »Wir sehen uns wieder«, sagte er. »Ich bin davon überzeugt, dass die Zukunft noch etwas mit uns vorhat. Du musst mich bald besuchen kommen.

Dann reden wir über die Welt und ihren Wandel und über Gärten.« Ich konnte es mir gut vorstellen. Voller Zuneigung und Dankbarkeit umarmte ich diesen Mann, von dem ich wusste, dass ich ihm vertrauen konnte.

Ich nähere mich meiner Straße im ersten Morgenlicht, gehe durch die wohlbekannten Gassen und Plätze, vorüber an den teuren Geschäften, in denen Affen und Giraffenleder, Straußeneier und geschnitzte Stoßzähne feilgeboten werden, vorbei an den vertrauten Buden in der Gasse der Früchte und den Holz- und Metallwerkstätten, die gerade für den neuen Tag öffnen, unter den Dächern hindurch, wo die Kinder hüpfen und springen und die Vögel singen, ohne etwas von jener fernen, dunklen Welt zu ahnen. Zurück zu meinem alten Leben und meinem Heim.

Endlich stehe ich vor der Holztür. Ich sende ein Stoßgebet zu dem kleinen Gott in seiner Nische, der weiß, dass ich nicht an ihn glaube, dann drücke ich die Tür auf. Der Hof ist gefegt und ordentlich, der Olivenbaum schimmert silbern und grün. Ich horche in die Stille. Dann höre ich, wie eine Mädchenstimme etwas fragt, eine andere ertönt in der Küche. Ich trete ein, und dort sind sie. Meine Tanefert mit ihrem Haar von der Farbe der Mitternacht, ihrer markanten Nase und den Augen, die sich plötzlich mit Tränen füllen. Lange, lange umfasst sie mein Blick, und ich wage noch kaum zu glauben, dass das Leben ein solches Glück für mich bereithält.